世界传世藏书

【图文珍藏版】

# 心理学全书

刘凯⊙主编

第四册

线装书局

# 第十一章　管理心理学

## 一、不懂心理学，别想当好老板

老板在企业中的各种活动都离不开对人的管理，所谓领导艺术说白了就是管人的艺术。韩非子曾说："凡说之难，在知所说之心，可以吾说当立。"也就是说，做人的工作难就难在了解人的心理特点。所以，不懂心理学，就难以成为合格的老板。

### 端正对权力的心理需求

每个老板手中都有一定的权力，如何理解并正确使用这个权力是老板面临的永恒主题。如果你是老板，你该如何正确使用这个权力呢？

所谓权力，就是扩展你的影响力和控制你周围世界的能力。

第一，老板应该认识到，对正当的管理权力的追求，是进行管理工作的必要动力。

作为企业的老板，都有对权力的需要。假若一个处在老板职位上的老板，失去了相应的职权，那么他的管理工作就无法进行。因为老板与员工的区别就在于，老板在企业中处于组织、指挥、协调和控制的地位；而员工必须为实现管理目标按照老板的决策和意图行事。

有职有权的老板尽管处于有实权状态，但他仍会为权力有朝一日的失落而担心。既然权力是由职位派生出来并被依法授予的，也就会出现职位不稳而产生动摇甚至被依法收回的情况。此外，人往高处走，水往低处流，手中握有一定权力的人，为了更大程度地实现自我价值，心理上会自然而然地产生更高层次的权力需要。

所以，对正当的管理权力需要的追求，不但是完全应该的，同时它也是做好管理工作的必要动力。

第二，每个老板都要学会控制对权力的无止境的追求。

心理学家指出，每一个人都需要或多或少的权力，而且人对权力的追求，如果不

加以限制，就会没有止境。

有个心理学家曾做过这样一个心理实验。在一家公司，他找了22名员工，让他们在公司担任一项管理工作，同时还让他们对旁边房间里4名员工的工作进行监督，但不准他们与4名被监督者直接见面，只是以书写的方式进行指挥。

当22名"管理者"被授予一定权力后，他们便开始指挥"部下"，例如纠正他们消极的工作态度，增大他们工作量等，而"部下"只能服从，按照"管理者"发出的"指令"工作。实际上，旁边房间内根本没有"部下"在工作，心理学家只是想通过这个实验来验证：人一旦拥有权力之后会如何使用它。实验结果表明，当给予参加实验的人一定的权力后，他们一般显现出四个特点：频繁地向"部下"发出指令；认为"部下"的能力太弱；不想与"部下"见面；认为"部下"所做的业绩都是在自己的指导下取得的。

上述实验证明，人只要有了权力，就会充分使用它，从而拉大自己与被管理人之间的权力差距；而且，人对那些没有权力的人，往往不能作出公正的评价，而是喜欢对自己的指挥能力进行一味地夸耀。也就是说，人对权力的欲望若不加以限制，就会产生无限扩大的倾向，这就是"权力膨胀效应"。正是由于这种对权力的无止境追求，才引发了一系列的社会问题。

老板在对权力的使用上要规避下面的几个误区。

1. 对他人的思想与行为，总想利用自己的权势进行影响和控制。他们喜欢把自己的观点、意识强加于他人，对他人的观点不择手段地进行打压。一旦遇到不服从者，就会伺机报复。

2. 不愿授权给部属。他们喜欢做"保姆"型的管理，不善于激励下属发挥积极性和创造性，只擅长揽权，越俎代庖，凡事别人休想插手，议事也只是走走过场，因而常引起下属的不满而与他们发生矛盾和冲突。

3. 信奉"有权就有一切"的权力至上观念，他们把权力和利益挂钩，滥用职权，飞扬跋扈。这种老板只是权力的奴隶和玷污者，最终结果只能是众叛亲离，企业倒闭。

### 在开始做事之前，请暗示自己"稳操胜券"

在做事之前，有些人会问自己："能不能成功呢？""万一失败了怎么办？"也有些人坚定地对自己说："我一定要成功。"相比之下，哪一种人更容易成功呢？

著名心理学教授吉尔伯特有这样一句名言："无论你对命运的预期是好是坏，最终的结果都会证实你的期盼是对的。"他的意思是说，心理暗示能够决定一个人的命运。

吉尔伯特表示，任何一个人，如果在开始做一件事情之前，就有着很好的预期，或抱定稳操胜券的心理，将会直接影响到事情的最终成败。

美国著名成功学大师奥里森·马登进一步表示，任何一个人，只要他能在做一件事情之前，抱着一种"稳操胜券的心理"，那么他往往就能够激发自己的最大潜能，用最快的速度获得成功。

奥里森·马登

著名高尔夫球手米德克夫·加尔博士曾写道："高尔夫球赛中夺冠的真正秘密就是你的信心。"他说："在上次名人赛中，我挥出第一杆的前四天，就坚信自己一定会赢。我觉得自己挥杆击球的每一个动作都完美无缺，肌肉活动也使我非常满意，挥击自如。在将球打入洞时，我也一样有那种自信的感觉。尽管我明知自己握杆的姿势，及两脚的位置和平常没有什么两样。但在我心中一有那种感觉之后，只要我随便挥下杆，就能稳操胜券。"

米德克夫还表示："这种必胜的信心，是每个高尔夫球手取得好成绩的秘密。"当你拥有这种心情时，连球都会听你的话，并且这种心情好像也可以控制不可捉摸的"运气"。

相反，对于未来种种不好的预期，则会让我们忧心如焚，焦急或屈辱的感觉也将随之而来。这是为什么呢？因为就实际情况而言，我们是在提前尝试某种情况下的心情，就像我们真的已经失败了一样。我们被自己打败了，不是模模糊糊或粗略地看一下，而是活脱脱凭空想象出来的。我们的自动创造系统，始终随着环境和周遭情况而发生适应作用。对于环境与周遭情况，唯一能够传递给它的资料，就是我们大脑中设想出来的情况。

如果我们始终对失败耿耿于怀，并且不断地把失败的景象传递给我们的大脑中枢，使它愈发形象生动，以至于我们的神经系统也信以为真，那么我们就会体会到失败的感受。

反过来说，假如我们脑子里始终有个前进的方向，且把这个目标反复向自己灌输，使它更加深刻清晰，并且把它看作一个既定的事实，自然而然就会产生一种"稳操胜券的心理"：自信、一往无前并且深信结果一定会让自己满意。

如果说下意识创造系统的运用有什么诀窍的话，那就是唤起、抓住及启发成功的

感觉。当你感到成功与自信时，你就会相应地做出成功的举动。要是这种感觉非常强烈，那你将无往而不胜。

美国潘尼百货公司的老板吉姆·潘尼曾讲过，在他父亲临终的时候，他听到父亲说："我相信吉姆一定能成就大事业。"从那时开始，潘尼就坚信他能成功——而且是一定会成功，不管遇到多大的阻力，虽然那时他囊空如洗，一文不名，也没有读过什么书。可是现在，潘尼那大大小小的连锁商店，几乎是在令人难以置信的环境下建立了起来。每当他遇到挫折时，就会记起他父亲临终前的遗言，而"感到"不管怎样都要克服这些困难。

在潘尼成功之后，他曾一度赔光了所有的钱，那时他年龄已经不小了，有很多人在他那个年龄早已赋闲在家了。他发现自己已是一文不名，年龄又大，希望渺茫，但是他又再度记起他父亲的话。很快，就又充满了那种"稳操胜券的心理"，于是他就东山再起了。几年之后，他的事业发展得比以前的规模还要大。

凯撒尔丁·亨利曾经说过："每当我碰到一件很头疼的事时，我便会物色一位乐观而又热心的人去做，那些困难会被他的乐观所化解，他有足够的勇气与想象力，以及谨慎的计划和勤劳的工作，来抓住那种轻松的心情，他会说：'事情尽管难办，但是还是可以想办法做到的。'"

哈佛大学校长查尔斯·威廉·埃利奥特曾做过一次演讲，题目是"成功的习惯"，他说，许多小学生在学校的功课不好，成绩很糟糕，是因为没有给他们足够数量可能成功的功课，导致他们没有机会去培养那种"成功的气氛"，也就是奥里森·马登所称的"稳操胜券的心理"。

埃利奥特指出，很多学生在早期并没有得到机会获得"成功的习惯"——那是在从事新工作时，与生俱来的一种信念和自信。因此他鼓励那些教低年级的老师，为学生安排一些比较容易完成的工作，使学生们有机会体验到成功的喜悦。不过那种工作必须是学生们能够胜任，同时能够激起他们的兴趣，使他们感到热衷而引起自发的创造性的。埃利奥特说："'小小的成功'可以让学生们体会到'成功的感觉'，这将成为他们今后生活的无价之宝。"

哈佛校长埃利奥特告诉人们，所有人都是可以得到"成功的习惯"的，只要按照他对老师们的建议去做，无论何时何地，都能把成功的模式及感觉灌输到我们的脑海中。要是我们一直都为"失败"而难以释怀，很可能就会染上"失败的感觉"，从而产生种种不利的影响。如果能运用得好，成功克服很多小困难，就会营造一种成功的气氛。它还可以延伸到大事上去，这样我们便能克服更大的困难，在成功之后就有能力去从事更富挑战性的事情了。因此，我们可以这样说：成功是建立在成功的基点上的，用"一事成功，万事顺遂"来形容再恰当不过了。

"稳操胜券的心理"本身并不会让我们成功，但是它作为一种积极的心理暗示，将带领我们向成功迈进。就像温度计一样，温度计本身无法使其所测量的地方变得更热或更冷，不过，温度计对我们感知冷暖发挥着重大的作用。记住：当你能感到那种稳操胜券的心情时，你的罗盘指针就已经指向成功了。

很多时候，我们只需明确目标或最后的结果，就能产生非凡的效果。要清晰明确地给自己灌输这种目标概念；再体会当自己实实在在地达成目标时的那种心情，就会不由自主地产生富有创造力的行为。换言之，采取这样的做法，可以利用我们下意识的力量，而我们的内部机器也就将指针指向了成功；就会引导我们做出正确的决定和积极的行为；同样也能让自己想出更富有创意的见解，还有其他种种达到目标所必需的东西。

没错，"稳操胜券的心理"果真具有如此神奇的功效。它具有摧毁一切困难和障碍的力量。

## 你有多大的热情，就能干多大的事业

若精神状态不好，一切都将处于不佳状态。没有什么比失去热情更让人觉得心灰意冷、垂头丧气的了。热情如此重要，怎样才能让自己处于这种热情之中？

人与人之间只有很小的差异，但这种很小的差异却往往造成了巨大的差异。很小的差异就是所具备的心态是积极的还是消极的，巨大的差异就是成功与失败。成功人士的首要标志，就在于他们有热情积极的心态。一个人如果心态积极，乐观地面对人生，乐观地接受挑战和应付麻烦事，那他就成功了一半。

阿里巴巴的创始人马云，就是一个充满热情的人。他的这种热情极大地影响着阿里巴巴，也影响着阿里巴巴的员工，因此，阿里巴巴集团资深副总裁卫哲说："我可以这样说，阿里巴巴是中国笑脸最多的一个公司。"正是这种快乐工作的环境，使其员工对公司产生了极大的忠诚度、幸福感和向心力。阿里巴巴不可颠覆的人文特质，验证着马云"没人能挖走我的团队"的豪言。身为老板，充满热情不仅能让你找到生活的乐趣，而且还会让你成为下属眼中的魅力明星。

一个充满热情的心态，不仅可以帮你找回生活的积极心态，更为重要的是，它还能帮人们获得成功。

从古到今，所有伟大的成就都可以称作是热情的胜利。缺少了热情，就无法成就任何伟业，因为不管多么恐惧和艰难的挑战，热情都赋予它一种新的含义。就让热情来帮你发展事业，让它去打动你的客户，让它去赢得老板对你的赏识吧！

拿破仑·希尔曾讲过这样一件事。斯蒂芙是一位杂志推销员，她凭借自己的热情在希尔的办公室里卖出了六份杂志！在书中，希尔回忆了这件事：

有一个推销员在斯蒂芙前已来推销《金融周刊》这本杂志。他神情沮丧，且在言语之中表露出他急需从我的订费中来赚取佣金。可他并没有说出任何能打动我的理由，所以我没有订阅。

约有一周后，斯蒂芙来到我的办公室中，她向我推销好几种杂志，其中有一种就是《金融周刊》。她看看我的书桌，发现桌子上摆了几本杂志，就由衷地赞叹："哦！我看得出来，你非常喜爱阅读书籍与各种杂志。"

就这么短短的一句话，再加上愉快的笑容和热情的语气，她已成功地中断了我的工作，让我好想要听听她说些什么。因为当她走进书房的时候，我已决定绝不放下手中的文稿，来礼貌地暗示她，我非常忙，不希望被打扰。我十分骄傲地接受了她的评价，放下手中的书稿。

斯蒂芙的怀里抱了一大卷杂志，我原以为她会将杂志展开，催促我订阅它们，可她并未这样做。她看见我的桌子上有一本爱默生的论文集，就开始津津有味地谈论起爱默生那篇文章——"论报酬"，竟让我得到了一些新观念。

之后，她问我："您定期收到的杂志有哪几种？"我对她说明以后，她脸上露出了微笑，展开了她的那卷杂志，将它们摊放在我面前的书桌上，并逐一进行分析，还说明了我为什么要每种杂志都要订阅一份的原因：《周六晚邮》可以让人欣赏到最干净的小说；《文学书摘》以摘要的方式将新闻介绍给我；《金融周刊》可以让我了解到工商界领袖人物的最新生活动态等。

不过，我并未如她想象的那样反应热烈，因此她给我提了一项温和的暗示："像您这种地位的人物必须消息灵通，知识渊博。"

是的，她的话的确是真理，既是一种恭维，又是一种温和的谴责。这让我多少感到有些惭愧，因为她已调查过我所阅读的材料，在我的书桌上并没有那六种她推销的畅销杂志。

于是，我非常自然地问道："订阅这六种杂志一共要多少钱？"

"多少钱呀，全部加起来还不够你手里那张稿纸的稿费呢。"

最后，斯蒂芙离开的时候，带走了我订阅这六种杂志的订单。可这还并非是她热情推销而得到的全部收获。她又征得我的同意，到别的办公室里去进行推销，结果，她在离开以前，又招揽了我的五位员工订阅她的杂志。

正是斯蒂芙的热情感染了拿破仑·希尔，她成功地将杂志推销给了希尔。无可否认，其中热情的心态起了巨大的作用。

一个对生活充满热情、狂热投入工作的人，每天早上一起来就会迫不及待地要把自己发动起来。他们有明确的目标，总是对生活充满了渴望而又精力充沛，能一直坚守自己的使命。这样的热情来源于对工作的热爱与对自己追求的享受；无疑，这种人一定是生活中的强者。

热情能帮你在较少的时间里完成更多的事情，帮你做出更好的决定，它能够让你显得更加富有魅力。在热情的推动下，你会感觉自己的日子飞一样的流逝，你的成就也来得特别快。

你能够获得热情吗？你的回答是肯定的！可是你能够保持自己的热情吗？特别是当生活受挫情感低落时，也许很少有人能够具备这样的心态，始终斗志昂扬。但是，我们要明白，拥有了热情，不管处于怎样的环境中，你都会有所作为。热情会让我们顺境时如虎添翼，逆境时挣脱樊篱，使心灵得到润泽，让生命为之饱满，让幸福之旗最终高高飘扬于人生的舞台上！

心理学家认为，要想使自己拥有热情的心态，可以从以下几个方面做起。

1. 用正确的方法应对压力。面对同样的压力，有的人安然无恙，有的人却身心衰竭，就是由于他们使用了不同的方法去处理压力。安然无恙者在感觉工作量太大时，就进行时间管理，合理地分配每段时间要做的事情，而身心衰竭者不是消极地否认压力的存在，就是以更拼命地工作来掩饰问题。

2. 寻求社会支持。当你缺乏热情而受到压力威胁时，你不妨与亲友或同事一起讨论目前压力的情况，把心里的症结说出来，这时，你的亲友也许会给你一个恳切的建议，你可能在他们的帮助下确定了更现实的目标。

3. 将危机视为一种财富。当你对工作丧失热情时，就是应该重新思索自己的时候了。你想要什么？擅长哪个领域？是自己努力不够，还是选错了行业？

## 牢骚宜疏不宜堵

牢骚通常是因为人心里有不满才发出来的，一些人表面上恭恭敬敬，但内心里却不服气。如果不及时解决这些牢骚，员工们往往会工作懈怠。那么，老板该如何去对待员工的不开心与怨气呢？

梅约是一位心理学教授，他认为，和没有人发牢骚的企业相比，有人发牢骚的企

业会更成功。梅约教授把这一现象称为"牢骚效应"。

梅约指出,牢骚是改变不合理现状的催化剂。牢骚虽不总是正确的,但认真对待牢骚却总是正确的。有人发牢骚,说明他对现状不满意,甚至对改善这种不满现状有信心,否则就不会发牢骚。

梅约的这一观点,来源于他对一家美国企业的"谈话实验诊治"。这家制造电话交换机的企业在芝加哥郊外,各种生活和娱乐设施都很完善,福利也相当不错。但让厂长感到困惑的是,员工的生产积极性却并不高。梅约深入员工中间,发现很多员工有牢骚。梅约于是采用"谈话实验"法,耐心倾听工人对厂方的各种意见和不满,并做详细记录。员工的不满情绪发泄出来了,工作积极性自然就高涨了,工作效率也大大地提高了。

由此可见,对待牢骚,宜疏不宜堵。堵则气滞,牢骚升级。疏则气顺,情绪高涨,员工的工作积极性和主动性自然提高,精神面貌为之焕然一新。有牢骚未必是坏事,关键是如何对待牢骚、转化牢骚、化牢骚为工作动力。

在美国的有些企业,有一种叫作"发泄日"的制度。就是在每个月专门划出一天给员工发泄不满。在这一天,员工可以对公司同事和上司直抒胸臆,开玩笑、顶撞都是被允许的,领导不能为此而迁怒于人。

在这方面,松下公司值得所有的企业借鉴。

为了让员工释放自己的不满,松下公司专门设立了出气室。在出气室里存放着各个部门的主管人员的照片、橡皮模型人以及逼真的蜡像人。在房子墙角处的一个大工具箱内,放有木棍等"武器"。如果你对哪位主管不满,就可以来到这间出气室,对这位主管的模型发泄进行拳打脚踢,来宣泄心中的怨气和愤懑。

这间出气室里,总经理松下幸之助的仿真橡皮人像也存放其中,供有怨气的员工打击以释放内心的情绪。当员工打击完橡皮人之后,从橡皮人嘴里还会响起松下幸之助本人的声音,是他写给员工们的一首诗。

心理学有关专家曾对出入该公司"出气室"的员工进行了细致的观察,结果发现:他们进屋前的表情与出来后的表情发生了很大的变化。进去时他们看上去显得神情抑郁或怒气冲冲,而出来时大多数人则显得轻松多了。而且,他们重新投入工作时都会干劲倍增。

松下幸之助经常挂在嘴边的一句话是:"请员工把不满发泄出来。"他的这一做法,使管理工作少了很多烦恼,多了很多快乐;与员工之间的关系多了和谐,少了矛盾;部门之间多了沟通,少了隔阂;员工之间多了理解,少了对抗……因此,松下公司之所以被称为快乐的公司，并不是员工生来没有情绪，而是员工情绪有地方宣泄出来。

无独有偶，在中国台湾也有一家这样的公司。该公司在一个不被人注意的地方专门腾出一个房间。房间内，隔音设备非常好，除可以有效防止声音外漏之外。同时还放有一男一女两个大型布偶，布偶的口袋里存放着一些纸条、笔、胶布以及一台碎纸机。当你对你的主管不满但又无可奈何时，你就可以趁没人注意的时候，来到这个房间在纸条上写出哪位主管让你不满，以及不满的原因。写完后，把纸条粘在布偶上。然后，你可以开始对着这个布偶大声责骂或抽打。总之，就是要让你的怨气通过这些责骂及抽打发泄出来。当你发泄完之后，要离开这间"出气室"之前，为自我保护起见，不妨把所写的纸条，通过碎纸机来"消除罪证"。

据说，自从有了这间让员工宣泄情绪的"出气室"后，员工的积极性有了很大的提高，办公室里不再沉闷，公司业绩也不断攀升。

每个企业或部门都是一个团体，要想使这个团体能发挥最大的效能，就需要各成员之间彼此认同、合作与信任。在一起工作的人，可以不在同一个办公室里，但一定要同心协力，才会形成有效运转的机构。而老板与员工之间的隔阂、猜忌、怀疑与冲突，不仅会阻碍个人能力的充分发挥，而如果员工的这种不满情绪不能及时释放出来，还会成为阻碍企业或部门发展的最大障碍。

员工抱怨企业的理由，与抱怨天气一样，并不是因为他们想要改变什么，而是因为这些小小的"消极性仪式"，为员工的牢骚提供了出口，能够让员工确认共同的经验而凝聚在一起。将无伤大雅的抱怨，变成愉快的例行公事的一部分，让员工彼此间不再心存芥蒂。这种形式使下属平时积郁的不满情绪都能得到宣泄，从而大大缓解了他们的工作压力，提高了他们的工作效率。

### 当老板别炫耀，自然更好

炫耀是因为你有炫耀的资本，但你的炫耀通常会给你周围的人带来尴尬或是反感。老板该如何克制自己炫耀的心理呢？

炫耀，人人都会有，好像是天生的一样。拿着一块高级点心，让小伙伴围过来看，然后闪着陶醉的眼神，掰一小块儿慢慢送进嘴里，深情地咀嚼着，再把手中的点心在伙伴面前炫耀似的扬一扬……这画面在我们小时候是经常出现的，它使我们在同龄伙伴中肆意显摆。

炫耀，每个人其实都有这样的心理需求，关键是要做得让人不感到唐突，要自然，但要做到真的很难。

20世纪90年代初，演员孙红雷在哈尔滨跳霹雳舞掘了第一桶金，原本不太富裕的家境得到很大程度改善，家里买了电视机、电冰箱、洗衣机和4万元的大哥大，出门不用挤公交，可以奢侈地打的，要是在路上遇见朋友同学，"肯定会让司机停下，与他们热情地打着招呼：哎，最近忙什么呢？"在一期访谈节目中，孙红雷这样自我解嘲过去低级而热情的显摆历史。

洪晃在和导演李少红一起吃饭的过程中，看到李少红手里拿着一款时尚手机，有点儿好奇，便问她是否好用。"这手机没正式推出市场，因此所有功能都有点问题，只有一个功能很好使。"李少红淡定地说。

"是拍照吧？"洪晃马上问道。

"是炫耀。"李少红戏谑地纠正说。

睡着的人好喊，装睡的人难喊。装的，更难办，不管是装新潮、装高雅还是那种装模作样的炫耀。有趣的是，很多人炫耀，一般都爱装着很无意甚至无辜。

炫耀多因为虚荣心，很难说是一种恶行，但做不好就会让人感到讨厌。有人问，母鸡下完蛋后，总要"咯嗒咯嗒"地叫上一阵子，它是在炫耀自己的功劳吗？鸡界一般不会像人类那样，把炫耀当资本，毕竟它们智商不高，只是一种高兴别无他求。

炫耀的实质，实际是因暂时没有人知道，于是难受，想变着法让人知道，问题是过于做作，有点戏弄别人的智商，这才是让人最不舒服的地方。因此，直接显摆要比拐弯抹角炫耀让人更容易接受，而且还富有喜剧效果；假如你想炫耀满口金牙，那就由衷地大笑吧；倘若实在想不出更和谐高级的炫耀方式，那就顺其自然吧！

心理学家认为，人出现了轻微的虚荣心理大可以不必理会，但如果虚荣心太过严重，就需要严肃对待了。

1. 认识虚荣心带来的危害

虚荣心强的人，在思想上会不自觉地渗入自私、虚伪、欺诈等因素，这与谦虚谨慎、光明磊落、不图虚名等美德是格格不入的。虚荣的人为了炫耀甚至不惜弄虚作假。

2. 端正自己的价值观与人生观

自我价值的实现不能脱离社会现实的需要，必须把对自身价值的认识建立在社会责任感上，正确理解权力、地位、荣誉的内涵和人格自尊的真实意义。

3. 摆脱从众的心理困境

有些人，在生活方式上落伍，但为免遭他人讥讽，便不顾自己客观实际，盲目任意设计，打肿脸充胖子，弄得劳民伤财，负债累累，这完全是一种自欺欺人的做法。所以我们要保持清醒的头脑，面对现实，实事求是，从自己的实际出发去处理问题，摆脱从众心理的负面效应。

4. 调整心理需求

人的一生就是在不断满足需求中度过的。在某种时期或某种条件下，有些需求是合理的，有些需求是不合理的。对于那些不合理的需求，我们一定要摒弃。

## 敢于承担错误，才能赢得人心

每个人都不想犯错误，都想把工作做到最好，但工作中却往往会事与愿违。当员工犯了错误，作为老板，你应该如何处理？

李嘉诚曾说："员工犯错误，老板要承担大部分的责任，甚至是全部的责任，员工的错误就是公司的错误，也就是老板犯下的错误。"人人都会出错，下属不是圣人，在工作中出错是很正常的，但是当下属出错之后，老板要如何来处理则是一个问题。

当然，作为一个老板，下属做错了事，你有权利发火。但你要清楚，下属也是人，做错事也是难免的，一点儿错都不出是不可能的。当下属犯错时，真正有魅力的老板就会像李嘉诚所说的一样，主动承担起下属的责任，做一个有担当的人。

李嘉诚是一个十分宽厚的商人，也非常体谅下属的难处。多年的经商经验让他深知，经营企业并非易事，犯错是经常出现的事情。只要工作上出现错误，李嘉诚往往就会带头检讨，将一切责任揽在自己身上，尽可能地不让下属受到失败的影响。

**李嘉诚**

管理的真谛就是授权于一个人，并由他完成工作。而伴随权力而来的则是成败的责任，作为老板，如果不愿承担责任，就不配做一名老板。"不推诿责任"应铭刻在每位老板的脑海中。

但有的老板，却是在事情照计划进行时，笑口常开，一发生波折，便马上板起脸责怪他人。若工作方案推行成功，他便独居其功；若失败，便推得一干二净。而有影响力的老板却是迥然不同的。

其实，下属最担心的就是自己做错事，尤其是费了很大劲却反倒闯了祸的事，因为他们知道，随之而来必定是惩罚与责任；倘若是翻了自己的小船也就算了，若不小心翻了很多人共同谋生的大船，那就有可能"吃不了兜着走"了。所以，没有几个人

是不害怕担负责任的。

假如哪天你不幸闯了大祸，坦诚地告诉领导，在忧心忡忡地等待领导发落时，领导说："一切责任在于我！"那时，你会是何种心境？下属及群众对一个领导的评价好坏，往往由他是否有责任感决定。

但是在实际中，要做到像卡特那样，在大难临头时声明"一切责任在于我"却是不容易的。很多老板在处理下属乃至自己本人的失误、过错时，总会想出各种理由来为自己开脱，他们生怕连累到自己，更不想引火烧身。却不知下属犯错就等于是自己的错，因为身为老板的你犯了监督不力与委托非人的错误。更何况，老板的责任之一，就是教导下属怎样做事。

懂得收揽人心的老板，在下属犯错后，会先冷静地检讨自己。然后才把员工找来，心平气和地帮他分析整个事件，并告知他错在哪里，最后再重申自己的宗旨——每位下属在做事时都应全力以赴，像那种漫不经心、应付差事的人是要受到惩罚的。与此同时，还应让他明白，不管到什么时候，自己永远是他们坚强的后盾。

对于那种不分青红皂白，也不管下属所犯错误是否与自己有关，且不时强调"我早告诉过你要怎样""我哪管得了那么多"的领导，不仅会使下属不敢正视问题，且没有丝毫内疚，还有可能会使员工在日后与你大闹情绪，甚至不会再支持你的工作。

### 不要做焦虑型老板

随着现代生活节奏的加快，各种压力随之而来，随之而来的还有焦虑。在焦虑的折磨下，人的健康受到了威胁，生活和工作都受到了影响。作为老板，你该如何把自己的焦虑控制到最低？

在如今，孤独、焦虑、偏执、多疑、抑郁已成为影响企业老板心理健康的五大常见杀手。所谓焦虑是指人对环境即将出现的变故或者需要做出的努力，在主观上引起紧张、不愉快，甚至痛苦以至于难以自制的期待情绪，包括自尊心的伤害，自信心的丧失，失落感和内疚感的交替出现，以及相互掺杂在一起的不安、忧虑，甚至惊恐等情绪状态。

现代社会可以说是一个焦虑的时代，而作为时时都要为企业的发展与运营全盘考虑的老板，就更是焦虑的常客了。老板可能由于工作压力太大，人际关系复杂，成就需要不能很快满足，以及担心不慎使企业走向衰落等产生焦虑。

在人们看来，老板是财富与地位的化身，呼风唤雨，一掷千金，拥有知识、智慧、激情和勇气，他们理所当然地会拥有常人难以企及的最浪漫的生活和最多的幸福感。

但耀眼的光环却遮盖不住深藏其后的焦虑、孤独和惆怅……

在这种焦虑的折磨下，有些老板承受不住压力，于是选择了另一条道路。

根据一家心理危机研究与干预中心的数据，自 20 世纪 80 年代以来，我国已有1200 多名企业老板因种种心理障碍选择了自杀，而这只是被媒体报道出来的一部分。国务院发展研究中心的中国企业家调查系统所做的《中国企业经营者成长与发展专题调查报告》显示，患有心理疾病的企业老板"有时出现"或"经常出现""焦躁易怒"的占 70.5%，"疲惫不堪"的占 62.7%，"情绪沮丧"的占 37.6%，"疑虑重重"的占 33.1%，"挫败感强"的占 28.6%，"悲观失望"的占 16.5%。

这一组组触目惊心的数字，使人们不禁发问，身为社会精英阶层的老板为什么会有这么多的心理问题，甚至走上了不归路呢？

导致老板焦虑的原因来自方方面面，工作劳碌，心理压力过重，心力俱疲；缺乏知心朋友，亲情淡薄，内心孤独，缺乏安全感；精神疲劳，幸福指数低，有的焦虑不堪、抑郁缠身……这些因素交织在一起，久而久之，便汇集成了一股强大的力量，让老板们全天候地处于焦虑之中，进而导致一些悲剧……但是因为老板有一定的身份和地位，还有可能把这种焦虑传染给整个部门或整个企业，从而造成更加严重的后果和影响。因此，对于老板来说，要意识到自己肩上所承担的责任，应学会自我调整焦虑状态。

心理学家总结以下几条摆脱焦虑的方法，可供苦于焦虑而不能自拔的老板们借鉴和参考。

第一，挖出病根。人们常说，对症才能下药。当我们不清楚自己为什么焦虑时，会让我们更加焦虑。好多抑郁和烦恼交织在一起，剪不断，理还乱。要想摆脱焦虑，首先就要找出让自己焦虑的原因在哪里。

第二，用兴趣爱好转移焦虑。爱好是转移焦虑的最佳方式之一。深圳万科集团董事长王石喜欢爬山，他每年有将近 1/3 的时间是在山上度过的，而他每次上山时还会找一些固定的朋友结伴而行，如万通集团的董事长冯仑。同时，他还自发组织了一个滑雪俱乐部，目前发展会员有 200 多人，都是各个企业的老板或高管，每年聚会一次。而明基中国营销总部总经理曾文祺也曾充满骄傲地说："我每天晚上 11 点左右会准时上床睡觉，早上 6 点起床跑步。要是睡懒觉就欣赏不到苏州早晨唯美的薄雾了！"有了自己喜欢的业余爱好，就会沉浸其中，使焦虑情绪在自己的爱好中得以缓解和转移。

第三，保持良好的心态。新形势下的老板要有"MQ"意识，也就是"心理商数"意识。在工作、生活压力下应保持良好的心理状态，适时适度地调整自己的心态与情绪，尤其是要主动接受生活的挑战。只有正视挑战，也才有可能从容自如地融入竞争的社会环境中，哪怕是身处逆境也要坚信，"事实没有想象的那么可怕。"

第四，全身心地投入到工作中。我们焦虑的原因，大多是因为没有把全部的精力投入到工作中去，要是我们知道自己现在该做什么、应该如何做，把自己的注意力全部倾注于工作上，顺其自然，一段时间后，我们就会发现，焦虑已经被时间的良药完全治愈了。

焦虑和紧张都是一种消极的情绪反应，受焦虑影响的老板往往烦躁不安，情绪波动大，不能够冷静地思考和处理问题，丧失积极的进取精神，同时还会损伤自己的自信心，使得自己对工作和生活缺乏热情，因而在一定程度上影响到下属积极性的发挥。

### 老板，你在为什么而紧张

人们在接受任务时，总会产生一定的紧张心理，在任务没有完成之前，这样的紧张心理会一直持续下去。每个人都试图缓解这种紧张心理，老板们又是怎样做的呢？

2010 年的 4 月，素有"中国杀毒软件之父"之称的江民杀毒软件创始人王江民因突发心脏病而不幸英年早逝。王江民离世震惊业界，同时也引发了社会对精英人士健康的担忧。近几年来，企业老板因病离世或患有抑郁症而自杀的事件屡屡发生。据国家权威部门一项调查显示，在中国，平均每四个企业老板中就有 1 位患有与工作紧张相关的慢性疾病。

美国咨询公司 GrantThornton 做出的最新调查也表明，中国企业老板的压力在全球是处于最高位的。该公司通过对 36 个国家的 7400 个私营企业展开调查后得出，在 2009 年 11 月，有 76% 的中国内地企业老板感觉紧张有压力，而在瑞典有这种感觉的仅有 23%。从一定程度上说，在中国，企业老板的压力是最大的。

老板产生紧张的原因来自多方面，经营压力，业绩要求，市场运作，但是让老板产生持续紧张状态的因素是一些问题或工作没有得到解决或完成，这些没有解决的问题以及没有完成的工作有如影子般困扰着老板们，因此他们的紧张也常常持续存在。

而假若这种持续紧张的状态得不到缓解或消除，那么人就时时处于高度紧张的状态下，处于这种状态下的老板会浑身肌肉收缩，呼吸急促，心跳加快，思维也会停滞。在极端的情况下，甚至会大脑一片空白。以这种状态去投入工作，做任何事情结果肯定会很糟糕。此外，如果老板长期、反复地处于超强度的紧张状态中，就容易出现急躁、激动、易怒的情绪，情况严重的会导致大脑神经功能紊乱，这对心理健康和身体健康都是十分不利的。

所以，如何消除这种持续的紧张状态，成为摆在所有老板面前的一个问题，要想消除这种产生紧张的因素，需要多方面的努力，但是老板自己是一个最主要的因素。在这方面，本杰明·哈里森为所有企业老板提供了一个可供借鉴的范本。

1888年，美国23届总统全民大选正如火如荼地进行着。当天，候选人本杰明·哈里森非常平静地在等待最终的结果。但他的票仓主要设在印第安纳州，而那里宣布竞选结果时已是晚上11点了。当本杰明·哈里森被宣布成为美国第23届总统时，他的一个朋友想第一时间把这个好消息告诉他，当他把电话打过去时，却被告知，哈里森正在睡觉，请不要打扰他。

这是多么让人难以想象的事，当晚就要宣布谁将当选美国第23届总统的结果，但候选人却在没有宣布结果之前便已进入梦乡了，这是一种怎样的心态啊！在这样令人窒息的关键时刻，哈里森为何还能酣然入睡，为此他解释道："选举的最终结果与睡不睡觉没有根本上的关系，就算当选，我也知道自己前面的路会非常难走。因此，不管结局怎样，休息好都是一个明智的选择。"这种坦然的心态非常值得那些时时处于高压下的企业老板学习。

实际上，无论是谁，紧张都是一种有效的反应方式，是人应对外界刺激和困难的一种准备。有了这种准备，就可产生应付外界瞬息万变的力量。因此，适度的紧张并非坏事，相反它是我们解决问题的必要条件。因为适度的紧张可以使人注意力更加集中，有助于很快找出解决问题的方法。但我们常说万事过犹不及，如果过度紧张，就可能会因此导致失误和失败。

当老板的生活或工作中出现了持续的紧张情绪反应时，要学会自我调适。

第一，保持平和的心态。就像哈里森所说那样，"睡不睡觉并不能改变选举的最终结果……"倘若能以这样的一种好心态来面对工作，那么工作中的那种持续紧张情绪就会离你远去。

第二，学会接受紧张。当你感到紧张的时候，不要固执地对抗这种不安的情绪，而要体验它、接受它，把它当作是一种正常要发生的情况，然后再想办法去着手解决它。

第三，做好充分的准备。遇事不慌不乱，前提是要做好充分的准备。身为老板，应有全局观念与前瞻意识，对即将出现的压力与挑战做好相应的应对准备，这样，当这些压力与挑战变为现实时，你会因准备充分而应付起来从容自如。

第四，以自嘲来消除紧张氛围。老板因为经常会在公众场合露面，出现尴尬的情况在所难免，在这个时候，如果老板能学会自嘲，那么就有利于消除自己的紧张情绪。

心理学家指出，放松状态最有利于激发人的心理潜力。在放松的状态下，人的状态能发挥到最好，潜力能得到最大限度地释放。因此，老板一定要在工作中学会调适心理，来缓解自己精神上的紧张状态。

# 二、参透员工的心理密码

企业经营的过程实质上就是一个经营人心的过程。怎样去满足员工的需求，怎样通过对人心理的把握和控制来充分调动员工为企业工作的积极性，这些都离不开老板对人心的管理与经营。

## 知道员工的心理需求，才能更好地调动员工的积极性

一个人的长相、穿着，甚至内心情绪我们能看出来，但一个人的心理需求却很难被看出来。作为老板，你该如何去洞悉员工的心理需求？

在老板的日常管理工作中，要想有效地调动员工们的积极性，就必须研究员工的需求，了解员工的需求，并满足员工们正当物质需求与精神需求。只有这样，老板才能充分发掘员工的潜力，保证企业的各项目标得以顺利实现。

需求层次论是心理学家马斯洛一生中最著名的论述。在他看来，人是一种"有欲求的动物"。人们会一直不停地追求各种目标，当一种需求得到满足以后，人们又会有其他需求，继续去寻找其他新的目标。

在实际生活中，人的需求也有先后顺序，有一个由低至高的发展层次。马斯洛提出，人的需求体系分为两种类型：第一种是基本需求，第二种是心理需求。在生活中，生理需求是最基本的，再往上依次为安全、爱和归属、被尊重与自我实现的需求，这些都属于高层次的心理需求。其中，自我实现指的是创造潜能的充分发挥，马斯洛将它划分为人类需求的最高层次。

在马斯洛看来，人的需求主要包括如下五个层次。

1. 生理需求。即基本生物需求，例如，对粮食、水分、性和睡眠等需求。

2. 安全需求。例如，保持生命、财产、职业和心理等安全，避免恐惧的需求。

3. 归属和爱的需求。例如，和别人交往、爱他人与接受他人爱、成立家庭和归属等需求。

4. 尊重需求。例如，自重、被别人尊重、得到赞许等需求。

5. 心理需求。主要有认知需求、美的欣赏需求以及自我实现的需求等。

任何一个人都有不同层次的需求，在满足了最基本的生理需求以后，人就会有更高层次的需求。有一个讨论过许多年的问题，人为何会存活在世上？答案并没有定论，可确定的是，我们不只是为了吃饭而活着，我们还需要被他人关爱和尊重。同理，我们自己的需要也是他人的需要。要想得到他人的尊重，我们首先就要做到尊重他人。我们需要他人的热心帮助，也要热心帮助他人。

对老板来说，在满足员工最基本的薪酬待遇的需求之后，更应该花费心思了解员工的心理需求。事实上，心理需求更容易影响员工们的工作效率。

1981 年的时候，美国马萨诸塞州巴莫尔的戴蒙德国际纸板箱厂，因为市场大幅萎缩，员工们十分担心自己的前途。调查显示，当时有六成以上的员工觉得管理层对自己不够尊重，一半以上的员工对工作感到悲观，近八成的员工认为他们没有得到因工作出色而应有的报酬。了解这些状况后，工厂老板推出了"百分俱乐部"计划，即不管是谁，只要全年工作绩效高于平均水平的，都可以得到相应的分数，例如无安全事故可以加 20 分，全勤可以加 25 分等，每年结算一次，并将结果送到所有员工的家中，若能得到满分，还可以获得一件印有工厂标志和"百分俱乐部"臂章的浅蓝色夹克衫。

两年后，工厂生产率提高了 16.5%，质量差错率下降了 40%，员工不满状况减少了 72%，因工业事故而损失的时间减少了 43.7%，工厂利润每年多创收 100 万美元。

1983 年年底调查显示，86% 的员工认为管理层对员工非常重视，81% 的员工觉得自己的工作获得了认可，79% 的员工认为自己的工作与组织成果关系密切。事实证明，满足员工的心理需求，是员工工作动力的最大来源，人人都需要一种心理上的满足，都需要得到被尊重、被信任和被重视的感觉。

身为一名企业老板，你怎样对待自己的员工，他们就会怎样对待你的企业。如果你想成为一名成功的老板，就要学会体察每位员工的不同需求，并满足他们不同的需求，让你的领导有方，将关心深入到员工的心里去。你得到的回报将是每位员工的忠心和敬业。

刚开始的时候，惠普公司仅仅是一个只有七名员工的小作坊，设在一间小车库中，但是经过 70 多年的发展，如今它已经是一家大型跨国企业了，分公司遍及全球各地，年年创造着十分可观的利润。惠普公司能够得到如此迅速的发展，主要依赖于惠普独到的精神，也就是企业界知名的"惠普精神"。"惠普精神"主要表现在如下五个方面。

第一，消除等级制度，任何员工都可以不拘礼仪的直呼对方的姓名，不必冠上头衔。

第二，实行弹性工作制，让员工自由选择自己偏好的工作时间与方式，让他们获得充分的自由。

第三，实施走动式经营，让经理们走出办公室，多和下属交流，在喝茶与聊天的过程中，解决一些平时不好直说的问题。

第四，实行终身雇用制，给员工吃一颗定心丸。就算在经济衰退时期也不裁员，不但要求员工对企业忠诚，更要求企业对员工忠诚。

第五，明确公司宗旨，那就是："组织的成就是每位同仁共同努力的结果。"让员工深切感受到自己是企业中一分子，增强员工的归属感。

惠普公司的精神核心就是充分尊重员工，任何一位员工的人格、权利与选择都是至高无上的，唯有充分尊重员工，才能够换来他们的热情与认同。

对员工而言，工作不只是为了钱，更是为了让自己的能力得到肯定，为了得到身份与地位的认同以及一种事业上的成就感。

对于一家好企业来说，它可以给予员工的不只是丰厚的薪水和良好的培训，更关键的是尊重劳动。

对于一名好老板来说，他可以给予员工的也并非命令，更关键的是关怀每位员工。实际上，满足员工的需求就可以激励他们的积极性，让他们觉得获得了尊重，认识到自己的劳动是非常有价值的。唯有如此，员工才会心甘情愿地用自己的劳动创造出更大的价值。

马斯洛效应告诉我们，只有了解员工的不同需求，设身处地地为员工着想，尊重每个员工的个体需求，才能把理解员工和关心员工做到位。"己所不欲，勿施于人"，现代社会工作的主流是团体的合作，学会认识他人的需求，并尊重他人的需求，不仅是企业老板应有的素质，也是每个人都应该具备的一种素质。

老板应该怎样才能充分了解并把握员工的心理需求呢？其一是一定要在思想上引起高度重视。其二是学会换位思考，老板应站在员工的角度上来考虑各种问题，了解员工们所处的环境，了解他们的真正感受。其三是运用内部营销的方法与技术。也就是要将员工当作企业的内部顾客来对待，运用营销调研技术，例如一对一访谈、问卷调查、实地观察等技术去了解员工的动机、情绪、信仰、价值观、潜在的恐惧和反抗等，以此来准确了解并把握员工的情感、需求和欲望。其四是加强与各类员工的交流与沟通，建立内部正式的和非正式的互动式的沟通和反馈渠道，通过情感沟通，了解不同员工的不同需求，也了解不同时期的需求重点。其五是进行一些外部了解，通过对员工的家庭与亲戚朋友、顾客、供应商、离职员工的调查与访谈等，间接地掌握员工的真实状况。

## 设法与你的员工签订一份心理契约

在提到契约时，我们都会很自然地联想到经济交往中的契约，但这里所说的契约却无关经济，它是一种心理契约。一理契约是一种什么样的契约呢？作为老板，你怎样才能与员工签订一份心理契约呢？

心理契约属于管理学的范畴，是一个非常值得探讨，也有很多人在研究的问题，只是这个问题目前还没有引起人们足够的重视。

老板在实施管理活动的时候，不可避免地要思考并回答这样一个问题：公司靠什么来维持、维护和发展？靠法律，靠制度，靠管理，靠老板的智慧，靠经济实力，靠开拓进取……答案会有很多，但一些老板或许根本就没有想到其中心理因素的重大作用。心理因素包含很多方面，心理契约即是其一。

心理契约是指在管理活动中，上级与下级在互动过程中，会发生一种同类化，即相互间，彼此接近、趋同。因为这种接近、趋同和了解，建立起情绪上和心理上的联系，形成一种不言自明的心理上的默契。

应该说，心理契约是对利益合理分配的一种确认，相反，它对公共利益的维护又能起到积极的作用。心理契约与商业交易中的契约相比，有一个不同点：交易契约是明文规定的，但心理契约是无形的。尽管无形，它的作用却非常明显，它是一种稳定器和平衡器，能维护和保持一个组织或单位的平衡。因为心理契约是在一个相当长的时间里形成的，是建立在相互了解基础之上的，是"不约而同"，因而能把人际关系简化，并规避一些不良的、腐蚀组织机体的道德心理，例如怀疑、不满、猜忌等。另外，心理契约能使上下级产生归属感，共同把共处的组织团队看成"我们的"，有利于全体的团结，从而增强凝聚力。

心理契约之所以能够自发形成，深层次的原因是期望和谐地达到维护成员共同利益的需要。大家都知道，在一个组织里，存在着维护绝大多数人共同利益的需要，另一方面，每个人为了追求自己的利益，又会和共同利益产生冲突。这就需要一定的原则来指导，解决如何在不同的利益之间达到一种人人都能接受、合理、恰当地分配份额的契约。

下面这些因素对心理契约的形成也起着非常重要的作用。

### 1. 沟通

心理契约是通过人与人之间的沟通来形成的。沟通就是联络、通信或信息交流。

沟通的方式主要有正式沟通和非正式沟通两种。

正式沟通是指通过上级部门或组织渠道进行的信息的传递与交流，例如老板给下属做报告，组织规定的会议，下级向上级汇报工作或情况等都属于正式的沟通。正式沟通分为上行沟通、下行沟通和平行沟通。

上行沟通是指下级向上级反映情况。下行沟通是老板把企业的目标、规章制度、工作程序等向下传达。上行传达的作用不仅能让老板掌握全面情况，而且能更多地了解下属的思想动态、意见，甚至情感、态度、观点等。下行沟通不仅能使下属了解企业的工作目标和具体措施，而且也能了解老板的思路、能力等情况，以对领导有一个客观的评价。平行沟通是指主管与主管之间、下属与下属之间的信息交流。保持平行成员之间的畅通交流，不仅能增加或减少彼此之间的矛盾和冲突，也会促进上下级之间的良性互动，防止上下级之间的摩擦的发生。

沟通达到的理想效果就是顺畅。沟通不畅则会影响工作任务的顺利完成，而导致沟通障碍的主要因素有以下几个方面：一是语言上的障碍。语言是人类社会彼此之间进行沟通的工具。但同一想法，有的人表达得比较明确，而有的人却表达得比较模糊，这就会产生障碍。二是因为人与人在态度、观点、信念上有很大的差异化，也会造成沟通过程的障碍，例如，有的老板对下属缺乏信任，喜欢来点儿"哑谜"之类的指示，在这种情况下，下属也往往会去猜测老板指示的"弦外之音"。这样，就无法达到真正的沟通，甚至会出现误解。此外，人的个性因素也会影响沟通。

### 2. 管理方式

老板的管理方式对沟通有较大的影响，例如，在"民主""专制"和"放任"三种管理方式中，"民主"型的管理方式比较容易达到顺畅沟通的效果，因为，"民主"型的管理方式能使上级与下级之间互相尊重、友爱，思想活跃，而用"专制"型的管理方式沟通就会产生非常大的局限性。另外，老板有没有平等意识、体贴的心意，能否善解人意，能否善于洞察下属的内心，能否及时填补下属工作中的漏洞等等，都是构成心理契约的关键所在。

### 3. 距离远近

老板若能经常与下属在空间上接近，时常参与下属有意义的活动，并和下属同甘共苦，就容易形成彼此之间的密切关系，达到无拘束的沟通，从而相互协调行动，达成共识。

### 4. 交往频率

交往的频率愈高，愈容易形成较为密切的关系和顺畅的沟通。

在认识到心理契约重要作用的同时，老板也要提防心理契约的消极作用，即在特定的组织或单位中，上下级之间一旦形成心理契约，并被固定下来后，就会形成一种"抵制"力量。这种抵制会影响或阻碍新的人际交往、新的态度、新的行为方式的建立和新的变革的发生。

总而言之，心理契约是一把双刃剑，它不仅是管理活动的推动力，同时也是一种阻力和抑制力。老板必须恰到火候地掌控它，使其成为良好人际关系的催化剂，而不能使其变成贯彻落实制度的阻力。

心理默契不仅是上级与下级交往中相互协作的融会点，也是防止上下级之间产生抵制冲突的底线，例如，在某家企业，经过较长时间的互动，老板认为自己非常重视人才，而下级也都知道老板很是惜才爱才，只要把自己的聪明才智发挥出来，老板肯定会给予奖励。当下属真的做出突出贡献时，这个老板如果及时给下属以奖励，这就形成了一种心理契约。若这个老板没有给予下属奖励，并且使这样的事常常发生，那么心理契约就会遭到破坏。

就外部条件而言，心理契约的形成，需要一家企业具有良好的组织和公正的分配机制；就内部条件而言，必须有一种共同的正义感和道德观——这是建立心理契约的纽带。

## 薪酬支付方式会对员工心理产生直接影响

薪酬支付在每个企业中都是一个敏感话题。薪酬支付出现了问题，往往会影响到员工工作的积极性。既然如此，用哪种方式支付薪酬才能更好地激励员工呢？

当"以人为本"的管理理念被越来越多的老板接受、认可并贯彻到企业的管理活动中，当"工作生活质量"运动使生活的节奏逐渐加快、网络文化进一步拓展生存空间时，人们在渴求高工资等货币性薪酬的同时，更注重个人价值的体现和挖掘等内在性薪酬。于是，薪酬支付的艺术便在其中慢慢地萌芽，并不断开出了令人欣喜的花朵来。

薪酬支付，在支付的方式上要考虑是否基于员工的心理。因此，在运用薪酬支付的时候，可谓"运用巧妙，存乎一心"。"失之毫厘"，其效果可能"谬以千里"。为此，员工薪酬福利顾问公司的专家总结出了如下秘诀。

### 1. 抓住时机

老板一定要认识到，员工工作积极性带来的奉献精神，是公司发展源源不尽的动力源泉，而员工的工作积极性需要多种层次的激励来维持和加强。公司获得发展离不开人，所有的设备、机器自身不会创造出价值，只有通过人来操作、管理才能实现公司正常的运转。假如人的积极性调动不起来，员工消极怠工，工作效率低下，浪费严重，那么这种公司是没有前途的。人是整个公司运作的枢纽，没有人的积极性和创造性，何谈公司的发展壮大，所谓"留得青山在，不怕没柴烧"也正是这个道理。因此要奖励，而且要及时并且有针对性的奖励，切莫犯"捡了芝麻丢了西瓜"这样的低级错误。

### 2. 是否公开支付方式

采取公开支付，还是秘密支付？让不让员工知道本企业其他员工的工资收入？对这一问题，形成了两种截然不同的观点。

一种观点认为，"工资公开"能够促进员工行为的约束和改进，激励他们更加努力工作，因为这种工资制度很透明，员工可以看到"多劳多得，少劳少得"的实际结果，前提是收入分配一定要严格掌握公平的原则。

而另一种观点则认为，要坚持"工资保密"。原因是"工资保密"可以让事实上存在的收入不平等现象得以规避，因为在客观上绝对平等根本无法存在。企业因为特殊需要，高薪聘用一些员工，或某些员工有较高的实际工作能力和工资谈判能力，使得这些人的工资与其他员工的工资产生高低之分。为了避免因收入不平等而引起员工之间排挤、不满的对立状态，采取保密的工资制度是可取的。

从人心理上的普遍规律分析，在薪酬保密的制度下，员工总会对其他人的薪酬产生过高的猜疑，这样就会引起过多的麻烦，但是因为某些特殊情况，企业又不得不将薪酬保密。在这种情况下，相对科学的解决方法就是将每一个工作级别的起薪点、加薪和晋升的准则对外公开，而对个别员工的薪酬数目可以不公开。总之，这两种方式没有对错之分，关键在于哪种企业适合工资保密的形式，哪种企业适合工资公开的形式。

即使在同一企业内，这个部门可采用工资保密支付方式，而另一部门采用工资公开支付方式，都是允许的，关键是于更好地协调。

### 3. 因人而异，切莫一刀切

某公司的员工小李，妻子因病住院几个月，昂贵的医药费使小李积蓄很快花完。正当小李不知如何是好之际，老板了解到他的情况，决定为小李预支半年的工资，以解其燃眉之急。拿着预支的这笔钱，小李渡过了难关，因此他非常感谢老板。公司这一灵活的薪酬制度，使他更加专注地投入工作，为公司业务拓展做出了较大的贡献。

### 4. 变换支付方式，给员工惊喜

因为资讯的发达，现在薪酬的支付手段可谓五花八门，薪酬支付的手段与花样也是异彩纷呈，不断给员工带来惊喜。例如，适时用现金支付，特别是大额奖金，会对员工产生很强的心理和视觉上的冲击力，他的心会骤然缩紧。如果要把钱直接打到员工个人账户中，这种"心骤然缩紧"的效果就很难出现。

老板一定要记住，员工的信任不仅是公司顺利实施薪酬支付的关键，也是整个薪资管理的关键。在争取到员工的信任之后，就会发现各项工作都变得那么得心应手，无形中，公司的效率也会得到显著提高。

不管采用哪种薪酬发放方式，最终的目的是激励员工，但前提是必须取得员工的信任。如何才能做到这一点呢？这就要求在制定薪酬支付方案的时候，要全方位地采纳员工提出的合理化建议，方案实施时应向员工解释清楚，再把方案及时发放到每个员工手中。但在实施的过程中，一定要注意做好信息的回馈工作。对于那些新出现的情况要特别注意，必要时要立即加以调整。

## 待员工如亲人，多一些人情味

老板如果把员工放在一个对立的地位，他们便会远离你，甚至不支持你的工作。如何做，才能使老板与员工的关系达到最佳呢？

有一天，北风和南风偶然相遇，它们谁都不服谁。于是，它们决定比试一下，看谁的威力大。它们一起来到了路上，看到一个穿大衣的路人，就规定了比赛的规则：谁能把行人身上的大衣脱掉，谁就是胜利者。北风首先上场，它对着那个行人猛吹一阵冷风，想以此来把行人的大衣吹掉。寒冷的风凛冽刺骨，冻得行人直跺脚，不停地搓着耳朵，大骂这该死的北风。结果行人不仅没有把身上的大衣脱掉，而且还把大衣越裹越紧。此时，精疲力竭的北风只好狼狈地败下阵来。轮到南风上场了，南风徐徐吹过，顿时阳光和煦，行人因为觉得春意上身，心里暖烘烘的。不一会儿，行人开始解开纽扣，继而脱掉大衣。就这样，南风获得了胜利。

这就是南风法则的由来。南风法则启示我们，温暖胜于严寒，引导胜于压迫，最具威力的武器，往往是爱与关怀。南风法则应用在企业管理中，是指领导者要尊重和关心下属，时刻让下属感受到领导者给予的温暖。这样，下属出于感激就会更加努力积极地为企业工作，维护企业利益。

当我们想改变别人的行为时，总习惯于用紧皱的眉头、阴沉的面孔和严厉的语言来实施我们的想法。因为我们认为这样更能体现我们的威严，更能迫使他人"就范"。

虽然最终人们妥协了，但我们在付出了很大代价之后，却收获了更多的反对、抱怨和消极应付。

实际上，比严厉更有力的"武器"是爱、关心和尊重，也就是让人们感到温暖。很多时候，有些管理者却忽视了爱的力量，用冷漠的眼神和不苟言笑的表情紧紧地把自己包裹起来。

对于这样的情形，有的老板却自嘲地说这是为了更好地工作，但事实上却是对自己信心不足的充分体现。一副拒人于千里之外的表情，正是害怕别人走近自己发现自己是个弱者的表现。

老板和员工之间总会产生这样那样的矛盾，老板希望下属毫无怨言多多做事，下属希望老板对自己理解宽容；老板希望下属对自己忠贞不贰，下属希望老板对自己赏识重用。这种矛盾看起来不可调和，但是，在人情面前，每个人都会退让三分。

国土面积不大的日本能拥有多家世界级的公司，这和日本企业老板的管理是完全分不开的。日本企业内部管理制度十分严格，但是老板在严格执行管理制度的同时，对员工能给予最大限度地尊重、体贴与关爱。例如，老板会记住员工的生日、员工婚丧嫁娶会送去祝福与慰问、关心他们的成长和人格完善等。这种抚慰不仅针对员工本人，有时还惠及员工的家属，使家属也感受到企业这个大家庭的温暖。正是这种十足的"人情味儿"，使得公司员工能从公司里感受到来自家的温暖。为了回报这种温暖，所有的员工都能自觉工作，为公司不计代价的付出。这都是企业老板运用南风法则为企业赢得巨大效益的成功案例。

吉姆在 SAS 公司做警卫工作 30 年了。只要是吉姆值班，就能看到他的胸前别着一枚很精致的鸡心别针，精神抖擞地站在那里。吉姆这么有激情地干着他的警卫工作，源于 SAS 公司老板卡尔·纳。卡尔·纳是个很有人情味的老板，他觉得现在公司已走出低谷，发展得越来越好，应该回报给员工一些东西。

于是他思考了一下对秘书说："你去定做一批精致的鸡心别针，每个员工一枚，发放的时候不要直接发给员工本人，要按照员工的家庭地址，通过邮局寄给他（她）的配偶或父母。"

一天晚上，吉姆下班回到了家，夫人冲上来抱住他甜甜地吻了一下，并说："吉姆，你太棒了！"

此时的吉姆一脸愕然，不知夫人为何如此兴奋。夫人说，你知道你们的老板给我寄来了什么？吉姆一看原来是一枚精致的鸡心别针，还有一张卡片，上面写着：

尊敬的吉姆夫人：

感谢您一年来对吉姆先生的工作的倾心支持，使得我们公司取得了长足的发展。我谨代表我和我的家人向您表示诚挚的谢意。

卡尔·纳

吉姆读完老板的亲笔信后，也十分激动。他仅仅是个普通的警卫，却得到老板如此细心的关怀。于是夫妻二人一起探讨，明年要如何更好地工作来回报老板对自己的关爱。

老板的一封感谢信就能让员工如此自觉地努力工作，对于身为老板的你而言，何乐而不为呢？实际上，要想成为一名成功的老板，一定要还原自己本来的面目，做一个乐于施爱的人。因为，对别人付出你的爱和关怀并不会有损于你的形象，相反更有利于实现你的愿望，使你更快地奔向成功。那种冷酷无情非但不能给人威严的印象，相反，还会被人怀疑你是一个心理疾病患者。

马斯洛的需求理论指出，人不但有生理需求，而且更重要的是心理需求。由于，生理需求较之心理需求更容易发现和满足，但心理需求却常常被人们所漠视。老板在管理企业的过程中对下属多释放一些人情味儿，就会让下属在心理需求上得到满足。而这种需求的满足与否又很容易影响一个员工的工作效率。

## 努力为员工营造舒适的环境

好的环境会使员工满怀热情地去工作。作为老板，你怎么才能为员工营造出舒适的环境呢？

心理学中有个雷尼尔效应，其源于美国华盛顿大学的一次风波。华盛顿大学的校方曾选了一处地点，准备在那里修建一座体育馆。消息传出后，教授们不约而同地立即表示强烈反对。

教授们抵制校方计划的原因是，因为这个要建的体育馆的选址，位于校园内的华盛顿湖畔。一旦场馆竣工，在餐厅用餐的教职工，就再也不能像以前那样欣赏到窗外湖光山色的美景了。

当时，华盛顿大学教授们的工资与当时美国的平均工资水平相比要低 20% 左右。华盛顿大学的很多教授可以没有障碍的去任何工资较高的大学教书，但他们为什么心甘情愿在这里接受较低的工资呢？原因在于他们完全是出于留恋西雅图的湖光美景。

西雅图位于北大平洋东岸，华盛顿湖等大小不一的水域星罗棋布，天气盛晴之时，美洲最高的雪山之一——雷尼尔山峰能尽收眼底，开车出去还能看到一息尚存的圣海伦火山。由于在华盛顿大学任教能享受到这些景色，因此很多教授便情愿牺牲获取更高收入的机会。他们的这种偏好，被华盛顿大学的教授们戏称为"雷尼尔效应"。由此可以说明：华盛顿大学教授的工资80%是以货币形式支付的，20%是由所处幽雅的环境来支付的。

假如因为修建体育馆而破坏了这种景致，就意味着工资降低了20%，教授们就可能会流向其他大学。那么，学校再用原来的工资标准就无法聘到同样水平的教授了。由此可见，美丽的景色也是一种无形资产，也能起到吸引和留住人才的作用。

将此理论运用到企业管理中，企业也可以用"美丽的风景"来吸引和留住人才。当然，这里的"美丽的风景"是指一个良性的工作环境和浓郁的企业文化氛围。

美国西南航空公司在白热化的人才争夺大战中，就是使用"最佳雇主品牌形象"这一概念吸引和留住了与企业核心价值观合拍的员工。

西南航空公司的"最佳雇主品牌形象"，是该公司对员工做出的一种价值承诺，一种与客户服务品牌同等重要的内部品牌。在十多年前，西南航空公司的每个员工都收到了一份自由"个人飞行计划"，内容包括保健、财务保障、学习与发展、工作与休闲、娱乐等八大项。这个计划将"最佳雇主品牌形象"通过警句的形式传达给每个员工："西南航空，自由从我开始。"

西南航空公司强调每个员工都是实现自由承诺的要素。他们通过建立"最佳雇主"的内部品牌来激励员工，为员工提供充分的自由，不仅使员工与公司之间产生了强大的亲和力，而且有效地激发了员工创造优质客户服务品牌的热情。该公司员工福利与薪酬总监表示："我是希望通过自由承诺进一步加强优秀人才的敬业精神，'优秀雇主'这一称号使我们在吸引和留用优秀人才方面获得了较大的竞争优势。"

"雇员总是忠诚于那些忠诚于自己的公司"是丰田公司的信条。为了表明公司命运与员工命运的紧密相连、不可分割，丰田公司以"没有许诺的终身雇用"向员工表达着公司的忠诚。一方面，公司文件和经理的谈话中不断地提到终身雇用。例如团队成员手册中就写道："终身雇用是我们的目标——你和公司共同努力以确保丰田成功的结果。我们相信工作保障是激励员工积极工作的关键。"

但实际上，双方并没有签订什么保证书。在团队成员手册中清楚地写道："所有员工同丰田的劳动关系是基于就业自愿原则的。这意味着不管是丰田还是公司雇员，在任何时候，因为任何理由都可以炒对方的鱿鱼。"但丰田公司的员工都相信他们工作的保障没有问题。

有位员工在接受记者采访时表示："公司永远不会解雇我们。即使公司经营状况不景气，我们也会留在这里，与公司一起渡过难关。"这种自信并不是盲目的。公司总裁不止一次公开表示："即使公司遇到困难时，我们也不会辞退员工，而是将劳动力重新配置。我们将利用这个机会来对他们进行再培训，而这些是他们在繁忙的工作岗位上无法做到的。"

丰田公司的一个部门经理说，他在这个岗位上已经工作了20多年了。但他从来没想过要离开这里，主要原因不是丰厚的薪资水平，而是在这些年的工作时间里，他已经建立了自己的威信，确实不想再到别的公司去从头做起了。他感觉他已经在很多情况下，对公司做出了影响并且也得到了肯定。显然对他而言，这些事情是比金钱更重要的。

这位主管的话，朴实地反映了人们在基本物质生活得到满足的前提下，将不再把金钱作为主要的工作动机，对大部分人而言，"个人价值的实现""受人尊重"要比金钱重要得多。

当然，"雷尼尔效应"的应用还有很多，远不止这些，因此，一个健康的、优秀的企业就要主动去营造这种氛围。

聪明的老板就要努力营造舒适的工作氛围，让员工从心里感受到这种"舒适度"。当然，并非无限制地满足员工的需求，而是尽可能地营造"舒适度"。例如，让员工有认同感，尊重每个员工，尽可能多地给每个员工创造"自我实现"的空间。站在员工的角度多为他们考虑，努力为他们提供一个良好的工作环境，给他们创造更多的锻炼和深造机会，让他们对自己的工作产生浓厚的兴趣，自觉地发挥其主观能动性，在积极的工作中提高自己的素质。让员工在公司真正找到归属感，真心地把公司当成自己的家，将老板、上司、同事当成是自己的亲人和朋友，互相之间没有猜忌，没有困难面前的无助，有的只是团结、合作、互助、融洽的氛围。这样才能降低员工工作以外的心理压力，提高其精神层面的舒适度。所以，在管理过程中，老板要以情感人、以理动人、以心用人、以诚留人，充分调动所有员工的积极性和主观能动性，凝聚他们的价值取向使之形成合力。只有这样，企业才能收获最大效益。

### 让员工工作自律的好方法

企业是老板的，老板工作自律是必须的。如果员工也能把企业当成自己的，也能自律，那么企业必然能取得长足发展。但如何才能让员工在工作中自律呢？

美国一位心理学家曾做过这样一个实验，他叫人看自己的两张照片，一张是镜面照，即每日大家从镜子中看见的自己的形象；另外一张是标准照，就是普通相片所呈

现的形象。所有人都会认为镜面照比标准照好看，而旁人则认为标准照好看。

对此，心理学家解释：这是因为我们每天看见的自己都是镜面照的形象，对这个形象十分熟悉，而标准照是自己不熟悉的，因此大家都会有这样的感觉，觉得自己的标准照不好看。天天看见相同的东西，从而就产生了一种知觉上的熟悉性，因而影响了自己的情感偏好，对熟悉的东西产生了好感。这就是自我参照效应。

安德鲁·杰克逊是美国历史上一位非常出色的政治家。自从他的妻子死了以后，杰克逊就开始担忧自己的身体健康状况，家里已有好几个人都因瘫痪性中风而死，所以他就认定自己必然会死于同一症状。因此，他一直生活在这种极度恐慌的状态中。

有一天，杰克逊正在朋友家和一位年轻的女士下棋。突然间，他的手就垂了下来，看上去整个人都很虚弱，而且脸色发白，呼吸困难，他的朋友走到他身边。

只听杰克逊乏力地说："最终还是来了，我得了中风，整个右侧都瘫痪了。"

这时，朋友不解地问："你是怎么知道的呢？"

杰克逊回答说："因为我刚刚在右腿上掐了几次，却毫无感觉。"

此时，与杰克逊一起下棋的那位小姐说："但是，先生，你刚刚掐到的是我的腿啊！"

千万别认为这种错误的恐慌只会在一位垂垂老去的人身上发生。其实，它在所有人的身上都存在，只是表现的形式和程度不同罢了。

为什么这么说呢？因为人人都会受到一种"记忆的自我参照效应"的影响。它是指我们在接触到与自己相关的信息或事情时，最不可能忽视或遗忘。

对企业老板而言，自我参照效应可以广泛地应用到企业的经营管理工作中。

伦敦有一家大型企业，其日常工作费用开支非常大。为降低费用开支，公司老板想出了一个方法。他聘请了一位面孔冷酷、资历极深而且有会计工作经验的人。他让这位会计师坐在前面带有玻璃窗的办公室中，如此一来，他就可以看见在前面办公的每个员工。老板对全体员工说："他是被请来审核全部费用账簿的。"

此后，每天早上，公司员工都会将一叠费用账簿摆在这位会计师的办公桌上。下班之前，他们又来将这些账簿拿走，送到会计部门。

一个月之后，奇迹出现了，在会计师来公司"检查"账簿的这段时间，公司的一切费用开支降低了20%。不过，这位被雇用来的会计师从来都没有翻阅过那些账簿，可没有一个员工知道这件事情。

为何会出现这么奇怪的现象呢？

其实这是"自我参照效应"在起作用。公司请会计师这一客观事实，引起了公司全体员工的关注，并开始产生了相应的心理活动，感知到了"检查"，从而对自己的工作做出了整体反应，即告诉自己必须自律，不能再随意支出了，因为现在与以往不一样的，有专门的会计审查人员在盯着自己呢！

曾有人做过这样一项研究，要求被试者看一则照相机的图片广告，接着分别问他们三个问题：第一，这张图片有无红色？第二，这是什么？第三，你用过这种产品吗？然后，让被试者回忆该照相机的牌子，结果表明，被问过第三个问题的人回忆得最好。非常明显，第三个问题和我们自身具有直接的联系。

所有人都对与自我相关程度高的事物，给予更多的注意。我国心理学家樊春雷曾经做过这样一个实验：他让消费者看一组用来描写人格特质的形容词（如勇敢的），并且判断这些词是否适合用来描写某个品牌。然后对他们进行记忆测试，结果发现，他们对刚用过的形容词的正确分辨率极低；可若让他们以同样的形容词来描述自己，那他们对这些词的正确分辨率就明显提高。人们对和自己有关的事情记忆良好，就是记忆自我参照效应的最直接体现。

自我参照效应除在工作中可以应用外，在日常生活与学习中也可以发挥作用。例如在学习新东西时，若学到的东西和自身密切相关，学习时就有动力，学后也不易忘记。因为在回忆关于自己的事时，我们最不可能出现遗忘。但是也会发生糟糕的情况，例如"医学院学生综合征"。医学院的学生往往会碰到这种情况，每次当老师介绍一种病症时，学生总是免不了会先想到自己是否有过类似的征兆，若碰巧有两三点看似相符，就开始惊慌失措，怀疑自己，实际上可能什么事都没有。

心理学家分析，自我参照效应是让员工自律的好方法。拿广告而言，在产品的广告宣传中，如果想让广告进入消费者的大脑，一定要让产品广告与消费者自我有关联。

科学证明，广告对消费者大脑的不同影响是存在的，但影响性质与程度决定于广告内容与消费者自我的关联性质。这也能够解释为什么有的品牌广告能够深入人心，进而影响消费者的购买行为；而有的广告则没有任何作用，甚至起到的是副作用。

### 老板付出诚心，员工才会忠心

员工跳槽是每个老板在企业管理过程中最头疼的一件事，既会延误企业的发展，也会给企业招来灭顶之灾。那么，怎样才能避免员工跳槽，使之忠诚于企业呢？

心理学研究表明，员工若对企业很忠心，大都是因为企业老板对员工付出了足够的诚心。

生活节奏的加快、工作压力的加大、外界诱惑的增多，让越来越多的人心开始浮躁。他们不再淡定，不再沉稳，整天忙碌着，观望着，跳跃着，失落着，沉沦着。

中华英才网曾做过一个关于换工作的社会调查，调查表明：所有的受访者中，有过换工作经历的人占53.66%，34.77%换了两次以上，60.22%的人有换工作的想法。

企业花费了大量的时间和金钱对新员工进行培训，往往当新员工可以独立开展业务时，便向原来的单位提出离职申请，而另投他门。在当下大学毕业生的眼里，职业素养十分寡淡，常常因为多几百元钱工资就草率做出跳槽的决定。

对企业来说，跳槽的员工大多是在企业表现较好、业绩突出的优秀员工。这种员工跳槽一般会给企业带来一定程度的负面影响和损失，正如下面这个例子中的小胡。

小胡是一家化妆品公司的业务员，工作踏实、勤奋，业绩突出，是公司的业务骨干，但在公司干了两年，没有得到提升和加薪的机会。同时，他还发现市场上同行业中的此类职位，薪酬都比自己要高。小胡觉得，自己为公司默默地奉献了两年，公司却没有给自己提供任何在业务方面有帮助的培训或学习的机会。于是，小胡向公司提交了加薪的申请，但被公司拒绝。此时，小胡便萌生了离职的意愿。

半个月后，小胡接到了一家新公司聘用通知，便向公司提出辞职。公司没有想到小胡会提出辞职，虽尽力挽留，并答应了他加薪的要求，但此时的小胡去意已决。他觉得若再继续干下去，会给人留下好像是用辞职来要挟公司为自己加薪的印象，况且公司允诺的薪酬也没达到新公司给的标准。最终，小胡还是决定离职。事情发展到这种地步，公司也只能无可奈何地放人了。

在这个案例中，小胡的跳槽给公司带来的损失不言而喻。

小胡在决定离职、开始寻找新工作。其间，工作的重心肯定会发生转移，心不在焉，效率下降便自然而然地出现了。

小胡跳槽以后，空缺下来的职位一时难以找到合适的人选填补上去，部门的工作流程和运转效率也自然会大受影响。

小胡的跳槽还会给其他员工带来对企业产生不满的情绪。他在将离开公司的那段时间里，和同事交谈不免会流露出对公司的种种不满，而他的离去也会使其他员工产生动摇的心理。

小胡的突然离职，公司人力资源部为尽快填补小胡的职位空缺而不得不招聘新员工，给本来就任务繁重的人力资源部又增加了一份工作量。

另外，新招聘的员工不可能像小胡一样马上就能了解公司的企业文化、工作情况，公司又不得不对新招聘的员工进行入职前的业务和企业文化培训等。

新招聘的员工对业务肯定有一个适应、熟悉和了解的过程，在其全部熟悉、了解工作情况之前，他的工作效率和工作绩效自然不会太理想。

可见，员工的跳槽对企业会产生许多不利影响，严重的甚至可能带走企业的客户、技术和商业秘密，使公司遭受更大损失。

老板如何才能消除员工的浮躁心理，让员工安于企业，不轻易萌生跳槽的念头呢？以下的建议供老板们参考。

1. 设定有足够吸引力的薪资标准

追求高薪，是员工跳槽的主要的动因。所以，企业如果想防止员工跳槽，关键是企业的薪酬体系要讲求科学、合理，并对外部市场的竞争力要有一定估测与预判。

企业要依据职位和各职位对企业作用的不同，对员工进行相应的职位价值评估，在企业内部建立完整的职位价值序列，并根据职位价值序列进行职位的基础薪酬设计。此外，企业还要建立完善的绩效考核管理体系，将员工的变动薪酬与绩效考核结果紧密联系起来，使员工的收入和贡献相关联，实现企业的内部公平性，这就有效地规避了员工由于内部分配不公产生的心理不平衡，进而萌生去意的问题。

2. 制定良性福利体系

企业福利的好坏对员工是否愿意继续留在企业也会产生重要影响。企业可以根据自身的特点、员工年龄和需求，进行非法定福利的差异化设计。例如，某玩具企业对其设计人员规定，在完成某一设计得到市场认可后，参加设计的所有人员可以享受三天带薪休假。对于通宵达旦、没有固定下班时间的设计人员来说，一方面，休假后设计师可以以饱满的热情投入新项目中去；另一方面，设计人员也因为这一特殊的福利而增加了对企业的忠诚度和归属感。

3. 帮助实现职业生涯规划和职业发展机会

职业生涯规划，是指企业和员工一起就员工的未来职业发展方向、发展目标做出计划安排，并帮助员工逐步实现这一计划安排。调查显示，进行了职业生涯规划的企业，员工对企业的忠诚度是没有进行职业生涯规划的企业2. 2倍。

4. 提供教育和培训机会

企业尽可能多地为员工提供教育和培训机会，这不但能增加员工对企业的认同感和归属感，还能提升员工的素质和能力，提高员工的工作效率和工作质量，使企业的效益最大化。

5. 让员工认同企业的发展目标

在企业内部制定企业的战略目标，让员工对企业的发展目标、实施策略有一个清

晰的了解，会增加员工对企业发展目标的认同感，使员工达成共识，团结协作，为实现企业的共同目标而努力。

此外，很多企业通过员工持股、知识产权入股等形式，对企业进行改制，使员工的利益和企业的效益挂起钩来，增强了员工的责任感和主人翁意识。

6. 建立良好的企业文化

文化是企业的灵魂，良好的企业文化能使企业员工产生巨大的凝聚力和归属感。企业文化是通过员工在日常的工作中逐渐积累、沉淀下来的成文或不成文的行为准则、价值观念和思维方式形成的。良好的企业文化不是短时间内就能建立起来的。

# 三、变"新丁"为"骨干"

## 给下属成长的空间，满足其升职的欲望

下属在组织工作，都希望能有一个不断提升和完善自己的过程。好的管理者会给下属提供一个很大的成长空间，并且尽可能满足成员的升职欲望。这样，不仅为下属的发展提供动力，也为组织的发展提供了更多优秀的后备人才。

不少企业的"招工难""用工荒"问题在过完年之后尤其凸显。位于宜春市袁州区医药工业园的科伦医疗器械制造有限公司是科伦公司全国的第一个医疗器械生产基地。科伦公司在招人、留人、用人方面有独到之处，对企业破解"招工难""用工荒"有不少启示作用。

科伦公司把所有晋升的机会都留给企业员工，从不向外招聘管理人才。总经理将员工晋升制度带入了科伦，不仅让员工增加收入，还有发展前途。科伦的基层管理层结构从下而上是：班长、副组长、组长、大组长、车间主任等，高层管理职务有副总经理、总经理等。每一个职位，都从员工中公开选拔。竞聘时，企业的10多位高层做评委，竞聘演说分数占20%，平时的业绩考核分数占80%。由于竞聘公开公平公正，而且基层管理职位多，极大地调动了普通员工的工作积极性。正式投产，第二期3个大车间的厂房设备基本到位。第二期3个大车间将容纳五六百人，到时又将有一大批基层管理职位产生。现在，赵江是注射器车间的组长之一，今年他将有机会参加大组长职位的竞聘。目前，他已经培养了1名副组长。去年，科伦在不到1年的时间内，通过公开竞聘提拔了15名员工到大组长的职位上。随着科伦用工制度口口相传，不少

求职者纷至沓来。

科伦公司能够吸引众多求职者的原因就在于企业有一个良好的晋升机制，广阔的晋升空间促使成员更加积极努力工作。因此，管理者要想使自己的组织能够创造更大的业绩，就要给下属成长的空间，满足其升职的欲望。

从心理学角度分析，每个个体都有渴望成长的想法。组织当中良好的晋升机制，就满足了个体的这种心理。良好的晋升机制，还可以不断给予成员正面激励的心理作用，让成员在这种心理暗示下激发自己的原动力。

升职在组织管理学上有一个专业叫法叫作晋升，是指员工随着能力的加强，向比前一个工作岗位挑战性更高、所需承担责任更大以及享有更多职权的工作岗位流动的过程。

给下属升职，可以进一步提升成员的个人素质和能力，充分调动全体成员的主动性和积极性。每个成员都有自己的职业发展计划，这个计划可以通过职业通道的形式来完成，表现在实际的管理中就是升职。

对一个组织来说，给团队成员提供更大的成长空间，可以让管理者更加了解团队成员的潜能。对成员来说，可以让成员在工作过程中专注于自身未来的发展方向并为之努力。成员的升职计划是建立在多方位的考虑，主体也包括了管理者和成员。

良好的晋升机制可以让成员更为大胆地提出自己的想法和要求，并在组织营造公平、公正、公开的竞争机制。因此管理者很有必要规范组织成员的升职流程。

### 1. 明确升职依据

判断一个成员的标准是多样化的，升职机制中，以资历为依据还是以能力为依据，会影响到对成员的判断。如何对成员能力进行衡量，以及晋升过程是否正规化都会影响到成员的成长。

管理者应该要明确，升职靠的是成员做出来的绩效，在对组织贡献的基础上，对成员各方面进行综合的评价，评判出可以得到晋升机会的成员。这些成员的升职还要让其他成员心服口服，否则会在成员中造成不良影响，从而打击成员的积极性以及上进心。

### 2. 善用升职方法

管理者在实施晋升机制时，对成员要坚持机会均等的原则，要使成员都有晋升之路。管理人员要实行公开招聘，公平竞争。唯才是用，只有这样，才会激发成员的成长欲望。

管理者要善于运用"阶梯晋升"和"破格提拔"相结合的方法，对于大部分的成员，使用的是"阶梯晋升"，可避免盲目性，对于成员的激励也会更加准确。但对非常之才、特殊之才则应"破格提拔"，使稀有的杰出人才不致流失。

### 3. 成为升职模范

好的管理者应该是下属的升职模范，他应该是下属的好上级，也应该是上级的好下属。只有管理者有一个很好的升职空间，才会让下属追随。

## 成员受到尊重才会心甘情愿地付出

成员受到管理者的尊重，是从事工作的重要保证。成员为组织创造效益，有个人价值，应受到尊重，这样可以保证成员在组织中最基本的权益得到维护。管理者要管理好成员，就必须尊重成员，懂得尊重成员是管理者的一种重要素质。受到尊重后的成员得到了个人尊严的满足，对于工作会更加认真。

举世闻名的摩托罗拉公司这样阐述自己对人力资源的看法："人才是摩托罗拉最宝贵的财富和胜利源泉。摩托罗拉公司将对人才的投资摆在比追求单纯的经济利益更重要的位置。尊重个人是摩托罗拉在全球所提倡的处世信念。为此，摩托罗拉将深厚的

**摩托罗拉公司**

全球公司文化融合在中国的每一项业务中，致力于培养每一个员工。"尊重个人，肯定个人尊严，构成了摩托罗拉企业文化的最主要内容。摩托罗拉将"尊重个人"理解为：以礼待人，忠贞不渝，提倡人人有权参与，重视集体协作，鼓励创新。摩托罗拉公司通过为员工提供培训、教育、专业发展机会、后勤保障、公司内部沟通等方式，来实现对个人尊严的肯定。这些措施的采取，使摩托罗拉公司赢得了员工的热爱，这极大

地发挥员工的潜能，并获得巨大的回报。

摩托罗拉公司把员工的个人尊严放在了很高的地位，使得员工极大地发挥了潜能，给公司带来巨大的回报，表现了在组织中，员工受到了尊重，才会心甘情愿地付出。

从心理学角度分析，每个人的内心都渴望得到他人的尊重，而尊重他人又是顺利开展工作、建立良好社交关系的基石。人们在人格上都是平等的。这种平等决定了我们不能把自己的意志强加于人，而是要容纳个性，允许差异。

管理学上有一个基本的观点，认为人力资源在组织中的作用，是最具有潜力，也是最具有弹性的。成员对于组织的忠诚度，以及工作时是否有一个积极态度都是形成人力资源的重要因素。而组织要让成员心甘情愿地付出，就要尊重成员。

成员作为组织发展的基本力量，其作用不容忽视。单纯的利益回报远远不能满足成员的个人尊严。现代的组织当中，成员为了组织的发展做出越来越多的牺牲，组织应该在千方百计满足成员日益增长的物质需求基础之上，加大精神上的投入。尊重成员是调动成员的积极性，激发成员智慧，增强成员对组织发展的信心的有效手段。

管理者对成员的尊重，是组织成员合作的前提，更是组织凝聚的纽带。以人为本的思想决定了管理方式上的人性化，管理者应该尊重每一个成员的个人利益，以此来凝聚组织。尊重人才，尊重成员，是组织持续发展的生命线。

在组织的日常管理中，如何做到尊重成员，以下给出几点建议：

### 1. 不要对下属大呼小叫

管理者容易有一种莫名其妙的优越感，觉得自己地位高，实力强，在对下属布置工作时喜欢大呼小叫。成员在这种情况下心里肯定不会舒服，认为自己没有受到尊重，对管理者产生强烈的抵触感，在工作时也会心不甘情不愿，更不会把精力投入工作中。

### 2. 多用赞美之词

给下属讲述工作计划时，真诚恳切的口吻才是管理者的上上之选。对于表现优异的成员，一句赞美之词会使得成员继续努力工作，完成的工作会超出管理者的期望。

### 3. 多听成员的想法

在组织的工作中，管理者注意聆听成员的心声是尊重成员、团结成员、调动成员工作积极性的最有效的方法，也是成功管理者的一个十分明智的做法。成员的想法得到了展示，会让成员感受到管理者尊重自己。

### 甘当人梯，帮下属成长

管理者在组织中不仅扮演着制度执行者的角色，还应该是一个培训者。好的管理

者是会善于把自己的能力传授给下属，教会他们一些工作能力。在这个过程中，管理者与成员共同成长，共同进步。成员与管理者的共同成长对于整个组织的良好氛围的形成以及组织未来的健康发展趋势都非常有效。

沃尔玛非常关心新成员在进入公司90天内的感受，不愿意让新成员在沃尔玛这样的大公司里有失落感。为此，公司指派老成员为新人的"导师"，同时，公司还以30天、60天、90天为3个阶段，给新人的进步打分。表现出领导潜力的新成员还会被送到总公司培训。这些未来的经理会轮流在沃尔玛的各个分公司工作，让他们面对更多的挑战，以达到锻炼他们的目的。沃尔玛的新任主席李·斯克特就是从运输部的经理开始，再调换到后勤部、商品部、销售部，最后担任现在的职位。这就是最受推崇的公司所提倡的"经理人在一个单一公司里，却拥有复杂的工作经历"。在企业发展的同时，要使成员各方面也获得发展，成员成长将是企业未来生存的基础。

沃尔玛重视新成员的发展，并且让老成员为他们进行指导，使得越来越多的新成员成为公司发展的栋梁之材。这说明管理者要甘当人梯，让下属成长。

组织成员在面对工作时，要具备一个积极的心理状态，对工作尽心尽力。组织成员的复杂性，加大了管理者对组织管理的难度。如何去带领组织，如何去激励成员的成长，是中高层管理者的一个难题。

管理者的高效管理，是建立在下属尽心尽力工作的基础上。所以，管理者的成功离不开下属的支持。这样，管理者自然也就要重视下属的成长。管理者应该要创造一切有利条件让下属成长起来。

随着成员工作能力的增强，在日常的工作中也就可以独当一面。这样，就减轻了管理层的工作负担，管理者可以有更充裕的时间为组织的长远发展制订具体的计划。这对于组织规模的不断扩大，起到很重要的作用。所以，不管是对成员个人，还是管理者，或者是组织，让成员尽快成长的意义都很大。

一个成员从职场新人，到成为一个成熟的成员，这其中必然要经历一个漫长的过程。组织管理者可以做些什么来帮助成员的成长呢？

### 1. 增强领导魅力

管理者展现出来的领导力表现在由权威带来的威慑力，另外一种则是由管理者的技能、个性、态度等方面构成的。这对于成员来说，就是一种强烈的领导魅力，它可以让成员们聚集在一起，发挥一种合力。成熟的领导魅力也会激发成员的学习欲望，激励成员不断成长。

### 2. 批评与表扬结合

一味地赞美和夸耀并不能带给下属足够的成长，成长有时候是要付出代价的，也只有伴随着阵痛的成长才会让人记忆深刻。管理者适当的批评可以让成员对所犯错误印象深刻，在接下来的工作中吸取以往的经验教训，实现工作能力上的成长。当然，成员做得好的时候，表扬必不可少。

### 3. 与下属共同成长

为团队成员培训是帮助团队成员成长的一种基本形式，成员通过培训能够更好地完成工作，获得满足感，从而获得成长的动力，继续努力工作，形成良性循环。除了工作上的帮助之外，管理者还要不断与下属互动、沟通，在思维上帮助下属的成长。

## 制度管人，不如让成员自制

制度是维护组织运转的有力保障，组织通过制度化实现对成员的管理。但是，制度并非万能的，有时候还会限制成员才能的发挥。组织管理中，让成员自制就是放开组织制度的一些约束力，给予成员自我管理的空间，使得他们在工作中更有自主性。组织能够实行成员自制，表明组织的优良氛围，对于整个组织的和谐发展意义非凡。

傅力是一家公司售后服务部的"身兼数职的部门经理"，同他一起上任的还有同事梅青，她的头衔是"热爱学习的主管"，这样的头衔名字是他们俩自己想出来的，不过这两个部门负责人的角色却是十几个部门的人一起选出来的，一个全面主管部门工作，一个负责部门人员的学习与成长。除了两个"民选"领导宣誓就职外，生效的还有部门所有人员一起签署的自我管理协议书。协议书里的内容包括了管理者是如何产生的，所有人员必须遵守的规范、准则和工作上必须达到的标准，内部人员的奖罚制度，甚至还有关于组织大家学习的规定。

傅力和梅青所在的公司是一家规模只有100多人的高科技企业。在老板的推动下，公司推出了自我管理号召书，他们的老板说，前几年，自己每天就像一个监工一样，盯着大家。同时行业竞争这么激烈，想让成员一起学习，却怎么也推动不起来。"谁来选择管理者？谁分配和安排工作？谁做出聘用的决定？工作如何被评估？谁来制定和执行规则？矛盾和冲突是如何解决？"等等这一系列的问题是检验自己的企业是不是一个自我管理型企业的标准。后来他放手成员，让他们去自我管理，反而收到了意想不到的效果。

组织管理者一改过去的监工模式，推出了自我管理的号召书，让成员自制，刺激了成员工作学习的积极性。优秀的管理者要学会一点：制度管人，不如让成员自制。

组织当中，成员自制表现在管理学上就是成员的自我管理。哲学上的自我管理是指在一定的社会历史条件下，具有自我意识的个人在正确认识自己和所处环境的前提下，通过合理方式以获得自我实现和全面发展，并能推动社会进步和人类解放的活动。

从管理学的角度上来看，组织的管理是建立在成员自我管理的基础之上。管理者不能够发挥成员的自我管理的活动是失败的管理活动。结合哲学上的概念来看，实现成员的自我管理，组织要创造一定的条件，成员要有自我管理的意识，对自己和组织也要有一个正确的认知，管理的手段要合情合理，综合一系列的因素，才能实现个人管理对组织发展的推动力。

组织支持成员的自我管理，可以让成员融入组织管理，充分发挥成员的价值。管理层对成员积极引导，把自我管理和实际的工作运用进行有机结合，使成员与组织得到共同发展。同时，实现成员自制也是深化组织文化建设的根本要求。成员对于组织文化的认同，表现在心中支持组织的管理行动，从内心认可管理模式，即使没有人监督，也会自我管理。组织支持成员的自制，化被动为主动，把员工对文化参与的好奇转化为一种长期的坚持与习惯。这样也可以提升组织文化水平，提高文化实力。

成员的自我管理模式，还可以给组织带来创造性的思维方式与建议，而且可以积极促进成员的学习能力，把工作与学习进行有机结合。组织良好的学习氛围会提升成员的驱动力，为组织的发展提供强大的学习力与发展的持久力。

无论从心理建设还是组织管理上，实现成员自制的作用都是显而易见的。管理者在执行制度管理化的前提下，如何放大成员的自制权力呢？

### 1. 管理制度创新

组织管理制度上的创新是增强成员自我管理效果的重要外部条件。制度创新的基础在于观念的改变，要改变传统的命令式的管理，树立开放式、人性化的管理理念。管理的目的是实现一定的效益，管理理念要与时俱进，根据组织的发展做适当调整。管理者在管理机制上进行深入探索研究有利于管理制度的创新。

创新管理制度是适应体制调整和深化改革的要求，具体的创新要表现在管理形式、管理流程、管理制度等方面，组织管理者要为自我管理的成员提供适当的训练机会，提高成员的自我调节能力，以便他们能够顺利地进行自我管理。

### 2. 提供宽松的外部环境

成员的自我管理需要组织创造一定的外部条件来实现。开放的组织氛围可以让成员在自我管理的时候更加轻松自在。具体措施上，管理者一方面是要对成员进行适度的放权，信任成员的工作能力，让他们自主地处理一部分工作；另一方面，组织高层要想办法了解基层成员的想法，并在管理工作中重视他们提出的合理化建议。

掌握成员自我管理的核心思想也有利于对成员自我管理的放开。组织还要激发成员自我管理的热情，提供成员自我管理的可能性，构建互动式工作模式。

在促成成员自我管理上，可以通过轮岗制度提高对工作的新鲜感，适当的时候也可以通过有效的考核方式对员工自我管理进行督促。

### 把正确的人放到正确的位置上

组织用人讲究一个"物尽其用"，就是要发挥成员的最大价值。同时，也要讲究各就其位，就是要把正确的人放到正确的位置上。这样，才能让成员在适合自己的岗位上发挥自己最大的作用。组织能够让成员找到合适的位置，不但防止了人力资源的浪费，还可以实现整个组织的价值最大化。

众所周知，网易自从创立以来，在丁磊的带领下已经创造了互联网的许多奇迹，建立了一个个的中国第一。但是这并不是丁磊最得意的地方，他最得意的是他的企业，是他的用人之道。丁磊把用人看得比融资找钱还重要。他经常说，合适的就是最好的，不管你是"土鳖"还是"海龟"，也不管你是"旧臣"还是"新人"。

网易引入富有管理经验的领导层成员，是要追求管理的专业化、运营的专业化，实现从产品、技术到市场之间价值链增值全过程的专业化。也就是说，擅长技术的做技术，擅长管理的搞管理，公司运营良好，有前途和"钱途"才是目的。擅长发挥成员才能的管理者才是个好的管理者。找到人才之后，更重要的是怎样更好地使用这些人才，使他们发挥最大的功效，这样才能真正留住人才，才能使网易的基业长青。

组织的管理者总希望自己招聘到的人才是最好的。其实，最好的人才并不是最适合自己组织的。所以，身为老板的人有必要反省一下自己在对待人才中存在的问题。

每一个成功的组织家对人才、对组织，必然有着一套属于自己的理论，丁磊也不例外。丁磊把网易打造成了一个优秀的组织，得益于他引以为豪的管理之道。在这个问题上，丁磊说："组织的发展壮大不一定要找最成功的人，但一定要把最合适的人放到最合适的位置上。"

人类对于自己的认可来源于心理上的认知，只有在心理上认识到自己的价值，并把自己放到合适的位置上，才能把自身的潜力发挥到最大化。同样，管理者对自己的下属有个正确的认识，对组织的发展至关重要。

我们都知道"好钢用在刀刃上"这句话，要把一样东西的作用发挥到最大，就应该把关键的东西放在关键的地位。在组织管理中，如何合理安排成员也是一门大学问。

组织的人员管理中，选择人才只是管理的开头部分，使用人才来是一个重点环节。在使用人才过程中，若出现用人不当，会影响组织的整体绩效。调动成员的积极性，需要管理者合理利用人才，让他们在良好的环境中充分施展自己的才能，做到最完美的状态。

领导判断成员的好坏并不是单纯地看他做出的成效，而是他有没有在适合自己的位置上做出成绩。成员价值的大小的发挥，关键也是其所发挥作用的位置对不对。成员在组织中的位置，决定了成员才华的展现。有能力的成员得不到重用，能力得不到发挥，必定会感到压抑，工作也不会积极，这必然直接影响到组织的效益。相反，庸碌之辈如果掌握了组织的大权，势必会影响组织的整体走向。

组织中，成员能否站在与其能力匹配的位置上，对于成员的工作热情，以及组织的整体走向，都有着重要的影响。管理者要如何把正确的人放在正确的位置上呢？

### 1. 充分了解你的下属

管理者要对成员有一个正确的认识。作为管理者，只有信任、喜爱自己的成员，才会真正地了解他们，清楚他们的特性，才能把他们安排在最合适的位置上，才能创造出最好的用人绩效。所谓"人无完人，金无足赤"，再优秀的成员也是有缺点的，管理者要正确看待这些缺点，把成员安排到适合他的位置上，这样才能发挥他的最大效用。对于成员的优点，更要充分发扬，根据不同工作的性质，让成员从事对自身来说有优势的工作，如此一来，工作起来会更加得心应手。

### 2. 善于利用成员的长处

管理者要意识到人各有所长的道理，用人贵在选人，让他们各得其所。管理者在任用成员时，要懂得如何用到他们的长处并让他们发挥自己的长处。

管理者还应抓住时机用人，在成员的辉煌时期让他发出光彩，为组织做更大的贡献。合理利用成员还表现在让成员做他喜爱的工作，兴趣是最大的动力，管理者应该充分尊重成员的选择，并且鼓励成员勇于"自荐"，坚持"用人不疑"的原则。

一个优秀的管理者应该要让全体成员在组织中各尽其才，只有把每个成员都放到合适的位置上，人力资源才能发挥出最高效能。要想做到"让合适的人在合适的位置上"，必须做好人力资源的开发和规划，这样既可以保证人力资源的优化利用，又可以为公司增加无形资产。

### 善用"爱兵如爱子"的管理兵法

组织中每个成员的状态，决定了组织的整体状态。优秀的组织管理者应该就像是一个军事家，可以熟练地运用各种管理兵法。而其中最重要也是最基础的就是爱成员。关爱成员的管理方法是指管理者对成员多加关心，加强对成员的了解，让成员把组织当家，把管理者当成亲人，在浓厚的归属感之下，真心服从管理者的管理。

作为曾经连续3次当选"CCTV最佳雇主"的伊利集团来说，员工的利益一直是被放在首位的，不仅要提供给员工优厚的福利待遇，还要从感情和生活上关心员工，同时给予员工宽松的成长空间，为全体员工创建一个良好学习的环境。对于一直致力于打造世界一流的健康食品集团的伊利来说，对员工好是企业的责任与使命，但是，对员工严格要求，是伊利对消费者的承诺。

伊利集团一直以来把员工的利益放在首位，从感情上和生活上关心员工，把组织打造成世界一流的健康食品集团。在组织管理上，管理者要把员工的利益看得很重要。

管理者对于成员的爱护，会让成员的归属心理加强。在心理上，成员可以很直接地感受到来自管理者的关心与爱护，会让他们对工作有一个新的认识，对待工作也就会从心底里更有热情。

组织的管理者要懂得爱护成员，缺乏人性化管理的组织，最终会产生严重的后果。不爱护成员，会导致成员队伍逐步流失，同时也会让组织美誉度严重受挫。

现代组织中，成员跟组织的关系不是简单的雇佣与被雇佣，不是单纯的经济利益关系，而是和谐共同发展的"友谊关系"。组织管理者在管理成员时，要投入更多的情感，组织管理者把下属当作自己的亲人一样看待，在一种融洽的合作气氛中，让成员自主发挥才干为组织贡献自己最大的力量，创造最好的效益。

成员的发展应该是与组织紧紧联系在一起的，作为管理者，不仅要管理好成员，更要"经营"好成员，让成员感受到来自管理层的关爱。关爱式的管理方法，增进了管理者与成员之间的感情，而且让成员更加健康快乐地投入工作。

组织管理者如何在管理方法中体现对成员的关爱，可以从以下几个方面着手：

### 1. 了解成员所需

"萝卜青菜，各有所爱"。管理层要像"厨师"一样关注成员的"口味"，对于不同层次成员的需求有一个详细的了解，这样才能很好地展现对于成员的关心。

### 2. 改善工作环境

舒适的工作环境是成员投入工作的前提，健康、优雅的工作环境，会激发成员对生活的热爱，提高工作意愿，改善工作绩效，激发成员的自豪感。管理者为成员创造工作上的便利条件，创造舒适的工作环境，让成员更好地从事工作。

### 3. 增强成员的主人翁意识

组织的管理者要让成员融入组织，让他们对组织的大小事宜有知情权。管理者充分尊重成员作为组织主人的身份，使得成员在参与民主管理过程中会有一种归属感和成就感。

### 4. 为成员铺平前进的道路

职业生涯设计和规划可以说是成员成长中的"催化剂"。组织为成员提供很好的发展机会，是吸引成员留在组织工作的有效途径，把成员前进的道路铺平，才能使成员有明确的奋斗目标，迸发工作激情。

## 大胆任用比你强的人

组织当中各式各样的人才一应俱全，有时候，职位不高的成员也拥有着超凡的工作能力。一个大气的管理者，是十分乐于任用比自己能力强的下属的。这对于能力强的成员，是一种极大的鼓励，也会在整个组织当中营造出有序竞争的良好氛围，实现组织的整体壮大。

2013 年 5 月 10 日，马云离开了阿里巴巴 CEO 岗位。9 年前初创淘宝网时，有位投资者朋友找马云谈话，希望马云有一天不再担任 CEO。他认为马云不会是个标准版的合格 CEO。马云同意他的看法。从那时候起，马云和他的企业就开始为这一天努力。他们也许不会是最成功的公司，但他们希望自己是最持久、最具活力的公司。

14 年的创业经历让马云幸运地看清了自己想做的、能做的和必须放下的。从心底里，马云佩服今天的年轻人。对于互联网行业来说，48 岁的马云不再"年轻"，阿里巴巴的下一代比他们更有优势运营好互联网生态系统。

互联网是年轻人的天下，阿里巴巴绝大多数生于 20 世纪 60 年代的管理者将会退出管理执行角色，他们将把领导责任交给 20 世纪七八十年代的同事们。因为，他们更懂得未来，更有能力创造明天。给他们提供更多、更大的舞台是马云的责任，更是马云的荣幸，也是他们这些人可以给公司未来创造最大的利润所在。

马云相信，做他开心，做他能做的，配合好那些比他强的人的工作是他最应该做的正确事。

马云为阿里巴巴培养了新的接班组织，并把配合好那些比他强的人的工作当作他最应该做的事情，反映了优秀的管理者应该要大胆任用比自己强的人。

人或多或少都有点虚荣心，造就了很多管理者不愿意任用比自己更强的下属。从安全感方面来看，很多人只愿意雇用比自己稍逊一筹的下属。

嫉妒是由于别人超过自己而引起的抵触情绪。管理者不愿意任用比自己强的人，除了觉得强人难以驾驭外，主要还是嫉贤妒能心理在作怪。很多管理者对自己的实力过分夸大，认为自己各方面都应该比别人高一筹，因此，当他们遇到比自己能力强的人时就萌生嫉妒，甚至采取种种方式压制他们。

马云

对于组织的管理者来说，在用人中对自己最大的考验，就是敢不敢任用比自己更强的人。管理者面对比自己强的人，如果不仅不起用，反而采取打压的措施，会造成优秀的专业人才被埋没和流失，而管理者在其他成员心目中的权威也会大打折扣。对有才华的下属的任用，会让下属心甘情愿地誓死追随。

在市场经济时代，知识的力量得到了充分的发挥，管理者就更需要善于使用比自己强的人才的胆量和能力。对于那些特别优秀的人才，就是要大胆地破格录用，这样做才能鼓励更多人才充分发挥才干。鼓励和支持人才去开拓事业上的新高峰，这是管理者的勇气、美德和不可推脱的责任。

管理者的能力不仅仅是体现在自身价值上，而在于能够任用和带领更多有能力的人达成组织目标。管理者如何才能任用实力更强的人，让组织发展更顺利呢？

**1. 找到比自己能力强的成员**

管理者任用比自己能力强的人，也可以从这些优秀的人身上学到一些品质。"三人行必有我师焉"，管理者要善于找到身边比自己能力强的成员，要及时发现成员身上的一些能力，与自己进行比较，找出成员优秀的地方。

**2. 不要打压有才华的成员**

组织当中，打压下属的领导不知不觉就会成为"锅盖"，把组织成员"盖"住了，成员很难有展现自己的机会。这样就导致了整个组织的最高水准只是管理者的水平，管理者就成了组织发展的障碍。只有敢于任用比自己能力强的管理者，才会把"锅盖"打开，让组织其他成员尽情展现自己的才华。

**3. 正确看待能力强弱的问题**

聪明的管理者应该要意识到，管理者和成员的能力强弱是相对的，很难进行绝对化的比较。所谓"尺有所短，寸有所长"，拥有广阔视野和胸襟的管理者都能大胆任用

比自己能力强的成员，这也体现了管理者存在的价值。

# 四、如何激励你的员工

对于管理者来说，鼓舞人心、振奋士气是工作中的一部分，那么如何激励员工就成了管理者的必修课。激励员工既需要方法，也需要把握尺度，更需要因人而异。

## 什么是心理激励

### 1. 心理激励就是满足心理需求

两名保龄球教练分别训练各自的队员。他们的队员都是一球能打倒6只瓶的水平。A教练对自己的队员说："很好！打倒了6只。"他的队员听了教练的赞扬就很受鼓舞，心里有一种满足感，并且想下次一定要把剩下的4只也打倒。B教练则对他的队员说："你看你都练了好几天了，还有4只没打倒。"队员听了教练的指责心里很难受，心想，不过才几天，怎么就能都打倒呢，心里不服气，对练习也失去了兴趣。结果A教练训练的队员成绩不断上升，B教练训练的队员打得一次不如一次。

心理激励的要点在于要把员工的心理需要理解透彻，然后有针对性地实施精神或物质的刺激，使之能够获得最大的心理满足，激发出其更大的工作热情。

### 2. 心理需要是多方面的

员工的心理需要是多方面的，研究员工的心理需要包括以下一些内容：良好的人际关系、体面的薪酬、应有的社会福利、能够提升个人素质、有提升的机会、有学历教育和培训的机会、团队情况合作良好、员工在团队中的重要性可以得到发挥、个人能力可以得到较充分地施展、工作有挑战性、工作的自主性程度较高、自己的意见可以得到尊重等。

因此，管理者在考虑员工的需求时，要明确其多样性的特点。

在多样性之中，还要坚持重点论的观念，因为不是员工所有的需要都可以满足。为此有两点最值得管理者重视。

一是要满足员工最主要的需求。最主要的需求满足了，就可以使员工得到比较充分的满足，如果管理者只是满足了其非重点的需求，那么即使下了本钱，员工也未必领情。

二是要区分合理需要和不合理需要。员工的需要并非都是合理的。不合理的需要应给予明确拒绝，而对合理的需要，只要有条件就应该尽量予以满足，即使目前满足不了，也要表达起码的预期。

### 3. 满足心理需要也是要花钱的

上面的这些需要既有精神层面的，也有物质层面的。有时管理者会误以为心理激励一定要用精神激励来做到。因此有人认为心理激励是不需要花钱的，还有人写专门的教材告诉管理者不花钱进行激励的方法。

确实有的激励措施是不需要花钱的。但物质激励绝对是精神激励的基础。如果没有物质激励，那精神的激励一般不会有太大的效果或者效果不能持久。这就是说，在进行心理激励时，管理者要进行适当的经济投入，舍不得花钱是不行的。

### 4. 物质环境激励

物质环境首要的是薪金福利。这是企业或组织对员工最重要的激励手段，如果一个企业或组织付给员工的薪金福利不具竞争性. 那么员工可能就会失去积极性，甚至转而离开该组织。

物质环境除了薪金福利以外，还包括良好的工作环境。企业或组织应从人体舒适度的需要出发，创造良好的工作环境，给员工提供一个悦目、赏心、舒适的工作空间。

除此以外，还要为员工工作准备良好的工具和设备。如及时更新陈旧的电脑、复印机、传真机等。

### 5. 精神环境激励

精神激励包括以下几种方式：荣誉激励、成就激励、竞争激励、兴趣激励、沟通激励、参与激励、培训进修激励、关怀激励、感情激励、期望激励等方式。相对于物质激励来说，精神激励几乎是不需要企业花钱的激励方式。不发奖金也能激励出员工的干劲，但这要看管理者的本事。

要创造良好的精神环境，使员工形成愉悦的心情。如设立阅览室、吸烟室、视听室、按摩室、咖啡室、玩具室等，让员工在休息时间能够获得放松身心的免费服务。要鼓励员工发展兴趣爱好，举办集体活动，如唱歌、绘画、体育比赛等，在公司内部成立员工兴趣爱好团体。

上海惠普一直把创造良好的办公环境作为重要的精神激励手段，他们倡导"以人为本"的办公设计理念，对办公桌椅是否符合"人性"和"健康"原则进行严格检查，以期最大限度地满足员工的要求。惠普还在每天上下午设立专门的休息时间，员工可以放音乐来调节身心或者利用健身房、按摩椅"释放自己"。

另外，要创造良好的企业文化或组织文化，良好的文化可以促使企业或组织内部形成积极向上的工作环境。

武汉钢铁（集团）公司最近发动职工结合岗位特点提炼出了二百多条岗位职业道德格言，并将格言制成固定标牌挂在工作现场，以激励本厂职工。例如采矿掘进工的格言是"像钻头一样进取"；轧钢工的格言是"把钢坯送上成材之路"；汽车发动机的格言是"为公加大油门，防私踩好刹车"。这些职业道德格言收到了良好的激励效果。

### 6. 物质激励与精神激励选哪个

物质激励和精神激励在一个组织中是一对互相矛盾的激励手段，但两者作为一个组织中的两种重要的激励手段是相辅相成、互相促进的，缺少了任何一方都会使另一方的效果大打折扣。单纯的精神激励只能在短期内调动员工的积极性和创造性，改革开放前众多国有企业的实践就证明了这一点。

同样，单纯的物质激励也有其局限性，可能使人们产生拜金主义，在没有物质激励的情况下就不能很好地工作。而且从人性的角度讲，人的欲望是无止境的，单纯的物质激励会逐渐加深员工对物质追求的欲望，结果一是增加组织的激励成本，二是使组织在追加同样激励成本的情况下，物质激励的效益可能会出现边际效应递减的现象。

但单纯的精神激励也有自己的不足。比如上司对某位员工进行公开表扬甚至发证书，那么这位员工不仅会产生荣誉感，也会由此萌发加薪或升职的愿望（因为他会把表扬看成一个信号），如果仅仅只有表扬而无任何动作，这种激励的长期效果恐怕就很难保证。也就是说，精神激励的效果同样需要物质激励来巩固。

物质激励和精神激励都有自己的局限性。一般来说，精神激励要与物质激励交替运用。管理者要明白：精神激励是建立在物质激励的基础上的。

## 信任是最好的激励方法

管理大师史蒂夫·柯维说："信任是激励的最高境界，它能使人表现出最优秀的一面。"只有建立在充分信任基础上的激励，才是最有效的激励，否则激励就是一张无用的空头支票，是无法购买到员工发自内心的工作热情的。

管理者要想取得员工的信任，首先必须信任员工。信任体现了管理者对员工的尊重和关心，管理者只有充分信任员工，才能赢得员工的心，使员工感受到归属感和被认同感，感受到自己对企业的巨大价值，从而焕发出"熊熊燃烧"的工作热情。

英国21世纪领导者咨询公司的首席咨询师拉里·雷诺兹在《大雁的力量——信任创造绩效》一书中说："高信任的组织就像一群迁徙的大雁，即使改变阵行和方向，每只大雁也能相互默契地调整自己，从而始终使阵行保持优美、协调，目标一致。"

拉里. 雷诺兹为什么会这样说呢？我们不妨来看一个著名的心理学实验：

1963 年，西方著名心理学家奥格登进行了一项警觉实验，通过记录测试者对光强度变化的辨别能力来测定他们的警觉性。测试者共分为 4 个组：

A 组：控制组，不施加任何激励，只是一般地告知实验的要求和操作方法；

B 组：挑选组，该组的测试者被告知，他们是经过挑选的，觉察能力最强，错误率应该最少；

C 组：竞赛组，他们被告知要以误差数量评定小组优劣和名次；

D 组：奖惩组，每出现一次错误就罚款一次，每次反应正确就发少量奖金。

那么，哪一组的警觉性最高，将在四组中胜出呢？

实验结果显示：B 组的警觉性最高，因为 B 组的测试者受到了高度的信任，受到了积极正面的心理暗示。由此可见，单凭奖优罚劣和业绩竞争，并不能很好地激励员工的积极性和潜力，而给予员工必要的信任和鼓励，却可以收到事半功倍的效果。因此，管理者要学会给予员工信任，使员工充满自信，从而能够轻松愉悦地接受挑战性的工作。

管理学认为，任何一种管理实践都是以一定的人性假设为前提的。也就是说，管理者的管理方式体现了他对员工的人性假设：他认为自己的员工是什么样的人，就会采取与此相对应的管理方式。所以，管理者采取信任员工的管理方式，首先就得认为自己的员工是值得信赖的。而员工从管理者的管理行为中也可以感觉到管理者对他们的人性假设。也就是说，只有管理者采取了信任员工的管理方式，才能让员工感受到自己被信任。

绝对信任员工是惠普管理员工的最基本原则。惠普的开放式管理和不上锁的实验室备品库都是这一原则的典型体现。惠普创始人比尔说："惠普之道的政策和措施都是来自一种信念，那就是相信员工都想把工作做好，有所创造。只要为他们提供适当的环境，他们就能做到这一点。正是因为我们记住了这一条，所以我们废除了考勤制，搞了弹性工作时间制。这不仅是为了让员工能按自己的个人生活需要来调整时间，也表示了我们对员工的高度信任。"

信任是一种双向的关系，也就是我们所说的"将心比心"，管理者对员工的信任不但能够调动起员工的工作积极性，还会赢得员工的信任，建立起双方的和谐关系。

每次观察员工时，松下幸之助都会对员工说："我对这件事没有自信，但我相信你一定能做得非常好，所以就交给你去办吧！"每当这时候，员工就会觉得受到了高度信任和重视，不但乐于接受工作，还会下决心竭尽全力把工作做好。

1926 年，松下电器打算在金泽市设立营业所。松下幸之助从来没有去过金泽，所以问题就出现了：派谁去主持这个营业所呢？谁最合适呢？当然，能胜任这项工作的高级主管有很多，但是，那些老资格的管理人员肯定不能离开总公司，否则就会对总公司的业务造成不利影响。这时，松下幸之助想起了一位年轻的业务员。

松下不认为年轻就办不好事。于是，他把那个年轻的业务员找来，对他说："公司决定在金泽设立一个营业所，决定派你去主持这项工作。我已经准备好一笔资金，让你去进行这项工作了。现在你就立刻动身去金泽，找适当的地点，租一个房子，设立营业所。"

听了这番话，年轻的业务员大吃一惊，他不解地问道："我刚进入公司两年，而且又年轻没有经验，这么重要的工作恐怕做不来吧……"

但是，松下幸之助对这位年轻的业务员非常信任，他几乎用命令的口吻说："我相信你没有做不到的事情，你一定能做得非常棒。你想想，战国时代的零藤清正、福岛正泽这些武将，都是在十几岁时就很活跃了。他们年纪轻轻，就已经拥有了自己的城堡，统率部下，治理领地百姓。还有明治维新时期的志士们，不都是年轻人吗？他们在国家艰难的时期都能适时地站出来，建立了新时代的日本。你已经超过 20 岁了，所以我非常相信你，你一定行的！"

这位年轻的业务员终于下定决心说："我明白了，您就放心让我去做吧！非常感谢您能给我这个机会，我一定会好好干的。"后来，这位年轻的业务员果然在金泽成功地开设了营业所。

松下幸之助认为，激励员工的方法有很多，但最有效的是能够信赖他人。人是有感情的动物，信任是人与人之间建立良好关系的基础，管理者只有将信任传递给员工，才能赢得员工的真心，激发起员工的工作热情和积极性，从而提高员工的工作效率和整个企业的竞争力。

具体而言，管理者要想运用信任有效地激励员工，需要做到以下几点：

### 1. 敢于授权

作为企业管理者，必须敢于相信员工，敢于授权给员工，如果事无巨细，皆由自己亲力亲为，不仅自己劳神伤力，还会极大地挫伤员工的积极性：既然老板无所不能，什么事都要插一手，那我还乐得清闲呢！如此一来，忙者越忙，闲者更闲，在企业内部就会形成一个"人不能尽其事"的怪圈。唯有高度信任的氛围和敢于充分授权，才能使员工工作起来有干劲，极大地提高员工的满意度和敬业度，并激发起员工的工作热情和积极性。

### 2. 要有包容他人的胸怀

经常听到一些管理者抱怨："不是我不信任员工，只是……"言外之意，大概都是说员工不称心、不争气。但管理者扪心自问，自己对员工的要求是不是有些苛刻？管理者的责任不是发现员工的缺点，而是发现他们的优点，并尽量帮助他们扬长避短。所以管理者的包容至少体现在两个方面，一是包容员工的缺点，二是允许员工在尝试的过程中犯错。

### 3. 给员工一个证明自己的机会

企业中总有一些员工看上去很"不中用"，而且恃才傲物，眼高手低。对于这样的员工，管理者绝不能弃而不用，而应该给他们提供一个合适的位置。因为很多员工并不是真的不中用，而是没有找到"用武之地"。管理者只有充分相信员工的才华和能力，才能让他们的优点和长处得以发挥。相反，如果管理者先入为主、主观臆断地给员工贴上"不行"的标签，那就很有可能失去一个可用之才。而被别人认为"不行"的员工，一旦得到管理者的肯定和信任，必然能发挥出自身的潜力，创造出不凡的工作成绩。而且，他们还会对管理者的"知遇之恩"心怀感激，从而对管理者无比拥戴，对企业无比忠诚。

## 让员工在批评中进步

美国思想家爱默生说："批评不应该是一味地抱怨，全盘贬斥，或者全是无情攻击和彻底否定，而应该具有指导性、建设性和鼓舞性，要吹南风，不要吹东风。"管理者批评员工要始终把握一个核心，就是不损伤员工的面子和自尊。唯有如此，批评才能起到激励的作用。

在管理工作中，并不是只有表扬才能起到激励员工的作用，有时候适度而巧妙的批评同样能达到激励员工的效果。有一些管理者认为，批评只能伤害员工的自尊心，挫伤员工的积极性。其实不然，只要批评方法得当，并且把握好时机和火候，批评也能使员工心悦诚服，从而起到很好的激励作用。因为批评本身就是一种心理激励，可以让员工在认识到自己错误的同时积极地改正错误，提高工作能力。

相反，如果管理者只是一味地用宽容的方式对待员工的错误，就很难体现管理者的魄力和威严，更达不到让员工改正错误、提高能力的目的。而恩威并施、双管齐下往往能达到企业的"大治"。但是，批评本身并不是一件令人愉快的事情，倘若运用不当，就会适得其反。管理者唯有耐心琢磨、细心领会，把握好批评的"度"，才能让批评成为一种有效的激励，让员工在"批评"中反思，在"批评"中进步。

那么，管理者怎样才能运用好批评激励术呢？主要应该注意以下几点：

### 1. 运用"三明治"批评法

所谓"三明治"批评法，就是"赞扬——批评——赞扬"，即在批评别人之前，先找出对方的长处赞扬一番，然后再提出批评，并且力图使批评在友好的气氛中进行，最后再说一些赞扬的话，肯定对方的成绩。这种批评方法就像三明治一样，第一层是认同、赏识、肯定或赞美；中间一层夹着建议、批评或不同观点；第三层则是鼓励、支持和希望，故称为"三明治"批评法。比如，你的公司要求员工上班穿职业装，可是员工小王没有穿，你又不能不管。你应该这样说："小王，你今天的发型真漂亮啊（第一层——赞美），如果配上咱们公司的职业装（第二层——其实是批评），你会显得更精神、更漂亮的（第三层——赞美）！"

"三明治"批评法，不仅不会挫伤员工的自尊心和积极性，而且还能让员工愉快地接受批评，并且积极地改正自己的错误和不足，从而起到激励的作用。

美国著名女企业家、玫琳凯创始人玫琳凯·艾施就很善于运用"三明治"批评法，从而收到了很好的激励效果。

在管理过程中，玫琳凯·艾施一直严格遵循着一个基本原则：无论因为什么事情批评员工，都必须找出一点值得表扬的事情留在批评之前和批评之后说，绝不可以只批评不表扬。玫琳凯·艾施说："批评应该对事不对人。在批评员工之前，要先设法表扬一番；在批评之后，再设法表扬一番。总之，应该力争用一种友好的气氛开始和结束谈话。"

有一次，玫琳凯·艾施的一名女秘书被调到其他部门，接任秘书之职的是一位刚刚毕业的女大学生。这位女大学生打字总是不注意标点符号，这让玫琳凯·艾施很苦恼。有一天，玫琳凯·艾施对她说："你今天穿了这样一套漂亮的衣服，显得你非常美丽大方。"

女大学生听到老板对她的赞美，顿时觉得受宠若惊。于是玫琳凯·艾施接着说："尤其是你这排纽扣，点缀得恰到好处。所以我要告诉你，文章中的标点符号，就像这些衣服上的纽扣一样，注意了它的作用，文章才会显得条理清楚。你很聪明，相信你以后一定会做得非常好的！"

从那以后，那位女大学生做事明显变得有条理了，一个月以后，她的工作基本上能令玫琳凯·艾施满意了。

### 2. 批评要对事不对人

通常情况下，批评是一件比较伤人的事情，所以管理者在批评员工的时候，一定要尊重客观事实，应该就事论事。管理者要记住，批评员工并不是批评他本人，而是批评他的错误行为，切忌把对员工错误行为的批评扩大到对员工本人的批评上。比如，你让秘书校对一份文件并打印出来，结果文件上还有一个错误没有被改正，这时候你应该对他说："这个字你没有校出来。"而不能说："你这个人工作怎么这么马虎，这么不负责任！这么大的错误都没有校出来！"很显然，后一种批评方式很难让员工接受，因为这样的批评会让员工很难堪，也许他只是一次无意的过失，你却上升到了责任心的高度去批评，这就很难起到激励的作用，甚至会起到反作用，很可能导致员工在今后的工作中出现更多的错误或纰漏。

### 3. 不要伤害员工的自尊

管理者批评员工要把握一个核心，就是不能有损员工的面子和自尊。为了做到这一点，管理者在批评员工时要尽量委婉含蓄，比如可以这样说："我以前也犯过这种错误……""每个人都有犯错的时候，重要的是如何正视错误和改正错误。""你的表现一直优于一般人，希望你不要再犯同样的错误。"

### 4. 掌握好批评的力度和方式

管理者在批评员工时，一定要掌握好批评的"度"。管理者首先要揣摩犯错员工的心理和个性特征，考虑员工的接受和领会能力，同时还要分析事态的严重程度，经过多方衡量之后，再确定一个更有效的批评方案。比如，对个性顽固的员工要单刀直入击其要害，对轻微的错误点到即可，对严重的错误要迎头痛击等。此外，管理者还要注意，不论犯错员工是什么个性的人，作为管理者，都要充分认识员工对批评的领悟程度，如果员工拒不接受批评，甚至反唇相讥，对所犯错误不以为然，则应该加大批评的力度。否则，不但达不到批评激励的效果，反而会让员工对错误采取无所谓的态度，从而让小错误演变成大祸。当然，如果员工认错态度良好，则应该适可而止。对某些比较严重的错误，管理者一定要"重拳出击"，但也要避免无限地扩大，以免牵连过多，引出一些不必要的纷争和后果。

### 5. 选择适当的场所

许多管理者认为，自己身为领导，就要树立和显示权威，所以在批评员工时常常大张旗鼓，弄得公司上下尽人皆知，以起到杀一儆百、以儆效尤的效果。事实上，这样的批评很难起到激励员工的作用，甚至会严重伤害犯错员工的自尊心，激起员工的逆反心理。因此，管理者在批评员工时，切忌当着众人的面指责，最好选择单独的场合，比如独立的办公室、安静的会议室或休息室等。

### 6. 批评要把握"关键"

批评是为了激励员工进步，帮助员工纠正错误，所以一定要批评到点子上。作为管理者，要善于捕捉和分析员工的心理，找出问题的症结所在，同时要运用自己的智慧，思考规避再次犯同类错误的方法，警诫员工不可重蹈覆辙。要达到这种效果，就要求管理者要透过现象看本质，抓住问题的关键点，而不是蜻蜓点水，训斥几句了事。

### 7. 从批评中进步

管理者批评员工，目的在于扭转员工的偏差，改正员工的错误，促使员工提高和进步。因此，在批评完以后，管理者一定要及时检验批评的激励效果。员工接受完批评以后，从他转身离开时表现出的态度，就能看出批评的效果。如果他是垂头丧气的，就说明你的批评没有起到激励的效果；如果他很开心地离开，则说明你的批评激励效果不错。此外，管理者还要注意，批评员工不能只停留在对某一具体错误的纠正层面上，还需要以小见大，着力于提高员工的思想认识高度，这样才有助于员工在错误中提高和进步。

## 上紧员工的"发条"

企业的奖励机制是一个强有力的工具。据一项调研结果表明，当各种正式的、非正式的或日常的奖励策略与企业的价值和目标连接时，企业内部就会形成一种奖励的氛围，从而使员工的积极性、敬业度、绩效都得到大幅度提升。

美国管理专家米歇尔·拉伯福提出了这样一个问题：当今的企业不知出了什么毛病，无论管理者如何使出浑身解数，企业的效率就是无法提高，员工无精打采，庸庸碌碌，整个企业就像一台生锈的机器，运转起来极为费劲。

米歇尔·拉伯福通过反复思索，最后终于悟出了原因所在：当今许多企业之所以缺乏效率、缺乏生气，主要是因为奖励制度出了问题——"对今天的企业而言，其成功的最大障碍，就是我们所要的行为和我们所奖励的行为之间有一大段距离。"因此，对管理者而言，建立一套科学、有效的奖励机制是企业管理的头等大事。

那么，怎样的奖励机制才算科学、有效呢？奖励什么？如何奖励？奖励的标准是什么？奖励中需要注意哪些问题？这些都是管理者应该关注的问题。

### 1. 物质奖励必须结合精神奖励

目前，物质奖励是企业管理者普遍采用的一种激励方式，但它的效果如何呢？要知道，金钱不是万能的，物质奖励同样不是万能的，它是一把"双刃剑"，既能成为企业发展的"发动机"，也能成为企业发展的"破坏者"。

传统理论认为，企业管理者的目的是获得最大的利润，而员工的目的是获得最大限度的工资，因此，管理者如果能给予员工一定的工资激励，往往能引导员工努力工作，服从指挥，接受管理。但是，如果进一步分析，工资激励的方式有其致命的弱点：人的欲望是无止境的，从长远来看，员工总是期待着工资的不断上涨，只有不断上涨的工资水平才能维持员工的积极性。

也就是说，当员工第一次增加工资时，的确会使他获得极大的满足，从而使工作效率大大提高，但同时也会使员工产生对下一次增加工资的期望，如果管理者不能再次增加工资，就会导致员工产生被剥夺感，从而降低工作效率。这样，企业就会陷入一个循环的怪圈：工资增加——员工积极性提高——员工的欲望也随之提高——企业成本增加；工资不增加——员工的积极性降低——企业效益降低。此时，物质奖励就会变成一颗"定时炸弹"，随时都有可能引爆员工的不满情绪。

所以，物质并不是唯一的奖励手段，物质奖励必须结合精神奖励。与物质奖励相比，精神奖励的优势主要体现在心理上面，人是思想动物，不能像驯兽一样用物质方法持续性地提高人的水平。相反，精神上的奖励却能起到持久性的激励作用。这主要是心理暗示的结果。

比如，目前学校教育中的奖励就是一种精神奖励，主要以荣誉、夸奖等为主要激励手段，以物质奖励为辅助激励手段，以激发学生的学习热情和积极性。管理者完全可以把这种激励方式引入企业管理。

最有效的奖励方法，有时候是不需要花一分钱的。管理者要想有效调动员工的积极性，一定要掌握精神奖励这种激励手段。

具体而言，精神奖励有如下几种形式：

（1）**头衔，名号**。管理者千万不要吝啬给予员工一些头衔、名号，因为头衔、名号可以换来员工的认可感，从而激励起员工的热情和干劲。比如：日本电气公司在一部分管理职务中实行"自由职衔制"，取消"代部长、代理""准"等一般管理职务中的辅助头衔，代之以"项目专任部长""产品经理"等与业务内容有关的、可以自由加予的头衔。这样一来，大大提高了员工的工作热情。

（2）**名片**。名片也是有效的激励工具之一。作为企业管理者，平时可以携带一盒名片，当见到员工把工作做得很好时，可以立即在名片上写上"谢谢""你做得很好""再接再厉"等字样，并签下自己的名字，把名片送给员工。

（3）**道谢**。公开对员工说声"谢谢"，不但能发挥激励的作用，同时还能发挥管理上的多重功能。员工在工作上积极努力、全力以赴，期待的就是得到管理者的关注和重视，管理者的"谢谢"不仅能让员工明白企业重视他、关心他，同时还能为其他员工塑造值得学习的榜样，让员工们明白，企业对员工有着什么样的期待，什么样的表现能获得企业领导的赞赏。

### 2. 奖励要投其所好

美国畅销书作家艾德里安·高斯蒂克和切斯特·埃尔顿在《24 只胡萝卜的管理》中写了这样一个故事：

回到办公室以后，万克斯有些犯难，不知道该怎样奖励下属藤特所做的努力。他可以用加薪和奖金的方式奖励他，但似乎有些老套，没什么新鲜感，而且显得俗气；他也可以奖励给他一些假期，但手续有些麻烦，不是他个人所能控制和决定的；他还可以等到年终综合评估时再奖励他，但那还需要等上好几个月……

万克斯从早到晚，一整天都在思考，但始终没有想到好办法，于是他决定去和他的下属聊一聊。他需要了解他的心理需求。

第二天，万克斯去维修间找藤特聊天。一进门，万克斯就看到藤特正在车下面仰面躺着。

"我来看看你是否需要一些东西。"万克斯有点不自在地说。

藤特从车底下爬出来，有些惊讶地看着万克斯："你问我需要什么？"

"是的。"

"哦，我最想要一些食品。我们食堂需要一些新的食品。我一想到那些人工合成的食物就恶心。"

"好的。就这些吗？"

"是的。"

第二天早晨，万克斯修整了一下从土里冒出的胡萝卜的嫩芽。当他站在这块新田地上时，突然想到了答案——答案就在他脚下，用来奖励下属的最好的东西就是胡萝卜——真正新鲜的蔬菜！

此时此刻，似乎有一个声音划过万克斯的大脑：用心挑选你的胡萝卜！

人之所以会产生行动的动力，主要是由其内心需求决定的。作为企业的管理者，要想激起员工行动的动力，就要准确把握住员工的迫切需求，并给员工提供自我实现的机会。让员工通过努力工作实现自己的需求。

某员工刚进入工作单位时，干劲很足，很快就得到了领导的器重，领导在大会小会上经常表扬他。得到领导的表扬后，他的干劲更足了。就这样认真干了两年，他的心里渐渐开始不舒服了。原因很简单：因为他除了得到表扬这种精神奖励外，奖金一分钱也没多拿，"升官"也遥遥无期。渐渐地，他心里开始有了想法，工作热情也慢慢消退了……

为什么这位员工的工作热情会消退？不是说精神奖励很管用吗？为什么现在不管用了？道理很简单，因为对于表扬这种来自精神方面的奖励他听得太多了，对于领导的赞扬他已经不再需要了，所以精神奖励对他就失去了吸引力，失去了激励的作用。他需要的是他缺少的那部分——多拿奖金或者"升官"等物质性的奖励。可惜管理者没有意识到这一点，没有注意到员工的内心需求变了，没有做到投员工之所好，所以导致员工的工作热情消退了。

因此，管理者要想成功激励员工的工作干劲，就要了解员工目前最需要的是什么，是精神方面的还是物质方面的，抑或是物质方面和精神方面二者兼有。

### 3. 奖励要建立在对员工综合评定的基础上

某公司老板对他手下的两名业务员承诺，如果销售业绩达到公司规定的指标，就有5万元的年终奖。一年下来，甲业务员完成了指标，乙没有完成。结果是：甲、乙二人所得的年终奖金一样多，而且都没有达到老板承诺的数目。

对管理者而言，奖励并不等同于一个简单的数字指标的完成，更包括对员工工作能力、工作积极性、职业忠诚度等方面的综合评定。换句话说，奖励不仅反映了管理者对员工工作绩效的评价，更反映了管理者对员工本人的满意程度。

在上述事例中，对甲的奖励之所以打了折扣，很可能是因为老板对甲平时的工作表现不够满意，比如看到甲的工作积极性不高，没有全身心地投入工作，或者觉察到了甲对公司不够忠诚，泄露了公司的某些机密等。但是无论怎样，毕竟甲完成了工作指标，所以老板仍旧给予了他奖励，这是一个管理者信守承诺的做法。而老板之所以给了乙同样的奖励，很可能是因为老板对他平时的工作表现很满意，尽管他没有完成工作指标，但他敬业、忠诚，而且有上进心，奖励是对他品格和工作态度的肯定，更是对他的一种鞭策和期望。由此可见，奖励机制是一种对员工的综合评定。

管理者要想让奖励卓有成效，达到最佳效果，只注意上述几点是远远不够的，还应该遵循以下原则：

### （1）时效很重要

管理者不要等到发年终奖金时，才打算给予员工一些奖励。员工在日常工作中有良好表现时，管理者就应该及时给予奖励。错过奖励的最佳时机，会大大减弱奖励的激励作用。

（2）明确奖励的理由

管理者在奖励员工时应该明确指出，员工哪些工作做得好，好在哪里，即管理者要把奖励的理由和奖励的标准告诉员工，这样可以让员工知道，公司希望他们能重复哪些良好的表现。

（3）为员工的需求量身定做

管理者在奖励员工时，要根据员工的不同需求，来调整奖励的具体方法，这样才能达到最好的激励效果。管理者应该模仿自助餐的做法，为员工提供多元奖励，以满足员工的不同需求。

（4）与公司平常的做法相符

一个平时对妻子不好的丈夫，即使在情人节时送给妻子一束玫瑰，也不会有多大效果，甚至会被妻子视为对罪恶感的补偿。同样的道理，一个平时对员工不好的公司，即使年底给予员工一些红利的奖励，也不会对员工起到多大的激励作用。因此，管理者要想有效发挥奖励的激励作用，还要注意平时对员工好一点，把奖励激励与"日常呵护"有机结合起来。

## 惩罚有时也是一种激励

惩罚的最高境界在于能让受罚者心存感激，并找到前进之路；处罚绝不是冷酷无情，只要运用得当，处罚完全可以和正面奖励一样激励人，甚至比正面奖励还要积极有效。

管理者在管理员工时常常会遇到这样一个难题：是以奖励为主，还是以惩罚为主。这主要涉及管理学中的 X—Y 理论。该理论是由美国著名行为科学家，人性假设理论创始人道格拉斯·麦格雷戈提出的，X 理论即性本恶理论，该理论认为：人天生不喜欢工作，只要可能，他们就会逃避工作；由于人不喜欢工作，所以必须采取强制性措施或惩罚办法，迫使他们工作，以顺利实现组织目标；人只要有可能就会逃避责任，安于现状；大多数人都喜欢安逸，没有雄心壮志。Y 理论即性本善理论，该理论认为：要求工作是人的本性；在适当条件下，人们不仅愿意，而且能够主动承担责任；个人追求满足欲望的需要与组织需要之间没有矛盾；人对于自己新参与的工作目标，能实行自我指挥与自我控制。

如果管理者认同 X 理论，激励员工时就会以奖励为主，通过奖励来激发员工的工作热情，提高员工的工作积极性；如果管理者认同 Y 理论，激励员工时就会以惩罚为主，通过严惩来规范员工的行为，使员工在制度规范的约束下专心致志地工作。事实上，在具体操作过程中，管理者往往需要奖惩并用，赏罚分明，才能起到有效的激励作用。但是当具体到一件事情当中，尤其是员工犯错误时，管理者则应该以惩罚为主要激励手段，因为不惩罚就不能起到杀一儆百的作用，不惩罚就不能体现企业规章制度的严肃性，不惩罚就不能显示管理者的威严。

但是，我们所说的惩罚并不是单纯的惩罚，而是变惩罚为激励，变惩罚为鼓舞，让员工在接受惩罚时心怀感激之情，进而达到有效激励的目的。这就是惩罚的艺术性。

某企业发生过这样一件事情：一名员工工作非常积极努力，但就是有些自以为是，他认为自己负责的一项工作流程是应该改进的，但是他的主管和部门经理坚决反对他这样做，并且命令他严格遵守原来的工作流程。一天，这名员工私自改变了工作流程，主管发现后严厉批评了他，他不但没有接受，而且认为主管有私心，就和主管吵了起来。主管把问题反映到部门经理那里，部门经理也声色俱厉地批评了他，他还是不服。于是部门经理又把问题报告给了总经理。结果，总经理不但没有批评他，而且和他亲切交谈起来。在交谈过程中，总经理发现他很有想法，他说的那项工作流程的确应该改进，而且他们还聊出了很多现行工作流程和管理制度中存在的不足之处。就这样，总经理用朋友式的平等交流，让这名员工感受到了被重视和被尊重。结果自然皆大欢喜，这名员工不但主动承认了错误，心悦诚服地接受了处罚，而且一改往日自以为是的傲气，积极配合上级领导的工作，工作热情也大大提高了。

员工犯了错，给予处罚是理所当然的事。但怎么罚才更有效呢？并不能简单地一罚了之，还需要讲究点艺术性。故事中这位总经理的高明之处就在于：巧妙地变“罚”为“奖”。不仅让员工心悦诚服地接受了处罚，还纠正了员工的不良习气，大大提高了员工的工作热情。

在上述案例中，还隐含着一个管理者如何赢得人心的问题，也就是说，在必须处罚的前提下，管理者的惩处方式一定要深得人心。故事中那位员工之所以心服口服地接受了处罚，最关键之处就在于他的意见被总经理采纳了，他的才能得到了总经理的肯定。这样一来，对他的处罚就比他心理预期的要轻得多了。这就相当于他准备拿100元买这次错误，结果却只掏了50元，他岂能不高兴、不感激呢？而且，在与总经理朋友式的交谈中，他认识到自己做错了，这是主动、积极地，而不是在领导的强权压力下消极、被动地改正错误，这不仅有利于他改正错误，而且不会留下“后遗症”，杜绝了错误反弹的可能性。

此外，朋友式的平等交流还会使员工有被尊重感，有某种意义上的心理满足感，员工会感觉到这样的管理者可信赖，能解决实际问题，因此就会把自己内心的想法毫不保留地说出来，这就等于让员工积压已久的意见得到了倾诉，心理压抑感得到了解除，这样一来，员工岂有不高兴、不感谢之理呢？所以说，这种惩罚方式可谓一箭三雕：既达到了惩罚激励的目的，又赢得了员工的心，而且还有利于从根本上解决问题。

由此可见，要想让员工心悦诚服地接受处罚，一定要在处罚的外面包上一层柔软的、富有人情味的外衣。

某公司的处罚措施一直让员工们口服心不服，所以执行起来很有难度。于是，该公司决定重新制作处罚单。经过一番斟酌，公司总经理在原有的基础上把有关项目及形式做了合理改进后，又在处罚单上加上了一句话："纠错是为了更好地正确前行。"而且还把标题"处罚单"三个字改成了"改进单"，以减弱处罚在员工心理上造成的负面影响。处罚单印出来之后，大家都说这样的处罚单一定会比以前的效果好，因为以前的处罚单都是清一色的严肃面孔，一句多余的话都没有，如今在上面加上了一句富有人情味、教育性和启迪性的话，处罚单的面孔立即由严肃、冷酷，变得慈祥、柔和了。而且，当员工接到处罚单时，看到了这句话，心理上会产生一系列变化，由本能的反感、抵触、反抗到理解、认知、接受，再到改正错误，所以，把标题改为"改进单"再合适不过了。

实践证明，这种小小的改进意义重大，员工不但对处罚没有抵触心态，而且工作错误率大大降低了。

这就是处罚的艺术。处罚原本是反面教育，这样一改，就变成了正面教育：鼓励员工改正错误，激励员工向正确的方向前进。

惩罚需要讲究技巧和方法，它不仅是管理者的工具，更是管理者需要熟练掌握的一门"艺术"。这门艺术的关键就在于化一切被动因素为积极因素，把惩罚转化为激励。此外，管理者还应该认识到，惩罚并不是万能的灵药，它虽然可以消除一些不良行为和抑制不良行为的重复再现，但它毕竟只是众多调控员工行为的激励手段中的一种。因此，惩罚激励切不可滥用，只有结合各种奖励措施，才能有效发挥其预期的效果。

### 让员工在竞争中成长

激励的目的在于奖励出类拔萃者，鞭策业绩平平者，以达到团队合力的最大汇聚。因此，管理者要想实现对员工的有效激励，必须把员工置于一个竞争的环境中，这样才能最大限度地激发员工的智慧和潜能。

我们通常理解的竞争是不同团队之间的竞争，其实团队内部同样存在着竞争，而且这种竞争十分必要，如果运用得当，这种内部竞争就会成为一种有效的激励，使团队成员为了实现团队目标而相互促进。

熟悉赛车的人都知道，法拉利车队之所以在 F1 车坛拥有霸主地位，是因为他们拥有两位优秀的车手：舒马赫和巴里切罗。作为车队的车手，他们的职责是共同合作，为车队赢得年度总冠军协同作战。但是，他们之间同样存在着竞争，这种内部竞争是鞭策他们不断超越对手、超越自我的一种激励，在 2002 年度世界一级方程式汽车锦标赛意大利蒙扎大奖赛上，巴里切罗就超越了舒马赫，一举夺得了冠军。

在一个组织内部，竞争是一种客观存在，在正确思想的指导下，这种内部竞争对调动组织成员的积极性有重大意义：它能增强组织成员的心理内聚力，激发组织成员的积极性，从而提高工作效率；它还能增强组织成员的智力效应，使组织成员的注意力集中、记忆状态良好、想象力丰富、思维敏捷、操作能力提高。此外，它还能缓和组织内部的矛盾，增强组织成员的集体荣誉感。因此，作为企业管理者，很有必要将这种竞争引入企业内部，使之成为激励员工的一种手段。

美国通用公司是率先提出内部竞争的企业，其董事长兼 CEO 杰克·韦尔奇说："我鼓励员工在工作上相互竞争，但不要有个人恩怨。我们的做法是将奖赏分成两个部分，一部用于奖励员工在自己的业务部门的表现，另一部用于奖励员工对整个公司发展的贡献。"当斯隆成为通用汽车的 CEO 时，竞争对手福特公司拥有美国汽车市场 60% 的份额，而通用则面临破产的危险。斯隆立即着手进行汽车的市场细分，例如将雪佛兰定位为大众车，而将凯迪拉克定位为豪华车，激励内部竞争，从而使通用汽车成功脱离了险境，并且获得了极大发展。

管理者要想成功实施竞争激励法，必须为员工提供公正、公平的竞争机会，力求让每个员工都能尽情展现自我才能。对于在竞争中脱颖而出的员工，管理者要及时给予他们"胜利的果实"，例如晋级、加薪等；对于在竞争中暂时落后的员工，也要及时给他们打气，并给予他们合理的指导或沟通，这样才能激起他们继续前进的勇气和"这次不行，下次再来"的进取心态，从而实现企业内部所有员工的全面进步，这就是竞争激励的终极目标，也是竞争激励的核心所在。

美国一家大型企业集团为了提高员工的积极性，采取了一种很有特色的激励方法：在员工内部进行评比，给评比优异者发一块"好家伙"的奖章，上面有公司老总的亲笔签名。员工每获得 5 块"好家伙"的奖章，就可以得到一个更高的奖励——晋升和加薪。颁发"好家伙"奖章时，公司不刻意安排专门的场合。授奖仪式也很简单：当颁奖的经理走进公司大厅并按响门铃时，所有员工会立即停下手头的工作，从各自的办公室走出来，然后由这位经理宣布"好家伙"的获得者："本人谨代表公司宣布，向××颁发'好家伙'奖章一枚，以表彰他在工作中做出的突出成绩。"大家热烈鼓掌，受奖人在掌声中接过奖章，仪式就此结束。

"好家伙"这个奖章名称不仅显得亲切，而且略带幽默感，加上整个颁奖过程比较简单，所以员工们不会很看重这个仪式，但却异常在乎这枚奖章，因为它代表着公司对自己工作的认可和肯定。事实上，这家公司不仅普通员工渴望获得"好家伙"的奖章，就是高级管理层也同样热衷于获得"好家伙"的奖章。因此，每位员工都努力工作，奋力争先，以求得到该奖章。一位新晋升的公司副总裁在布置他的办公室时，郑重其事地将他的第5枚"好家伙"奖章钉在墙上，望着下属，他有点不好意思地说："看惯了'好家伙'，不挂起来就感觉挺不自在！"

著名管理学家利昂·弗斯廷格认为，追求成功和满足是人的一种本能，但是人们通常不是用绝对标准来衡量自己的成绩，而是想方设法、竭尽全力去和别人进行比较。所以说，鼓励内部竞争会给员工带来压力，进而产生激励作用，使员工更加积极努力。

有竞争才有压力，有压力才会有动力，有动力才会有活力。管理者把竞争引进企业内部，培养员工的竞争意识，能有效地激励员工，激发他们的工作积极性，让企业上下呈现一片你追我赶、奋勇争先、生机勃勃的"繁荣"景象。这是管理的艺术，也是企业取得成功的关键。

### 激发员工的危机感

美国旅行者公司首席执行官罗伯特·薄豪蒙说："我总是相信，如果你的企业没有危机，你要想办法制造一个危机，因为你需要一个激励点来集中每一个员工的注意力。"作为管理者，可以运用危机激励法，适当创造一点儿危机感，给员工提供一些动力。

所谓危机激励法，就是企业管理者要不断地向员工灌输危机观念和危机意识，让他们清楚地了解企业生存环境的艰难，以及由此对他们的工作、生活带来的不利影响，这样往往能激励他们自动自发地努力工作、积极进取。

古语云："安而不忘危，治而不忘乱，存而不忘亡。"尽管这是治国安邦之策，但对于企业的管理同样适用。日本著名企业家松下幸之助在总结其企业成功的经验时，特别强调：长久不懈的危机意识是使企业立于不败之地的基础。在这方面很多成功企业是极为相似的：比尔·盖茨曾经告诉他的员工："公司离破产永远只有18个月。"华为创办人、首席执行官任正非时刻不忘提醒员工："华为的冬天很快就要来临！"惠普公司原董事长兼首席执行官普拉特不断强调说："过去的辉煌只属于过去而非将来。"可口可乐公司实行"末日管理"，三星电子的经营秘诀是"永远抱有危机意识"等。其核心内容都是通过"人为"地制造"危机"，使员工树立忧患意识，产生危机感和责任感，居安思危，不断进取。

从企业管理的角度上来说，培养员工的危机意识是一种有效的激励手段。作为企业的管理者，对危机的感受往往是直接而深刻的，但作为企业的普通员工，并不一定就能感受到这些危机的存在，特别是那些不在市场一线工作的员工。在稳定、安逸的工作环境中，很多员工都会像温水中的青蛙一样，容易滋生安乐思想，他们认为自己工作稳定，收入稳定，高枕无忧，工作热情日渐衰退，缺乏积极性和进取心，从而导致工作效率低下，企业竞争力也随之降低。因此，企业管理者很有必要向员工灌输危机观念，树立危机意识，让员工感到如果今天工作不努力，明天就有努力找工作的压力，从而使员工重新燃起工作的激情。同时，危机意识也有助于员工树立良好的团队精神，从而与企业休戚与共。

麦卡米克是美国一家著名企业，在该企业的发展历史上曾经历过濒临倒闭的经济危机。它的创始人 W. 麦卡米克是个性格豪放、江湖气十足的管理者，但他的思想观念和工作方法却与时代严重脱节，在他的管理下，企业被搞得一塌糊涂，很不景气。面对困境，W. 麦卡米克不得不宣布裁员，并对所有员工减薪一倍。几天后，W. 麦卡米克因病去世，他的外甥 C. 麦卡米克继任了他的职位。

C. 麦卡米克一上任，就立即向全体员工宣布了一项同 W. 麦卡米克截然相反的措施："从本月开始，所有员工的薪水增加一成，工作时间适当缩短。大家应该清楚，我们企业生死存亡的重任就落在诸位的肩上，希望大家同舟共济，共渡难关！"

员工们顿时惊呆了，他们几乎不敢相信自己的耳朵：几天前还说要减薪一倍，如今反而加薪一成，工作时间还要缩短！当员工们确定这项决策千真万确以后，立刻对 C. 麦卡米克的新政表示由衷的感谢。

就这样，全体员工士气大振，上下一心，和衷共济，在短短一年时间内就扭亏为盈，渡过了难关。

由此可见，让那些充满恐惧的员工获取安全感的最佳途径和最好方法，就是帮助企业实现最关键的目标。管理者应该时刻提醒员工，如果他们不努力工作，就不会有企业的繁荣，也就不会有稳定的工作和收入。只有在这种危机观念中，员工才能摒弃懈怠心理和安乐思想，时刻提醒自己奋发图强，努力工作，积极进取。

一个缺乏危机意识的民族，注定是一个没有希望的民族。一个缺乏危机意识的企

业，注定是一个没有希望的企业。对企业来说，最大的危险就是没有危机意识。实践证明，但凡成功的企业，都是注重危机意识的企业，比如海尔集团以"永远战战兢兢，永远如履薄冰"为生存理念，从而使海尔保持蓬勃向上的发展势头；小天鹅实行"末日管理"战略，坚守"企业最好的时候，也就是最危险的时候"的理念，从而做到了居安思危，防患于未然。

那么，企业管理者如何运用危机激励法有效激励员工呢？

### 1. 向员工灌输企业前途危机意识

企业管理者要告诉员工，企业已经取得的成绩都只是暂时的，而且已经成为历史，在竞争激烈的市场大潮中，企业随时都有被淘汰出局的危险，要想避免这种命运，方法只有一个，那就是全体员工齐心协力，努力工作。唯有如此，才能使企业更加强大，永远立于不败之地。

### 2. 向员工灌输他们的个人前途危机

企业的危机和员工的个人危机紧紧连在一起，因此，所有员工都要树立"人人自危"的危机意识，无论是企业管理者还是普通员工，都应该时刻具有危机感。管理者要让员工明白"今天工作不努力，明天努力找工作"的道理。员工一旦在这方面达成了共识，自然就会主动营造出一种积极向上的工作氛围。

### 3. 向员工灌输企业的产品危机

企业管理者要让员工明白这样一个道理：能够生产同样产品的企业比比皆是，要想让消费者对本企业的产品"一见钟情""情有独钟"，就必须使产品有自己的特色。所谓特色，就是可以提供给消费者别人无法提供的特殊价值，即"人无我有，人有我优，人优我特"。

### 4. 危机激励不可随便乱用

对企业来说，危机激励就像一颗炸弹一样，虽然威力无比，却不可以盲目地投掷，对员工狂轰滥炸。否则，不但不能开发员工的潜能，还有可能将他们"逼入死角"。也就是说，虽然危机可以激发员工工作的积极性，但并不是所有员工都愿意面对这种危机。尤其是对能力较差的员工而言，危机会带来严重的心理恐慌，会使他们感到自己的无助和无能。可想而知，当危机到来时，他们一定是企业里心情最糟糕的人。因此，作为管理者，不能随便使用危机激励法，而应该因人而异，区别对待。

危机作为一种压力，能促使员工利用他们全部的积极性和创造性解决管理者交代的问题，给他们更多的自信，鞭策他们不断运用自己的积极性把工作做好。因此，管理者要想有效地鞭策和激励员工，开发员工的积极性和创造性，最好的方式之一就是适当地给予他们危机感。

## 把握好激励的尺度

### 1. 心理激励也要计算投入产出

前面说过，心理激励也需要投入，这里所谈的投入并不仅仅是指资金的投入，还包括人员的投入、时间的投入、制度成本的投入。

心理激励也会有产出。这里所说的产出一方面可以表现在员工的精神状态，工作积极性、创造性，对企业或组织的忠诚度等精神层面上，也可以体现在整个企业或组织的效益改观上。管理者应该对心理激励产出情况做出一个评估，一方面可以确定整个企业或组织的人员心理健康程度，另一方面也可以知道在投入之后，其产出的效果如何。

这里要强调的是管理者一定要有成本意识，心理激励的投入既不能零投入，也不是无限投入，和做其他工作一样，管理者需要看一看是"亏本"还是"营利"了，这有助于做好下一步的心理激励工作。

### 2. 心理激励要考虑资金成本

有的管理者会在心理激励上进行无限制的资金投入，如在年终时多发红包，提高奖金基数等。用纯物质进行心理激励或在某种程度上对员工的心理激励单一化为物质激励确实能起到一定的作用，但物质激励尤其要适可而止，这里有两个原因：

一是过高的物质激励会提高员工的期望值。相对精神激励来说，员工对物质激励的期望会更高，当你给了员工100元奖励的时候，员工就会期盼发放200元，如果一度没有达到200元，那么员工就会出现反激励情况。因此当员工的物质激励达到一定程度的时候，员工就会觉得不提高就等于在下降，反倒会更不满。

二是物质激励的刺激时间短。物质激励相对于精神激励来说维持的时间会很短，这就要求管理者不断提高物质激励的层次，对企业来说，这将是一个很大的负担。

### 3. 心理激励要考虑时间成本

所谓时间成本包括两个方面：一是管理者的时间成本。管理者如果在心理激励上花费太多的精力，也会影响到其他重要工作，未必就是合算的买卖。因此管理者要清楚地知道自己在员工心理激励上花的时间是否合理，是否达到了预期的目标，如果投入与产出不成比例，那么就要考虑心理激励的方式方法问题了。二是员工的时间成本。在心理激励过程中，特别是一些活动类的激励办法或一些大规模的沟通活动会占用员工大量的时间，这些时间对员工来讲是不是负担？如果是，就要考虑采取其他的方式，

还要考虑占用的员工时间其实也是企业或组织的时间，这笔成本合不合算。总之，管理者要有时间成本的概念。

### 4. 心理激励要考虑制度成本

管理者在进行心理激励时，制度激励是一个重要办法，比如管理者制定的员工晋级、晋职、晋资制度就是一种激励制度。但千万不要忘了，这些制度也是需要成本的。这种制度成本表现两个方面：

第一个方面：制度成本最终会转化为资金成本。比如晋资，就要有资金投入才行，因此在制定激励制度时，首先要考虑投入的情况。

第二个方面：制度成本会转化为人力成本。一个制度出台后，有的时候在激励了一批人员的同时，会损害另一批人的积极性，要把这两拨人的积极性进行核算，看看究竟是不是合算。如果为了激励一批普通员工的积极性却损害了一大批中层干部的积极性，那么这种激励未必就是明智而合理的激励。

## 常规情况下的心理激励

### 1. 员工的工作要有挑战性

按部就班的工作最能消磨斗志，一份工作做得太久，就容易让员工失去工作的激情，因此，适当地调整工作内容、工作节奏都有可能对员工产生激励作用。

给员工分配有挑战性的工作要注意区分员工的性格，有的员工特别喜欢挑战，喜欢新生事物，这时给他新的工作就可以获得极好的激励效果。但对那些心理要求相对较低的员工，挑战可能就是一种负担，他们可能更愿意按部就班的工作。这时环境改善、精神奖励可能就是最好的心理激励方式。

同时还要注意挑战的难度，难度设置过高，就可能会让员工产生挫折心理，反而会影响激励的效果。

### 2. 邀请员工参与决策

听取员工的意见，邀请他们参与制定与其工作相关的决策，并与他们坦诚交流，可以让员工更加充分地融入整个组织或企业中，而在这个程中，如果把坦诚交流和双方信息共享变成管理过程中不可缺少的一部分，激励作用就更显明了。为此在激励工作中，管理者要建立便于各方面交流的问题、诉说心情、获得问题答复等途径。

### 3. 表彰与奖励

表彰与奖励是常见的激励措施，包括物质奖励与精神奖励。

值得关注的是，管理者一定要注意做到奖励得当，如果不该奖励的员工获得奖励，那么反倒会挫伤大多数员工的积极性。

除了年度或固定期限内的表彰与奖励，要注意日常生活中的表彰与奖励工作。如当员工完成工作时，要当面表示祝贺。这种祝贺要来得及时，也要说得具体。还可以写张便条，赞扬员工的良好表现。书面形式的祝贺能使员工看得见管理者的赏识，心理激励的效果也更能持久一些。

表彰和奖励能加速激发员工渴求成功的欲望，因此在日常工作中，管理者要注意当众表扬员工，这就等于告诉他，他的业绩是值得所有人关注和赞许的，他会因此获得更大的精神激励。

### 4. 与下属及员工保持经常性联系

这是很多管理者忽视的激励办法。有的管理者乐于高高在上，除了与一些重要的下属有联系外，与多数员工都没有联系。有的管理者除了为数不多的几个下属外，叫不出其他员工的名字。与员工见面的时候不与员工打招呼，即使员工与他们打招呼，他们也不知道对方是谁。这样的管理者是不称职的。

管理者要乐于与不同的员工或下属保持一定的联系，这种联系可以很简单：见面打个招呼，开会的时候叫员工的名字或聊一些家庭生活中的事。有学者认为：老板跟员工闲聊是一种最看得起员工的方式，因为管理者投入的是最宝贵的资产——时间。

### 5. 以业绩为标准提拔员工

这也是企业或组织常用的激励办法之一。但在具体工作中，以业绩为提拔标准依然可以做出各种深度的变革。

凭业绩提拔员工的关键问题是工作业绩一定要得到公认。要制定一整套内部提拔员工的业绩标准。其中还要特别考虑到公司到底给他们提供了多少机会实现这些业绩。最终管理者要根据公司提供的这些机会来衡量公司对他们的投入以及他们的业绩。

与凭业绩提拔员工相对应的是凭资历提拔员工，凭资历提拔员工也是一种激励办法，这会使那些在特殊而重要岗位上的员工得到激励，如后勤管理工作中的财务人员、办公室人员等。但凭资历的做法不能用得太多，否则不但不能鼓励员工争创佳绩，反而会养成他们坐等观望的态度。

## 表扬的心理激励方法

### 1. 表扬是最常见的心理激励办法

表扬不仅是最常见的激励，也是最重要的激励办法。一般来说，表扬是一种积极的激励，而处罚、制裁等措施是一种消极的激励。心理学家研究证明，在积极鼓励和

消极鼓励之间具有不对称性。受过处罚的人不会简单地减少做坏事的心思，充其量不过是学会了如何逃避处罚而已。现在有一种说法是："干工作越多错误越多。"潜台词就是：为了避免错误，最好的办法就是"避免"工作，这就是批评、处罚等"消极鼓励"带来的后果。

而积极激励的表扬却会让员工把现有的工作做得更多，渴望被表扬的行为会替代过去一些不好的行为。随着时间的推移，一方面，员工身上的闪光点会放大成为耀眼的光辉，同时还会"挤掉"不良行为，这是表扬的纵向影响；另一方面，一个员工的好行为受到表扬后，还会带动其他员工的效仿，这样就会形成一种群体性的好行为，并且会形成一种良性的风气或文化，这就是表扬的横向影响。

### 2. 多赞扬和多发薪水一样重要

薪水是月月都要发的，如果你是一个好的管理者，表扬或赞扬也要经常挂在嘴边，这和发薪水一样重要，能给员工很大的工作动力。如果管理者碰到自己不喜欢的事，就立刻拉下脸来，把员工臭骂一顿，骂错了也不承认、不改正、不道歉，员工怎么会喜欢这样的管理者呢？又怎么会积极地去工作呢？

戴尔·卡耐基的《人性的弱点》中有这样一段话：美国钢铁大王安德鲁·卡内基选拔的第一任总裁查尔斯·史考伯说："我认为，能够使员工鼓舞起来的能力是我所拥有的最大资产。而使一个人发挥最大能力的方法就是赞赏和鼓励。""再也没有比上司的批评更能抹杀一个人的雄心……我赞成鼓励别人工作。因此我乐于称赞，而讨厌挑错。如果我喜欢什么的话，就是我诚于嘉许，宽于称道。"

还有另外一种情况，管理者即使在心里赞扬员工的工作，却不说什么，或者员工做错了，他立即进行批评，员工改正后，他也没有丝毫的赞许之举。

针对这种情况，史考伯说："我在世界各地见到许多大人物，还没有发现任何人——不论他多么伟大，地位多么崇高，不是在被赞许的情况下比在被批评的情况下工作成绩更佳、更卖力气的。"史考伯的信条同安德鲁·卡内基如出一辙。卡内基甚至在他的墓碑上也不忘称赞他的下属，他为自己撰写的碑文是："这里躺着的是一个知道怎样跟他那些比他更聪明的属下相处的人。"

### 3. 善于肯定成绩

人们可能都不止一次听过这样一个笑话。一位家庭主妇给客人端上米饭，客人称赞说："这米饭真香！"主妇很高兴地告诉客人："这是我做的。"客人吃了一口说："怎么做糊了？"主妇脸色变了，赶紧解释道："是孩子他奶奶烧的火。"客人又吃了一口："还有沙子！"主妇又答："是孩子他姑淘的米。"

对与赞赏，所有的人都愿意像那位主妇那样爽快地接受下来，而对于指责，人们也往往会像那位主妇一样千方百计地推诿。在这里，管理者千万不要指责员工，其实对一个员工来说，希望得到领导的肯定、赞赏是很正常的心理需要。而面对管理者指责时，他们也会不自觉地为自己辩护，这也是正常的心理防卫机制在起作用。

如果管理者想让员工永远保持良好的精神状态，积极地去工作，就要学会多多肯定员工的成绩，哪怕下属或员工取得微小的进步，管理者也可以表示一些赞许。这会让员工更加努力。

当然，肯定成绩也要有技巧，其中一个重要的技术就是不仅仅根据成绩的大小，还一定要根据成绩的性质确定表扬的规格。所谓成绩的性质即成绩是否具有普遍的激励意义，是否带有一种质的变化。具有普遍意义的成绩可以激励所有员工更加进取，对这类成绩，即便小一些也要大加赞扬。

### 4. 肯定员工那些他最重视的价值

赵青川遇到过这样一个真实的故事，管理者可以从中看到肯定员工最重要价值的心理激励作用。

一天，赵青川与几个同事到外地城市办事，中午在一家饭店吃午餐。餐桌上的烧肘子特别合他的口味，他非常爱吃，吃光了肉还觉得不解馋，于是拿起骨头就啃。这时正巧这家饭店的厨师出来了，厨师感到很奇怪，就问："为什么啃骨头啊？"赵青川回答说："师傅，这肘子味道实在是太好，没吃够，就把骨头再啃一啃。"厨师听了这话，顿时心花怒放，当即走进厨房，端来一个新的烧肘子——算是他请客。

这位厨师为什么听到一句很简单的好话就这样激动？其实，对他来说，这恰恰是天下最重要的好话，因为这样的赞许是对他价值的最大肯定，他人生的目标就是厨艺精良，他最大的人生价值也在于此。这一次的赞扬也许会是他终生的动力，很长时间内他也会以此为荣，并会不断向别人谈起，证明自己的价值所在。

因此，管理者一定要赞扬员工认为自己最重要的价值。这就要求管理者要能够发现员工的优势，否则好话说得再多也未必有上面例子中的那种效果。

### 5. 表扬也要有分寸

管理者表扬员工往往有多种方式，可以公开赞扬，也可以在私下里表示鼓励。但要注意的是，在公开场合表扬一个人就是把这个人当作模范来对待的，因此表扬时一定要注意分寸。

很多管理者都有一种误解，以为在公开场合表扬员工，员工就会心存感激，其实不尽然。如果在众人面前过分地表扬一个员工，超出了实际情况，那么就会产生两种

不良结果：

一是受表扬的员工会觉得很不好意思。虽然他可能会理解甚至感谢管理者的好意，但也可能会意识到管理者的这种表扬是别有用心的。

二是不恰当的公开表扬会伤害在场的其他员工。那些员工会认为管理者处理问题不公正，员工对管理者的权威会产生怀疑。

因此，在公开场合赞扬员工时要注意：一是考虑是否会使被表扬者产生不必要的困扰；二是表扬是否恰到好处，是否符合实际，是否夸大其词。

如果你对在公开场合表扬的尺度把握不准的话，那么最好的办法就是先在私下进行鼓励，然后再选择合适的机会公开表扬。

### 6. 记住下属的名字

几乎每一个员工都希望管理者能叫出自己的名字。当一个管理者在公开场合忽然叫了自己的名字的时候，员工就会有莫大的荣幸。而那些可以记住每一个员工名字的管理者往往是最成功的管理者。

北京某公司举行周年庆活动，晚上公司总部的200多人一起聚餐。有一位年轻的员工才到公司两三个月，在酒桌上有些害羞，总是躲在别人的后面。老板只和这位新员工在一次会议上见过一面，当这位员工和其他人一起向老板敬酒的时候，老板就喊着他的名字说："××，你到前面来，多喝一杯。"那位员工当时脸就红了，但却走到老板面前喝了满满的一大杯，而且这件事让他终生都很难忘记，一提到老板的时候，他就会谈起此事，工作也格外努力。

当然，记住员工的名字也不是一件容易的事，除了记忆力要好，还需要有专门的技巧，如当对方介绍自己时，可以把他的名字重复一遍；记住员工最显著的一些特征，比如比较黑、很白等；要准备一个小本子，把员工按照自己的方式进行归类；要注意用事件来记住员工，把员工和事件联系起来，一则容易记住，二则即使一下把名字忘记了，也可以通过说起某事来表示自己没有忘记这位员工。

### 7. 找准闪光点

要赞许别人除了认识到对方的价值，学会赞许的方法，还要有从员工和下属身上发现闪光点的本领。特别是在特殊情况下，管理者更要善于找到积极的因素来进行鼓励。

改革开放初期，某企业的一个业务人员在全厂第一个直接同外商做生意，由于不了解国际惯例，结果亏损了两万元。但是，该企业的领导却在各种大会上表扬他，认为这个生意虽然亏了，但意义很大，"首创精神"值得肯定，管理者给这一失败的行动创造出了积极的情绪。之后，该员工便在与外商的合作中一发不可收拾，为企业创造了不少的直接经济效益，并且很快成了厂里的外贸专家，后来一直做到了企业的副总。如果当时的厂领导没有看到他的闪光点，只是一味批评，那么就可能既没有这位员工个人的未来发展，也很可能没有企业后来的外贸发展。

### 增加员工的心理收入

#### 1. 除了工资收入，还有心理收入

员工在谈到收入的时候都会强调自己的工资增长了多少，福利如何如何好，但许多管理者并不知道，员工还需要一种看不见的收入：心理收入。

所谓心理收入是指员工个人对企业及其工作本身在心理上的一种感受，属于非经济性报酬的范围。员工通过自己的努力工作得到的非经济性的奖励就属于员工的心理收入。

如何激励员工是管理工作中的难点。但管理者在设计企业内部的薪酬体系时，往往只注重员工的经济收入等物质报酬，而忽视了员工的心理报酬，最后往往导致企业虽然给了员工很高的工资待遇，但员工忠诚度、满意度仍然不高。

在实际上，薪酬本来就包括两个部分：经济类报酬和非经济类报酬。经济类报酬就是物质上的报酬，包括工资、奖金、福利等，而非经济类报酬则包括工作保障、身份标志、给员工更富有挑战性的工作、晋升、对突出工作成绩的认可、培训机会、弹性工作时间和优越的办公条件等。

#### 2. 增加精神奖励

为增加员工的心理收入，管理者要注重提高精神奖励的程度和技巧。管理者在实际工作中也会体会到，物质奖励比较好操作，而精神奖励往往不容易操作，因此与物质奖励相比，精神奖励更需要技巧。管理者要学习和应用各类精神奖励的技巧，以便让精神奖励取得实实在在的效果。

荣誉激励：如发奖状、证书、记功、通令嘉奖、表扬等。在管理学看来，追求良好声誉是经营者谋求发展的需要。对员工来说，荣誉可以让自己被别人认同，也能使自己更加努力地工作。

成就激励：最重要的表现形式就是合理晋升。这种晋升可以让员工获得自我实现的满足感，尤其是管理知识型员工，更需要制定一套切实可行的职业发展规划。

竞争激励：如日本松下公司每季度都要召开一次各部门经理参加的讨论会，以便了解彼此的经营成果。开会以前，公司把所有部门按照完成任务的情况从高分到低分别划分为 A、B、C、D 四级。会上，A 级部门首先报告，然后依次是 B、C、D 级部门

报告。这种做法充分利用了人们争强好胜的心理，因为谁也不愿意排在最后。

### 3. 激发员工的潜能

一个好的管理者应该善于激发员工的潜能，应该让其认识到自身的能力并且激励其自我提升。同时，还应该引导员工更加注意自身价值的实现，而不是简单管理，从这一点来讲，现代企业管理者的领导能力比管理能力更为重要。

从马斯洛的需求理论分析，精神激励对级别比较高的人的作用更加明显。因为这些人的心理需要、安全需要等这些较低层次的需求已经得到了满足，他们所需要的是社会需要、自我实现需要等这些更高层次的需求。所以对这一群体，就更应该有针对性地给予合适的精神激励，以便产生积极的效果。

### 4. 改善员工人际关系

据调查，有相当一部分员工的离职原因是公司内部员工的人际关系不和引起的。人们工作不仅仅为了挣钱和获得看得见的成就，对大多数员工来说，工作还满足了他们社会交往的需要。因此，良好的人际关系可以提高员工对企业的满意度，激发员工的积极性和创造性。

### 5. 了解员工的忧虑

管理者要善于摸清情况，对下属尤其是生活较困难的下属的家庭情况、子女情况一定要做到心中有数，并时时给予关心，帮助。特别是在员工或下属家庭中遇到一些重要事情的时候要最先知道，并有明确的照顾态度。对重要下属要坚持进行探望或采取减少工作量等办法帮助他们减少负担。特别是有的时候，员工家里的事情很多，还在坚持上班甚至加班，就要更加关心，并采取措施给予一定帮助。

员工的忧虑不仅是家庭的，还有许多个人的忧虑，如对未来的忧虑，对工作转换的忧虑等都要考虑到。

从某种角度上说，一个企业或组织就是一个大家庭，管理者就相当于家长，要让员工把企业或组织当成家，就要把员工当成家庭成员。当企业或组织有条件时，一定要多为员工办实事，解决他们生活上的不方便。比如，国外一些大企业都会给员工建造体育锻炼场所，把职工食堂做得更好等，这些都有助于为员工营造家的氛围。

# 五、放好风筝牵好线

## 授予下属一定的权力

在管理心理学上，有一个"倒金字塔"管理法，它的意思就是给下属一些责任的自由，就可以释放出隐藏在他们体内的能量。这种方法，在北欧航空公司（SAS）首先使用，公司员工可以对其职责之内的事情做出决定，而且不必全部向上级报告。这种管理方法就是让管理者同时交给下属权力和责任，而自己只需要负责对整体进行观察、监督、推进。

在 SAS 的斯德哥尔摩机场，发生过这么一件事。有一个德国人艾森·候波乘坐 SAS 公司的飞机到斯德哥尔摩出差。在机场，他怒气冲冲地找到了机场的 SAS 公司的值班经理，指责 SAS 公司的服务质量差，将他的皮箱摔出了一个大口子。经理听到后就仔细地查看，发现皮箱上的确有一个崭新的口子，经理若有所思，但是他还是微笑着向艾森·候波道歉："先生，我们为此感到很抱歉，请您在这里稍后几分钟。"随后，经理就急匆匆地跑出去了，十分钟后，经理拿来一个皮箱，在外观上和那只被摔坏的皮箱极其相似。经理将皮箱交给对方，并告诉他，这个皮箱就当作 SAS 公司送给他的一件礼物。德国客人什么也没说，拿着箱子就走了。但是令人意外的是，这个德国人在第二天却一脸歉意地带着新皮箱找到那位经理并表示自己欺骗了他。这位经理却摇了摇头，说："其实我知道你那个皮箱不是在我们这里摔坏的。但是我当时说了这个新皮箱是我们公司给你的一件礼物。"德国人听后十分惊讶，于是询问经理是如何知道的。于是机场的经理就将原因说了出来。原来虽然昨天那个德国人的皮箱上的裂痕的确是新的，但却不是在 SAS 公司这里摔的。因为皮箱在上飞机之前公司是要检验的，如果皮箱上面有裂痕或者破损，负责检查的人就会在旁边贴上标记。而经理在德国人的皮箱上看了这个标记。听完了经理的话，德国客人脸一下就红了，他的皮箱其实是在法兰克福摔坏的，但那里的工作人员不承认。其实他找 SAS 公司只是想发泄一下心中的不满，但没想到却是这样一个结果。他表示等回去之后会鼓励他的朋友们出行选择 SAS 公司的飞机。

这就是"倒金字塔"管理法的作用，当员工有了处理的权力，那么在他的职责范围内，他会发挥出别人意想不到的作用。所以，组织的管理者要学会将权力下放，让

下属不至于什么事情都要请示上级，因为往往在请示的时候就错失了处理的最佳时机。

人人都希望自己的能力得到最佳的发挥，在现实生活和工作中，往往由于自己无权处理某项事物，导致人的创造性无法发挥。每个人都希望自己是被别人所需要的，希望自己在某一集体中是不可或缺的一部分，当人认识到自己的重要性的时候，就能爆发出难以预料的能力。

"倒金字塔"管理法与传统的上令下行的管理方式最大的区别就是每个组织成员都要承担责任，有对职责内的事情做出决定的权力，而且不用上报。而各级管理者只负责对整个组织的发展和下属的工作进行观察、监督、推进。此管理法其实就是由组织管理者搭建一个"Ｖ型"结构，在这个结构里有足够的空间给每个组织成员自由发挥，以释放他们的工作热情。当组织成员受到信任与重视，并意识到自己所承担的责任时，就会为组织发展而努力工作，就会有极大的工作热情，甚至提高整个组织的工作效率。

"倒金字塔"管理法给组织管理的启示就是要将权力下放，管理者不要紧攥着权力不放。组织管理者需要对以下几个方面有足够的重视：

### 1. 底层的管理者必须明白自己的作用

底层管理者是直接和一线的下属打交道的，他们的作用是给下属划定方向，让下属们在努力的同时不会偏离重点；其次在下属遇到困难和问题时，管理者需要适时的提供帮助；最后这些管理者要关心下属，只要下属的方向正确，管理者就不要干涉对方的工作。

### 2. 提高下属的素质能力

管理者要把权力下放给下属，那么这些组织成员必须要有准确的判断能力，可以分析事情的原因并找到解决办法，而且还需要有果断的决策能力，如此才可以在遇到问题时及时做出正确的决断。在一些组织中，下属的素质往往是达不到要求的，这是组织长期忽视对一线员工的发展和培训的结果。所以，组织在重视高层的培养时，也要注意提高下属员工的素质能力。

### 3. 重视对组织文化的改进

组织文化体现了组织全体成员的意志和利益，是组织的奋斗目标、价值观念和道德行为准则的体现。如果管理者希望组织成员能够主动承担起权力和责任，那么就需要对原有的不良组织文化进行改进，建设鼓励创新、注重质量、能够对变化做出迅速反映的组织文化。在这里组织可以借鉴国内外先进的组织文化或者是从我国传统文化中寻找合适的思想并改造为适合组织的组织文化。在对现有的组织文化的改进时要强调每个岗位都是组织机构的重要组成部分，组织没有无用的成员只有不合适的成员。

### 4. 对组织成员进行奖励

为了让组织成员能够更好地对自己的职责负责。那么组织应该对做出较大贡献的成员及时给予物质和精神奖励。这样管理者若要再给下属权力和责任时，对方就会欣然接受了。

### 5. 要循序渐进

若组织已经习惯了传统的管理模式，那么在实行新的管理方法时就要慎重考虑，结合组织的实际需要有步骤、分阶段地进行改革。可以先在某个或某些部门进行试验，不断地进行改进，积累了足够的经验之后才能在整个组织推行。

## 保证责任清晰，避免责任分散

在心理学上有一个很著名的责任分散效应，它是说如果个体被要求单独完成某一任务，那么这个个体就会显出很强的责任感，会积极主动地去完成任务。但如果将某一任务要求多人或者一个群体共同完成，那么每个个体的责任感就会被削弱，他们可能会相互推诿，最终导致任务无法完成，甚至引发严重的后果。它给组织管理的启示就是，管理者要保证下属有清晰的责任。

1964年3月13日夜3时20分，在美国纽约郊外某公寓前，年轻的朱诺小姐结束了在酒吧的工作，正走在回家的路上，突然路上出现了一个人并拿着刀向她走来。"救命啊，杀人啦！救命！救命！"她绝望的喊叫声惊动了周围的住户，有住户亮起了灯，打开窗户探出头看，凶手见此情景，就跑走了。当住户关了灯后，凶手又返回，可是同样也被附近住户打开的电灯吓跑了。朱诺有惊无险地走到了自己家的公寓楼前，当她认为已经无事正准备上楼时，凶手又一次出现在她面前，这次她的呼救没有任何效果，她被凶手残忍地杀害了。在事后的调查中，发现在她大声呼救的时候，她的邻居中在窗前观看的人有38位甚至更多，但这些人中却没人去救她，甚至连打电话报警的人也没有。这在当时纽约社会引起了极大的轰动。

心理学家约翰·巴利和比博·拉塔内通过实验对这件事情做出了解释。在实验中，他们将72名不知真相的参与者分为了两组，其中一组以一对一的方式与一名假扮的癫痫病患者接触，另一组则是以四对一的方式接触。两组人都是利用对讲机通话的。实验者想要通过实验了解当那个假的病人大声呼救时，这些不知真相的参与者会做出何种的反应。最后的结果显示：在一对一接触的那组，有85%的人将病人的情况告知外部工作人员并尝试给予病人帮助；而在四对一接触的那组，只有31%的人采取了行动。因此，两位心理学家将社会中一些杀人案中观者多却无人见义勇为的现象概括为"旁观者效应"，即责任分散效应。

责任分散效应是客观存在的，不能因为此效应就指责旁观者的冷漠，我们应该做的是寻找克服它的办法。

责任分散效应的产生不能归结为人的冷酷无情或道德沦丧。心理学实验证明，在不同的场合人们会采取的援助行为是不同的。当遇到紧急情境时，如果只有一个人能提供帮助，这个人会清醒地意识到帮助对方是自己的责任，从而采取应有的行动。因为如果他对此事视若无睹他会产生罪恶感、内疚感，这对他而言是一种折磨。而如果有许多人在场的话，责任就由一个个体来承担变成了由大家来分担，人的心里会产生一种"我不去救，别人会去救"的思想，于是就会出现"集体冷漠"的局面。

在组织管理中同样如此，责任落在一个组织成员身上时，他会努力地去完成。而当一个责任落在许多人身上，就会产生责任分散，组织成员会认为自己不去做，他人会去做。

在组织中，如果出现了责任分散，就会出现"一个和尚挑水喝，两个和尚抬水喝，三个和尚没水喝"的局面，最终带来极其严重的后果。那么管理者如何做才能最大限度地防止责任分散的发生呢？

### 1. 组织内部要有完善的制度和规定

俗话说"没有规矩不成方圆"，如果组织内没有制度的约束，必然会导致组织成员职责的混乱。组织要完成某项任务，达到某个目标，是需要有制度做保证的，只有在制度和规定的要求下，组织成员的责任才可以得到落实，组织才能得到发展。就像三个和尚的故事那样，三个和尚之所以喝不到水是因为三个和尚都想偷懒，都不想付出努力，都想着别人会去取水。最终结果却是谁都不去取水，大家都没水喝。但是如果在寺庙中确定了轮流取水的制度，每个和尚都有在某天取水的责任，那么和尚就会自己负起责任，也就不会出现没水喝的情况了。在组织管理中同样如此，组织需要依靠相应的管理制度，将制度落到每个成员身上，就不会出现相互推脱的情况，组织就能够得到发展。

### 2. 组织内部要团结

组织是所有成员的组织，在组织中如果内部不团结成员则会出现相互推脱原本属于自己的责任。还是那三个和尚，如果将寺庙看作一个组织的话，那么这个组织的成员是足够维持组织的发展的。然而最终结果却是三个和尚没水喝，原因就是三个和尚不团结，只为自己考虑，大和尚说他是老员工应该少干活，二和尚说每次他挑水挑得最多，小和尚说他还小身体条件跟不上。其实这是他们不想通过努力而获得利益的借口，这才导致了谁也喝不到水。在组织的发展过程中，某些成员也是如此，常常用诸如身体不适，有私事要办等等理由来推脱自己的责任，实质上就是他们不想为组织多做贡献。管理者要让组织的利益和个人的利益结合起来，让组织成员真心地为组织工作，只有内部团结才能带动外部的发展。

### 3. 管理者要加强下属的责任心

所有的人都会犯各种各样的错误，或大或小，为了不让个人的错误造成组织的损失，管理者就需要加强下属的责任心。例如在企业中，会出现仓库失火等让企业遭受巨大损失的事故，往往是由于员工责任心不强，玩忽职守而导致的。为了加强下属的责任心，管理者需要监督下属，并且结合一定的奖惩措施，不能让下属出现得过且过、做一天和尚撞一天钟的思想。

### 4. 组织内部分工要明确

组织中责任分散效应的出现，往往是由于组织内部分工不明确而导致的，管理者为了让每个下属都有事做，而将原本一个人就可以完成的任务同时分派给数人。这就导致了下属的责任分散。所以管理者要明白组织需要的是事事有人做，而不是人人有事做。即使将某一任务分派给了某一团体或部门，也需确定一个负责人，让负责人监督任务的完成，这样责任大部分集中在负责人身上，他就会积极地去完成任务。

## 牵一发而动全身，用人善用领头人

在组织管理中，往往需要对一些表现出众的人加以重用，以此来调动其余员工的积极性和工作热情，这些表现出众的人就是"领头羊"。只要管理者善于调用这些"领头羊"，就会对组织的发展和进步起到重要的作用。

陈之遂是惠普软件事业处资深经理，他在IBM的软件业务部门工作了12年。他是一个优秀的业务员，可是当他成为一名初阶业务主管之后，作为一个新手主管的他，却面临着一系列的问题。

陈之遂的直接上司有一个奇怪的习惯：每周六晚餐后向他发电子邮件，要求在周一就要收到他负责的工作的进度报告。于是无奈之下的陈之遂，只好花费应该休息的周日，给自己的下属一个个打电话询问。其实，陈之遂所在的部门里有10个主管，可是部门的管理者却只盯着负责五分之三业绩的陈之遂和另一个负责五分之二业绩的主管，而之所以对其他的主管并不太在意，是因为他们的工作都只是支持性质的。

因为贡献60%的业务，而变成被上级盯着的主管，陈之遂感到万分的苦恼，他在做业务员的时候，可没有遇到过这样的情况。有一次，他向同期的新手主管诉苦，主管笑了笑，告诉他"挤牙膏"。得到这么一个莫名其妙的答案后，陈之遽就陷入了思考，挤牙膏当然是从前面挤最省力，而主管要做的是部门工作的长期计划，但同时也要向上级交短期成果。如果想迅速又省力地得到结果，就像挤牙膏一样。先把前面的挤出来，后面的在以后自然也会出来了。陈之遽想通之后，就想到了部门应该如何管理，可以先挑一两个观念契合的同事一起做事，剩下的人看到就会开始思考：原本只有主管这样做，现在有3个人都这样做了。那么他们就会加入工作，最终带动整个部门齐心工作。

之后陈之遽就先花了一段较长的时间观察，找出那几个关键员工。他们通常有丰富的经验并且业绩也不错，也乐意将自己的工作技巧传授给其他同事，甚至他们还可以帮助调节同事的情绪，陈之遽称他们为"小主管"。陈之遽表示，他只要把80%的时间，都放在这两个关键员工身上，他就能很好地掌握整个团队的动向。陈之遽认为，把一些细节问题交给这些"小主管"负责，他不但多了做计划的时间，而且也是在为自己培养接班人。

在组织中，找准关键的几个下属是很重要的。找到下属中的"领头羊"并加以重用，其余的下属就会自觉地学习"领头羊"的行为表现。

人都是有从众心理的，当一个人做出某种行为时，别人可能会去模仿这种行为，就像羊群的行动都是模仿领头羊的行为的。管理者要发现组织中领头羊似的关键人员，才能最大限度地带动其他成员的积极性。

组织的效率和未来发展往往取决于少数关键性的人物，这些关键性人物可以帮助组织获取大部分的利益，为组织的发展做出极大的贡献。而其余的多数人，他们即使每天都勤勤恳恳地工作，但他们所创造的价值与前者相比是有极大的差距的。只有找到关键性的少数人，赋予这些人相应的权利，让他们带动其余的成员，就可以带动整个组织的发展。这部分人就是"领头羊"。

在组织中，应用"领头羊"带动组织的发展是极其重要的，发现这些组织成员并不会十分的困难，他们往往业绩出色、人际关系良好、经验丰富。对管理者来说管理这些"领头羊"才是最重要的。那么管理者应该怎么做呢？

### 1. 提高"领头羊"对组织的忠诚度

要让这些关键人员能留在组织当中并为组织做贡献，那么就必须增强其对组织的忠诚度。面对这些组织成员，管理者需要与其进行坦诚的沟通，分享组织的目标，增加他们对组织的认同感，激发出这些人骨子里的敬业爱岗之心。卓越的组织文化环境同样是组织留住核心人才最好的办法，但这需要组织在日常的工作中不断地进行改进和发展，才能让组织成员对组织的忠诚度大大提高，这就需要管理者向国内外的优秀组织进行学习。

### 2. 让组织成员获得学习的机会

在组织中提高员工的积极性、留住人才的最常用的方法是加薪。但是加薪是一项艺术，管理者很难做到完美无缺，如果加薪操作不当是很容易激化组织内部矛盾的。因此，管理者不如给关键员工提供一个学习的机会，让其工作能力和综合素质得到提高。在一些关键人员眼里，能让自己进步的组织才是能够让他满意的组织。比如可以考虑给关键员工提供培训，通过培训来满足他们提升自己的愿望，使其增加对组织的贡献力和忠诚度。

### 3. 给组织成员一个晋升的预期

在组织中如果进行频繁的培训，会让组织成员产生疲惫心理，反而会降低他对组织的忠诚度，所以培训还是需要控制在一定次数之内的。相对于培训，管理者给关键下属一个能获得晋升的预期更加能帮助组织留住关键人员。当然岗位的变动对组织来说也是重要的管理方面。如果管理者希望让更多的"领头羊"留在组织中，那么组织在选拔人才时就应该主要从内部培养提拔，给这些关键的组织成员更多的发展空间，那么他们留在组织中继续为组织做贡献的概率就会大大增加。

### 4. 加强人才储备

如果组织中的关键人员掌握太多的组织资源或客户资源等，他的工作能为组织带来巨大的效益的同时也可能给组织带来巨大的损失。因此，管理者对关键的几个下属要有适当约束。比如可以将这些下属的工作做一些专业化分工，让他们只有在现有的条件下才能提升业绩和能力。当然这并不是解决问题的最好办法，管理者必须加强关键岗位的人才储备，关键人员的工作"后继有人"，这样可以最大限度地避免这些关键成员给组织造成巨大的损失。组织除了可以通过内部有意识地培养外，还可以通过工作轮换，让其他成员也可以顶替这些岗位，同时管理者应该多留意合适的外部人才，包括社会上的相关人才和其他组织相关岗位的人才，甚至是那些已经离职的员工。"领头羊"一直有人才可以顶替，才不会对组织造成太大的影响。

## 用人不疑，疑人不用，不做被累坏的主管

在现实生活中，有不少管理者常常忙得不可开交，恨不得一天 24 小时都可以拿来工作；有的管理者觉得有些工作可以让下属来做，但是又怕下属做不好，最后所有的事情还是管理者自己来完成。虽然管理者拥有很强的能力是好事，但管理不是要管理

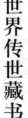

者自己工作而下属却无所事事，管理者要做的是管理下属做事。"不做累坏的主管"，这就是古狄逊定理。

美国著名管理学家哈默讲述了一个他的客户的案例。

这位客户在纽约开了一家公司，当他在自己的办公室工作时，每天要与公司的客户联系，要处理公司大大小小的事情，他的桌子总有一大堆需要处理的公文等着，他每天都忙得团团转。哈默约这个客户在早上 6 点 30 分见面，这位客户每次都会提前 3 个小时起床，让公司的员工把他的工作传真过来，等他处理完后再传真回他的公司。哈默曾与他讨论起这个事情，哈默觉得对方做的事情太多，而这位客户的员工每天只需要做一些简单的工作，甚至不必动脑筋去思考如何拓展公司的业务，当然也

哈默

不必负担任何的责任与风险。哈默认为他的这种做法，是留不住企业的人才的。这位客户却表示这些事情，虽然员工也可以做，但是没有办法做得像他一样好。哈默沉思了一会儿说："如果你的员工都像你这么聪明和你一样能干的话，那他完全可以自己开公司，而不是在你手下做事。而且你从不给员工尝试的机会，怎么知道他做得不好呢？

哈默看到这位客户在思考便向他讲述了管理者需要明白的一个道理：员工是你请来为你做事的，如果他们不做事，你就无法发现有才能的人。给他们机会，信任他们，让他们为你完成更多的工作，他们才会感觉自己的价值所在，才能真正地为企业所用。作为管理者，不可能无论事情大小都自己做，必须培养值得信赖的有潜力的员工，耐心地教导他们，让他们在不动摇企业根本的前提下不断地学习成长。管理者则要脱身去处理一些更重要的，可能关乎整个企业前途的事情。管理者要学会放手让你身边的人承担责任，当他们完成工作时，管理者要表示肯定和鼓励。

这位客户听完哈默的劝导，回到公司后改变了自己的工作方法，将很多事情让有能力的员工去处理，最终他的公司得到了长足的发展。

组织的发展壮大光靠一个或几个管理者是不可能的，必须要依靠所有组织成员的积极努力，只有借助所有人的才能和智慧，组织才能逐步前进。管理者的技能出色并不能取代下属的作用，管理者对下属要有足够的信任，要学会将一些任务交给他们。

有些管理者常常把困难的工作留给自己去做，主要原因是他们不信任下属的能力，

他们认为下属无法胜任这项工作，于是就将原本属于下属的工作抢过来自己做。其实管理者要做的应该是去发现能处理这些困难工作的人。而这些管理者不把工作给下属的原因，除了缺乏对下属能力的信心外，还在于他们担心下属的成长对自己构成威胁。

在一个组织中，如果管理者习惯将所有的工作动向都掌控在自己手中，以便于可以全面清楚地汇报给上级，那么他们就担心在将工作交给下属后失去这种控制；而有些管理者则是对自己的能力十分自信，他们认为与其花半个小时传授给下属方法，不如自己花十分钟亲自去完成，长此以往这些工作就永远由主管自己做，而下属永远也学不会怎么做。

在组织管理中，组织既然接受了组织成员，管理者就要对其信任，将对方可以学会的工作交给对方。这样组织成员才可以得到成长，为组织的发展做贡献。

管理者要想让下属不再无所事事，则需要授权给下属，让他们心甘情愿地接受任务而为组织忙碌。为了不让自己成为"累坏的主管"，管理者就要做到以下几点：

### 1. 管理者要自我反省和保持理智

管理者要时常反省自己是否把下属的事情都揽过来了；自己对工作的计划和人员的调度是否太过草率了。管理者在将权力授予下属之后，需要观察下属的工作状况，但不要在对方出现错误后就急于将任务揽过来，而应该是引导下属，教会他正确的处理方法。

### 2. 了解下属的态度

管理者需要对下属的态度有所了解，要知道对方是否都愿意接受管理者的授权。如果下属的工作态度不端正，那么管理者就不要花费太多的精力去培养这种下属。而对那些态度端正的人，则要不断地给对方新的挑战，让他们学会主动地承担责任。

### 3. 对每个下属的能力有一个合理的期望

管理者应该遵循因事设人的原则，要对下属的权限、任务、目标和责任做一个明确的规定。管理者要知道下属的潜力有多大，能接受多大的挑战，以免出现能力弱的接受难度高的任务，能力强的却只是做一些普通任务。这样会造成组织的损失和人力浪费。

## 避免倒授权，不替下属"背猴子"

在管理学上，有一个很有趣的"背猴子"理论，这其实是一种倒授权现象。当组织中发生这种情况的时候，管理者变成了帮助下属在工作，而下属则处于监督者的位置。

"背猴子"理论，是在哈佛大学的一次讲座上提出的。这次讲座通过几个简单的故事将"背猴子"理论展现在我们面前：

一位经理正走在通往办公室的路上，这时他的一个下属琼斯迎面向他走来。琼斯很有礼貌地向经理问好，然后告诉经理一个不好的消息，他遇到了一个问题。当经理听完琼斯的话之后，经理发现这个问题是需要他的帮助才能解决的但由于他对情况还不够了解，他无法当场告诉琼斯解决办法。于是这位经理只能这么说："很高兴你能提出这个问题。但是我现在很忙。你让我考虑一下再给你答案。"

这就是一个典型地替下属"背猴子"的例子，如果将这个问题的解决当作"猴子"的话。两人在短短的对话之后，猴子就从下属背上跳到了上司的背上，而该经理会一直背着这只"猴子"直到他将解决的方案交给琼斯。而且在这个过程中，经理是在不知不觉中接过了下属背上的"猴子"。该经理从自己的下属那里接过了责任，并表示会向下属报告工作进展。

或者在会谈结束时，这位经理没有对琼斯做出明确的回答，而是让他把这个问题写在备忘录上并交给他。琼斯尽职地写好备忘录，在此后不久，那位经理就从自己的信箱拿到了备忘录，那么接下来这位经理还是将下属的"猴子"背到了自己的背上，否则他就会从下属那里得到一份后续备忘录，提醒他不要忘了这件事。而在这位经理完成任务之前的时间里，那位下属将会无所事事。

类似的事情还会发生，该经理在某天和自己的另一个下属史密斯见面了。这位经理要求史密斯起草一份公关计划书，并表示如果需要帮助的话，可以找他。在史密斯完成计划书的初稿之后，就将其放在了经理的文件箱里，可是经理往往还有其他的事情要做，那么这份计划书要在经理的文件箱里放上好久。而急着完成任务的史密斯将不断地催促经理，经理又背上了史密斯的"猴子"。

让我们来假设，星期五临近下班的时候，已经背了许多"猴子"的经理在办公室里仔细考虑问题的解决办法，而他的下属们正在门外等候，他们要让经理"快做抉择"。而他们在等待时还会不停地抱怨经理："每次都是卡在他这儿，做个决定有这么难吗。真想不通这么一个人竟能在公司里占据高位！"

其实，员工的话语还不是最糟糕的，最糟糕的是，该经理平时的工作时间需要完成自己上司或者公司交代的任务。而为了完成这些任务，往往需要更多的时间，但是当他不停地在思考下属的"猴子"的时候，他根本没有其他的时间，这就导致了他常常无法完成自己应完成的任务。

为什么会发生"猴子"的转移呢？因为这位经理及其下属从一开始就认为解决这

些问题是两个人的共同任务。所以刚开始的"猴子"是两者一起背负的，但由于经理的决定，这只"猴子"就完全跳到了经理的背上。所以，管理者应该从一开始就阻止"猴子"横跨在两个人的背上。

替下属"背猴子"会导致管理者没时间去完成自己的任务。所以管理者应该学会如何不让下属的"猴子"跳到自己的背上来。

在组织中，有些成员是具有较强的依赖性的。如果管理者授权的方式不对，有依赖性的下属就会将自己遇到的问题全部向上级反映，找管理者帮助自己解决问题，完成任务。管理者往往会把这些事情接过来，导致自己的工作无法顺利完成，于是管理者的工作就越来越多，管理者就会变得越来越忙，最终还落得个吃力不讨好的结果。造成替下属"背猴子"的原因，不是下属真的无法完成工作，而是管理者授权的方式不对。

当管理者自己接受了下属的"猴子"的时候，在下属眼里，管理者是自己想要这些"猴子"的，于是他们就心安理得地将"猴子"不断地交给管理者。这往往是由于管理者不懂得授权的真正含义，在下属出现错误或者无法完成任务时，为了保证组织的利益不受损失而自己将"猴子"揽了过来，而不是督促下属自己去解决自己的"猴子"。

"背猴子"现象在组织中是客观存在的，当它发生时，上级的领导在做下属的事，而下级的员工却感觉无所事事。那么如何防止"背猴子"现象的发生呢？

**1. 管理者应该时刻明确自己的定位**

管理者是负责给整个团队或组织把握方向的人，就像是船长。管理者应该做的是培养优秀的下属，帮助下属制订计划和方向，而不是将下属的工作接过来自己完成，养一大堆别人的"猴子"。

**2. 要注意培养下属的自我管理能力**

不让"背猴子"现象发生，最好的办法就是让下属自己去解决自己的"猴子"，这就要求管理者提高下属的自我管理能力。比如下属的工作必须要有详细的计划并将其记录在案，下属必须腾出时间来思考、反省和规划自己的工作，下属要不断地总结经验教训。管理者要让下属自己思考解决问题的办法，而自己只需要给下属指引方向，将交给下属的任务要求等表述清楚，要让下属能够独立担当并不断地学习。

**3. 管理者要相信下属**

下属可能在工作过程中遇到问题或者是他不知道该如何完成或者仅仅是管理者认为下属做得不太理想。这时，管理者一定要克制住将工作揽过来的冲动，要相信下属可以妥善地解决问题。管理者要学会和具体的任务保持一定的距离，而不是把它变成自己的工作。管理者需要做的是通过观察下属，了解下属工作的进展，适时地给予指导，提供自己的意见，而不是越俎代庖。

### 4. 管理者要把握全局

无论是哪个层级的管理者，主要任务都是把握自己管理的部门或组织的总体情况，而不是陷入某几个下属工作的泥潭中。管理者要通过信息的收集帮助自己能够一目了然地明白所有工作的进展情况，对其中比较突出的问题加以关注并在合适的时候介入，引导下属。

## 放权之后做好监督与辅助

在组织管理中，有些管理者将权力下放之后，却发现效果并不明显。这就是管理者在放权之后，没有做好监督的工作，就像放风筝一样，没有注意自己手中的线，导致风筝无法飞得高或直接落地。在组织管理中，将权力下放后的督促工作是十分重要的。

万科企业股份有限公司成立于 1984 年，4 年之后进入房地产行业，3 年后在深圳证券交易所上市。目前万科是国内最大的住宅开发企业，业务范围覆盖珠三角、长三角、环渤海以及中西部地区 53 个大中城市。2012 年销售额超过 1400 亿元，销售规模持续保持全球同行业第一。

万科集团的授权监督十分完善，是国内企业应该学习的对象。万科的"BBS 文化"受到了外界极大的关注，其实质就是对授权的监督。万科有一个完全对外公开的投诉论坛，任何人都可以浏览访问，而该论坛是匿名注册的，发言者不用担心发言会透露自己的真实身份。万科的所有客户都可以在论坛上发言，可以提出自己的批评和要求，而万科必须对每一个客户的帖子做出回应，而企业的普通员工也可以在论坛中反映自己遇到的问题或者对企业提出意见和建议，同样也会得到回复。从论坛开办到如今已经运作了整整 5 年的时间，万科认为论坛是为了降低企业监督成本，帮助企业规避重大风险而建立的，而这个论坛同样给万科带来了许多的好处，帮助万科不断地提高和改善。

授权监督体系是否完善是影响组织发展的重要因素。如今的组织管理观念是以人为本的管理理念，在社会环境的影响下，组织内部必须建立适合组织自身的授权监督管理体系。

人的欲求是千差万别的，不同的人有不同的欲望。有的人可能更看重精神上的东西，比如荣誉、尊重、信任等；有的人可能更看重物质上的东西，比如金钱、车子、房子等。在获得一定的权力后，人的表现也是不同的，比如有的人会利用权力真心实意地完成工作，而有的人可能将权力用在为自己谋求更大的利益之上。

很多时候管理者需要将权力交给下属，让下属能够完成任务，可是有些管理者在给予下属处理事情或完成任务的权力后，却没有做好监督工作，导致有的人玩忽职守，从而给组织带来巨大的损失。比如管理者将看管仓库的责任和权力交给某个下属，这个下属却将组织的资料或者材料偷偷拿出去变卖，他自己是获得了利益但损害的却是企业整体的利益。

在组织管理中，授权之后的监督是必不可少的，那么管理者如何监督下属是否履行其权利和义务了呢？

有些管理者在授权之后，常常会忘记自己对下属下达的任务要求。所以管理者要对已下达的任务进行追踪，以确保任务能够顺利完成。管理者可以在交给下属任务一定时期之后，亲自观察任务完成的状况或者管理者在给予下属一定的权力和任务的同时，与其商定在一定的时间后，下属需要及时汇报任务完成的情况。这些措施都是为了让管理者确定一些与任务相关的事情，比如任务是否按原定的计划进行；有没有出现下属无法解决的问题；下属在完成任务时是否严格要求自己。管理者应该把关注的重点放在下属执行任务的质量方面，包括下属的工作态度、工作积极性、工作完成的进度、是否合理地利用了上级赋予的权力等。

授权不是撒手不管，管理者必须要进行有效的监督和辅助，这样才能保证任务能够完成，才能为组织带来收益。

### 1. 管理者要依据工作目标进行过程监督

管理者要将下属的工作进度和任务的目标进行对比，了解下属的工作进度，并保持关注，必要时给予下属指导，确保下属的工作没有偏差。

### 2. 态度支持

对管理者来说，能否对下属做到最好的监督在于其对下属的态度。管理者要让下属大胆去尝试，宽容下属出现的轻微错误。管理者尽量不要干涉下属的具体工作，尽量不要让下属产生抵触心理，监督的力度要把握适当的原则。

### 3. 赏罚分明

如果在下放权力后，发现下属的潜能得以发挥并为组织做出较大的贡献时，管理者一定要适时予以奖励，充分肯定其出色的部分，对其工作中的不足提出中肯的意见和建议，由此激发下属的更大工作积极性。但是如果在放权后，发现下属的行为给部门造成了严重损失或者下属的能力根本无法完成任务，管理者就要考虑收回权力，以

免造成更大的损失。

当任务结束后，管理者要适时地去评估授权的效果。如果效果显著，对部门有极大的促进作用，就应当予以肯定和推广；如果效果不明显，甚至造成了损失，就应该进行相应的检讨，以查找不足并加以改正。

# 六、不可不知的沟通要领

管理者与员工沟通是需要一定方法的，要照顾到员工的情绪，更要做到有效沟通。本章将着重为管理者讲述沟通中的方法和技巧，规避沟通误区和雷区。

## 沟通的本质是交换

### 1. 沟通就是交换

所谓心理沟通，就是指人们为了某一设定的目标，借助语言、文字、肢体动作等载体来传达思想、交流感情和传递信息的过程。说得通俗一点，沟通就是双方在交换思想、交换信息、交流感情。心理沟通的本质就是交换。既然是交换，那么沟通一定是双向的，双方都要有所付出，否则就不是沟通，而是坦白。因此，管理者在与员工沟通时，一定要向员工索取一样东西，这就是员工的积极态度。管理者在沟通前也要想一想自己拿什么去换取员工的积极态度。

具体来说，管理沟通的作用有以下三个：

一是交流信息。在沟通过程中，管理者可以向员工传达相关信息，让员工知情；员工也可以向管理者传达基层的一些信息，这些信息都是一手信息，也是很重要的管理依据。

二是交流感情。感情必须通过交流沟通才能产生，多数情况下，感情增进是信息交流的附加产物。

三是交换观点和思想。通过思想和观点的交换，有助于管理者和员工都形成正确的态度，有助于他们形成一致的观点，共同应对企业或组织发展中遇到的问题。

### 2. 沟通是一种妥协

#### （1）沟通中伴随着妥协

合理的妥协是沟通成功的关键。心理沟通的过程中，必须要有一些妥协，有一些让步，否则沟通就无法进行。

王林是一个互联网设备公司的老板，公司虽然规模很小，但产品质量很好，有很大的市场空间。只是公司的营销能力明显不足，市场信息一般都是通过熟人或别的公司获得。在每次合作中，王林总认为这些熟人或公司只是帮助自己的公司获得市场信息，并不能保障把项目拿下来，但每次都要索要大量的提成，因此他提出要把这些渠道的提成降低三成。而渠道方认为，如果没有他们的信息，王林的公司可能根本拿不到订单，双方对此进行了多次沟通。渠道方最后表示愿意降低一成半，但王林坚持降低三成，结果渠道方最终放弃了与王林的合作。失去信息后，王林公司的经营也迅速陷入了艰难的境地，这就是沟通中不懂得妥协的后果。

（2）心理沟通中要学会妥协

学会正确妥协是非常重要的。很多成功的沟通案例中都蕴涵着妥协的成分，大到国家与国家间的谈判，小到同事之间处理工作问题，都会存在着或多或少的妥协。不能妥协，沟通就不能成功，不会妥协，沟通成功的代价就会很高。

（3）避免无原则的妥协

沟通中的妥协与退让不是无原则的。无原则的妥协会使自己遭受过分的损失。妥协一定要建立在心理底线的基础上，这个心理底线其实就是一个心理盈利点。

要做到有原则地妥协，就要在心理沟通前明确自己的心理底线是什么，自己能够付出的情感、信息量、物质激励可以达到什么程度，自己最低能够接受的条件是什么，而且要在沟通前和沟通中了解和试探出对方的心理需要以及满足这种心理需要所要付出的代价。否则，再好的沟通技巧都会失去效果。

### 3. 沟通意味着平等

沟通其实就是听取各方面的意见，并就具体问题达成一致。在沟通的过程中一定要有平等的态度，否则沟通就不会有效果。可是在现实工作中，管理者往往很难放下身段，以平等的姿态与员工或下属进行心理沟通，这种不平等的态度会使员工和下属不愿发表看法，也就不能达到沟通的目的。

在20世纪90年代，吉林有一个十分有名的保健品品牌，在全国都非常有影响。公司的老总年轻有为，在短短的几年中就将这个原本默默无闻的小企业变成了全国知名的大企业。这位老总也备受关注，获得了国家的表彰。

但公司获得成功后，这位老总却在与员工和下属的沟通上出现了问题。老总在营销政策上朝令夕改，产品开发常换思路，在做决策时也不再与其他管理层人员沟通，即使有人找他沟通，他也完全听不进去，或者把与之交流的下属训斥一番，很少考虑员工的实际感受。在这种情况下，各分公司的负责人开始消极、机械地执行总公司的指令，整个公司陷入了心理麻木期。与此同时，主动找老总谈心、提建议的人也越来越少，整个公司变成了老总的"一言堂"。

这个公司的最终结果就是倒闭。现在的消费者早就忘记那个曾经风靡一时的保健品了。

有的专家说，管理者在日常的沟通中要有商量的意识。其实沟通和商量是有区别的。沟通的目的性更强，而商量则更强调过程。由于沟通是为了达到自己的目的而硬塞给沟通对象的，而商量是找出共同的话题，双方都是自愿的，所以商量和沟通最大的区别在于：商量是自愿的，也是平等的，商量不是谁把谁说服，而是为了一个共同的目标去做同一件事情。

管理者在与员工沟通时要习惯于用商量的态度，因为这意味着你把员工放在了同等的位置。在商量的气氛中，员工就会感到更加自由，从而更加有信心，沟通也更容易达到目标。

沟通也不要过于依赖权力。运用权力是管理者的一种手段，但沟通却是深入心灵的，因此有时候权力未必会对沟通有什么正面的影响力，甚至还可能有一种负面影响力。

有一家企业决定进行销售人员管理制度改革，这可能会拉大销售人员之间的分配差距，有的销售人员甚至可能白干一年也拿不到一分钱，这容易引起销售人员的反感。由于管理层做了大量思想工作，销售公司的负责人开始与一些员工进行沟通，效果还不错。

这时公司的一位副总觉得整体形势不错，也主动介入了沟通工作，与七八个骨干员工进行了谈话，不料沟通之后形势却逆转，原本态度转变的员工又开始强烈抵制这项改革。

总公司的总经理觉得很奇怪，于是就沟通本身与一些员工进行了交流，结果发现之所以会出现这样的结果，与那位副总的沟通方式有关。一些员工反映那位副总官腔实足，对政策也没有弄清楚，就以他自己的理解谈论有关政策，这与员工先前理解的相关政策完全不符，当员工提出不同意见时，这位副总就以权压人，甚至以解聘相威胁。员工觉得自己完全被公司欺骗，有的已打算辞职。

这位副总的沟通可谓一塌糊涂。公司不得不做了大量的善后工作才平息了此事。

#### 什么是失败的沟通

**1. 沟而不通**

心理沟通失败的一个重要表现是沟而不通。管理大师曾仕强说："中国人相互之间在进行沟通时常常是沟而不通，因为大家都在各说各话。"沟通有四个层次，第一是不沟也不通；第二：是沟而不通；第三是沟而能通；第四是不沟即通。

在管理中，管理者实际上最容易看到第二和第三种情况。其中第二种是非常常见的。沟而不通，就是沟通失败了。

**2. 要有失败预期**

所谓要有失败预期，就是说管理者对沟通失败要有正确的态度。特别是在重大的组织变革或组织面临困难时，沟通会十分关键，这时就要求管理者必须要有充分的沟通失败的预期。考虑沟通失败时要注意以下几个因素：

一是要充分考虑沟通中可能存在的困难。沟通在很大程度上是为了化解不同人员之间的心理矛盾，既然有矛盾存在，那么沟通中就可能会有具体的障碍。沟通前要清理这些障碍，充分估计可能产生的困难。

二是沟通过程中要充分考虑各方的心理抗拒。之所以要沟通就是因为存在一些心理抗拒力，但并不是当沟通动作产生时这些抗拒力就会消失，相反，当管理者开始做沟通时，这些心理抗拒可能还会加大。

三是要有沟通失败的承受能力。这里有两个要点，一方面要考虑到失败带来的后果，管理者要有心理承受能力，不能因为失败就陷入心理被动，甚至垂头丧气，失去信心；另一方面，要对可能的失败做出必要的预先准备，古人说："预则立，不预则废"。当管理者做出充分准备的时候，就不会太害怕失败。

一旦沟通失败，就要有能力为失败的后果买单。沟通毕竟是一种心理的交流，因此失败带来的最大问题就是人心不稳，虽然这是一个很大的问题，但往往还有缓冲的余地，还有机会来进行调整。

**3. 要有善后办法**

一旦沟通失败，最好要有善后的办法，有时要提前做准备。一般来说，在企业面临重大变革，如机构重组、重大人事调整、裁员、分配制度变革时，管理者就需要大规模地与员工进行心理沟通，这种沟通行为十分重要，因此一般也需要制定一定的方案。在方案中管理者一定要对失败的后果做出评估，把最坏的情况估计到位。一旦失败的情况出现，这些应急方案就要立即启动。

江西有一个三十多年的老国企，2006年需要进行破产重组，由于重组方案中对员工安置不够妥当，当时员工的反应十分激烈，成群结队地到市政府门前上访，造成了整个市区道路阻塞，也成为国外媒体争相报道的一件大事，给国家形象造成了一定程度的损害，负责重组的负责人也因此受到免职处分。

事后，市政府对这个事件进行了反思，认为造成此次大规模上访的最大原因就是缺乏沟通的善后应急机制。从事后的分析来看，当时重组领导小组是有一个完整的沟通方案的，甚至给每个职工都安排了一个专门的沟通人员，他们对职工的思想工作可以说极其重视。

但由于整个重组方案存在缺陷，这些沟通没有取得预期效果。因而职工开始个别上访时，整个重组领导小组不仅没有完整的应对方案，反而依然在按预定的沟通方案进行，这样就更加引起了职工的反感，使上访人数增加，最终导致了大规模的上访行动。

除了这种大规模的沟通要有善后的方案外，在一般的管理者与员工的沟通中，也要有一定的善后办法。从总体上看，管理者与员工的沟通存在很大的失败率，有的沟通也不是一次就能成功，可能反复多次，在这个过程中，每一次沟通后都要进行必要的调整。如果发现沟通中有话题不对或者沟通的方式不对，都要进行调整或者通过其他方式进行弥补，而不要等到问题聚集到无法调解时再想办法。

**4. 要有新的沟通方式**

新的时代，员工们都有新的思想；新的时代也产生了许多新的沟通方式。这里所说的沟通方式包括两层含义：

（1）要针对员工的思维方式，用新的思维方式去沟通。如果在沟通中，双方的思维方式不同，那么就好比在两条平行道路上行驶，很难找到交汇点。要认真分析员工的思维方式，用他们的思维方式去做思想工作，这样就容易事半功倍。

（2）要用新的沟通方式。就像前面谈到的，现在的沟通方式日新月异，如电子邮件、QQ、MSN等。管理者一定要注意，这些新的沟通方式并不仅仅意味着沟通工具的改革，也伴随着沟通思维的改革，如果管理者不能使用新的沟通方式，就很难理解员工新的思维方式，从而难以达到沟通的效果。

## 把握沟通的尺度

### 1. 不说不该说的话

如果说了不该说的话，往往要花费极大的代价来弥补，正所谓"一言既出，驷马难追""病从口入，祸从口出"，甚至还可能造成无法弥补的终生遗憾。因此管理者在沟通过程中，既要把话说到位，又要注意说话不能过头。一方面表态的话要小心出口，另一方面要注意不要透露太多的信息，防止被一些别有用心的员工利用或无意中伤害员工的感情。

某公司有两位业务骨干小刘和小张。在一次干部调整过程中，小刘获得了提拔，这使小张心里很不平衡，工作表现越来越差。于是公司老板找这位姓张的员工谈了一次话，整个谈话的进程很顺利，一切都在向老板希望的方面转变。这时老板有些得意，就随口谈了一件不在谈心计划中的事，说有一次他和小刘一起出差，小刘曾经自夸地说他一个人的销售量可以顶得上销售部一半人的总和。老板还对此提出了表扬，并说小张的工作也不错，他们是销售部的两员大将。

老板的本意是表扬一下小张，哪知道小张一下子态度大变。原来，这两位员工曾经私下打过赌，如果他们中的一位的销售量能够达到销售部一半人的总额，那么另一位就要给对方下跪。小刘真的达到了，而小张也真的下跪过，并将其视之为终生的耻辱。他原以为只有他和小刘知道，没想到老板无意中也知道了，他心理上无法承受，很快就辞职离开了。

### 2. 情绪中不要沟通，尤其是不能够做决定

情绪中的沟通常常无好话，既理不清，也讲不明。如吵得不可开交的夫妻、反目成仇的父母子女、对峙已久的上司下属等都不宜进行沟通，尤其是不能够在情绪中做出情绪性、冲动性的决定，因为这种决定导致的后果往往是负面的，并且很容易让事情不可挽回。

### 3. 理性时沟通，不理性不要沟通

失去理性只会导致争执，不会有结果，这种沟通无济于事。因此如果要沟通就一定要选择理性的氛围、理性的态度，这样能使双方都可以平静地想一想事件发生的过程，从而有助于做出更加合理的判断。

在员工失去理性的情况下，管理者唯一能做的就是让员工尽快恢复理性，而不是急于沟通。尽管恢复理性可能需要时间，甚至要花很多时间，但这也是必要的。

## 悉数沟通中的致命伤

管理者和员工沟通时的小细节会影响员工对管理者、公司以及工作的想法。员工在和管理者沟通时会寻找管理者话语里的蛛丝马迹，仔细揣摩管理者的心理活动，相对来说，他们更在意管理者的聆听能力以及关心员工的程度。如果管理者不能提高自

己的沟通能力，就容易在沟通中受到致命伤。

### 致命伤一：听者无心

员工在意的不是管理者听到了多少，而是管理者听进了多少。如果管理者今天听了，明天忘了，或者听了之后长期没有回馈，员工就会觉得他们在管理者心目中完全没有地位，从而会变得不在乎管理者及管理者所说的话，并可能形成沟通上的恶性循环。

### 致命伤二：单向沟通

当员工有了心理问题时，很多管理者会这样处理：把员工找来，不管员工愿不愿意听，先把自己的想法告诉他，并且拿出一套方案，指示他应该如何解决这个问题。但本质上说，这不是沟通，而是指导。员工很可能会因此觉得自己被特别警告，从而变得有防御心，对主管的要求产生敌意。

### 致命伤三：错误理解

无论说话的人是管理者还是员工，听话的一方都不一定能接收到正确的信息，这会导致听众错误地理解对方的意思，从而使整个沟通出现方向性错误，并为以后的协调工作设置障碍。为了避免产生误解，员工在说话时，管理者除了仔细聆听外，还要简单复述已经听到的部分，以确定没有听错员工的意思。这也可以让员工知道管理者真的在乎他们的谈话。

### 致命伤四：不专注

有的管理者在和员工谈话时看电子邮件或做其他琐事，或者不断地接电话，甚至中途接见外人，把员工撂在那里好长时间不管不问，这时员工就会觉得他们不受重视，而且因为管理者心不在焉，员工可能要花比较长的时间来传达想法。

### 致命伤五：说得太多或太少

说得太多是沟通中的大忌。有些管理者在沟通中会不停地说，并不断地打断员工的谈话，发表自己的高论，却不看员工的反应。这样做会带来两个问题：一是言多必失，容易向员工透露太多信息，造成沟通"亏本"；二是管理者不仅无法听到任何事情，而且员工在面对这种无止境的演讲时，通常会觉得兴味索然。

还有些管理者会走另一个极端，习惯于把话都往心里放，在日常心理沟通中，很少加入办公室里的闲聊，极力隐藏自己的感情、观点，生怕祸从口出。尤其是当营运情况不良时，他们更少和员工沟通。当员工无法从管理者那里得到任何信息时，他们就会以自己的推测或听来的谣言揣测真实的情况从而有可能丑化实情。

### 致命伤六：四处传话

许多管理者在沟通过程中，会把甲员工的问题告诉乙员工，希望能从乙那里得到一些甲或另外一些员工的想法或其他内幕消息。一开始，被询问的员工可能会因为受到管理者的重视而很高兴，但从长期来看，员工最终会害怕自己也成为管理和其他同事的谈论对象，从而回避与管理者沟通，并造成员工间彼此猜疑。

## 要时常进行关爱型沟通

关爱就是关心和爱护。在与员工的沟通中，管理者一方面要时刻考虑到员工的心理承受能力，给予必要的关心，这种必要的关心有助于实现与员工的更好沟通；另一方面，在企业或组织出现重要变化时，在员工心理出现问题时，管理者要注意爱护、保护员工。在具体的心理沟通工作中要注意以下几点：

### 1. 给员工面子

给足员工面子，一方面会让员工有安全感，另一方面也可以让员工表现出更多与管理者沟通的意愿。一般来说，同样的事，由于角度不同，员工产生的反应也不同。管理者应站在员工的角度多想想"如果我说这句话会不会伤及员工的自尊心"，如果有必要，就应当考虑如何在不伤及员工自尊心的情况下妥善处理。

### 2. 给员工必要的心理台阶

人的提高与进步是无数次教训累积的结果，但脆弱的神经系统最经受不起的还是失败的打击。一次失败的经历往往会使那些意志薄弱者失去重新站起来的信心与勇气，使他们在今后的工作中面临许多心理问题，并造成很多心理障碍。

如果一个员工承认了自己的错误，并进行了积极的改正或表现出积极改正的愿望，那么，在心理沟通的过程中，管理者一定要给他们足够的台阶，让他们能够实现心理的"软着陆"。聪明的管理者会帮他们寻找一个台阶、一个借口，为他们提供一个获得台阶的机会。这一方面会让员工对管理者心存感激，另一方面也会让心理沟通取得意想不到的效果。

### 3. 换位思考

在心理沟通的过程中，管理者和员工之间难免产生矛盾，如果双方都不能设身处地替对方考虑，就很难有效地消除反感和对立情绪，消除成见和隔阂，找到思想上的切入点。反之，如果管理者能够理解员工的难处，多为员工着想，处理起问题来就会事半功倍。

北京某汽车维修中心的老板曾经遇到了这样一件事：一次，他发现一名员工没有

在现场服务，而现场却有一位顾客一直在等着。他找了一下，那位当班的员工在休息室趴在桌子上睡着了。他当时很生气，本打算上前询问缘由，可转念一想，与其劈头盖脸地说他一通，还不如自己以身作则，于是马上走到顾客面前亲自为其服务。这时，另一位刚刚忙完手头工作的员工走过来对老板说，那位睡觉的员工已经生病好几天了，可他考虑到公司最近活比较紧，坚持带病工作，实在挺不住了才进屋休息了一会儿。老板了解到这一情况后，及时安排人员将这位患病的员工替换了下来，让其马上回家休息，并给予了奖励。

这位老板的做法就是一种以"换位思考"的方式与员工进行沟通的方法，首先他没有马上去批评员工，而是自己带头做个样子；二是了解了具体情况后，他给予了员工一些补偿，这就是站在员工的角度来思考的。换位思考可以帮助管理者在一定范围和条件下克服种种局限性，即跳出原有的认识圈子，站到另一个角度和立场上去观察、体会和分析问题，从而转变原有的不正确认识。

不同的员工在思想、性格、知识、能力等方面存在差异，因此管理者在做心理沟通时也不能一刀切，要对不同个性的员工采取不同的方法。关键还是管理者要摆正位置，做好换位思考，切不要摆出高人一等的"官架子"，对员工采取"我说你听"等简单、粗暴的心理沟通方式，否则只会适得其反，越"沟"越不通。

### 突发事件的心理疏导

这种突发事件大体可以分为三类，第一类是社会环境中的突发事件，第二类是企业或组织中的突发事件，第三类是员工自身或家庭的突发事件。

#### 1. 社会环境突发事件中的心理沟通

组织所在的社区、城市、国家乃至世界的重大突发暴力、事故、自然灾害、技术性灾难等事件会对员工心理产生不同程度的冲击，幸存者、目击者、救护者、报道者等都可能成为受创者。这种心理问题被称为心理创伤压迫后失调症。

在这些事件发生后，企业或组织要有专门的心理沟通计划，积极改善员工心理，从而保证各项工作的顺利进行。

一般来说，随着社会的进步，政府或社会在这种情况下会对企业或组织提供相应帮助。2008年的汶川大地震发生后，国家就向灾区派去了心理医疗队伍，以帮助企业或组织积极做好相关的心理沟通工作。

#### 2. 组织内突发事件的心理沟通

企业或组织发生的突发事件主要体现在企业或组织的重大调整、改革或企业面临巨大困难。特别是当企业因合并、经营困难等因素需要大规模裁减员工时，必然出现普遍性的心理问题。因此必须未雨绸缪，提前为此制定心理干预方案，制定专门的心理沟通计划，组织专门的心理沟通人员队伍，尽量保证变动或困难期间的工作正常，减轻被裁员工的心理压力，使剩余员工安心。

当由于各类突发重大事件引发员工群体性心理问题时，企业或组织要高度重视，启动应急预案，在外部专业人员的帮助下进行心理危机干预，组织专门人员通过交谈、引导、沟通、疏导、抚慰等方式帮助心理失衡的员工进行情绪释放、宣泄和心理状态调整，减轻他们的焦虑、痛苦、孤独和耻辱感，并使其尽快恢复正常的心理状态。

### 3. 员工自身突发事件的心理沟通

在这种突发事件中，特别是员工在其家属、亲朋、同事遭遇意外伤害事件时，心理上肯定会遭受创伤，这时的心理沟通与慰藉就十分重要。

现在国外许多企业都有为应对突发事件的心理冲击建立的心理意外计划。当发现有员工出现心理问题时，管理者会立即对其进行心理安抚，实施心理帮助。特别重要的是，在员工的心理危机期间还要适当调整绩效考核目标，减轻员工的心理压力。

## 心理沟通一定要有主题

### 1. 沟通中不能谈大道理

无论是集体性沟通，还是面对面的个人谈心，管理者都不要大谈什么原则性的问题，讲大道理是最容易让员工产生反感的沟通手段。

江苏的一个微型车辆生产厂因为市场原因出现了亏损，管理层决定停发一段时间的奖金，考虑到员工的心理承受能力，管理者决定把部分干部和员工找来集体谈谈心，听听大家的意见。为了保证沟通效果，他们把沟通场所的环境布置得很轻松，大家是围坐在一起的，还准备了点心、茶水，所有人坐下后都感觉很温暖，这本来是一个很好的开头。但这时厂长开口了："厂里决定停发一段时间的奖金，这是宏观经济形势决定的，也是考验大家对企业忠诚的时刻，每一个员工都要爱厂如家，大家好了，小家才能好，每个员工都要有奉献精神，否则企业就不会更好地发展，这个道理大家都懂。各级干部要带头，大家对此要充分理解。"这一番讲话一出口，所有与会者的心都凉了半截。

管理者并不是不可以讲大道理，但要学会讲道理的方法，如可以从分析具体情况开始，特别是开头，可以用聊天的方式先让大家放松心情。例如：某某部门最近工作不错，有些部分做得比较顺利，与某某银行的贷款项目谈判得很顺利等。然后，让员工多讲讲，邀请员工分享他对工作的想法，营造出比较自然的谈话气氛，同时也为管理者要说的话铺路。

### 2. 沟通的问题要预先确定

沟通之前管理者需要做以下准备工作：一是确定和员工沟通的次序，这种次序安排十分关键，因为在某种程度上，次序代表着管理者的某种态度。二是谈话的地点和时间要事先确定，地点既可以在办公室，也可以在其他条件适合的地方；谈话时间既可以是上班时间，也可以安排在下班时间，还要考虑沟通大致会进行多久，对这些管理者要做到心中有数。这些安排可以让员工认真看待谈话，不会把它看作可有可无的闲聊。

最重要的工作是确定沟通主题。没有主题的沟通是不会有效果的，一般情况下，一次沟通一般只设一个主题，主题范围内的问题解决了，沟通也就结束了。在沟通过程中，管理者一定要小心翼翼地防止跑题，如果出现了严重的跑题，则沟通基本就失败了，因为这说明管理者对整个沟通过程失去了控制。

### 3. 沟通中的态度要坦率

管理者在沟通过程中一定要显示出足够坦率的态度，这种坦率表现在两个方面：一是完全承认存在的失误或错误，二是尽量不对员工隐藏负面的东西。在集体沟通中，这种坦率的态度更加重要，如当公司出现问题时，管理者要集合员工，把问题摊开来说。告知员工公司目前实行的解决方法，并让员工有表达看法及提供建议的机会。

沟通中的坦率不仅意味着要承认失误，还要对员工的工作表示赞扬。这种赞扬一定是发自内心的，并且是能足够打动员工的。

### 4. 评价员工要有针对性

在沟通中也常涉及员工评价的问题。所谓评价的针对性有两个方面的含义：

一是评价要具体，不要泛泛而谈。空泛的评价会显得十分不真诚，对员工的刺激度不大，对其他员工也没有说服力。

比如，管理者对员工进行表扬时说："你干得很好，取得了一定成绩，以后要继续努力。"这种表扬实在没有太大价值，不如直接说一件事："上个月你与韩国的那笔生意，做得很好，粗估毛利可以达50%，非常不简单。"这样就会让员工记一辈子。

最忌这样的评价："我一看你就觉得不行，你就不能把心思多花点在工作上面，你那吊儿郎当的样，是不会有什么发展的。"即使要批评，也要找到具体事件做承载："你最近的心思没有花在工作上，上次韩国的那笔生意，本来可以营利的，你却亏了5

万元，这可不行啊！"这样员工就会心服口服。

二是评价要切中要害，不要游离主题，把不相关的因素拉进来。有时员工做对一件事，但管理者却将成果归结为其他原因，这样就没有针对性。

如有一位员工最近连续做成了几单超过百万元的大生意，老总在评价时却这样说："某某最近的业绩很好，这里面有公司政策好的原因，也有某某运气好的原因。"这样评价基本上否定了员工的能力和努力，这样的表扬还不如不表扬。

## 如何做到化敌为友

管理者在工作中常常会遇到反对者、不合作者、心理敌视者。当你在工作上非常需要某个人的协助，而这个人又跟你有一定程度的不合作时，良好的心理沟通就可以化敌为友，虽然这个过程很不容易，但不是不可能的。

### 1. 心理沟通前要知己知彼

与有敌对心理的员工或下属的心理沟通本质上就是一场心理战。如果从战争的角度来看，管理者首先要做的就是要知己知彼。如果对自己手中可用的牌看不清楚，对对方的情况不了解，沟通往往就会失败。特别是要把握好你的"敌人"的心理，并分析造成这种局面的原因，然后才能对症下药，有针对地解除"敌人"的武装，从而达到心理沟通的目的，真正做到化敌为友。

### 2. 心态平和，不要恼怒

与有敌对心理的员工沟通时一定要心态平和。特别是当他抓住你的错误大加指责时，管理者一定要先稳定自己的情绪，以从容的心态去面对他。

切忌与有敌对心理的员工进行争论。如果你能温和地对待他，即使当时他不能理解你，也会为他过后理解你奠定一个好的基础。如能挖掘对方句句带刺的话里隐藏的积极因素，那么就会大大消除出现敌对场面的可能性，从而减弱员工攻击的心态。

考虑到以后的工作或合作，管理者千万不能在沟通中采取与员工硬碰硬的办法，这会使你失去沟通的基础，甚至在争执中失去情绪控制。如果非要有强硬的表示，也最好选择"软中带硬"的办法，而且一定要找到对方的心理要害。

### 3. 直面存在的问题

你要有直面问题的心态，努力找出合理的办法解决它。可以先分析原因，先想想是不是做了哪些事、说过哪些话让对方看不顺眼。切忌受情绪控制，找对方兴师问罪，这样只能激化矛盾。

南京有一家纺织机械公司因为经营不善更换了总经理，新的总经理上任后受到

了前任总经理下属的强烈敌视，行不同车，吃不同席，各种会议上均闭口不谈任何事情。总经理把其中一位部门经理找来进行心理沟通，总经理问他："我刚上任，发现大家积极性不高，不知道发生了什么事，你在公司很长时间了，是否可以帮助我分析一下原因。"但部门经理还是什么话也没说，这说明他的敌意非常深。对此，总经理干脆直截了当地说："我知道你，当然还有其他一些人对我有些不满，但我一直不知道是什么原因，我认为我们可以把话说清楚，相互进行一些调整。"对方还是不说话。总经理又说："这种状态是非常让我担心的，我希望通过沟通来解决问题，因为一旦用行政方式解决，我也担心会伤害一些同事。"这是一种婉转的警告，这时，部门经理开口了："其实，我们也不是针对您，只是觉得王总（前任总经理）不应该被调离。"

总经理笑了，因为他知道对方已经从心理上感到了自己言语和态度的不当之处，这时他说："我想可能是我们都误会了，但工作是大家做的，我和王总以前也是老朋友，王总的优点我是知道的，他的一些好的做法，我们不是一点儿也没有变吗？在工作中，如果以后你和其他人有任何问题，我都希望你们能直接告诉我。"总经理是在向对方发出化解矛盾的信号，果然这位部门经理谈了一些情况，尽管还有些勉强，还有些情绪，但毕竟少了一份敌意。以前这位部门经理会尽量避免与总经理在同一个场合碰面，见了面也不说话。经过心理沟通后，回避就越来越少，话也越来越多了，经过一段时间的磨合，这个部门经理就成了总经理的得力助手。

### 4. 有条件地示好，同时做示硬的准备

如果你觉得直接向对方示好从心理上难以接受的话，那你就可以借助第三者，如不妨借助和其他同事聊天的机会说对方几句好话或向知道你俩关系的人透露一些示好之意，相信这种话总能传到对方耳朵里，这种方式叫作让人带话。只要对方接收到你的信息，他肯定就会产生相应的心理反应，再辅助一些其他的沟通措施，管理者终究会让对方感化的。

但这种示好是有条件的，无条件示好在本质上是示弱，还有可能增加对方的强硬态度；示好也是有限度的，不能触及原则问题，不能用尽全部示好资源，要放一点留一点。

另外，在打算示好的同时要做好示硬的准备。如果示好一直没有成效，就要考虑示硬。但示好与示硬一定要通盘考虑，留有一定的余地，避免把自己逼到死角。

### 5. 宽容大度，勿逞一时之快

管理者一定要有"有容乃大"的胸襟和气度，在日常的管理中，凡事都要具有包

容别人的胸襟，绝不能逞一时之快。

但要注意的是，管理者一般会对自己赏识和喜欢的人格外宽容，但对与自己有敌对心理的人却可能有着本能的抵触和反感，时间久了就会形成成见，不易改变。因此，一名成功的管理者不仅要对自己喜欢的人宽容，更要对那些有敌对心理的员工宽容。只要对方不是恶意的，仅仅是工作本身的原因，就一定要宽容地对待他们。你的宽容和大度会很快化解对方的怨气，使他们能够更加受到感动而加倍努力工作。

如果不可避免地发生一些直接冲突，管理者不要逞一时之快，要在分析原因的基础上尽量做缓解处理。你会发现包容是化解一切不快的良药。

## 七、老板要懂得决策心理学

决策心理主要是指准确判断与采取正确决定，运这种心理因素对领导者制定正确的决策起到了至关重要的作用，它是老板在企业管理过程中最重要的心理活动，是领导着行为成功的关键。

### 如果没有胜算，就千万不要轻举妄动

在企业中，无论是高层领导，还是中层经理，每天都在参与、制定和执行着关系到公司生死存亡的各类决策。那么，什么样的决策才能被接受并很好地被执行呢？

一个农夫住在森林的边缘，他有一所宏伟的住宅，院子很大，四周还有一道高高的围墙。

有一天，农夫家的院子里突然窜进了一头狮子，农夫见了，十分高兴，赶快关上院子的大门，因为他想活捉狮子。

狮子在围墙里跑来跑去，怎么也找不到出口，气得暴跳如雷，向羊圈吼叫着冲去。结果，一群羊全被咬死。接着，狮子仿佛还不解气似的，又跑到牛栏，扑向一头奶牛……

农夫慌忙躲进屋子里，目睹院子里所发生的一切，吓得魂飞魄散，慌忙叫人去拉开院子的大门放狮子出去。

狮子终于跑走了，但院子里却惨不忍睹。

农夫抱着头，独自蹲在院子里，长吁短叹感慨不已。他自言自语道："唉，我也真是的，怎么会心血来潮，妄想将一只平时远远看到就会吓得转身逃命的野兽关起

来呢!"

在这则寓言里,农夫想在院子里抓住一头狮子是很诱人的想法,因为这样的机会并不多,然而问题是,狮子毕竟不是一只小狗小猫,它带来莫大诱惑的同时,也带来了很大的危险。

由此可见决策的重要性。掌握决策的程序和方法,把握决策关键环节很有必要。

**第一个环节:对问题进行定义**

在很多情况下,决策不力通常是因为没有真正清楚地认识问题,或者把决策的焦点聚集到错误的或者并不重要的问题上去。所以说,正确地定义问题通常是决策成功的前提。否则,就极有可能做出错误的决策,不仅无法解决问题,还可能产生新的问题。

如何定义问题呢?以下四点必须搞清:问题是何时发生的?问题是如何发生的?问题为何会发生?问题已经造成哪些影响?

理清这些问题需要花费时间,在决策的过程中,有可能因为新资料的发现而有了不一样的看法,因此问题的定义是一个持续的过程,经过不断地调整、重新地解释,一次比一次更为完整、更为清楚。

在这个过程中,还要进一步搞清楚究竟发生了什么情况,哪些因素与此问题相关。为了正确而全面地定义问题,唯一的办法就是:对照观察到的所有情况,不断对已有的定义进行检验,一旦发现该定义未能涵盖全部情况,就立即将它摒弃。

**第二个环节:明确问题的限定条件**

例如,在决定新产品的行销与销售策略之前,你必须先想清楚希望达成什么样的目标。你希望借由这项产品提升公司的营业额?改善获利?提高市场占有率?打响公司的品牌知名度?还是建立良好的公司形象?

你不可能同时达成所有的目标,很多情况下鱼与熊掌不可兼得,管理者必须设定优先顺序,有所取舍。也就是说,要明确列出决策所要实现的目标,并对目标进行优先排序和取舍。这一步最容易犯的错误是设定了几个本身就相互矛盾的目标,如果是这样,那么这种决策比赌博还没有理性。另外,决策虽然一开始是正确的,但是后续过程中前提条件会发生改变,如果不随之调整决策的话,就必然会导致失败。因此,决策者必须一直牢记决策所要实现的限定条件。一旦现实情况发生大的变化,就应该马上寻找新的办法。

**第三个环节:判断哪些是"正确"决策,而不是先考虑决策能否被接受**

一开始就考虑"什么样的决策才会被接受"对决策者没有任何益处。因为在考虑这一问题的过程中，决策者往往会丢掉重点，根本无法做出有效的决策。正确的做法是，先判断出正确的决策，然后再采取折中的办法，让大家接受决策。

**第四个环节：搜集有意义的资讯**

在开始搜集资料之前，必须先评估自己有哪些资讯是知道的，有哪些是不知道的或是不清楚的，才能确定自己要找什么样的资料。资讯不是愈多愈好。有时候过多的资讯只会对你造成困扰，并不会提高决策的准确度。因此必须依据资讯和决策目标之间的关联性来判断哪些资讯是需要的，哪些是可以忽略的。

**第五个环节：在制定决策时将实施行动考虑在内**

决策不过是美好的愿望而已。在这个步骤中，管理者要确保任务和责任已经明确地落实到具体的人，另外，还要确保任务执行者能够胜任工作。如有必要，还必须调整对执行者的考核方法、任务完成的衡量标准以及激励机制。将决策告知相关人员也很重要，否则，很可能产生严重后果。

**第六个环节：考虑各种可能的解决方案**

这个阶段最常听到的抱怨就是："想不出好的解决方法。"事实上，不是想不出来，只是因为考虑得太多，觉得什么都不可行。但是这个阶段的重点在于大家群策群力，提出各种想法，暂时不要考虑后续可行性的问题。

**第七个环节：仔细评量筛选出的选择方案**

每一种方案的优缺点是什么？可能造成的正反面结果是什么？这些选择方案是否符合你设定的预期目标？

首先你必须依据先前所搜集到的客观资料作为评量的依据，同时评估自己是否有足够的资源与人力采取这项选择方案。

除了理性的思考外，个人主观的感受也很重要。反复思索每一个选项，想想未来可能的结果，你对这些结果有什么感受。有些你可能觉得是对的，有些可能感觉不太对劲。你可以问问自己："如果我做了这个决定，最好的结果会是什么？最坏的结果又会是什么？"再仔细想想，有没有什么方法可以改进让自己感觉"不对劲"的方案，或是消除自己负面的情绪感受。也许你需要更多的资料消除自己的疑虑，但也有可能你的直觉是对的，某些负面结果是当初你没有考虑到的。

**第八个环节：决定最佳的方案**

某些方案如果确定不可行或是超出本身的能力范围，可先行剔除，再开始讨论其余的方案。美国科学家本杰明·富兰克林曾建议一个不错的方法，也就是成本效益分析法。把每项方案的优缺点都分条列出，优点的部分给予 0 到+10 的评等，缺点的部分给予 0 到 -10 的评等，最后将所有优缺点的分数相加，这样就可以得出每个方案的总分，决定哪一个是最佳方案，这就是著名的"本杰明·富兰克林决策法"。

**第九个环节：拟订行动计划，确实执行方案**

一旦做出了决定，就要下定决心确实执行，不要再想着先前遭到否决的方案，既然之前都已确实做好评估，就应专注在后续的执行里。

你必须拟订一套详细的行动计划，包括：有哪些人应该知道这项决策？应采取哪些行动？哪些人负责哪些具体行动？该如何应付可能遇到的困难？

**第十个环节：执行后不忘检讨成效**

我们通常很少再回过头来重新检视先前决策的成效如何，因此无法累积宝贵的经验。事后的评估不应只是书面的报告，报告不能完全呈现出决策执行过程中的实情，就好比说我们不可能借着研究地形图，就能看到山的面貌。有些细节必须亲身经历或是聆听参与者的主观意见，才有可能观察得到。

不妨学习美国陆军行之有效的"事后评估"方法，每当训练课程期间或是军事任务结束之后，由专家负责主持座谈会，让每个人说出自己的亲身经历以及经验和想法。讨论的内容都是非常基本的问题，包括：哪些部分表现良好，哪些部分表现不佳，哪些必须保留，哪些必须改进。最后由专家汇集所有人的意见，作为以后训练课程的改进依据。

在企业管理中，很多人都会碰到类似于"送上门的狮子"这样的机遇，作为一个决策者，你必须明确的是，如果没有胜算，就千万不要贪婪，灭顶之灾都是源于草率的决定。

管理是由一系列决策组成的，决策是管理的心脏。权威调查显示，世界上每 100 家破产倒闭的大公司中，85%是因为公司管理者的决策不慎造成的。决策对于管理者的重要性，由此可见一斑。决策是为了达到一定的目标，从两个或两个以上的可行性方案中选择一个合理方案的分析判断过程。决策的正确与否，决定着组织行为的成败。正确的决策，能指导组织沿着正确的方向、合理的路线前进；错误的决策，就会使组织走上错误的道路，可能导致组织的失败、消亡。

## 坚持自己的判断，做事要有主见

人人都有不同程度地从众倾向，总是不自觉地跟随大众的行为或想法，以表明自己并非孤立的。在对企业的管理中，我们是应该该持有这种从众心理，还是应该坚持自己的判断？

这是一个非常有趣的实验：

挑选五名被试者，让他们从起点向前走三十米。第一名被试者到达指定地点之后停下来，抬头看天空；接下来，第二名、第三名依次到来，也都一言不发地望着天空。此时，四周就有人觉得奇怪了，也开始莫名其妙地看着天空。等到这五名被试者都走了，围观者却开始议论开了，有人说天上有一个发光的东西，有人说有一架飞机失事了，有人则说看见了飞碟飞过，该实验生动地反映了我们在日常生活中的一种现象，即从众效应。

对于从众效应，不同心理学家给予的定义也不同。心理学家迈尔斯指出，从众是个体在真实或者想象的团体压力下改变行为和信念的倾向。而斯蒂芬·法兰兹则认为，从众是对知觉到的团体压力的一种屈服倾向。

虽然表达上有所差异，但是都指出了它的实质，也就是说，从众是在一种压力下而发生的行为改变。

换句话说，当个体受到群体影响的时候，人们常常会怀疑和改变自己的观点、判断与行为等，以让自己的认知和行为更符合群体、社会的标准与规范。

在日常生活中，从众一般表现为两种方式。

第一种，在临时的特定情境中采取多数人的行为方式，例如最为常见的旁观现象，例如在暴乱中跟随他人一起搞破坏；第二种，表现为长期性地接受绝对优势的观念和行为方式，例如顺应风俗、习惯和传统等。

研究发现，导致从众心理的关键因素就在于持某一意见的人数多少，"人多"本身就是说服力的一个证明，极少会有人能在众口一词的情况下固守自己的意见。

美国心理学家所罗门·阿希在1952年做过一个实验，研究人们会在多大程度上受到别人的影响，而违心地对明显的错误进行判断，这就是被引为经典的"阿希实验"。

阿希让大学生们自愿做自己的实验对象，告诉他们该实验的目的是研究人的视觉情况。他让大家做一个比较简单的判断——比较线段的长度。

阿希拿出一张画有一条竖线的卡片，然后让他们比较这条线与另外一张卡片上的3条线中的哪条线更长，总共进行了十八次判断。其实，这些线的长短差异非常明显，正常人极易做出正确判断。

不过，在接受测试的人当中，有五个是和阿希串通好了的假被试者（也就是"托儿"）。真被试者坐在假被试者的后边，当阿希依次问到他们时，那五个"托儿"就故意异口同声地说出一个错误的答案。因此，很多真被试者开始迷惑了：是坚信自己的眼力，还是说出一个与别人相同但自己心里却觉得可能不对的答案呢？

结果表明，在这些被试者中，平均有 33% 的人的判断是从众的，至少有 76% 的人做了一次从众的判断。不过，在正常情况下，人们判断错误的可能性还不到 1%。当然，还有 24% 的人始终未从众，他们始终坚持自己的判断。

实验过后，阿希访问了那些发生从众行为的人，了解了他们当时的真实想法。其中一个始终表现出从众行为的被试者说："有几次我看出自己是错误的，可其他人都那么说，我也就跟着说了。"有人说："起初我还在坚持，后来看到别人都那么说，我就开始怀疑自己的眼睛了。"

可见，压力也是导致从众心理的关键因素之一。当个体行为与大众表现不一致时，常常会感到自己被孤立，这时群体的压力就会使他改变想法。当个体行为和大众行为一致的时候，才会产生"没错"的安全感，就算"错"了，也是"大家都错"。因此，为获得这种安全感，没有人会站出来坚持自己的观点。而只会采取"随大流"的方式，就算在错误比较明显的情况下也是如此。

另一个出现从众心理的原因就是，人们对于某现象缺乏了解，根据社会比较理论，在情境不确定时，常常将他人的行为作为最佳参照系。在没有了解更多信息的时候，人们就会非常信任大部分人的行为。例如，在一个陌生的城市里，我们一般都会选择到人多的商店购物，挑选商品也是随大流。所以，一些不法商人就雇用"托儿"来进行促销，以期达到预期效果。

因为研究工作的需要，物理学家福尔顿测量出固体氦的热传导度。他运用新的测量方法，测出的结果比按照传统理论计算的数字要高出 500 倍。他觉得这个差距太大了，若将它公布于众的话，不免会被人看成是故意标新立异、哗众取宠，因此他就没有声张。

不久之后，一位年轻的美国科学家在实验时也测量出了固体氦的热传导度，所得出的结果和福尔顿测出的结果一模一样。这位年轻的科学家公布了自己的测量结果之后，很快就引起了科技界的广泛关注。

福尔顿听说之后，非常后悔，他写道："如果当时我摘掉名为'习惯'的帽子，而是戴上'创新'的帽子，那个年轻人就绝对不可能抢走我的荣誉。"

在这里，福尔顿的所谓"习惯"的帽子就是一种"从众心理"。

对一个社会来说，从众效应有其积极的作用，不管是从功能执行的角度还是从延续社会文化的意义上来看，大部分人的观念和行为保持一致都是有必要的。共同的语言，共同的价值观和行为方式是不可或缺的，唯有如此，人和人之间才能够顺利地进行交往，社会才能够正常运转。

对个人而言，一个人唯有在更多方面和社会的主导倾向保持一致，他才能够更好地适应这个社会。但是，再聪明的人，他的知识都是有限的。所以辩证地来看，一个人既要服从从众效应，学习社会的知识、技术与经验；又要扩大自己的视野，不压抑个性，不束缚思维，从而培养自己的创造力。

其实，作为正常人，我们大多数人的智商并没有太大的差别，能不能成就大的事业，关键是能否保持清醒的头脑和对自己信心度的大小，这也是为什么成功的人总是极少数，平凡的永远是大多数的根本原因。

### 克服定式思维，方能有所突破

定式思维通常会使人在思考问题时形成一种习惯，使人只想到一个方面，形成思想上所谓的"偏见"。那么，老板如何才能克服定式思维，培养善于创新的能力呢？

心理定式是一个人对某种刺激发生后，总是以某种习惯性的方式而进行反应的一种心理倾向性的状态。

对此，有个心理学家做了这样一项实验：

在他的住处周围，随机对100个人问了这样一个问题：说有位军官和一位老人站在路边说话，这时一个小孩急匆匆地跑了过来，气喘吁吁地对军官说："你爸爸跟我爸爸吵起来了！"老人问道："这个孩子跟你什么关系？"军官说："他是我儿子。"请问：那两个吵架的人与军官之间是什么关系？结果，在这100名被测试者中，仅有两人回答正确！后来心理学家又把这个问题让一个三口之家来回答，父母全答错了，孩子却飞快地说出正确答案："军官是孩子的母亲，吵架者是孩子的父亲，即军官的丈夫与孩子的外公也就是军官的爸爸吵架。"

对于这样简单的问题，为什么那么多成年人都回答错误，而小孩却能飞快地说出正确答案呢？实际上，这就是心理定式效应。成年人根据自己的经验，军官通常是男人，从男军官这一心理定式来推想，当然找不到答案了；而小孩子没有这方面的经验，也就不受心理定式的影响，所以能立即抓住问题的核心。

这种心理在许多老板中也并不少见。例如，在很多管理工作中，每当问题出现时，很多老板首先想到的是：这样的问题我碰到过吗？倘若碰到过的话，当时是如何处理的？一些老板爱说："以前这样的问题我是这样处理的，现在类似的问题这么处理也一定没有问题。"这就叫经验主义，实质上也就是心理定式思维。

当然，对于这种心理定式思维我们不能完全予以否认。在许多常规性决策中，它同样能起着一定的积极作用，它有助于老板从以往的经验中尽快地寻找到解决问题的方案，但是在更多的情况下，尤其在一些非常规性决策中，它常常会使老板趋向于某种固定的反应倾向，失去灵活性，把以往的经验变成束缚人的桎梏，妨碍新的决策方案的拟订。所以，克服心理定式的影响，对老板来说，意义非同寻常。

20世纪50年代初期，日本东芝公司积压了大批电扇卖不出去。老板要求七万多名员工尽快想出办法，把电扇尽快卖出去。在那时，全世界的电扇都是黑色的。可是有一天，一个小职员突然跑到董事长石坂的办公室，对他说，我们何不把电扇的颜色刷上浅色的漆呢？公司采纳了他的建议，决定试一试。没想到这个尝试大获成功，订单像雪片一般从各地纷纷飘来，东芝公司迅速走出困境，获得了长足发展。从此，世界上电扇的颜色便丰富起来了。

如果一个团队的成员都能时时刻刻以创新为己任，那么老板创新的机会和能力、团队创新的机会和能力也将会大大增强。

老板要克服思维定式，培养善于创新的能力，一般说来，至少包括如下几个方面。

1. 敢于怀疑，打破常规

老板要富有怀疑精神，敢于怀疑以往的套路，善于根据不断变化的实际情况来改变自己的策略。零售业霸主沃尔玛公司的创始人山姆·沃尔顿，敢于在乡村开设折扣店的做法，就是这一精神的很好体现。

老板作为一个企业的领头人，应该富有怀疑精神，善于用怀疑的眼光看待周围的事物，寻求变革之机、创新之机，要不然就会导致事业的衰退。

2. 愿望强烈，勇于创新

创新愿望主要是指作为老板应该时刻注意创新，要善于抓住创新的机遇，不失时机地为企业赢得更好的发展环境。一个因循守旧的老板肯定是一个创新愿望孱弱的老板，这种老板在事业上只会取得一时的成功和辉煌。

3. 借助他人，增强创新

老板也是凡人，尽管个人的创新很重要，但对于一个企业来说还是远远不够的。所以，老板创新心理品质的另一个重要方面就是，要时时注意培养团队成员的创新品质。团队成员的创新品质在一定程度上是老板创新思维的基础。

记住，能够把人限制住的只有你自己。也许你正被困在一个看似无路可走的境地，也许你正面临一种两难选择，但这种境遇或许正是由于我们陷于固执的定式思维中而不能自拔。只要勇于创新思考，那么跳出困境的出路肯定会不止一条。

### 快速决策，及时修好被打烂的第一扇窗

人们行为背后有这样一种心态：锦上添花易，雪中送炭难。在企业管理过程中，

这种心态会出现一种什么样的现象呢？老板们该如何加以克服呢？

詹巴斗是美国斯坦福大学著名心理学家，他曾进行过这样一项实验：他找了两辆一模一样的汽车，把其中一辆摆在帕罗阿尔托的中产阶级社区，而另一辆则停在相对杂乱的布朗克斯街区。詹巴斗把停在布朗克斯的那一辆车牌摘掉了，并且把顶棚打开。结果这辆车一天之内就被人偷走了，而放在帕罗阿尔托的那一辆，摆在那儿一个星期也无人问津。后来，詹巴斗用锤子把那辆车的玻璃敲了个大洞。结果呢，仅仅过了几个小时，车就不见了。

政治学家威尔逊和犯罪学家凯琳以这项实验为基础，提出了"破窗理论"。理论认为：如果有人打坏了一个建筑物的窗户玻璃，而这扇窗户又得不到及时的维修，别人就可能受到某些暗示性的纵容去打烂更多的窗户玻璃。久而久之，这些破窗户就给人造成一种无序的感觉。结果在这种公众麻木不仁的氛围中，犯罪就会滋生、蔓延。

人们都会不由自主地去维护完美的东西，不舍得去破坏它。而对坏的东西，即使让它更破一点也认为没关系；对残缺的东西，加大它的损坏程度也无关紧要。曾有人用该理论在一座城市中做过一个

**威尔逊**

类似的实验，先在一条街道上扔一些生活垃圾。不几天，这条街道便被铺天盖地的垃圾所覆盖了，碎纸与塑料袋满天飞。与此同时，人们将另外一条街道打扫得非常干净，并且维护了好几天。此后，每当街上出现垃圾时，总是有人自动将其扔进垃圾桶内；若碰到别人往地上乱扔垃圾，还会有人去加以制止。

这种理论让我们明白了这样一个道理：环境具有强烈的暗示性与诱导性，也就是说，一种不良现象的存在会传递一种信息，而该信息又会造成该不良现象无限扩展。

一切违反规则的行为都会损害到秩序的维护，就算它是非常偶然、个别、微小的。若对这种行为不闻不问，反应迟钝或者纠正不力，都会传递出一种"可以去打破"的信息，该信息就会纵容更多人"去打烂更多的窗户玻璃"。这样用不了多久，各类有损秩序的行为便会相继出现，而且会以雨后春笋般的速度飞快增长。这必然会剧烈地冲击到现有的正常秩序，也许会造成社会在一定程度上陷入一种无序的状态之中。

在现实生活中，从我们身边的很多行为中，都可以看出破窗理论的效应。在窗明几净环境优雅的高级宾馆里，当人们看到富丽堂皇的地面时，极少有人会大声喧哗或

者随地吐痰；但是，在路边一些环境脏乱的小饭馆中，却常常可以见到随地吐痰和大声喧嚷等不文明的行为。在井然有序的公交车上车队列中，几乎不会有人贸然插队；恰好相反，车辆还没有停稳，有的人就猴急的你推我挤，争先恐后，结果就很容易乱成一团，不仅耽误了他人的时间也耽误了自己的时间。

此外，对人本身来说，"破窗理论"也会产生极其可怕的消极影响。因为人的心灵也是如此，当你保持自己的纯粹时，就会感到问心无愧，活得轻松而自在；可是，一旦你做了一件违背良心道德甚至触犯法律的事情以后，可能就会在无意中自暴自弃，开始为所欲为。人们常说的"破罐子破摔"，正是这种心态，有的人一旦犯了一次错，就会在别人责备和鄙夷的目光中逐渐放弃自我，心想反正自己也是坏人了，再坏点又何妨？或者自己反正已经上了贼船了，那这贼就当到底吧！这样发展下去，良心就会变成一扇"难以修复的窗"。

在企业管理中，"破窗理论"也有其重要的借鉴意义。

在日本，有一种叫"红牌作战"的质量管理活动。其主要包括以下几方面内容。

1. 整理：清楚地区分要与不要的东西，找出需要改善的事物。

2. 整顿：将不要的东西贴上"红牌"标识。

3. 清扫：有油污、不清洁的设备贴上"红牌"，藏污纳垢的办公室死角贴上"红牌"，办公室、生产现场不该出现的东西贴上红牌。

4. 清洁：减少"红牌"的数量。

5. 修养：有人继续增加"红牌"，有人努力减少"红牌"。

"红牌作战"的目的是借助这一活动，让工作场所得以整齐清洁，营造舒适的工作环境，使大家遵守规则，专心工作。许多人认为，这样做太简单，芝麻小事，没什么意义。但是，一个企业产品质量是否有保障的一个重要标志，就是生产现场是否整洁，这应该是"破窗理论"比较直观的一个体现。

重要的一个方面可能在于，企业中对待随时可能发生的一些"小过错"的态度，特别是对于触犯企业核心价值观念的一些"小过错"，小题大做的处理方法也是非常必要的。

在瑞典，瓦德尔制造公司奉行的是以人为本的管理理念，该公司因极少辞退员工而在业界享有较好的口碑。

在一个炎热夏天的上午，瓦德尔公司的一个资深老员工约克，为了能够赶在中午休息之前完成三分之二的零件，在切割台上工作了一会儿之后，就图省事地把切割刀前的防护挡板卸下放在一旁。因为在没有防护挡板的情况下，收取加工零件会更方便、更快捷。

这已经不是约克第一次这样做了，他以前也这样做过几次。他感觉自己这样做没问题，因为自己的资历这么老，工作经验如此丰富，根本不会出什么差错。约克在没有防护挡板的情况下工作了一个多小时。这时，走进车间巡视的老板发现了约克的这个举动。便走上前来，约克很窘迫，忙着解释。

老板并不给他解释的机会，他大发雷霆，在命令约克立即将防护板装上之后，又站在那里控制不住地大声训斥了半天，并声称约克一整天的工作量作废。

事到此时，老员工约克以为结束了。可令他万万没想到的是，第二天一上班，人力资源部门就来人通知他去见老板。

在那间老员工受过好多次鼓励和表彰的老板办公室里，他接到了要将他辞退的处罚通知。

老板说："身为老员工，你应该比任何人都明白安全对于公司意味着什么。你今天少完成几个零件，少实现了利润，公司可以换个人换个时间把它们补回来，可你一旦发生事故失去健康乃至生命，那是公司永远都补偿不起的……"

"我以后再也不会犯这样的错误了，看在以前我的工作成绩出色的份儿上，您就再给我一次机会吧……"约克苦苦央求。

老板断然拒绝："如果我容忍了你这一次，你可能还会有第二次；即使你以后不会再犯这样的错误了，但别人呢？别人会以为我既然能够对你开恩，也就不会对别人下手，按照这样的推理，我们公司要是每个员工都犯一次你这样的错误，还能够生存下去吗？"

在约克提着行李，离开与自己荣辱与共多年的公司那天，他流泪了。在过去的几年时间里，他有过风光，也有过不尽如人意的地方，但公司从没有人对他说不行。可这一回不同，约克知道，他这次碰到的是公司灵魂性的东西。而当公司的灵魂性的东西一旦受到威胁时，老板是必须小题大做以达到杀一儆百的目的。

这个故事告诉我们，对于影响深远的"小过错"，"小题大做"去处理，以防止"千里之堤，溃于蚁穴"，正是及时修好"第一个被打碎的窗户玻璃"的明智举措。

对于个人而言，要及时修好"第一个被打碎的窗户玻璃"，否则时间久了，就极易有破罐子破摔的心理。对企业来说，也要如此。就像日本企业"红牌作战"活动所提示的那样，我们应当做的就是，别轻易打破生活中的每扇窗；更别轻易打破心灵中的那扇窗。就算是因为一时的疏忽或者在无意间打破了"窗户"，我们也应当及时将它修好，要不然，后果就会如同打开了潘多拉的魔盒，很难再控制。

### 冒险决策前，请自我检验一下

如果一项决策是在没有任何准备的情况下制定的，那么这项决策在实施过程中一定会四处碰壁。既然如此，在做决策之前的自我检验就显得尤为重要了，你同意这种观点吗？

无论你是谁，无论你在企业中占据着什么样的地位，在冒险决策前，都最好先做一下自我检测。

检测方法一：有没有明确的目标。

明确的目标具有神奇的力量，是你前进途中的指路明灯。如果没有明确的目标就投入冒险，可以说你已经失败了一半。

检测方法二：有没有做最坏的打算。

如果你不事先想好可能的损失，到时可能就会措手不及，功亏一篑。不能做最坏的打算，就没有资格谈冒险。

检测方法三：能不能果断行动。

一旦你已决定目标值得一试，时机成熟，你就该勇于行动。事先你已估量了所有最坏的情况，所以现在你应该集中心力控制你能左右的因素，让它们成为你最好的动力。

检测方法四：有没有想过可能遇到的难题。

问题绝不会忽视你，到头来你仍然要逐一发现。尽量在对你有利的时候解决它们，只有防微杜渐，才能将不利的影响降低到最小范围。

检测方法五：是否感到很恐惧。

恐惧是你的安全指标，漠视它就像漠视火警一样。如果恐惧一直不去，也许你的危险太大，应该从长计议一番才是。

检测方法六：不能不切实际。

这个年头没有人能靠迷信得救。碰到紧要关头，你必须自救才行。仔细想想，你到底有几分几两，不可强行做自己做不到的事。也别寄望不在你控制之内的救援，那太不可靠了。

检测方法七：自作聪明要不得。

永远不要以为自己比别人聪明，特别是竞争对手。聪明的做法应该是——把自己的位置放低点，事事认真对待，切不可自作聪明。

检测方法八：别期望十全十美。

没有人能做到十全十美，如果你把标准定得太高，只会徒然失望。你会丧失自信，丧失为下一次冒险打拼的冲劲儿。如果能定出一个合理的目标，总比冒险好多了。所谓勇气，只有在你赢的时候才算数。当你输了，勇气只是愚蠢罢了。

检测方法九：能否控制自己的情绪。

不要因为恐惧、愤怒、受伤、歉疚而做出一些过分的事情来。情绪的问题应该归结于情绪的解决。如果你很生气，你可以冒险表达你的怒气，可是千万别因为你和上司怄气，就开快车去玩命。总而言之，就是把你的情绪正位，不要让它左右了你的思想和行为。

检测方法十：有没有知错必改的勇气。

即使冒险行动已在进行，你犯了错也还是有改正的余地的。错而能改，可以把事情做得更好些。

检测方法十一：有没有勇往直前的精神。

勇敢不是简单的事。你之所以害怕，并不是因为你恐惧，而是因为你真实，真正勇敢的是虽然害怕但还敢于去做，而不是一点都不怕的人。只有傻瓜才会不怕危险。

检测方法十二：不能冒失轻进。

宁可多花一点时间，也要知道你自己是在干什么。未雨绸缪，总胜过冒失轻进。如果可能的话，不妨私下先模拟一下你的冒险计划。就算不能付诸实际行动，至少在心里先过一过。想象你自己正身处其境，你会做什么？你会说什么？你会做何反应？很多时候，只要心思用对了方向，你就不会那么发愁畏惧了。

检测方法十三：能否得到他人的帮助。

也许有很多愿意帮助你的人，不要孤高自傲，拒绝与他们修好。你在从事一项冒险活动的时候会需要朋友，而最好的朋友是那些已提供帮助的人。可别忘了有恩报恩的道理，被忽略的朋友，常比敌人更可怕。

检测方法十四：学会利用每一分钟。

冒险的那一刻是最切身、最具体的一刻。你必须把全副精神都集中在这上头。你很可能需要夜以继日地工作，没有休息，没有人体恤你，直到最紧急的阶段过了才算。你在冒险的时候就是在冒险，除此之外，其他事都是不重要的。当然，如果是长期的行动，你也必须有休息的时候，但是行动本身永远是第一优先，绝对不能舍本逐末。成功的秘诀在于利用每一分钟的可能，只要有一点点机会，就要多方争取，全力以赴，务必使得结果有最好的可能才是要紧的。

检测方法十五：有没有制定具体时间表。

要你制订时间计划，并不是说你必须一成不变守着它行事。不过如果有一张行事表，的确可以时时提醒你，你的计划是否有所进展。只要你对前途多一分准确的预测，对你自是有益无害。所以，你应该明白自己的下一步才是正理。

检测方法十六：分辨轻重缓急。

不同的行动常有不同的结果，如果不是必要，不要一次进行太多事情，那只会徒然造成混乱，而且牵一发动全身，万一其中一项失败了，很可能会影响你对其他事的信心，那就更不妙了。

检测方法十七：随时改变计划。

对你的人生负全责的，永远是你自己，包括改变计划在内。你虽然有所计划，但那并不表示那个计划完全是对的，或是万无一失的。

检测方法十八：化危机为转机。

尽量了解会影响你冒险的各种因素，设法化危机为转机。当情况改变的时候，要密切关注各种变数，有的时候，见风转舵也不是绝对的坏事。

检测方法十九：别盲目信任他人。

对那些攻击你的弱点，利用你的盲点的小人，不可不防。你自己的好坏自己要知道，那样就不会有人能牵着你的鼻子走。当你冒险的时候，你必须完全做得了自己的主。

检测方法二十：勇于承担责任。

如果你让别人去替你冒险，你就是把自己的命运放在别人的手上，而除了你自己，谁又真能绝对了解什么才是你的最佳利益呢？如果你需要有人来替你冒险，你就得不到经验，总有一天，你必须亲自上阵的时候，恐怕就有输无赢了。

检测方法二十一：仅仅有尽力而为的思想是不行的。

不要只想着试试看就好，那无疑是对自己说："我看看自己能不能做再说，如果不能做，我就赶紧开溜。"当你在冒险的时候，你就要坚定地勇往直前。而如果你不打算成功，那么你肯定就会遭遇失败。

检测方法二十二：得意可以，但别忘形。

一定要小心乐极生悲。就算你美梦成真，万事顺利了，也不要被成功冲昏了头。一个人在成功的时候最容易犯大错。常给自己一点压力，不必太重，但至少是要提醒你继续努力下去。得与失、福与祸，常常只是一线之间，如果你疏忽大意了，成功瞬时就会变为失败。

决策前的自我检测通常比决策本身显得更为重要。例如，在为解决某一问题做出决策时，有可能决策是正确的，而问题本身却是错误的。实际生活中，老板们往往凭借自己的经验和直觉，然后再通过分析做出决策。而直觉和经验往往是不可测量的。所以，决策前的自我检测是决策制定过程中的重要环节。

### 认清果断决策的五大障碍

决策是一个企业发展的灵魂。老板决策时会做很多准备工作，但也需克服众多障碍。那么，老板在企业管理中需要如何克服这些障碍呢？

做决策时既不可犹豫，更不可拖延，要做到果断、该出手时就出手，在短短的一分钟之内达到新的突破。身为老板，如果要做到决策迅速、果断，首先要克服以下五大障碍。

#### 1. 要求永远正确

有些人无论干什么事都很难下决心，例如像买一个皮包、买一件衣服这样的小事都犹豫不决。甚至有时自己的晚饭要做什么都要想好半天，其实，这里主要的原因就是担心有什么地方做得不够好。

#### 2. 混淆宏观事实和主观事实

老板的决策不是建立在某人的感觉之上，而是建立在坚实的事实的基础之上。假如老板无法将客观事实与主观意见分离开，就会有各种各样的烦恼缠绕。

一位老板曾说过："建立在感情基础之上的脑袋一热时做出的决策有客观价值的不多。直觉在管理中是没有什么地位的。例如说，一人事经理就曾由于一个人抽烟时使用烟斗，而将那个人的应聘申请书退掉，后来却听说那个人是学商业管理的，并且是一位非常有才能的大学毕业生。"

#### 3. 情况不甚了解就匆匆地做出决定

对真实情况缺乏足够了解，做出的决策往往是错误的。当然，在有些时候你无法了解你要掌握的所有情况。

在刚开始的时候考瑞斯就有机会参与一笔尽管有很大风险但却可以挣很多钱的生意，然而，因为他担心会赔钱，及其他各方面的重重顾虑，因此一直犹豫不决。最终，他没有参与。他总是说自己想参加，但就是缺少确切的资料为依据，导致他最终错失良机。为什么会这样呢？就是由于他缺乏足够的情报，因此他也就没有办法做出正确而明智的决策。

#### 4. 害怕别人有什么想法，更怕别人说三道四

不敢大胆地将自己的心里话说出来是很多人的通病，这是由于他们担心他人会有

什么想法，更怕受到他人的议论。思前想后不敢宣布自己决定的关键因素是担心他人的批评。这种做法就是想让他人承认自己做得好，不能让他人认为自己不好。

**5. 害怕承担责任**

诚然，对于很多人而言，一个决策不仅仅是一个选择，而是一堵坚硬的砖墙，这将让他们做任何事情时都感到软弱和渺小。这种恐惧的心理与惧怕失败是紧密相连的。这种心理是老板走向辉煌成就的最大阻碍。

拥有了非凡的魄力和勇气，又克服了上述五大障碍，果断决策对你来说，的确是一次全面出击。

老板要想做出果断决策，需要从以下几个方面入手。

1. 实际上，没有人能够做到永远正确，就算你做错了什么，只要能做到及时更正，错误也就会即刻停止，也不可能造成无法挽回的损失。无论何时，你一旦发觉自己的决策有误，必须马上下令停止，重新修改，以免造成无谓的损失。

然而，如果发现错误后你拒绝承认，事情通常会越变越糟。勇于承认自己的错误并不代表承认自己愚蠢，但是，在发现自己决策失误后而又不想改变，固执己见，这种表现就是愚蠢。

2. 你一定要运用你以往的经验、良好的判断力和常识性知识果断做出合理的决策。假如为了怕费事而不去收集可供参考的各种资料，这种做法是无法让人谅解的。

3. 希望得到他人的尊敬是我们每个人的最起码、最自然的一种想法，但这是有限度的。要知道，他人想什么或说些什么是不用你来负责任的，你自己的一举一动都是要自己承担责任的。

# 八、强化制度，提升组织执行力

## 人管人，不如用制度管人

没有规矩，不成方圆。完善的组织制度是组织管理者管理成员的重要依据。制度是规范人们行为的规则，没有制度，人类社会将无法正常运转。社会如此，组织也如此。组织要建立规范的规章制度，实现从人管人到制度管人的转变。

沃尔玛作为世界上著名的连锁超市，组织下属员工众多。沃尔玛对于员工的管理模式并不是传统的通过人力资源的方式管理，而是通过建立一系列制度的方式，用制度来管人。比如为了激励员工而建立的薪资制度。沃尔玛规定，凡是在组织工作超过一年以上的员工，都有权利以低于市场15%的价格来购买公司股票。沃尔玛的这一制度，让员工对工作有了不一样的认识，员工会有一个从帮老板打工挣钱到帮自己打工挣钱的心理转变。沃尔玛在员工管理上，也是建立了一些人性化的管理制度，让每个员工能够开心工作并且更好地为顾客服务。

沃尔玛管理上的成功经验就在于它建立了一套完善的管理制度，让每一个员工把工作当成是一件有意义的事情，这样不仅节约管理人力资源，而且还增强了员工的凝聚力。

在实际的管理中，靠人性的自觉、靠说服教育、靠他人的监督解决不了的问题，就可以靠完善的制度来解决。制度对于成员心理的影响一方面表现在犯错时的警示，一方面表现在取得工作成绩后的激励。

组织制度是管理思想、管理组织、管理方法、管理技术、管理方式的综合体现。科学的管理制度是现代组织进行科学管理的前提和保证。建立在成员需求基础上的制度，也必然是符合组织发展需求的好制度。

组织建立合理的制度实现对成员的管理，能以人性化的手段促进组织的协调发展。那么，管理者应该如何实现从人管人到制度管人的蜕变呢？

**1. 了解先进制度的内容**

在找到适合自身组织发展的管理制度之前，应该多学习一些国内外先进的组织管理制度。现代组织制度有着十分丰富的内涵，它是当前最为发达的一种组织体制。市场经济较为发达的西方围家，已建立起一整套较为完善的现代组织制度。

**2. 明确什么制度是组织最好的制度**

鞋子合不合脚只有脚知道。对于组织，衡量一个制度的好坏的标准关键要看是否适用于该组织。好的制度是从组织土壤里生长出来的；好的制度浑然天成，既简洁又高效，清晰而精妙，令人为之感叹；好的制度是在贯彻执行中逐步完善形成的，而不是凭空制造出来的。

**3. 因地制宜，确立组织制度**

因地制宜就是通过学习和比较以及结合组织的实际情况的综合考虑，制定出一套属于组织自身的规章制度。要建立在对于整个组织的了解上，组织制度的确立也要结合组织的具体情况。

### 及时修好"被打碎的第一块玻璃"

管理心理学上有个有名的"破窗效应"，表面的意思是一个房子如果窗户破了，没有人去修补，隔不久，其他的窗户也会莫名其妙地被人打破。该效应在组织当中则表现为，一个成员违反了管理制度，没有得到应有的惩罚，久而久之，就会有更多的成员违背规则。这样对于组织的管理以及发展是非常不利的，管理者应该避免这种现象出现。

有一家一百多人的本土公司，公司规定上班时间必须佩戴工牌。虽然制度上规定：如果发现不带工牌，每次罚款20元。最初一两个员工没有照做，但管理层并没有重视，没有严格执行该项规定。一个月以后，不带工牌的员工由最初的一两个，发展到几乎50%的员工都不带工牌，员工对此事抱着"可有可无"的态度，管理层并没有"令行禁止"反而一再纵容，这就严重影响了公司员工的精神面貌。

美国有一家公司，规模虽然不大，但以极少炒员工鱿鱼而著称。有一天，资深车工杰瑞在切割台上工作了一会儿，就把切割刀前的防护挡板卸下放在一旁。没有防护挡板，虽然埋下了安全隐患，但收取加工零件会更方便、快捷一些，这样杰瑞就可以赶在中午休息之前完成三分之二的零件了。不巧的是，杰瑞的举动被无意间走进车间巡视的主管看到了。主管雷霆大怒，令他立即将防护板装上之后，又站在那里大声训斥了半天，并声称要作废杰瑞一整天的工作。第二天一上班，杰瑞就被通知去见老板。老板说："身为老员工，你应该比任何人都明白安全对于公司意味着什么。你今天少完成了零件，少获得了利润，公司可以换个人换个时间把它们补起来，可你一旦发生事故、失去健康乃至生命，那是公司永远都补偿不起的。离开公司那天，杰瑞流泪了，在公司工作了多年，杰瑞有过风光，也有过不尽如人意的地方，但公司从没有人对他说不行。可这一次不同，杰瑞知道，这次触碰的是公司灵魂的东西。

以上两个案例中，本土组织因为没有及时制止最初那一两个不带工牌的员工，使得后来大批员工不带工牌；而美国公司就是严格对待违反规定的员工，避免了事故的发生。

组织中一旦有一个破坏制度的人没有被管理者及时发现并惩罚，就会让其他成员在心理上受到影响，对于制度严格不可侵犯的心理认识会减弱很多。特别是随着时间的推移，越来越多的违反制度的行为出现后，组织就会越来越纵容不遵守制度的行为。

从"破窗效应"中，我们可以得到这样一个道理：任何一种不良现象的存在，都在传递着一种信息，这种信息会导致不良现象的无限扩展，同时必须高度警觉那些看起来是偶然的、个别的、轻微的"过错"，如果对这种行为不闻不问、熟视无睹、反应迟钝或纠正不力，就会纵容更多的人"去打烂更多的窗户玻璃"。

组织成员面对别的成员在违反规定而未受惩罚的情况时，会产生侥幸心理，会更加纵容自己，而且还会对管理制度的权威性的认识大打折扣。管理者也要学会防微杜渐，必要的时候可以采取一些严厉的手段来实现管理。

把犯错的苗头给掐灭，需要的是制度的保障，更需要执行者的魄力。组织管理者要怎样防止违反规则的事情蔓延呢？

### 1. 明白"千里之堤，溃于蚁穴"的道理

作为一个优秀的管理者，要明白组织的管理是从一个个小细节抓起的。"千里之堤，溃于蚁穴"，任何一个大的管理问题，究其根源还是那么几个问题员工造成的，管理者不及时修好第一块被打碎的玻璃，就可能会带来无法弥补的损失。

### 2. 防微杜渐，防止事态扩大化

在管理实践中，管理者必须高度警觉那些触犯了公司核心价值的"小的过错"，严格按制度处理。当管理者发现各种不良现象出现时，一定要防微杜渐，防止事态扩大化。

### 3. 警示后来者

组织管理者对待随时可能发生的负面影响，特别是对于触犯组织核心价值观念的一些行为，小题大做地处理是非常必要的。采取严格处理的手段，可以更好地维护组织良好运营。

## 制度无情，人要有情

管理者在执行制度的时候要刚正不阿，有时候个别员工因为自身的特殊情况违反了制度，管理者也有必要酌情处理。制度是由人建立的，也是由人执行的。在坚持制度的基础上，对员工进行人性化的管理，是对员工以及对组织都有益处的。

一位跟梅考克干了10多年的老员工，他酗酒闹事，迟到早退，还因此跟工头大吵一架。在公司所规定的规章制度中，谁违反这一条，都会被坚决开除。当工头把这位员工闹事的材料报上来后，梅考克迟疑了一下，但仍然提笔写下了"立即开除"四个大字。

这位员工找到梅考克，指责梅考克一点情分都不讲，梅考克沉稳地说："你是老员工了，公司的规章制度你不是不知道，再说了，这不是我们两个之间的私事，我只能按照规矩办事，不能有一点例外。"

梅考克又询问了老员工闹事的原因，原来这位老员工的妻子最近去世了，留下两个孩子，一个孩子跌断了一条腿，住进了医院，还有一个孩子因为吃不到妈妈的奶水而饿得直哭，老员工是在极度痛苦中借酒浇愁，结果误了上班。了解到事情的真相之后，梅考克为之震惊："我们不了解你的情况，快点回家去，料理你夫人的后事，好好

地照顾孩子们，你不是把我当成你的朋友吗？所以你放心，我不会让你走上绝路的。"说着，掏出一沓钞票塞到老员工的手里。

老员工感动得流下了眼泪，梅考克嘱咐老员工："回家就安心照顾家人吧！不必担心自己的工作。"听了老板的话，老员工转悲为喜："你是想撤销开除我的命令吗？"

"你希望我这样做吗？"梅考克亲切地问。

"不，我不希望你为了我破坏公司的制度。"老员工态度坚决。

"对，这才是我的好朋友，你放心回去吧！我会适当安排的。"

事后，梅考克把这位老员工安排到自己的一个牧场去当管家。对此，这位老员工十分感激。

梅考克在面对因为家庭原因而违反公司制度的老员工，坚持维护制度，开除老员工，但是又给他安排了另外一份工作。这充分说明了，管理者在执行制度规定时既要严格，同时要有人情。

在日常的生活或者工作中，每个人都有可能出现错误，组织管理者在面对犯错的员工时，最好是对事不对人，对人有情。坚持原则，对所犯错误进行严厉处罚反映了管理者一丝不苟的工作态度，管理者对员工有情则反映了管理者善于处理人际关系，有宽广的心胸。

能否实现坚持制度的无情与管理者有情的完美结合，关键看管理者对二者关系处理得是否巧妙与恰当。管理者的高明之处在于既能坚持制度的严肃性，又不伤人的感情。对事不对人，按照规章制度办事，而对人却要讲情面。如果对事无情对人也无情，自然会遭到员工的反感，难以达成解决问题的目的。

管理者要了解员工的心理，坚持人性化管理，让员工更好地效忠于组织。管理者对员工投入感情，员工也会用真情实意回报组织。

在组织管理中，管理者们很难拿捏管理的尺度，有时候用情太深容易纵容员工，过于严厉又给员工留下一个铁面无私的印象。所以，管理者们要学会以下一些方式来拿捏好管理的尺度。

### 1. 明确管理者的作用

任何制度，就其本身来说是不可能完美的。管理者的作用就是让它完善。人性化管理的主体是人，人既是被管理者，也是管理者。制度是刚性的，管理者是柔性的。制度是木板，管理者是填补木板的胶。充分协调制度和管理者之间的关系，这样才能最大限度地发挥制度和管理者的效果。

组织的管理制度最终还是要落实到管理者上，靠管理者去实行，管理者就是拼接不同制度的装配工人，管理者让制度平滑过渡。管理者的作用就是为制度带来一些人气，使制度变得更加有生命力。

组织用管理者，就是来协调制度不足的，就是要在无情的制度上，洒上一些温情。制度是无情、不信任员工、非人性化的体现，但是制度无情人有情。管理者来体现人性化的一面，这样才能体现出管理者的价值，有效地推动各项工作与各阶层关系协调的顺利进行，最终实现管理的手段与管理的目标统一化。

### 2. 实行人性化管理

任何一个成功的组织对待员工都不会过于苛刻，任何一个成功的管理者也不会和员工关系搞得很差。管理制度是死的，管理方式是活的，管理者可以根据具体情况，在维护制度的基础上，实行人性化管理，这样才能被员工所接受。

## 违反规则必会受到惩罚

管理者制定规章制度就是为了让被管理者有一个规则去遵守，而违反规则会受到惩罚也是管理者通过处罚的手段维护规章制度的权威的一种方式。组织领导通过严格执行规则，让违反规则的员工受到应有的惩罚，有利于管理者更好地管理员工，也让员工对于组织的制度有一个更深刻的认识。

在哈佛大学有这么一个故事：哈佛大学有一座哈佛楼，里面珍藏着一位哈佛牧师的250本书，校方明确规定学生可以在馆内阅读珍藏，但不得带出馆外。后来发生了一场意外，大火烧了哈佛楼，里面的书无一幸存。但是让人感到幸运的是之前有一位同学带了一本牧师的书出馆，这个学生经过再三思考后决定把这本书还给校方，学校校长非常感谢他。但是后来校方还是把这个学生从学校开除了。大家对于这个决定感到非常不解，因为这个学生把哈佛牧师的书带出哈佛楼违反了校方的规则，后来大家深刻地体会到这个就是制度，每个人都要严格遵守，违反规则的人必会受到惩罚。

哈佛校长在面对从哈佛楼内带出一本书的同学时，感谢他保存了这本珍贵的书籍，但是还是按照严格的校规开除了这个同学。这说明了一个最简单的管理学道理，任何人只要违反了规则就必将会受到惩罚。

惩罚不遵守制度的下属也是一种强化管理的手段，只不过这个强化是从负面的方式，通过惩罚的手段可以警示人们，让人们对于自己所犯的错误记忆深刻，从而达到改正自己行为的效果。惩罚对于组织的管理者是一种直接有效的管理方式，所以在管理心理学上，坚持做到违反规则必会受到惩罚的原则对于组织管理非常重要。

在一个组织里，员工在工作当中难免会犯错，组织制定严格的规章制度就是为了

哈佛大学

在员工犯错时有一个规则去约束他们。当员工犯错时，心理难免会紧张，但同时也会有一丝侥幸心理，如果组织的管理者面对组织员工犯错这件事情可以严格执行规则，坚决惩罚，不仅对犯错误的员工进行了教育，还可以让其他员工引以为戒。

领导的权威很大程度上就是建立在简单有力的处罚基础上，让每一个被管理者对管理者畏而不惧是每个管理者必修的课题。管理者坚决捍卫规则的地位，在每一个员工心中树立坚守规则的形象，对于组织健康有序运行，以及组织长足的发展都很有必要。

对于违反规则的员工进行处罚，是组织管理者最基本的管理手段。那么，在组织管理中，管理者应该怎样维护组织规章制度的权威性呢？

### 1. 完善制度的具体内容

组织的规章制度是组织员工的行为规范，也是组织管理者进行管理的必要依据。完善规则也是方便管理者在进行处罚时有基本的依据。制度本就不应该是一成不变的，它应该随着组织的发展以及具体情况而变化。一个完善的组织制度，有利于组织的管理，而对于被管理者也能更好地规范他们的行为，指导他们的工作。

### 2. 执行过程中要统一标准

组织管理者在对违反组织规则的员工进行处罚时，一定要统一标准，对事不对人，公平公正，这样才能让员工心服口服。很多组织不是没有制度，也不是制度不公正，而是执行的标准不一样，不是对事不对人，而是对人不对事，久而久之这样的制度自然就形同虚设了。要实事求是，维护好职工的根本利益，无论奖励或者处罚要多方调查研究，尊重客观事实，做判断要慎重，一旦伤害了员工的感情是很难弥补的。只有这样，才能最终达到处罚的真正目的。

### 3. 组织领导和管理者要以身作则

组织领导作为制度的制定者和执行者更加要严格遵守制度，员工在接受惩罚的时候如果知道组织管理者逍遥于制度之外，除了会不甘心接受惩罚，还会让制度的权威性大打折扣。

组织管理者要树立规章制度即"组织宪法"的理念，认识到规章制度一旦生效，约束的不仅仅是普通员工，还包括管理者自身。同时组织规章制度体现的是组织领导层的管理思路，如果领导层不带头执行，不可能要求员工认真执行。

## 个别员工要分而治之

在组织管理中，管理者要对下属员工做到一视同仁，然而在有些情况下也需要区别对待。组织管理者对于个别员工的分而治之，就是对于一些有特别才能或者问题的成员采取不同的手段进行管理，以达到更好的调教作用，同时也可以调动其他员工的工作积极性。

老厂长一脸阴沉地窝在沙发里，等着办公室主任回来。原来，刚上班还没来得及把椅子坐热，张主任就推门进来报告说，厂里的那几个坏小子昨晚喝了酒和人打架，被扭送进了派出所。早上派出所打来电话通知让厂里去领人。老厂长一听，肺都要气炸了。那几个浑小子仗着爹妈是老职工，关系背景好，在厂里就喜欢惹是生非，这次又跑到外面去惹祸，真是让人忍无可忍。

老厂长原本不想管这事，就让公安局行政拘留他们十天半个月，来个眼不见心不烦。可换个角度想，毕竟他们是老同事的子女，虽然平常小错不断，可也没有犯过什么特别大的过失。这次他们在外面惹出这么大的事情，生气归生气，老厂长还是让张主任赶紧去派出所交涉，厂里该出面担保还得出面担保。

张主任去了没多久，便把那几个"顽主"给领了回来。平日趾高气扬的几个"后生"，看到一脸铁青的老厂长，这会儿都像霜打的茄子一般——蔫了。他们知道这次闯了大祸，按制度完全够得上开除的条件。只要厂长一句话让他们离开，他们真的连提抗议的机会都没有，即使找人来说情，别人恐怕也张不了嘴。

几个人正在忐忑不安的时候，老厂长宣布了，"死罪可免，活罪难逃"：每人记大过一次，留厂察看的同时扣除一个月的工资，以示惩罚。此外作为反面教材，他们还

必须在职工大会上做公开检讨。面对如此"严厉"的处罚，几个人心中异常感激老厂长的"法外施恩"。

几个坏小子离开之后，老厂长又找来他们的车间主任，特别叮嘱主任这个月要给他们多加派一些任务。到时算作奖金，冲抵一下他们的损失，避免他们下个月喝西北风另生事端。一开始，这几个坏小子认为是车间主任故意要借机整他们，让他们多干活儿，私下里免不了抱怨。到了月底结算工资奖金时，他们才知冤枉了车间主任。得知老厂长的一番苦心后，从此这几个人就如同脱胎换骨了一般，不但工作积极主动，而且再也没有故意为难过同事与领导。更难得的是，没过几年，他们各自都成长为独当一面的业务能手，成为厂里的骨干力量。

老厂长根据老职工子女的情况，对他们采取教育的管理方式，使得他们认识到自己的错误，改正之后的他们成了业务骨干。老厂长的方式就是根据员工不同的特点用了不同的管理方式。

哲学上的唯物主义辩证法要求我们在处理问题时要具体问题具体分析。对于组织的管理者来说，要做到准确抓住员工的心理，对于不同个性的员工使用不同的管理方式，可以让他们充分地发挥自身的主观能动性。这也在一定程度上说明了在管理心理学中"区别对待"的实际意义。

组织也算是个小群体，自然会有各种不同类型的人。相较于大部分中规中矩的人，更让组织管理者头疼的是两个极端人群，一类是组织中业务出类拔萃的人，仗着自己的业绩好、有才华不服管教；还有一类就是比较有个性、不服管，容易惹是生非的人。对于这两种员工，组织领导在进行管理的时候就要做到分而治之。

领导对于一些有个性的员工区别管理，可以让这部分员工得到一个心理上的满足。如此一来，这类人在工作中也会充分展现自己的才能。而对于那些比较喜欢犯错的员工采取人性化管理，一来可以让员工自己意识到自己的错误，二来在自我反省的过程中可以让他们更好地完善自己。这对于其他的员工也是一个很好的警示和激励。

组织的管理者在对自己的下属有一个明确的了解之后，要根据不同的情况采取不同的管理模式。在实际管理中，管理者应该如何做到对个别员工分而治之呢？

**1. 要建立在一视同仁的基础上**

管理者要知道组织大部分的员工都是出于普通的层次，对于这部分员工的管理同样至关重要。对于组织管理者，让每个员工发挥自己的所长，为组织带来更大的效益是组织管理的终极目的。所以，组织的管理者在管理组织时一定要建立在一视同仁的基础上，只不过对于少数的员工可以采取分而治之的管理手段。

## 2. 要多与"问题员工"进行沟通

组织的成功运营离不开员工的共同努力，和社会员工分工一样，组织每一个员工也有着不同的功效。因此，组织领导应该尽可能多地关心了解自己的下属，明白不同员工的不同个性，对于一些有特殊才能的员工要多加鼓励，对于一些"问题员工"要多沟通。只有对员工有一个全面的了解之后，才能更好地对员工进行管理，也才能在管理过程中"区别对待"。

管理心理学

# 第十二章　营销心理学

## 一、不可思议的消费心理学

### 天气越好，人们越容易被说服

美国心理学家对新泽西州一个宾馆里的 266 名客人进行了一次实验，目的是研究天气与小费之间的关系。结果发现，晴天时，服务员一天平均收到小费 29. 39 美元，阴天时为 24. 41 美元，雨天时为 18. 84 美元。这个实验证明天气越好，人们越愿意付出。因此，要想说服别人购买，最好选择晴朗的天气。

为什么晴朗天气会带来好心情呢？因为在舒适的环境中，我们会变得好心情。风和日丽的天气，我们的身体非常舒适，心情也随之变好。阴雨天气，湿度大，气压低，人体的机体调节功能失调，容易出现烦躁、郁闷的心情。由天气诱发的心理状况被称为"坏天气综合征"。

除了天气的影响因素，地点也很重要。试想一下，如果你在狭窄、低矮、杂乱不堪的房间说服一个人，他会被说服吗？美国环境心理学家格里菲特研究发现，人们在宽敞的房子里初次见面比在狭小的房子里初次见面更容易对对方心生好感。

室外比宽敞的室内更容易说服。开阔的场地给人一种心胸开阔的感觉，让人更愿意敞开心扉，接受别人的意见。而且在户外，各种声音、色彩、气味的刺激很多，人的五官受到刺激，注意力就会分散。外界的刺激会促使人们变得容易被说服。这在心理学上叫作"注意力分散效应"。

找一个艳阳天，先把客户约到接待室商谈，进入主题的时候邀请对方去外面的咖啡厅。走到空旷的马路上，趁机提出要求，一般都能成功地说服对方。

晴朗的天气，开阔的场地让人心情开朗，就算多掏点钱也心甘情愿。

## 香水有不可思议的说服力

一个人被五花大绑吊起来，另一个人坐在舒适的沙发上喝茶，哪个人更容易说服？当然是后者，因为人在生理上感觉舒适，五官受到各种刺激并得到满足，心胸会变得开阔。尤其是在不知不觉的情况下，让对方闻到怡人的香味，就更容易说服了。

美国心理学博士罗伯特·巴伦为了研究气味对人心理的影响做了一个实验。他在一家咖啡店和一家服装店门口分别进行问卷调查。结果发现，在咖啡店门口有56%的人接受了问卷调查，而在服装店门口只有20%的人愿意接受调查。

同一个人做调查问卷，问卷的内容也相同，唯一不同的就是咖啡馆里飘出阵阵煮咖啡和蛋糕的香味。可见，香味确实有诱人的魅力。人们在香气扑鼻的环境中更容易答应别人的请求。

为了进一步证明香味能够影响人的决策，罗伯特·巴伦博士又做了一个实验。他把80名学生分成40组，每组两人，分别扮演公司经营者和顾客，然后双方进行减价谈判。

每组中有一人是巴伦博士安排好的托儿。一部分托儿在谈判前喷洒了香水，另一部分的托儿没有喷洒香水。结果，喷洒香水的托儿所在的组，对方更容易在金钱上做出让步。

当然了，他们喷洒的香水不是浓烈刺鼻的劣质香水，而是一款很受欢迎的香水，气味淡雅怡人。总之，这个实验说明，香味确实能够提高说服的成功率。这就可以理解，为什么在弥漫着精油味的美容院里，女人们总是舍得花钱了。

香水就像巫师调制的魔幻药水，让人迷迷糊糊地听从别人的建议和要求。

为什么人们喜欢在饭桌上谈佳肴

很多年轻人喜欢逛宜家，哪怕不买东西，也喜欢去那里吃饭、聊天、看书读报。那里确实有家的感觉，想坐就坐，想躺就躺，绝没有"非买勿动""非请勿坐"这种让人心存芥蒂的标识。更重要的是，只要是宜家的会员，就可以免费品尝现磨现煮的咖啡，而且是无限续杯哦。

很多人冲着免费咖啡来，却不买东西怎么办？店长回答："来喝5次咖啡，总有一次会买东西的，这就行了！"也许你会认为宜家老板利用了人们喜欢占小便宜的心理。其实，还有一层更重要的原因，人们总是被"美食计"征服。

吃饭这种原始的行为会对人的深层心理产生强烈的影响。吃到心满意足的时候，我们就很愉快，话就会多起来，人也变得和气起来。你想想看哪个餐馆不是欢声笑

语此起彼伏？

美食确实能让人心情舒畅，这时沟通也更加顺畅，更容易说服别人，更容易促成销售。这就是为什么卖家居用品的宜家会提供那么多美食，而且还有免费咖啡。

心理学家做了一个实验，先让被试把对某件事的观点写在纸上，然后让他们阅读与他们持相反观点的新闻报道，最后再次让他们发表自己的看法。被试分为两组，一组在阅读新闻的时候，提供给他们饮料和甜点，另一组不提供饮料和甜点。结果，喝饮料、吃甜点的那一组更愿意改变自己的观点。

虽然人们不清楚背后的原因，但是在饭桌上谈生意确实是一个屡试不爽的策略。各种山珍海味能让人们改变自己的观点。如果再喝点酒，效果就更好了。可以说，食欲是第一生产力。

在饭桌上谈生意也要讲究技巧，什么时候才是进入主题的最佳时机呢？总不能一坐下就开始谈判吧？当最美味的那道菜上来之后，对方说"这个很好吃"的时候，就是提出要求的最佳时机了。

吃别人的嘴短，人们美餐一顿之后就会做出妥协和让步。

**免费的东西反而让你花更多的钱**

天下没有免费的午餐，但是人人想吃免费的午餐。"不花钱就能买东西"，这怎么可能？但是很多人经常陷入这样的圈套。你压根不想买的东西一旦免费了，就会变得具有难以置信的吸引力。

我们这个世界的游戏规则是，付出之后才能有回报。但是，人类本性贪婪，都希望天上掉馅饼。如果不用付出就能得到，那真是求之不得。人们天生害怕损失，多数交易都有有利的一面和不利的一面。免费的东西不会带来任何损失，让人们忘记了不利的一面。

这个道理看似简单，但是免费引起的情绪冲动却是不可战胜的。免费的诱惑与渴望占便宜和害怕损失的心理联系起来，因此消费者面对免费的物品就像饿汉来到自助餐柜台一样。你会不会选择买一赠一的饼干？会不会因为某品牌咖啡免费赠送杯子而选择那个品牌？"免费"两个字让你头脑发热，觉得不用付出就能得到实在太爽了。

亚马逊书店推出"满30元免运费"的运费策略之后，很多读者为了免运费，宁愿多买一本书。亚马逊在法国的分公司开始的时候并没有免运费的优惠，而是只收1法郎运费，1法郎其实很划算，但是法国人毫无反应，销量远远低于其他地区。后来，法国亚马逊推出免运费的策略，立刻出现销量大幅增长的现象。

免费不仅仅是折扣，而是另外一种价格。2元和1元之间的差别微不足道，但是1

元和 0 元之间却有天壤之别。如果你是做生意的，一定要知道这个秘密：

要想顾客盈门，拿出一部分商品免费，要想销量猛增，赠送给顾客一些小礼品。

### "试用"如何挑逗你的购买欲

一家宠物店的宠物狗总是卖不出去，心理学家给老板出了个主意——让顾客把相中的宠物小狗免费带回家抚养一周，一周后再决定是够购买，结果很多本来没想买小狗的顾客也愿意把小狗带回家试着养一周。

最后，把小狗带回家的顾客有 97% 选择购买。经过一周的相处，怎么舍得把小狗送回去呢？

"试用"是一种非常有效的营销手段，好比"先上车，后买票"。既然已经上车了，怎么好意思不买票呢？女人经过化妆品专柜的时候，经常遇到销售员热情地邀请试用。有些销售人员甚至会用心地为你化上妆。试用完之后，销售员就开始展开推销产品的攻势了。出于"无功不受禄"的心理，大部分人不好意思拒绝，只好乖乖掏腰包。

超市里常常有试吃小甜品、试喝酸奶的活动，消费者试吃之后常常会掏钱购买。因为试吃这个行为本身就意味着感兴趣，有很大的可能性会购买。而拒绝试吃本身则意味着不会购买。可以说"试吃"是筛选潜在顾客的有效手段。

大家在潜意识中认为，收到别人的好处之后，就有了偿还对方恩惠的责任。这个逻辑就像欠债还钱一样天经地义。人与人交往过程中，付出物质或非物质的成本，就会形成一笔人情债，让对方心里产生负债心理，并在一种无形的力量的推动下做出回报。

去服装店买衣服，为什么店员总是撺掇着你试穿呢？因为试穿可以促使你决定购买。试用带来的心理上的满足感，好像你已经是那件商品的主人了，这在心理学上叫作"虚拟所有权"。试用之后，如果不把它买下来，你就会心里不舒服，好像失去了曾经拥有的东西。

很多公司经常采用试用的促销手段，甚至出现了专门的试用网站，让消费者免费试用。

### "30 天不满意无条件退换"如何绑住你

你打算买一台电视机，逛了几个家电市场，比较了几个品牌，还是难以下决心买哪一家的。这时，你看到某品牌推出"30 天不满意无条件全额退款"的策略，于是你

动心了——先买回去看看，如果觉得不好再退了。其实，那只是商家让你下决心购买的花招，允许你变卦的"承诺"其实是促使你掏腰包的诱饵。

一旦你把电视机买回家，你的想法就会变了，这个商场里的商品立刻变成了"你的"电视机。即使出了一些小问题，不是很满意，就算你想把它退回去，也嫌麻烦，另外在心理层面上，你会觉得那是一种损失。"既来之，则安之"，你只能这样安慰自己。

这同样是"虚拟所有权"在作怪。我们对属于自己的东西总是过度热爱、迷恋，我们对它的重视程度超过了它本来的价值。因为它已经有了你的气息，即使是一块石头，如果你天天把它攥在手里，日久天长也会有感情，何况是花钱买回来的东西？

很多商家做出承诺："30天不满意无条件退换"。这是承诺，也是促使消费者购买的策略，让消费者没有任何心理负担。不用担心实行30天无条件退换货之后，退货率会井喷。首先，没有一个客户会买到不满意的产品在30天之后才让商家履行售后服务。其次，作为消费者也会为自己的面子考虑，除非出现重大问题，一般不会提出退货。

在诚信缺失的市场环境中，顾客害怕遇到无良商家，商家也害怕遇到流氓顾客。如果有商家做出这样的承诺，顾客对它的好感度和忠诚度就会大大上升。

### 黑珍珠如何从无人问津变成稀世珍宝

天然黑珍珠是一种昂贵的珠宝，优质黑珍珠每年通过国际拍卖会出售。可是，你知道吗？珍珠王萨尔瓦多刚开始把黑珍珠推上市场时一颗都没有卖出去，因为像子弹一样乌黑的珍珠实在不怎么好看。但是，他并没有灰心。他带着样品找到一位具有很高威望的珠宝商人，请他把黑珍珠放在展示橱窗里，标上高得吓人的价格。黑珍珠在钻石、红宝石、绿宝石的映衬下熠熠生辉，很快就出现在纽约，环绕在当红女星的脖颈上。本来无人问津的黑珍珠，竟然变成了稀世珍宝。

心理学上有一个名词叫作"沉锚效应"，意思是人们对某一事物做出判断的时候会受第一印象或第一信息的影响和支配，第一信息就像沉到海底的锚一样把人们的思想固定在某处。

萨尔瓦多一开始就把黑珍珠和钻石、珠宝锚定在一起，此后它的价格就一直紧跟宝石。顾客以后购买黑珍珠的出价意愿会长期受其影响。

沉锚效应也就是先入为主的心理。据心理学家分析，第一信息75%左右了人们对一个人、一件事、一件产品、一个企业的印象和感受。比如，人们听惯了"上有天堂，下有苏杭"的说法，当被问到哪个城市最美的时候，就会不假思索地说出这两个城市。

萨尔瓦多还利用了人们的一个普遍的心理——高价格意味着高价值。黑珍珠和钻石放在一起，说明黑珍珠和钻石一样价值连城。对于商家来说，推出一样新产品，一开始就要给它一个高端的定位。高价要有高价的理由，可以是特殊的原料，也可以推出一个全新的概念。

日本东京有一家咖啡馆隆重推出了一款5000日元一杯的咖啡，让人们纷纷咋舌。平常的咖啡只要100日元一杯，凭什么他们卖5000日元呢？有钱人在好奇心的驱使下纷纷前来品尝，生意竟然很红火。

人们一旦以某一价格购买产品，就会被这一价格锚定。

### 赝品如何卖出名画的价钱

在一次国画画展上，有一幅泼墨写意画《菊竹图》引起了参观者的注意，甚至有人愿意高价购买。因为这幅画作深得明朝画家徐渭的风骨。如果你是画展举办方，你会告诉他们这幅画只不过是学生的习作吗？

当然，不能欺骗消费者，那么你是等参观者欣赏完这幅画再说出真相，还是马上就说呢，如果你能沉得住气，那么这个临摹作品就会卖出名画的价格，如果你早早告诉顾客这是学生的习作，那么最多卖出中等偏下的价格。因为良好的预期会影响人们对事物的看法。

如果人们事先认为某件东西是好的，事后就会对它做出较高的评价。相反，如果事先就从别处得知某样东西不怎么样，对它产生不好的预期，那么事后就会对它做出较差的评价。这种现象在心理学上叫作"预期效应"。对事物的评价和对事物的预期保持一致，这样才能保持认知的协调一致性，否则人们内心深处会有一种背叛自己的感觉。

再回到那幅画的问题上，如果事先告诉顾客这幅画是赝品，顾客对这幅画的预期就会打折扣。看了画作之后，再说出真相，顾客就会感叹学生的功力了得。

行为学家丹·艾瑞里在麻省理工大学做了一项实验，来研究人们对事物的看法与预期的关系。他让学生试喝两种啤酒，A是普通的百威啤酒，B是在百威啤酒中加入少量醋的特制啤酒。大部分学生品尝之后，都认为B啤酒更好喝。但是如果告诉学生B啤酒只是在普通啤酒里面加了两滴醋，他们在喝B啤酒时就会皱眉，认为A啤酒更好喝。因为加了醋的啤酒让他们产生了难喝的预期。

对于商家来说，要想让顾客对自己的产品做出好评，最好想办法让顾客产生良好的预期。即使只是送外卖也要把泡沫塑料包装换成像样的盒子，然后将食物摆前整齐。

## 为何限量会引起抢购

一年夏天，某超市购进的大量白糖滞销了，白糖难以保存，如果不快点卖出去，很快就会变质。超市老板向一位经济学家请教如何把这批白糖卖出去，经济学家告诉他如此这般，保你把白糖卖光。老板半信半疑，照着他说的做了，果然只用了一个星期，白糖就脱销了。

他的办法很简单，只是在超市门口贴个广告"本店新到一批白糖，每人限购两斤，欲购从速，活动到本周末结束"。人们看到广告，本来不想买白糖的，也买了两斤，因为"限购两斤"的说法给人造成白糖稀缺，供不应求的假象，而且人们向来有储备物品的习惯，一传十，十传百，小商店的糖很快就卖光了。

从心理学角度看，人们总是害怕得不到或失去，对稀有物品有本能的占有欲。在购物时，越是难以得到的东西，越渴望得到。在受到限制的情境中，人们更容易被激发起得到它的欲望。限量限时销售很好地利用了人们的这种心理。把滞销的商品变为限量购买的商品，人们就会担心再也没有机会买到，于是就出现了疯狂抢购的狂潮。

尤其是对于追求与众不同，崇尚个性的 90 后，限量版的衣服、鞋子或包包才是最潮的。耐克 Pigeon Dunks 一经推出，就引起耐克迷的疯狂追捧，这款鞋全球只有 150 双，数十位骨灰级耐克迷抢购时在耐克销售店发生冲突，直到警察赶到才解决了问题。

商品滞销的时候不要着急，严格控制销售数量，即使客户订货量再大，也一律执行限量销售，也许就会出现抢购奇迹。这是 LV 公司曾经采用的策略。

## 权威就是影响力

美国心理学家曾经做了一个著名的实验来弄清楚权威人士对普通人有多大的影响力。他宣布邀请了一位在化学领域做出突出贡献的教授一起授课。这位化学专家声称自己发现了一种具有特殊气味的液体，想借此测试大家的嗅觉。他让学生排队从装有气体的瓶子前仔细地闻。大家坐回座位后，他要求闻到气味的学生举手。结果，很多学生举手。事实上，瓶子里装的是无色无味的蒸馏水，所谓"化学专家"只是别的学校的老师。

"权威效应"的出现主要是由于人们有"安全心理"和"赞许心理"。人们总认为权威人物说的话就是正确的，服从他们会使自己具备安全感，增加不会出错的"保险系数"。其次，权威人物的要求与社会规范相一致，按照权威人物的要求去做，就会得到各方面的赞许和奖励。

"人微言轻，人贵言重"，权威就是影响力，服从权威是人性中最根深蒂固的行为模式。权威效应在我们的生活中普遍存在。人们本能地对权威机构、权威专家或权威观点高度信任。因此，很多商家借用权威的噱头推销自己的产品。

可口可乐公司曾经请几个较大的客户列出优秀销售人员最杰出的特质。他们得到的最多的回答是"具有完备的产品知识"。这说明专业的、权威的销售人员才能得到客户的信赖，才更容易说服客户。销售人员必须比顾客懂得多，才能树立专家的权威，轻松实现销售。

权威专家的话比普通人的话更有分量。"军事研究所××专家认为""牛津大学××教授指出""社科院调查表明"当报纸上出现这些字眼的时候，读者很容易相信后面的内容。在权威面前，人们会由衷地升起一种严肃的、敬仰的心情。即使他们有时是错的，人们也会盲从。

找一家权威机构认证自己的商品是一种比较有效的赢得顾客信任的方法。

## 天价菜存在的意义

不管是超级豪华的五星大饭店，还是街头的小饭馆，善于经营的老板都会在菜单上写上一两个天价菜。大饭店的天价菜通常上万元一份，小饭馆的天价菜一般上百元一份。大部分食客都会对着天价菜撇嘴，舍不得花钱，于是退而求其次，选择一些中档的菜肴。其实，这正是饭店老板想要的效果，

就算天价菜一年都没人点一次，饭店老板也不会着急，因为天价菜并不是让客人点的，而是用来唬人的。人们一般不会点最贵的菜，但是会点排在第二位的菜。老板真正想卖的主打菜价位定得稍微高一点，看起来也是合情合理的，顾客也愿意接受。

凡事都是相对的，人们要想对某件事物做出判断必须找到一个参照物，否则就无从判断。做选择的时候，人们会不自觉地把相关的两个或多个事物进行比较。没有比较就没有鉴别，一经比较，大小多少，实惠与否就显而易见了。

人们不喜欢走极端，因为走极端意味着冒险。比上不足，比下有余的状态可以让人们达到心理上的平衡。老板利用了人们喜欢折中的心理。高价位和低价位就像飞机降落时跑道两旁的指示灯一样把你引到中间价位。太便宜的显得寒碜，太贵的没有必要，大多数人能够接受的价格是中间的价格。假设菜单上没有天价菜，原来的高档菜变成价位最高的菜，这个最高价的菜照样很少有人点，因为人们习惯点中间价位的菜。

定价是一门学问，而且与人们的心理息息相关。巧妙利用人们的心理，可以让消

费者按照自己的意愿选择。看起来最实惠的那个往往是商家利润最大的那个。

# 二、锻炼自己卓越的心理防线

## 从拒绝中找到机会

齐藤竹之助遭拒绝的经历实在是太多了。有一次，靠一个老朋友的介绍，他去拜见另一家公司的总务科长，谈到生命保险问题时，对方说："在我们公司里有许多干部反对加入保险，所以我们决定，无论谁来推销都一律回绝。"

"能否将其中的原因对我讲讲？"

"这倒没关系。"于是，对方就其中原因做了详细的说明。

"您说的的确有道理，不过，我想针对这些问题写篇论文，并请您过目。请您给我2周的时间。"临走时，齐藤竹之助问道："如果您看了我的文章感到满意的话，能否予以采纳呢？"

"当然喽，我一定向公司领导建议。"

齐藤竹之助连忙回公司向有经验的老手们请教。又接连几天奔波于商工会议所调查部、上野图书馆、日比谷图书馆之间，查阅了过去3年间的《东洋经济新报》《钻石》等有关的经济刊物，终于写了一篇很有把握的论文，并附有调查图表。

2周以后，他再去拜见那位总务科长。总务科长对他的文章非常满意，把它推荐给总务部长和经营管理部长，进而使推销获得了成功。

齐藤竹之助深有感触地说："推销就是初次遭到顾客拒绝之后的坚持不懈。也许你会像我那样，连续几十次、几百次地遭到拒绝。然而，就在这几十次、几百次的拒绝之后，总有一次，顾客将同意采纳你的计划。为了这仅有一次的机会，推销员在做着殊死的努力。推销员的意志与信念就显现于此。"

即使你遭到顾客的拒绝，还是要坚持继续拜访。如果不再去的话，顾客将无法改变原来的决定而采纳你的意见，你也就失去了销售的机会。

希望你坚持不懈，直到成功。要相信自己天生就是为了成功而降临世界，自己的身体中只有成功的血液在流淌。你不是任人鞭打的耕牛，而是不与懦夫为伍的猛兽。千万不要被那些懦夫的哭泣和失意的抱怨所感染，你和他们不一样，你要意志坚定地做你的猛兽，才能笑傲在自己的领域！

　　希望你坚持不懈，直到成功。要相信生命的奖赏只会高悬在旅途的终点。你永远不可能在起点附近，找到属于自己的钻石。也许你不知道还要走多久才能成功，而且当你走到一多半的时候，仍然可能遭到失败。但成功也许就藏在拐角后面，除非拐了弯，否则你永远看不到成功近在咫尺的景象。所以，要不停地向前，再前进一步，如果不行，就再向前一步。事实上，每次进步一点点并不太难。或许你这次考试只有50分，而你的目标是90分，那么要求下一次就得到90分，显得不现实而且太残酷了，但是如果要求你得到55分或者60分，并不是太难。

　　你每次只需要比上一次好一点点，那么成功就越来越近。

　　希望你坚持不懈，直到成功。从现在开始，你要承认自己每天的奋斗就像一滴水，或许明天还看不到它的用处，但是总有一天，滴水穿石。你每一天奋斗不止，就好似蚂蚁吞噬猛虎，星辰照亮大地，只要持之以恒，什么都可以做到。不要小看那些仿佛微不足道的努力，没有它们，就没有你最后的辉煌。

　　希望你坚持不懈，直到成功。每个人都必然会面临失败，但是在勇者的字典里不允许有放弃、不可能、办不到、没法子、行不通、没希望……这类愚蠢的字眼。你可以失败，也可以失望，但是如果真的还想成为优秀的推销员的话，请记住你已经不再有绝望的权利！为什么要绝望，想想自己是多么的独一无二！你需要辛勤耕耘，或许必须忍受苦楚，但是请你放眼未来，勇往直前，不用太在意脚下的障碍，在哪里跌倒，在哪里爬起来。要相信，阳光总在风雨后。

　　希望你坚持不懈，直到成功。你应该牢牢记住那个流传已久的平衡法则，不断鼓励自己坚持下去，因为每一次的失败都会增加下一次成功的机会。这一刻顾客的拒绝就是下一刻顾客的赞同。命运是公平的，你所经受的苦难和你将会获得的幸福是一样多的。今天的不幸，往往预示着明天的好运。深夜时分，当你回想今天的一切，你是否心存感激？要知道，或许命运就是这样，你一定要失败多次，才能成功。

　　希望你坚持不懈，直到成功。你需要不断地尝试，尝试，再尝试。无论什么样的挑战，只要你敢面对，就有战胜的希望。因为你的潜能无限。

　　希望你坚持不懈，直到成功。你应该借鉴别人成功的秘诀。把过去的那些荣耀或者失败都抛到脑后。只需要抱定一个信念——明天会更好。当你精疲力竭时，你是否可以抵制睡眠的诱惑？再试一次。坚持就是胜利，争取每一天的成功，避免以失败收场。当别人停滞不前时，你不可以放纵自己，你要继续拼搏，因为只要你的付出比别人多一点点；有一天你就会丰收。

### 努力克服怯场心理

营销大师贝特格从事推销的头一年时收入相当微薄，因此他只得兼职担任史瓦莫尔大学棒球队的教练。有一天，他突然收到一封邀请函，邀请他演讲有关"生活、人格、运动员精神"的题目，可是当时他连面对一个人说话时都无法表达清楚，更别说面对一百位听众说话了。

由此贝特格认识到，只有先克服和陌生人说话时的胆怯与恐惧才能有所成就，第二天，他向一个社团组织求教，最后得到很大进步。

几乎所有的艺术表演都怯过场，在出场前都有相同的心理恐惧：一切会正常无误吗？我会不会漏词，忘表情？我能让观众喜欢吗？

这次演讲对贝特格而言是一项空前的成就，它使贝特格克服了懦弱的性格。

推销员的感觉基本上与他们完全一样。无论你称之为怯场、放不开还是害怕，不少推销员很难坦然、轻松地面对客户，很多推销员会在最后签合同的紧要关头突然紧张害怕起来，不少生意就这么被毁了。

从打电话约见面开始，一直到令人满意签下合同，这条路一直充满惊险。没有人喜欢被赶走，没有人愿意遭受打击，没有人喜欢当"不灵光"的失意人。

有一些推销员，在与客户协商过程中，目标明确，手段灵活，直至签约前都一帆风顺，结果在关键时刻失去了获得工作成果和引导客户签约的勇气。

你会突然产生这种恐惧吗？这其实是害怕自己犯错，害怕被客户发觉错误，害怕丢掉渴望已久的订单。恐惧感一占上风，所有致力于目标的专注心志就会溃散无踪。

在签约的决定性时刻，在整套推销魔法正该大展魅力的时刻，很多推销员却失去了勇气和掌控能力，忘了他们是推销员。

在这个时刻，他们像等待发成绩单的小学生，心里只有听天由命似的期盼：也许我命好，不至于留级吧！

推销员的心情就此完全改观。前几分钟他还充满信心，情绪高昂，现在竟毫无把握，信心全无了。这种情况，通常都是以丢了生意收场。

客户会突然间感觉到推销员的不稳定心绪，并借机提出某种异议，或干脆拒绝这笔生意。推销员大失所望，身心疲惫，脑子里只有一个念头：快快离开客户。然后心里沮丧得要死。

如何避免这种状况发生呢？无疑只有完全靠内心的自我调节，这种自我调节要基于以下考虑：就好像推销员的商品能够解决客户的问题一样，优秀的推销员应该能帮助客户做出正确的决定。

推销员其实是个帮助人的好角色——那他有什么好害怕的呢？签订合同这个推销努力的辉煌结果，不能被视为（推销员的）胜利，或者（客户的）失败，反过来也是一样，无所谓胜或败，毋宁说是双方都希望达到的一个共同目标，而推销员和客户，本来就不是对立的南北两极。

推销员的推销成绩与推销次数成正比，持久推销的最好方法是"逐户推销"，推销的原则在于"每户必访"。但是，并不是每一个推销员都能做到这一点。

"我家的生活水平简直无法与此相比"，面对比自己更有能力、更富有、更有本领的人而表现出的自卑感，使某些推销员把"每户必访"的原则变为"视户而访"。

他们甩过的都是什么样的门户呢？就是在心理上要躲开那些令人望而生畏的门户，而只去敲易于接近的客户的门。这种心理正是使"每户必访"的原则一下子彻底崩溃的元凶。

莎士比亚说："如此犹豫不决，前思后想的心理就是对自己的背叛，一个人如若惧怕'试试看'的话，他就把握不了自己的一生。"因此，遇到难访门户不绕行，不逃避，挨家挨户地推销，战胜自己的畏惧心理，推销的前景才会一片光明。

## 热忱具有神奇能量

销售金句：热忱可以使人成功，使人解决似乎难以解决的难题；同理，没有热忱就不会成功。

俄亥俄州克里夫兰市的史坦·诺瓦克下班回到家里，发现他最小的儿子提姆又哭又叫地猛踢客厅的墙壁。小提姆过十天就要开始上幼儿园了。他不愿意去，就这样子以示抗议。按照史坦平时的作风，他会把孩子赶回自己的卧室去，让孩子一个人在里面，并且告诉孩子他最好还是听话去上幼儿园。由于已了解了这种做法并不能使孩子欢欢喜喜地去幼儿园，史坦决定运用刚学到的知识：热忱是一种重要的力量。

他坐下来想："如果我是提姆的话，我怎么样才会乐意去上幼儿园？"他和太太列出所有提姆在幼儿园里可能会做的趣事，例如画画、唱歌、交新朋友，等等。然后他们就开始行动，史坦对这次行动作了生动的描绘：

"我们都在饭厅桌子上画起画来，我太太、另一个儿子鲍布和我自己，都觉得很有趣。没有多久，提姆就来偷看我们究竟在做什么事，接着表示他也要画。'不行，你得先上幼儿园去学习怎样画。'我以我所能鼓起的全部热忱，以他能够听懂的话，说出他在幼儿园中可能会得到的乐趣。第二天早晨，我一起床就下楼，却发现提姆坐在客厅

的椅子上睡着。'你怎么睡在这里呢？'我问。'我等着去上幼儿园，我不要迟到。'我们全家的热忱已经鼓起了提姆内心里对上幼儿园的渴望，而这一点是讨论或威胁、责骂都不可能做到的。"

"热忱"并不是一个空洞的名词，它是一种重要的力量。也许你的精力不是那么充沛，也许你的个性不是那么坚强，但是一旦你有了热忱，并好好地利用它，所有的这一切都可以克服。你也许很幸运地天生即拥有热忱，或者不太走运，必须通过努力才能获得。但是，没有关系，因为发展热忱的过程十分简单——从事自己喜欢的工作。

如果你现在仍在感叹自己是多么讨厌推销员这份差事的话，那么还有两个办法让你拥有热忱：你现在是否已经有了自己的理想职业，你可以把它作为你自己的目标，但是不要忘了，你想从事的任何其他工作的前提是你拥有一个成功的历史，那就是你先要做一个成功的推销员。只有这样你所梦想的那些高层工作才会向你招手。

或者你现在依然是浑浑噩噩，你甚至不知道自己喜欢什么样的工作，那么还有一个办法，很简单，那就是你完全可以让自己爱上这份工作！想想看，你为什么讨厌它，或许你根本没有发现你所从事的工作的本质。

热忱是一种状态，夸张地说就是你24小时不断地思考一件事，甚至在睡梦中仍念念不忘。当然，如果真的这样你会神经衰弱的。然而，这种专注对你的梦想实现来说却很重要。它可以使你的欲望进到潜意识中，使你无论是清醒或是昏睡，都能集中自己的心志，使你有获得成功的坚强意志。

热忱可使你释放出潜意识的巨大力量。通常来讲，在认知的层次，一个普通人是无法和天才竞争的。但是，大多数的心理学家都赞同这样一个观点：潜意识力量要比有意识的力量大得多。也许你已经毕业奋斗了好几年，还是一个小角色，但是请相信自己，一旦将潜意识的力量挖掘，你就可以创造奇迹。

如果你现在仍旧不时地受到怯懦、自卑或恐惧的袭击，甚至被这些不正常心理所击倒，那么只能说明你还没有发现和感受到热忱的放射力量。其实在每个人身上都有强大的潜力，只是并非每个人都知道和了解，所以很多人的潜力只是未被发现和利用罢了。

你若经常或多或少有自卑感，常常低估自己，对自己失去信心，缺少热忱。那么请尝试相信自己的健康、精力与忍耐力，尝试相信自己具有强大的潜在力量，这种自信将会给予你极大的热忱。请记住：热爱自己就会帮助自己成功。

热忱可以使人成功，使人解决似乎难以解决的难题；同理，没有热忱就不会成功，很多活生生的例子就说明了这一点。

"十分钱连锁商店"的创办人查尔斯·华尔渥滋说过："只有对工作毫无热忱的人才会到处碰壁。"查尔斯·史考伯则说："对任何事都没有热忱的人，做任何事都不会成功。"

当然，这是不能一概而论的，譬如一个对音乐毫无才气的人，不论如何热忱和努力，都不可能变成一位音乐界的名家。但凡是具有必需的才气，有着可能实现的目标，并且具有极大热忱的人，做任何事都会有所收获，不论物质上或精神上都是一样。

如果热忱对任何人都能产生这么惊人的效果，对你我也应该有同样的功效。

## 善于规划才能高效

亨瑞·杰克出生于美国旧金山城一个移民家庭。亨瑞因家庭条件所限，连中学都没有念完就开始自谋生路。18 岁时亨瑞成为一名公交司机，后因伤病离职。29 岁时进入人寿保险推销行业，初期业绩很不理想，后来一帆风顺，成为成功的推销员。

当亨瑞远离了失业带来的痛苦，满怀信心地投入人寿保险推销工作时，为了给自己以鼓励，他常对自己说："亨瑞，你有常人的智慧，你有一双能走路的腿，你每天走出去把保险的好处告诉四到五个人是决不成问题的，如果你能坚持下去，就一定能够成功。"

由新生活带来的巨大的积极性，使亨瑞决心每天都记日记，把每一天所做的访问详细地记录下来，以保证每天至少访问四个以上客户。通过每天记录，他发现自己每天实际上可以尝试更多的拜访；并且还发现，坚持不懈地每天访问四位客户真不是一件简单的事。亨瑞感觉到以前实在是太懒惰了，否则不至于如此落魄。

采取新的工作方法之后的第一周，亨瑞卖出了 15000 美元的保单，这个数字比其他 10 个新推销员卖出的总和还要多。15000 美元的保险在别人眼里也许算不了什么，但却证明他的决定是正确的，也证明了他有能力做得更好。

为了尽量少浪费时间，拜访更多的客户，亨瑞决定不再花时间去写日记。但命运又一次捉弄了他，从他停止记日记之后，他的业绩又开始往下掉，几个月之后，他发现又回到以前那种叫天天不应、呼地地不灵的地步。

亨瑞只好向公司的资深推销员求教。他向这位资深推销员讲述了自己的苦恼，对方并没有多说，只是向亨瑞推荐了一首诗。

亨瑞将自己锁在办公室里，反复诵读这首诗，进行了几个小时的反省，不停地反问自己到底是哪里出了问题。终于他明白了一个道理，业绩回落，这并不是因为他偷懒，而是因为自己拜访客户无规律的结果。此后他又重新记工作日记了。

通过坚持写工作日记，亨瑞发现他每次出门的效率在不断地提升。在短短的几个月之中，他从每出门 29 次才能做成一笔生意上升到每出门 25 次就成交一笔，又到每出门 20 次一笔，直至每出门 10 次，甚至 3 次就有一笔生意成交。

通过仔细地研究工作日记，亨瑞发现有 70% 的生意实际上是在跟客户碰面的第二次时就成交了，其中 23% 是在第一次碰面时做成的，而只有 7% 是至少拜访了三次以上才做成的。再详细一分析，亨瑞发现，他竟在 7% 的生意上花掉了他 15% 的时间，他不禁问自己："我为什么要事倍而功半地做这 7% 的生意呢？为什么不把所有的时间集中在第一次或第二次就能成交的生意上呢？"这一顿悟使他每天出门拜访的价值开始成倍地增长。

对工作进行了调整、分析之后，亨瑞感到要使工作效率得到更大的提高，就必须把生活和工作安排得井然有序。他说：

"我必须花时间做好工作计划。如果每次出门之前把 40 张或 50 张客户的名片丢在一起，就认为自己已做好出发前的准备工作的话，那只能算是自欺欺人，应该在每次出发之前，找出旧的工作记录，仔细地研究一下以前拜访客户时说过哪些话，做过哪些事，再写下当天要做的拜访中准备说些什么内容，提出什么样的建议，整理出当天的行动计划。安排好从星期一到星期五的约会时间是推销员必须做的工作。"

他发现要使一周的工作计划做得很充分，至少需要四到五个小时的时间。

这种做法使他的心态和工作效率有了很大的改观。对此，亨瑞说："任何事情都可能由别人代劳，唯有两件事情非要自己去做不可。这两件事一是自我思考，一是按照事情的先后顺序去执行。"

在接下来的一周里，亨瑞严格地按工作计划去工作，每次出门的时候，再也不会因为毫无准备和目标而团团转了。他回忆那段时间时说：

"从此我可以从容地带着热诚和自信去拜访每一位客户了。因为有了星期六上午的计划，我每天都渴望能见到这些客户，渴望和他们一道研究他们的情况，告诉他们我精心想出来的那些对他们有帮助的建议。在一个星期结束之后，我再也不会觉得精疲力竭，或者沮丧而没有成就感。相反，我感到前所未有的兴奋，并且迫不及待地希望下一个星期早些到来，我有信心在下一个星期得到更大的收获。"

一年之后，亨瑞骄傲地在同事面前展示了他的工作日记。一年之内他不间断地记录了 12 个月的工作情况，其中的每一笔记录都相当清楚，每天的每一个数字都准确无误。

几年之后，亨瑞把"自我规划"日从星期六上午移到星期五上午，使自己有更多的时间享受真正的周末。他喜欢一个星期过四天紧张而又充满效率的日子，要是一个星期都在工作，而样样事情都没有做好，人生还有什么乐趣呢？

## 学习应成为你的信仰

原一平有一段时间，一到星期六下午，就会自动失踪。

他去了哪里呢？

原一平的太太久惠是有知识有文化的日本妇女，因原一平书读得太少，经常听不懂久惠话中的意思。另外，因业务扩大，认识了更多更高层次的人，许多人的谈话内容，原一平也是一知半解。

所以，原一平选了星期六下午为进修的时间，并且决定不让久惠知道。

每周原一平都事先安排好主题。

原本久惠对原一平的行踪一清二楚，可是自从原一平开始进修后，每到星期六下午，就失踪了。久惠很好奇地问原一平：

"星期六下午你到底去了哪里？"

原一平故意逗久惠说："去找小老婆啊！"

过了一段时间，原一平的知识长进了不少，与人谈话的内容也逐渐丰富了。

久惠说："你最近的学问长进不少。"

"真的吗？"

"真的啊！从前我跟你谈问题，你常因不懂而躲避，如今你反而理解得比我还深入，真奇怪。"

"这有什么奇怪呢？"

"你是否有什么事瞒着我呢？"

"没有啊！"

"还说没有，我猜想一定跟星期六下午的小老婆有关。"

原一平觉得事情已到这地步，只好全盘托出。

"我感到自己的知识不够，所以利用星期六下午的时间，到图书馆去进修。"

"原来如此，我还以为你的小老婆才智过人。"

经过不断努力，原一平终于成为推销大师。

所以，真正的幸运之神永远在有实力、有耐力的人旁边，而要拥有这样的实力，只有不断地学习、不断地进步。

无论什么时候，学习都是非常重要的事情。要时时储备知识，而且要掌握有用的知识，对知识要做好更新工作。

有许多推销员，特别是新手，都会苦于没有足够的推销信息。信息从哪里来呢？

让我们看看这两位推销员是怎样说的吧！

"你得多参加公共活动，多看书报杂志，多动脑子，这样才能获取大量信息。说白了就是要不断学习，不断丰富充实自己。"

"你们哪有时间读书报杂志并琢磨它呢？"

他们回答："要学会利用时间。"

也许有人会说挤不出时间，那他永远也不会成功。

有人认为销售只是一项技术活，完全靠嘴皮子说话，只要跟客户关系搞好，个人的学习和修养无关紧要。其实，最优秀的销售员，是最善于学习，最勤于学习的。学习不仅是一种态度，而且是一种信仰。

爱默生说："知识与勇气能够造就伟大的事业。"推销员要想成功，就要持续不断地学习，让自己的知识随时储备，不断更新。

很多人在大学毕业拿到文凭以后就以为其知识储备已经完成，足以应付职场中的各种情况，可以高枕无忧了。殊不知，文凭只能表明你在过去的几年受过基础训练，并不意味你在后来的工作中就能应付自如，文凭上没有期限，但实际上其效力是有期限的。

当今，是一个靠学习力决定高低的信息经济时代，每一个人都有机会胜出。现在的社会，要想永远立于不败之地，就必须拥有自己的核心竞争力。要想拥有超强的核心竞争力，就必须拥有超强的学习力。

世界级推销大师托尼·高登说，现在社会科学技术飞速发展，有一种说法，说文凭有效期仅为三个月，社会上提倡终生学习，因为学习才能制胜。每一个人每天都要学习，时时不忘充电，并且把学到的知识运用到实际工作中。这样做了，你还有什么理由不优秀呢？

销售人员需要不断学习的知识主要包括以下几种：

（1）不断学习市场营销知识。作为一名优秀的推销员，其任务就是对企业的市场营销活动进行组织和实施。因此，必须具有一定的市场营销知识，这样才能在理论基础、实践活动及探索和把握市场销售的发展趋势上占优势。

（2）不断学习心理学知识。现代企业的营销活动是以人为中心的，它必须对人的各种行为，如客户的生活习惯、消费习惯、购买方式等进行研究和分析，以便更好地为客户提供方便与满足；同时实现企业利益的增加，为企业的生存和发展赢得一定的空间。

(3) 掌握一定的企业管理知识。一方面是为满足客户的要求；另一方面是为了使推销活动体现企业的方针政策、达到企业的整体目标。

(4) 不断学习市场知识。市场是企业和推销员活动的基本舞台，了解市场运行的基本原理和市场营销活动的方法，是企业和推销获得成功的重要条件。

### 勇气决定你的成败

一家公司雇用了一个不成熟而且缺乏勇气的年轻推销员，这位推销员在经过两个阶段的学习后，对自己能否胜任工作一点儿把握也没有，他担心经理不发给他"毕业证书"。可是，那位经理在对他讲了"你能干好"之类的鼓励性的话后，说道：

"喂"，你听着，我打算让你到街对面的'绝对可靠的预计客户'的住处去推销，以往我也总是把新来的推销员派到那里去推销。

"理由很简单，因为那个老头是个买主，什么时候都买我们的东西。但是，我要预先警告你，他是一个厚脸皮、令人讨厌、爱吵嘴而且满口粗话的人。你如果去见他，他肯定会对你大吼、大叫，仿佛要把你吃掉似的。所以，无论他说什么，你都不要介意。我希望你默不作声地听着，然后说'是的，先生，我明白了。我带来了本市最好的印刷业务的商谈说明，我想这个说明也一定是您想要得到的东西'。总而言之，他说什么都没关系，你要坚持你的立场，然后讲你要说的话。可不要忘记啊，他在什么时候，都会向我们的推销员订货的。"

这位被打足了气的年轻推销员随即冲过大街，叫开门进入屋里，报了自己公司的名字。在头5分钟里，他没有机会讲上一句话。因为那老头不停地给他讲一些无关紧要的事情。好在这位推销员事先得到过警告，他耐心地等待暴风雨过去。最后他说："是的，先生，我明白了。那么，这是本市最好的印刷业务的商谈说明，这样的商谈说明，当然是您想要得到的东西。"这样一进一退的进攻和防御大约持续了半个小时。半个小时后，那个年轻的推销员终于得到了该印刷公司从未有过的最大的订单。

当他喜滋滋地把订单交给经理时，他说"您说的关于那位老人的话没错。他是一个厚脸皮、令人讨厌、爱吵嘴、满口粗话的人。可是我要对那位可爱的老人说点稍微不同的话：他真是个买主！这是我在公司任职以来获得的最大的一批订货。"

经理看了一下订单，满脸惊讶地说："你搞错人了吧？在我们遇到的对手中，那个老头是最吝啬、最讨厌、最好吵架，而且是最爱说粗话的老色鬼！我们这15年来总想让他买点儿什么东西，可是那个老头连1元钱的东西也没有买，总之，他从来没从我们这儿买过一件东西。"这个"新手"为什么能成功呢？毫无疑问，是老板的话使他充满了勇气。

一个优秀的推销员最重要的必备条件就是要具有高昂的工作士气。士气高昂的推销员比士气低落的推销员更能取得优异的推销成绩。一个人在自己最活跃的状态下做出的决定，其头脑灵活度都是令人称奇的，那个时候是最能激发自身潜能的机会。任何人体内都隐藏着巨大的潜能，如果掌握了正确的运用方法，就会产生令人大吃一惊的成绩。

### 懂得在反省中获得进步

新约《圣经》里就有一则这样的故事：对基督怀有敌意的巴里赛派人将一个犯有奸淫罪的女人带到基督面前，故意为难耶稣，看他如何处置这件事。如果依教规处以她死刑，则基督便会因残酷之名被人攻讦，反之，则违反了摩西的戒律。基督耶稣看了看那个女人，然后对大家说"你们中间谁是无罪的，谁就可以拿石头打她。"

喧哗的群众顿时鸦雀无声。基督回头告诉那个女人，说："我不定你的罪，去吧！以后不要再犯罪了。"

另外一个例子：

日本近代有两位一流的剑客，一位是宫本五藏，另一位是柳生又寿郎。宫本是柳生的师父。

当年，柳生拜师学艺时，问宫本："师父，根据我的资质，要练多久才能成为一流的剑客呢？"

宫本答道："最少也要10年吧！"

柳生说："哇10年太久了，假如我加倍努力地苦练，多久可以成为一流的剑客呢？"

宫本答道："那就要20年了。"

柳生一脸狐疑，又问："如果我晚上不睡觉，夜以继日地苦练，多久可以成为一流的剑客呢？"

宫本答道："你晚上不睡觉练剑，必死无疑，不可能成为一流的剑客。"

柳生颇不以为然地说："师父，这太矛盾了，为什么我越努力练剑，成为一流剑客的时间反而越长呢？"

宫本答道："要当一流的剑客的先决条件，就是必须永远保留一只眼睛注视自己，不断地反省。现在你两只眼睛都看着一流剑客的招牌，哪里还有眼睛注视自己呢？"

柳生听了，满头大汗，当场开悟，终成一代名剑客。

第一个故事告诉我们，当要责罚别人的时候，先反省自己可曾犯错。苏格拉底说："没有经过反省的生命，是不值得活下去的。"有迷才有悟，过去的"迷"，正好是今日的"悟"的契机。因此经常反省，检视自己，可以避免偏离正道。

我们从第二个故事中得到的启示则是，要当一流的剑客，光是苦练剑术不管用，必须永远留一只眼睛注视自己，不断地反省；要当一流的推销家，光是学习推销技巧也不管用，也必须永远留一只眼睛注视自己，不断地反省。要认识自己必须依靠自己与别人，自己就是前述的自我剖析，别人就是他人的批评。由于自我剖析往往不够客观与深入，因此得依赖他人的批评。

所谓"反省"，就是反过身来省察自己，检讨自己的言行，看自己犯了哪些错误，看有没有需要改进的地方。

一般地说，自省心强的人都非常了解自己的优劣，因为他时时都在仔细检视自己。这种检视也叫作"自我观照"，其实质也就是跳出自己的身体之外，从外面重新观看审察自己的所作所为是否是最佳的选择。这样做就可以真切地了解自己了，但审视自己时必须是坦率无私的。

能够时时审视自己的人，一般都很少犯错，因为他们会时时考虑：我到底有多少力量？我能干多少事？我该干什么？我的缺点在哪里？为什么失败了或成功了？这样做就能轻而易举地找出自己的优点和缺点。为以后的行动打下基础。

主动培养自省意识也是一种能力，要培养自省意识，首先得抛弃那种"只知责人，不知责己"的劣根性。当面对问题时，人们总是说：

"这不是我的错。"

"我不是故意的。"

"没有人阻止我这样做。"

"这不是我干的。"

"本来不会这样的，都怪……"

这些话是什么意思呢？

"这不是我的错"是一种全盘否认。否认是人们在逃避责任时的常用手段。当人们乞求宽恕时，这种精心编造的借口经常会脱口而出。

"我不是故意的"则是一种请求宽恕的说法。通过表白自己并无恶意而推卸掉部分责任。

"没有人阻止我这样做"表明此人想借装傻蒙混过关。

"这不是我干的"是最直接的否认。

"本来不会这样的，都怪……"是凭借扩大责任范围推卸自身责任。

找借口逃避责任的人往往都能侥幸逃脱。他们因逃避或拖延了自身错误的社会后果而自鸣得意，却从来不反省自己在错误的形成中起到了什么作用。

为了免受谴责，有些人甚至会选择欺骗手段，尤其是当他们是明知故犯的时候。这就是所谓"罪与罚两面性理论"的中心内容，而这个论断又揭示了这一理论的另一方面。当你明知故犯一个错误时，除了编造一个敷衍他人的借口之外，有时你会给自己找出另外一个理由。

### 决心是制胜的法宝

马丹诺做推销员的时候只有 17 岁，他所有的亲戚朋友都非常反对他做推销员，所以马丹诺只有从拜访陌生人开始自己的工作。可是他又不大敢做陌生拜访，因为他害怕在敲别人家门或跟陌生人谈论产品的时候会被拒绝，因此业绩一直无法突破。有一天，马丹诺的经理跑来找他，对他说："你今天跟我去拜访。"

马丹诺跟他下楼走到马路上，经理看到对面走来一个小女孩，就告诉马丹诺："假如我走过这条马路后还没有办法向她推销产品，我走回马路时就让车撞死。"马丹诺听后吓了一大跳，认为他怎么可以说出这种话。

于是马丹诺看他走过马路，开始向这位小女孩推销产品，15 分钟之后，他终于把产品卖出去了。

于是，马丹诺如法炮制，开始向陌生人推销。可是，当他向陌生人开口的时候，头脑里马上想到万一被拒绝怎么办？于是心里又打起退堂鼓了。

后来马丹诺回到公司里面，找了一位同事并带他下楼，对他说："你看着，假如我无法向对面那个陌生人推销产品的话，我就走回马路来让车撞死。"

当马丹诺说完这句话的时候，他的脑海里一片空白，根本不知道该如何推销。马丹诺不得不硬着头皮走过去，开始与陌生人交谈，他根本不知道自己要说什么，但是又不能走回头路，因为他刚刚做过承诺、发过誓。于是马丹诺使出浑身解数向这位陌生人推销产品。20 分钟之后，不可思议的事情发生了：陌生人终于买了马丹诺的产品。

后来马丹诺发现，原来是自己的决心帮助自己推销成功的。

在马丹诺 20 岁那年，他学习了一门课程，在课堂上老师告诉他："下一次还有一门非常棒的课程，这门课程可以帮助我们激发所有的潜能，让自己能够成为顶尖人物。"

马丹诺说："这门课程很好，可我没有钱，等我存够了钱再上。"这时候老师问他："你到底是想成功，还是一定要成功？"

马丹诺说："我一定要成功。"他又问马丹诺："假如你一定要成功的话，请问你会怎样处理这事情？"

于是马丹诺说，自己立刻借钱来上课。

当然，上完课之后，马丹诺有了很大的进步。

于是，老师又告诉他们："下次还有一门课程，仍然相当棒，会教授领导与推销方面的知识。"

马丹诺听了之后非常兴奋，可是他还是没有钱，想等到明年再上。

当时老师又问他："你到底是想成功，还是一定要成功？"他又回答："我当然一定要成功啊！"

"你一定要成功，那你要等到什么时候才来上课？你的收入不够，所以你没有钱，你更应该来上课才是，你说是不是呢？"于是马丹诺又借钱来上课。就这样反反复复，他一共借了十几万元来上课。

当上完这些课程之后，马丹诺的人生发生了一个非常大的改变，他认为自己这一辈子是在那几次课程中塑造出来的。

很多推销员害怕顾客的拒绝，在磋商过程中始终在等待一个最好的机会以便提出成交请求，但遗憾的是，很多推销员无法清晰地辨认出真正的成交信号，于是在自己主观的彷徨与选择中失去最好的机会。

在销售场合中，推销员不仅要做到业务精通、口齿伶俐，还必须做到善于察言观色。推销员在出示产品之外还必须做更多的努力，在这个时候有些推销员会感到力不从心，尤其是看到客户并不急于购买时，推销员就容易丧失信心。但是如果推销员能够关注客户购买心理的阶段性变化，如注意力的转移、言语的变化，甚至口气的变化，然后针对这些变化采取针锋相对的措施，往往能够迅速达成交易。当然这需要推销员有较高的察言观色的能力。

决心是取胜的法宝，克服优柔寡断的最佳方法就是下定决心。

决心是制胜的法宝，克服优柔寡断，下定决心，一切困难就都变成暂时性的了。销售过程中也是如此，销售人员要想成功，下定决心很重要。

# 三、阅人有术，读懂客户的购买心理

很多做销售工作的人员都抱怨说："销售太难做了！"事实果真如此吗？其实不然。在如今市场经济迅速发展的大背景下，从事销售的人员迅速增加，其中就不乏业绩优秀，成为月度冠军、年度冠军的金牌销售人员。他们之所以能成功，在于他们善于洞察客户的心理，懂得取得客户信任的重要性。

## 客户都自认为是上帝

可以说是客户创造了市场，因为一个企业的产品只有迎合了客户的需求，才能符合市场的需求，所以说客户是上帝。

客户为你创造了利润，只有你的产品被客户购买了，你才有利可得，所以说客户是上帝。

客户对产品的要求越来越严格，所以你手中的产品也不得不跟着客户的眼光升级，换句话说，是客户造就了产品的质量，所以说客户是上帝。

作为一个合格的推销员，你要明白一点，无论是从价值链还是市场和企业生存的角度去看，客户都是上帝。

想要客户把一掷千金的劲头用在你身上，你就要先想法博得客户一笑，把客户当成上帝一样侍候。要伺候好上帝，就要先明白上帝的想法——不仅你认为客户是上帝，他自己也这么认为。

A先生在一家销售型企业总部工作，主要客户在北京、上海和天津。一次，总部让他发一批白色包装袋去天津。为了让客户满意，他把包装袋的规格修正了5次。但客户仍然苛刻地刁难他。当时，他意识到这是一个"钉子户"，这种客户不是关心问题怎样解决，而是为了刁难而刁难，他们的人生信条是"我是客户，所以我是对的，你是错的"。

A先生了解了客户的想法，并没有采取过激的行动，他领导手下的人按照客户的要求很谨慎地重新设计包装袋样本。刚刚要完成的时候，客户又来电话了，说是包装袋的规格还没确定下来，A先生并没有因此和对方争执，而是用很礼貌的声音告诉对方现在包装袋已经快设计完了，并准备给他们寄样品，如果可能的话，希望不做变动。客户当时的回答是考虑一下，3天后，客户终于有了反馈信息，说是规格就照A先生设计的方案定下来，20 天后，把 15 万个包装袋寄过去。

每个客户都认为自己是你的上帝，他们提出各种很挑剔的问题有时并不是不想要你的产品，而是为了满足自己是上帝的感觉。有这种心理的客户，在推销员向他们推销产品时，大多是一副居高临下的模样：

我不认识你是谁。

你们的信誉好吗？

我不知道你的产品。

你们公司客户不多吧？

你直接说吧，要我买什么东西？

当然，如果你推销的产品是知名企业生产的，那客户也许早有耳闻，并对你所推销的产品有一定的了解，自然不会用信誉问题刁难你；可是如果你推销的不是知名企业的产品，就要想出其他方法让客户买你的产品。

产品没有十全十美的，所以客户总能挑出毛病。他们存在的一种心理就是以自我为中心，如本来已经确认的项目，说不准哪天脑袋一热，就又从产品中挑出点新问题大做文章。此时，他们考虑不到你的难处，想怎么修改合同就怎么修改，如果你稍有微词，他们就会投诉或者转身就走，他们觉得你应该满足他们的一切要求。如果客户的要求合理，你当然应该照做，但如果对方的要求有不合理之处，就需要你使用一些推销的技巧来应对。

一般否定客户的结果有两种：一种是使客户冷静下来和你协商怎样解决问题；一种是使客户怒气冲天，使双方关系恶化，针对这种客户，多数人因为忍受不了"上帝"的刁难而采取直奔主题的错误方式，也许你没想激起客户的怒火，但错误的方式会让你流失一个客户。所以，让抱有上帝心理的客户购买你的产品是对你实力的考验。面对这样的客户，不妨试试以下技巧：

### 1. 听完客户要求后再回答问题

当客户提出问题时，你必须认真地听他说，哪怕客户说到一半的时候你就知道不可能按照他的意思做，也得用心听完。只有这样，客户才能感受到被尊重，即使你下一步是委婉地拒绝，客户也不会觉得你是在敷衍他，而是实在不能做出让步。

一些没有经验的推销员在和客户沟通的时候，总是不自觉地当场否定客户的说辞，这种做法是极为不妥的。因为这样做会让客户觉得他没有受到应有的尊重，没有做上帝的感觉。因此在否定客户要求的时候，应该对客户的要求进行考虑，让客户感到他对你是很重要的，而你拒绝的是他提出的要求，而不是否定他这个人。

### 2. 即使否定客户，态度也要谦虚

推销员时刻记住尊重客户，在和客户沟通的过程中，要用谦虚的心态和礼貌让客户觉得你不但是推销产品的专家，还是一个有修养的人，这样客户才能产生与你进一步沟通的想法，你提出的意见客户也就比较容易接受。如果你觉得自己是专家，当客户无理取闹时，你觉得客户的发言是完全错误的，所以就与之针锋相对，那你们的合作关系势必恶化，你的据理力争只会让客户反感，最终让你的推销计划失败。

当客户认定并尽力证明自己是正确的，是你错了的时候，不要否定客户，你可以用你的服务征服客户。要记住，没有不可沟通的客户，有的只是不恰当的销售方法。你的客户之所以对你的产品挑剔（要确保你的产品没有问题）或者百般刁难，甚至让你颜面无存，首先就是因为你没有了解客户的想法，没有找到攻克客户的角度。你完全可以利用客户自认为是上帝的心理，"伺候"好你的上帝。

## 客户都渴求 VIP 的待遇

### VIP 会员卡，有面子，有实惠

林小姐经常去一家商务会馆消费，于是，会馆的经理向林小姐推荐了 VIP 会员卡的项目。林小姐考虑了一下，觉得比较划算，就马上办理了一张会员卡。

一次，林小姐请几个客户在那家会馆吃饭，吃完后林小姐去前台结账，她出示了自己的会员卡，服务员接过去一看，是老板签字的会员卡，立刻满面笑容，不仅酒水按七折算，海鲜也打了八折，这让她省了不少钱，经理还亲自送来一盘水果布丁，说是算自己请客，希望他们下次光临。这让林小姐觉得自己在客户面前很有面子。

Very Important Person 通称为高级会员、贵宾，缩写为 VIP。这是一些商家因为竞争激烈而想出的经营手段。凡是成为某个商家 VIP 会员的人，就可以享受到一些特有的优惠或者折扣，VIP 会员还有消费返利、联谊活动、免费停车等特殊权利。不仅如此，人们办一张 VIP 会员卡为的不是得到更多的实惠，而是一旦成为哪个商家的 VIP 会员，会觉得自己特别有面子，可以说 VIP 已经成为一种身份和地位的象征。

### 客户即使没有卡，也想得到 VIP 待遇

人人都有虚荣心，有人说，你有 VIP 卡，就说明你有消费能力，你是贵人。谁不想成为贵人呢？现在越来越多的商家为客户办理 VIP 卡，用打折、积分和优惠等活动来吸引客户消费，同时给予客户实惠。VIP 卡的形式已经从商场扩展到各种各样的小商户，其种类也是各式各样。据调查，23%持有 VTP 卡的人在办理的时候都是为了满足虚荣心，26%的人是因为商家推销而办理的；还有 15%的人是抱着"别人有我不能没

有"的心态办理的 VIP 卡。这个调查说明，你的客户都想要得到 VIP 待遇，而推销成功与否，要看你怎样对待客户的这种心理。

许多推销员觉得留住客户的"腿"主要靠商品的质量，其实，质量只是留住客户的一个原因，另一个原因是你要用优质的服务打动客户的心，也就是说让客户感到自己被优待了。如果说营销是双赢的话，那么一定是厂家赢得利润，客户赢得良好的感觉。

正所谓客户就是上帝，作为上帝，他们当然希望你能给他们关怀和实惠。不要只把"上帝"放在嘴边，他们的确是推销员的衣食父母，因此，即使是表面上的功夫，也不要表现得太虚，仅仅在过年过节时给予一些关怀的信息是远远不能满足他们的需求的，你要适当地送给上帝一些实惠。

首先你要从商品的价格上下功夫。客户与你成交的价格直接影响着你和对方的利益，所以价格是推销活动中最重要的内容，也是最为敏感的话题，你与客户是否能做成买卖，关键还看价格是否合适。所以推销员不妨做个让步，主动替对方承担一部分费用，并传达给客户一个观点：这种优待是别人所没有的。

其次是要注意销售服务的过程。销售服务的过程是让客户感到自己受优待的最佳时段，主要包括以下两个方面：

（1）按照客户要求的时间交货。作为推销员，你与客户签订合同后，就应和客户商定好交货日期，做到准时交货才能让客户觉得你是可靠的，你们公司的产品是可靠的。如果不能准时交货，客户会觉得自己没有得到足够的尊重，这样即使客户这次购买了你的产品，下次可能就去别的公司了。

（2）作为推销员，你应该向客户承诺提供售后服务，并且切实做到。售后服务要尽可能满足客户的要求，解除客户的后顾之忧，让客户心里有你在为他服务的感觉。

推销的最终目的就是让客户购买自己的产品，所以在推销过程中要时刻关注客户的心理活动，分析客户的心理并做出相应的行动，引导客户对你的产品感兴趣。你可以采用各种方式让客户感到自己受到了优待，从而强化他的购买欲望，比如适时给客户一些优惠或者提供一些更优质的服务，这些都能让客户有被优待的感觉，从而对你和你的产品有好感，最终购买你的产品。

### 尊重是客户的基本情感需求

在人与人的交流中，人们普遍有一种自尊的心理，它通常表现为希望得到他人的认可、尊重和赞扬等。推销活动的基础就是与人交流，如果你能在推销过程中满足客户的这种心理，你的推销业绩一定会比其他人高。

客户需要的关怀是无微不至的，你在向客户推销产品的时候，也要时刻关怀客户的心理需求，要站在客户的角度替他考虑，别小看你的每个客户。小客户也有大自尊，如果你懂得恰当地利用小客户的大自尊，他们就有可能变成你的大客户。

一个人的自尊常常会转化成一种自我炫耀的心理，生活中总有一些人喜欢吹牛也许就是这个原因。当然，这并不是说客户都喜欢吹牛，只是人人都有一种在别人面前展示自己的博学、财富、经验、地位等优势的心理。此时，如果有人表示想向他请教问题，他会是一个很好的老师，在为人师的过程中，他的自尊心也在无形中得到了满足，并会对请教问题的人产生好感，并且乐于和对方合作。聪明的推销员总能巧妙地把客户的这种心理把握得很好。

某地一家食品工厂正在进行内部改造和扩建施工，他们贴出的标语是"开办本地最大的食品工厂"。于是许多从事食品加工机械业的厂商都向该厂推销自己的产品，话里话外都在夸耀自己的产品有多么好，结果该厂管理人看都没看他们的产品，这让几家厂商感到沮丧。期间，有一家厂商的推销员也给这家食品厂的管理者打了电话，他对食品厂的管理者说："我们厂刚刚生产了一批新型食品加工机械，第一批成品已经上市，客户反馈的消息都不错。虽然这样，可是我们还是想进一步改良这批产品，听说您是这方面的专家，有实践经验，又懂理论知识，所以我们想请您在百忙之中光临我厂帮忙检验一下这批新设备，并向我们提出一些改良的意见。我们知道您现在很忙，但我们殷切地盼望您能抽些时间来看一下我们的产品。"工厂的管理者接到电话后，感到很自豪，立刻让秘书安排时间前去指导。

他到了那家工厂，并认真检验了那批新型机器后，就开始举办"技术讲座"，厂长把全厂管理人员和所有技术人员都叫来听这个管理者的讲座。讲座接近尾声时，他还兴致勃勃地"顺便"介绍了一下对这批机器的评价和自己丰富的经验。讲座结束后，他对在场的人说道："贵厂这种谦虚、诚恳和精益求精的精神实在可贵，我们厂需要的正是这样的合作伙伴，现在我决定订购一批贵厂的新型机器。如果使用后觉得合适，我们将进一步订购一批机器用于扩建的工厂。"

等他回到自己的公司后，秘书对他说："这家厂商真会推销，那么多比他们厂有名气的产品您都没买，却买了他们的。"管理者却回答："他们没向我推销什么，只是让我去给他们指导一下工作，其间可没有一个人向我推销这批机器，是我自己看机器的性价比合理才购买的。"

由上面的故事可以看出，用恰当的方式让客户感受到被尊重和取悦客户是营销的一种最佳方式，不但能有效地拆除客户的心理防线，还能使客户在获得满足和自我炫耀心理的同时与你做朋友。这样，你就会多一个长久的客户。当然，你推销产品的时候，你自己也得了解产品的相关信息。如果客户比你还在行，即使你给了对方足够的尊重，也让对方炫耀了他的优势，他也很难购买你的产品，因为即使是炫耀，也是在与人交流的过程中产生的，如果你让客户一个人唱独角戏，他会觉得没意思。因此，一个优秀的推销员一定要尽可能多地掌握和自己推销的产品相关的知识，这样才能取得客户的信任，使交易顺利地进行。

一个合格的推销员要与客户和睦相处，并让对方感受到你是尊重他的，不管是在自己的单位还是在家里，都要随时准备接待客户，并对客户表现出友好的态度。总之，推销员一定要掌握下面几个交际原则：

（1）善于称赞客户。

（2）以希望别人对待你的方式对待客户。

（3）态度一定要谦虚诚恳。

（4）记住对客户说过的话，遵守承诺。

（5）永远保持微笑。

（6）记住客户的名字，这是尊重人的基本方式。

（7）认真倾听客户说话，要让客户感觉到你真的是很认真地在向他请教。

（8）关心客户，而且要有一定的行动，让客户切实感受到你的关心。

### 人人都喜欢被恭维

你是不是有过使出浑身解数把客户当成上帝一样伺候，但还是吃力不讨好的遭遇呢？其实，出现这样的情况也不能全怪客户，主要还是你没有把握好客户的心理，没有使用正确的推销方法。

有人说恭维是与人交往的通行证。不可否认，每一个人，包括你的准客户，甚至是你自己都是很渴望被别人夸奖和恭维的，所以如果你是个懂得恭维和夸奖别人的人，你一定会是一个成功的推销员。

恭维可以满足客户的心理需求，除了用取悦的方法暗示外，你还可以更直接地用明确的语言或行为来满足客户的自我炫耀心理，让客户有成就感，当你让客户产了强烈的自豪感后，他们就很容易用行动来回报你的恭维，并会潜意识地对你产生亲切感，也很容易成为你长久的客户。

一位老人来到某个家具城，他用雷达一样的眼睛扫描到家具城的一角——一套黑

色的真皮沙发。

店员："您好，您现在看的这款沙发是今年最新款的，还有其他两种颜色您要不要看一下？"老人没有回答，继续看。

店员："这套沙发的款式适合于任何装饰风格，而且是真皮的。"

老人："我不过是先看一下。"

店员："您的皮肤晒得很健康，您经常参加户外运动吧？"

老人："也不是，只是偶尔散步，有些运动我们这个年纪不太适合。"

店员："可是您看起来非常健康，我叔叔年龄和您差不多，他现在身体不是很好。"

老人："哦……"

店员："我叔叔参过军，您也一样吧？"

老人："我参加过抗日战争，经历过艰苦的日子。"当老先生说到参加过战争的时候，眼睛闪动着兴奋的光芒。

店员："这场战争打了8年，时间够久的，多亏老一辈人，我们才有现在的好生活。"

老人："是呀，抗战结束后，我还曾经带着一些人缴获敌人的武器。"

店员："那您可真是太了不起了。"

老人："那是我最高兴的时候，光荣呀……"

店员："正是您的功劳，使我们这一辈人安居乐业，也使您的家人能住上好的房子。"

老人："现在看来是这样。说起我的房子，我正缺少一套像你们卖的这种沙发呢，你拿样品册来让我看看。"

每个客户都有自己引以为荣的经历或优势，所以你面对客户的时候要找准他值得恭维的地方，不要胡乱恭维。如果恭维得当，一个普通的客户也可能给你带来很高的业绩。但推销员恭维"上帝"时要注意以下几点：

（1）恭维也要讲究科学的方法，要揣摩客户的心理，如果对方根本没做过的事你却用来恭维，很可能被客户认为你在讽刺他。

（2）有些客户刚开始的时候可能对你不冷不热，你要受得了委屈，适当地弯下腰和客户找话题，并从中找出客户的优势进行恭维。

（3）要和客户产生互动，不要让客户一个人唱戏，也不要光顾自己说而冷落客户。

（4）可以从和客户寒暄的话中即兴取材，自然得体地恭维客户，这样不仅可以和客户联络感情，还能为下一步的正式推销打下基础。

（5）在推销的过程中，你可以用得体的语言和谦逊的态度向客户请教一些问题，然后借着评价客户指教自己的机会对客户进行恭维。

（6）在推销过程中，如果客户对你或者对产品有意见，要适度反省自己，然后恭维客户提出的意见合理，并且表示一定会改正，使客户情绪稳定，然后再进入委婉的劝说阶段。

（7）该坚持的要坚持，但是要和客户友好协商，客户通常不会拒绝满面微笑的人。

当你真诚地恭维你的客户时，他们大多都会热心接待你，并且让你有个满意的答案。所以，推销员在面对客户的时候，不妨从恭维对方开始。

### 从众心理：随波逐流最安全

很多客户都有一种"从众"心理，这也是人们的普遍心理。就像一人独自处于某种环境里，警惕性可能会很高，心理防线不容易被攻破，但是如果还有其他人和他同在一种环境里，他就会觉得自己比较安全，别人有所行动时，他也会跟着行动。推销员要懂得利用客户随波逐流的心理，这样才能提升自己的业绩。

利用客户随波逐流的心理又称为"推销的排队技巧"。比如某商场入口处排了一条很长的队伍，从商场经过的人就很容易加入排队的队伍中。因为人们看到此类场景时，第一个念头是：那么多人围着一种商品，一定有利可图，所以我不能错失机会。这样一来，排队的人就会越来越多。但事实上，这队人中真正有明确购买意图的没有几个，人们不过是在相互影响，其他购买的人总比推销员可信。既然客户有这种心理，推销员就得满足客户的这种心理，让客户排队。

这个队伍不一定是有形的，还可以让客户在心理上排队。比如"这款饮水机是最流行的，买这款饮水机的人很多，有城镇的也有乡村的，哪的人都有"，"您真有眼光，这是今年最流行的款式，最适合您这种职业的人穿"，这种说话方式就是利用了客户随波逐流的心理，让他们在心中排队。听了这样的话，客户会觉得赶快跟上潮流才是唯一的选择。这就是"排队"推销的魅力。

利用客户这种心理的确可以提高推销成功的概率，但是也要注意讲究职业道德，不能靠拉帮结伙欺骗客户，否则会适得其反。

有一个普通的餐馆，服务一般，价格一般，菜色一般，可是生意却很好。其实这里面的原因很简单，因为这个餐馆的人气旺，人们看到餐馆人多，自然觉得餐馆菜色不一般，都想进去尝尝，所以餐馆的生意好，生意好又使它的人气更旺，这就形成了一个良性循环。

人气的意义在于它在暗示客户你不会吃亏，别人能放心购买，你就可以放心购买。所以人气决定了推销员的业绩，可是第一次推销，哪来的人气呢？

开酒店的老板大多有这样的经验，开业的时候，一定会搞一些优惠活动，甚至是免费大宴宾客，最终的目的就是聚集人气，人旺财就旺。老板也会告诉服务员，第一个到酒店吃饭的客人最好推荐靠窗的位置，因为这可以给在外面观望的客人一种暗示：我们店有人来，你不用担心被骗。老板还会告诉收银员，一定要让客户稍等一下，适当地让客户排队，可以营造一种生意很好的氛围。不过，要把握好分寸，让客户等时间长了他们会觉得不耐烦。

一个肉食加工厂在进军某省时，把一种当地人并不熟悉的食品卖得非常好，因为他们靠现场展示和品尝让在场的客户认可这种产品。现场展示的方法主要有三个作用：

首先，可以聚集人气。

其次，展示会让在场的客户了解了肉制品的加工工艺。

最后，他们公司的肉食香气四溢，吸引了大量的试吃者，吃过的人都对这种食品赞不绝口。

这个肉食加工厂只办了一次展示会，就打败了一些仅在电视上做广告的产品，轻而易举地获得了成功。

客户的购买行为经常会受到别人的影响，推销员如果能把握客户的这种心理，就能把推销做得很成功。为了让客户对你的产品感兴趣，你可以举一些公司或个人的例子，告诉客户别人购买了你的产品，这样不仅可以壮声势，而且如果你举的例子恰巧是客户喜欢或者与客户有合作关系的公司或人物，推销的成功率就会加大。

推销员也可以向客户提供一些产品的销售信息，如此产品的市场行情如何等，这些都是客户最关心的问题。所以平时你自己要多留心产品的信息及受欢迎的程度，了解市场动态，充实自己的专业知识，让自己成为产品的行家。只有当你成为行家时，客户才会觉得你没有敷衍他，这样也很容易让客户对你产生好感，从而加速合约的签订。

### 客户都喜欢便宜的产品

推销人群中流传着这样一句话：客户要的不是便宜，而是要感到占了便宜。客户有了占便宜的感觉，他就容易购买你推销的产品。

客户占便宜的心理给了商家可乘之机。如一些女士在购物买衣服的时候，常常用对方不降价自己就不买来"威胁"商家，于是商家最终妥协了，告诉女士"就要下班了，我不赚钱卖你了""我这是清仓的价钱给你的，你可不要和朋友说是这个价钱买的""今天你是第一单，算是我图个吉利吧"，于是这位女士自以为独享这种低价的优惠满意而归了。此种情况并不少见，精明的商家总能找出借口卖出东西并让客户觉得占了便宜。由此可以看出，大多数客户不喜欢对产品的真实价钱仔细研究，而是想买些占便宜的物品。

推销员怎么做才能让客户觉得占了便宜呢？你可以去看看商场中最畅销的产品，它们通常不是知名度最高的名牌，也不是价格最低的商品，而是那些促销"周周变、天天有"的商品。促销的本质就是让客户有一种占便宜的感觉。一旦某种以前很贵的商品开始促销，人们就觉得买了实惠。因此，商场中销量最高的不是低价商品，也不是高价商品，而是做促销最多的商品。

虽然每个客户都有占便宜的心理，但是又都有一种无功不受禄的心理，所以精明的推销员总是能利用人们的这两种心理，在未做生意或者生意刚刚开始的时候拉拢一下客户，送客户一些精装的礼物或请客户吃顿饭，以此来提高双方合作的概率。

一个家具城就用了20元的小钱赚回来一笔大钱。在一次优惠活动中，他们的策略是：凡是到家具城买东西的人，都会获赠价值20元钱的小礼物。这吸引了很多顾客，那些本来没有购买意图的人，接受了礼品，也会假装告诉推销员，他们是因为想买家具才来参加这次活动的。此时推销员就向拿了这些礼物的人具体描述家具的好处，区区20元，就使原来不相信产品的人变成了产品的听众，甚至由无意购买的人群变成了购买的主力军。

一个美好的聚会或送一些精致的食品或物美价廉的小礼物，对客户来说算不上贿赂，只算是卖家先迈出交流的第一步，卖方的目的只是使客户能够接受自己。那些吝于支出这些小恩惠的公司在销售方面的业绩通常没有施人恩惠的公司好，不舍得花钱的卖家其实也不懂得赚大钱。

不过推销员一定要明白，这种施恩惠的方法只是让你加强与客户之间的沟通与交流，有时即使拿了你的小恩惠，对方也不一定会买你的产品，你不应责怪客户，因为你没有施小恩惠而使总体利益受损，受你恩惠的人肯定会以别的方式回报你；比如替你做宣传。还需要注意的是，对客户施小恩小惠的方法可以让你暂时取得好业绩，但很快也会被其他卖家效仿，所以你销售的手段要多样化，这样才能长久地留住客户。

### 我买故我在

消费者的购买行为，有时候也可以作为一项身份活动而存在。尤其是在一个产品丰富得让人无法想象的时代，一个产品差异越来越小的时代，消费者希望通过选择某种产品，来向别人宣告：我是谁、我的喜好、我的品味、我的价值主张、我的身份等等。套用笛卡尔的一句名言：“我买故我在。”

从这个意义上来说，营销就是一种身份识别与界定，销售人员通过产品——某种身份的载体——帮助消费者完成自我的表达，消费者通过购买行为建立身份认同，寻找归属感。

一位年轻的女士准备给自己选购一款风衣。她在服装店里边走边看，终于在一件设计比较时尚、个性的风衣面前停下了脚步。销售人员见状就走上前对她说：“小姐，喜欢的话可以试穿一下，我看您的身材比较高挑，这件衣服一定可以显出您优美的身材。”

女士试了试，脸上露出了满意的笑容，并询问销售人员衣服的价格。销售人员回答说：“1080元，而且因为店庆的原因，如果您现在购买的话还可以给您打九五折，我看这件衣服特别适合您，建议您购买一件吧！”年轻女士很爽快地回答说：“好的，这件衣服我要了！”

销售人员见生意谈成，心情也是非常高兴，她边包衣服边恭维地说：“小姐您真是太有眼力了，很多人都喜欢这种款式的。”

“哦？是吗？”那位小姐听了这话以后，沉默了一会儿，然后微笑着对销售人员说：“不好意思，我想我还是不要了吧！”

这里，让销售人员到手的生意瞬间告吹的根本原因，就是没有抓住消费者对于身份需求的心理倾向。要知道，大多数的年轻消费者都有着自己另类的信念和品位，他们在消费过程中，往往喜欢标新立异，喜欢让自己变得更加独特，在众人之中脱颖而出。因此，他们在购物的时候，总是喜欢比较另类、大多数人不曾购买的东西。很明显，这个案例中的女士就属于这样的消费者，和其他人穿着一模一样的服装，一定是她最为不能容忍的，销售人员最后的那句恭维话致使生意泡汤了。

对于这样的消费者来说，只有将产品与他们的价值主张和身份属性画上等号，他们才会获得身份认同感、归属感和安全感，才会比较容易接受销售人员的意见。这也就是“身份”在销售活动中的奇妙力量。

对于需要用产品来证明身份的消费者来说，他们或许根本不会注意产品本身的质量及特性，因为他们更关心的问题是谁在用它。比如，汽车销售员在推荐一款豪华轿车时，可以引导消费者从不同的角度观看车的款式，让他看到汽车造型是多么气派；请他坐在车上，感受车子的宽敞、舒适及豪华；还可以拿出几位商场知名人士签下的订购合约，给他过目……这是因为计划购买豪车的消费者，一般都是具有高收入的人，他们自己并不亲自开车，往往备有专职的私人司机；他们本人对车子并不是很了解，需求的重点只有两个字——"气派"。因此，销售人员即使只针对"气派"这个诉求进行说服，也可能会很快与消费者成交。

当然，消费者对于身份的需求可能会因为社会地位、职业特点而有所不同。同样是汽车，如果是销售价位不高的普通家用型轿车，"气派"诉求就可能不会成功了。这时，销售人员除了要把重点放在经济和实用的特征上面外，也要根据消费者的个人特点，突出自己产品的某种特色以适应其身份，从而打动消费者。

因此，销售人员在推销过程当中，要善于从消费者的言谈举止中发现其心理倾向，然后再针对其心理态势寻找突破口，了解什么对这个顾客具有最大的吸引力，什么是这个顾客最为需要的。只有了解了这些，并满足顾客迫切需要的利益，销售才能取得成功。

### 买了是要给人看的

很多时候，消费者买一样东西看中的并不完全是它的使用价值，而是希望以此来显示自己的财富、地位或者其他方面，以引起别人的关注。一句话，买了是要给人看的！比如一辆高档轿车、一部昂贵的手机、一栋超大的房子、一顿天价年夜饭……"不求最好，但求最贵"，制度经济学派的开山鼻祖范伯伦将此称之为炫耀性消费。

相信社会上相当一部分人是从这个角度出发消费的。而且对自我的评价越是不确定或者越是负面，这种现象就越是明显。这时，花钱就成了一种用来补偿失败的自我，体现理想化形象的手段。

从这个意义上来说，消费者其实是在消费符号，因为符号可以带来愉悦、兴奋、炫耀、身份、地位、阶层、高级等美好的心理感觉。奢侈品的 A 货、高仿品泛滥市场也从侧面说明符号消费对消费者是如何重要。消费者往往并不在意或已彻底忘记了一个 LV 包的材质，但却会特别在意 LV 包的 LOGO——符号是否能被别人清晰地看到。

这类消费者在消费之前，往往要经过仔细思考：什么样的品牌能更加吸引人们的注意，什么样的款式将更加流行，等等。因此一些企业将品牌标识扩大并运用于各自产品明显的位置上，目的就是要给予消费者被人关注、受人羡慕的满足感。而对于销售人员来说，则要善于对消费者进行恭维，满足其虚荣心，从而成功地让消费者购买自己的商品。

实际上，我们每一个人都渴望得到别人的赞美。但是赞美也是一门艺术，尤其是

对于炫耀性消费者来说，要做到恰如其分地赞美是需要技巧的。

丽丽是一家时尚服装店的销售人员，一天，她接待了一个年轻时尚的女孩。从她的穿着打扮上，丽丽看出她很可能是个富家女，便直接把她引到高档服饰区，并给她介绍了几款新进的款式，年轻女孩果然很喜欢。在与她的闲谈中，丽丽又了解到这个年轻女孩也是刚刚走上工作岗位的白领，每月的收入不菲，出很能花钱。

LV 包

了解到女孩的心理以后，丽丽很真诚地夸赞她有眼光，有品位，年轻人就应该把自己打扮得时尚一点。年轻女孩很开心，一连试了好几件衣服。见她很喜欢一件高档的连衣裙，丽丽一边向她投去羡慕的眼光，一边说："小姐穿上这件衣服真是漂亮极了，既高贵又时尚，更显苗条身材。"女孩听了别提多高兴了，自己的虚荣心得到了极大的满足。虽然这件连衣裙价格高达 800 多元，但是女孩很爽快地就掏钱购买了。在送女孩离开的时候，丽丽又开玩笑地指着旁边一条新款的牛仔裤，对女孩说："小姐穿上这条新款的牛仔裤，肯定十分的酷，可以吸引不少人的眼球。"没想到女孩立马停了下来去看，试穿感觉很好，又掏出 380 元把裤子买走了。

正如这个年轻女孩一样，炫耀型消费者的一个最大特点，就是心里藏不住东西，他们不会掩饰，有什么信息都会拿出来炫耀，因此，在与之合作时，只要你能像丽丽一样，巧妙地随时恭维他，那么合作基本会成功。

具体来说，在对炫耀性消费者赞美时，销售人员需要注意以下几点。

首先，在推销过程中，销售人员要善于给炫耀性消费者以心理上的满足，多对他们进行恭维，对别的消费者说三句赞美的话就可以了，而对炫耀性的消费者就需要说十句。说话时要顺着他们的意愿，不说伤害其自尊的话，也不要自作主张给其介绍廉价货，或者赠送小礼物，这些都会让炫耀性消费者觉得是看不起自己，从而导致拒绝购买。

其次，作为销售人员，你也应该观察入微，找到炫耀性消费者希望得到赞美和肯定的地方。案例中的年轻女孩就是用购买高档服饰来体现自己的高贵，得到别人的羡慕，获得某种心理的愉悦体验。销售人员丽丽也正是抓住了这一点，适时地恭维几句，满足她的虚荣心，从而成功地售出了自己的商品。

每个人都喜欢被恭维，炫耀性消费者尤其如此，多说一些恭维话，既能赢得人心，自己又不会有什么损失，何乐而不为呢？

## 金钱可以与快乐联系在一起

在物质需求得到满足的同时，人们更希望得到心理需求的满足。所以，消费者也为享乐花钱，金钱也可以与快乐联系在一起。在营销界有一个典型的例子就是乔·吉拉德用一束玫瑰"卖"了一辆雪佛兰。

一位中年妇女走进销售人员乔·吉拉德的展销室，说她想在那儿坐坐，打发一会儿时间。闲谈中，她告诉吉拉德她想买一辆白色的福特轿车，就像她表姐开的那辆，但对面福特车的推销员让她过一个小时再去，所以她就先到这儿来看看。她还说这是她送给自己的生日礼物："今天是我55岁的生日。"

"生日快乐！夫人。"吉拉德献上真挚的祝福。随后他出去交代了一下，然后回来对她说："夫人，您喜欢白色的车，既然您现在有时间，我给您介绍一下我们的双门式轿车，也是白色的"。正谈着，吉拉德的秘书走了进来，递给吉拉德一束玫瑰。吉拉德把这束花送给了那位中年妇女："祝您长寿，尊敬的夫人。"

这位中年妇女被吉拉德这一举动感动了，眼眶都湿了。"已经很久没有人送我礼物了。"她说，"刚才那位福特车的推销员一定是看我开了部旧车，以为我买不起新车。我刚要看车，他却说让我等他先去收一笔款。其实我只是想买一辆白色车而已，只不过表姐的车是福特，我才想买福特的。现在想想，不买福特也可以。"

最后她在吉拉德那里买走了一辆雪佛兰，并写了一张全额支票。

这就是快乐感觉在消费者心中所起的巨大作用！

一般来说，消费者将购物作为一种快乐行为有以下几种心理依据。

### 1. 享受消费过程

消费成为一种娱乐行为，核心是求新求异。在购物过程中，通过追求特异、新奇的东西，消费者会获得满足感。例如，女性消费者爱逛商场的一个很重要的动机，就是去欣赏美——比如商场里的珠宝、服饰，通过灯光的烘托，合理的搭配，都显得很美——从而体验到一种赏心悦目的快乐感。另外，有的女性借着触摸物品等活动来消除心中的郁闷，即使不购买，她们也会有一种拥有感。

消费者除了被体验新物品的吸引力抓住外，还伴随着购物过程的兴奋。这种兴奋从准备购买时开始上升，一直持续到做出购买决定以及付钱。之后兴奋很快消散，直到产生新的欲念。对这种兴奋的追求部分地解释了消费者重复的购物行为。在某些人那里，这甚至有可能发展成一种对金钱的依赖。

### 2. 获得心灵补偿

消费者购买商品时还带有一种补偿的色彩，这时，花钱就是一种体贴，一种抚慰，可以在生活很不如意的时候作为一剂药方。例如，很多人在工作中遇到挫折，然后心烦意乱地在商店里寻找一件能帮助他们暂时忘却痛苦的物品。很多强迫性购物者的行为方式就是由此发展而来。

很多消费者在其消费过程中，尤其是女性，一般都喜欢结伴而行，通过购物模式，和好友进行人际交往，这也更容易获得人际交往的满足感。

### 3. 购买快乐经历

除了把物质作为快乐的核心外，一些更加明智的消费者则倾向于花钱购买快乐经历。例如听场音乐会，看场电影或演出，远行度假，去学舞蹈，出去写生，去蹦极，等等。

这是因为人们对经历的记忆，很容易随着时间的流逝而进行过滤。比如，我们可能会忘却令人疲乏的飞行旅程，而只记得在沙滩上全身放松的美妙时刻。但是，我们购买的商品却会随着时间的流逝而变得破旧过时。同时，购买"经历"往往会促使我们与他人共度时光，而这正是一种最有效的给我们带来快乐的行为。而且，把经历告诉别人，也可以增加与别人的交流，给人带来更多的快乐。

既然知道了消费者花钱买快乐的心理需求，销售人员就可以将这一点作为一个很好的突破口，即你要想消费者把一掷千金的劲头都用在你的身上，你就要首先想办法博得消费者一笑。例如，在大环境（即进行交易的场所，如在商场、店铺等）上，创造一种更加舒适、更加和谐的氛围；在小环境（即销售人员素质，如是否积极热情，说话是否得体，举止是否得当，等等）上，通过人为的因素来主动制造宾至如归的感觉，使消费者感到更多的舒适、自由和快乐，使其流连忘返，产生再次享受的欲望。

## 你有我也要有

互相攀比是人们常有的一种心态，比如同学之间攀比成绩，企业之间攀比效益，不过最常见的还是在消费行为中：当别人拥有某件东西的时候，自己也想要拥有，否则心里就会非常不舒服，直到拥有了这件东西，那种心理不适感才会消失。

比如下面这个例子，在现实生活中就并不少见。

一次出差，秀娟与同事妙妙结伴而行。出差的间隙，秀娟和妙妙少不了安排在空闲的时间到当地的商场去购物，妙妙的出手大方也给了秀娟不小的触动。"平时一般购物，我都喜欢挑选一些中等价位的产品，普通的衣服一般在几百元，很少有四位数的；购买化妆品，也是挑一些自己可以承受的二线品牌，既实惠质量也不差。"可是与和自己收入相当的妙妙相比，秀娟不由得自惭形秽起来，觉得自己简直太"小儿科"了。"妙妙出手很阔绰，七八百元的化妆品，上千元的衬衫，四五千元的皮包，她买起来似乎眼睛都不眨，还连呼当地的商场此上海的便宜，动员我一起血拼。"可是在秀娟看来，这些打折后的商品尽管比上海的便宜一些，也远远超过了自己的消费能力。但是看到别人买了，她觉得自己也应该买。于是秀娟也花掉自己近半个月的收入，购买了一个名牌皮包。

可是买完之后，她就后悔了，因为她去年新婚，每个月还要和丈夫一起偿还一笔不小的按揭款，买一个手提包就花掉了自己半个月的薪水，想想下个月去偿还信用卡的情景，秀娟就开始有点担忧。

可见，人们的消费行为不只是受收入水平的影响，好多时候攀比心理也起作用。中国品牌战略协会的一份研究报告也显示，中国的奢侈品消费人群靠自己的实力和财富来消费的只占四成左右，其余六成的人群是靠家庭的财富在消费，这部分人主要是30~35岁之间的年轻人，绝大多数是攀比和炫耀的心态在作祟。LV的背包、Cartier的手表、Dior的香水、Dunhill的套装，这些都是动辄成千上万元的高价奢侈品，在中国却可以找到大量30岁上下的年轻消费者，由此可见攀比的心态对商品消费的作用力。

有着攀比心理的消费者，多属于冲动型消费者。他们往往有一种争强好胜的心理，购买的商品往往不是自己急切需要或符合实际需求的，只是看到别人选什么，自己就选什么来求得心理上的平衡，在购买商品时有一种偶然性和浓厚的感情因素。如果销售人员巧妙地利用消费者的这种攀比心态，往往能够点燃消费者的购买欲望，从而促销成功。

销售人员在实践中要注意这样几个问题：攀比心理的载体是什么商品？哪一个攀比对象最能激发消费者的购买欲？采用什么方式去引导消费者最为恰当？从下面这个很有趣的故事中，或许你会得到一些启发：

一位父亲想给年轻的儿子买辆赛车，他们来到一家车行。儿子想要一辆黑色的赛车，但已脱销，推销员劝他买别的颜色，但是那位年轻人固执己见，非要一辆黑色的不可。这时，经理过来说："您看看大街上跑的车，几乎全是红色的。"

一句话，使这位青年改变了主意，欣然买下一辆红色的赛车。

这个经理正是利用了青年人喜欢攀比的心态，成功地说服他改变主意，放弃了购买黑色赛车的想法，转而购买别人都在开的红色赛车。

在具体的销售中，为了更好地实施这一方法，销售人员可以将用户资料归类，并装订成小册子，最好是按行业整理成册。这样到消费者那里谈判时，有时只需要将这个用户资料的小册子给用户看，并送上一句话："先生，您看，您与他们一样，都有一双明亮的眼睛和一个智慧的头脑，他们这样选择了，我想您也一定不甘落后吧？"只要消费者细心并认真地翻看你递给他的小册子，就一定会受到强烈的攀比心的刺激，并有所心动，接下来，便是如何洽谈签单的过程了。

总而言之，不管销售人员采用什么样的方式，都要以激发消费者的攀比心理、产生购买欲为最终目标。有了比较的对象，消费者的消费就会带有一定的盲目性，其攀比心理被激发，销售人员的工作也就好做了。

### 买东西，也许只因为卖东西的人

美国著名的心理学家亚伯拉罕·马斯洛的心理需求层次中，有一项重要的心理需要叫社交需求，也叫归属与爱的需要。是指个人渴望得到家庭、团体、朋友、同事的关怀爱护理解，是对友情、信任、温暖、爱情的需要。

这一心理需求在消费行为中表现为销售人员与消费者之间经常不断地进行各种各样的信息交流，包括语言沟通和非语言沟通。而这些沟通方式的好坏会引发消费者的不同情感，从而最终影响他们的购买行为。其实我们自己大概也有过这样的经历：在菜市场买菜或商场买东西，可能因为卖主给我们好感，而如果产品不算差的话，我们就可能更愿意从他这里而不是从别人那里买东西。其实，我们愿意同一些人打交道，往往是因为我们感到这些人很友善。我们大概也有过这样的经历：想购买一种产品或服务，但是不太喜欢那个销售员，这种情况下，我们可能会走开，即使那个产品及价格还比较理想。

实际上，这就是一种"爱屋及乌"的心理，这也是消费者经常会有的心理。因为在消费者眼里，销售人员是商家的窗口和形象的化身，一个让消费者喜欢的销售人员，才有可能让人购买他的产品。研究人员通过一项市场问卷调查也证明了这一观点：调查中，约有70%的消费者之所以从某销售人员那里购买商品，就是因为该销售人员的服务好，为人真诚善良，消费者比较喜欢他、信任他。这一结果表明，一旦消费者对销售人员产生了好感，对其表示接受和信赖，自然就会喜欢并接受他的产品。相反，如果销售人员不能够让消费者接受自己，那么其产品也是难以打动消费者的。

小王和小马做的是同一种产品的销售，他们先后都到过刘经理那里去推销，可奇怪的是，后去的小马反而比先去的小王先拿到订单。

原来，先去的小王进门之后，就开始滔滔不绝地向刘经理介绍自己的产品多么多么地好、如何如何地适合他，他不购买就等于吃亏，等等。这样的话不仅没有引起刘经理的兴趣，反而让他很反感，于是他很不客气地让人把小王轰走了。

等到小马再去的时候，刘经理知道他们推销的是同一种产品，本来不愿意见他，但是他又想听听小马是怎样的一种说辞，于是就请他来到办公室。小马进去后并没有直接介绍自己的产品，而是很有礼貌地先说抱歉、打扰，然后又感谢刘经理百忙之中会见自己，还说了一些赞美和恭维的话，而对自己的产品却只是简单地介绍了一下。可是刘经理始终都是一副很冷淡的样子，小马觉得这笔生意已经很难做成，虽然心里多少有些失落，但他还是很诚恳地对刘经理说："谢谢刘经理，虽然我知道我们的产品是绝对适合您的，可惜我能力太差，无法说服您。我认输了，我想我应该告辞了。不过，在告辞之前，想请刘经理指出我的不足，以便让我有一个改进的机会，好吗？谢谢您了！"

这时，刘经理的态度却突然来了个一百八十度大转弯，他站起来拍拍小马的肩膀笑着说："你不要急着走，哈哈，我已经决定要买你的产品了。"

很显然，人的因素，即销售人员在消费行为中所起的作用是非常关键的。要知道，消费者是有血、有肉、有情感的人，他们需要的是真诚的沟通和交流，需要有人了解他们内心深处真实的想法和需求。他们需要的不是自说自话式的硬性推销，更不需要"霸气"十足的强势推销。

许多销售人员可能也明白这个道理，但是真正做到，却不是很容易。那么怎样才能做一个让人喜欢的销售员呢？

一是要真心，只有真才是善的美的，才能被接受。也许有些销售人员为了订单而不择手段，欺骗的手段也不时地拿出来。但是这种销售人员就算偶尔一两次成功了，也绝对不会有第三次。所以销售人员在销售的过程中就需要说实话，一是一，二是二。说实话对销售人员只有好处，尤其是销售人员所说的，消费者事后可以查证的事。

二是要用心，切实为消费者着想，站在消费者的角度思考。其实，销售人员在销售的过程中应当有这样的意识——在和消费者进行交往的过程当中，你并不是向你的消费者传授某些知识或者说教的，你是在为其提供服务和帮助的，也是在为他们解决问题和困难的。因为，没有人会不喜欢一个真正用心地帮助自己的人，消费者也不例外。

三是要专心，日常的积累与总结很重要，对产品知识、消费者心理都要专心去研究。因为销售本身就是一门学问，包含的知识面非常宽广。销售人员要与不同职业和职务的人打交道，他们的性格也不一样，所以销售人员还要不断地学习、充实自己，多学一些相关的知识以应用到销售工作中。比如学习"心理学"就能更好地体察消费者的微妙心理，更深层次地分析消费者的真实意图。学习一些与业务结合紧密的基础知识，不但能给你的谈话带来更广泛的谈话内容，还能显示你的学识和品位。

四是要挚心，有一颗与消费者是朋友的心，这是一个较高的境界，一见消费者如见老友，而且是诚心实意，不是虚情假意的。作为一名销售人员，我们必须明白：推销的不仅仅是商品，更是一种精神。要让消费者信任你，甚至"爱上你""崇拜你"……

总之，销售人员不仅是在推销产品，其实更是在推销自己。正如世界上最伟大的销售员乔·吉拉德所说："你得销售你自己，这是一条最基本的销售原则，每一个销售员开始工作时都得学会这一点。因为人们更愿意与自己喜欢的人做生意。"

### 兴趣拉动消费

所谓兴趣，是一个人力求接触和认识某种事物的一种意识倾向。它也从一个侧面反映了人的个性，兴趣也是产生动机的最活跃的因素之一。消费兴趣是指人们需要某一种商品或劳务的情绪倾向，从而成为消费者购买行为的主要动力因素之一。

实际上，没有人会对自己不感兴趣的事情投入过多的精力，而如果是自己感兴趣的事情则会情绪激昂地参与进来。例如，一个不爱吸烟的人，很难见到他经常去商店购买香烟。相反，一个爱美的年轻女子，你可以经常看到她去商店购买款式适时而新颖的服装或化妆品。而这种心理就可以为销售人员在销售中说服顾客时所利用，以主动去迎合顾客的兴趣，拉近与顾客之间的距离，从而实现进一步的交流，为最终的销售铺平道路。

秦亮是某装潢公司的销售人员，一次他去拜访一位客户——某公司的经理林先生。见面之后，秦亮先对自己公司的产品做了大体的说明，使林先生有所了解，并看看是否有自己需要的产品。但是这些枯燥的，像念经一样的东西，实在无法引起林先生的兴趣。秦亮发现林先生已经产生了一些倦怠的情绪，如果自己再这样说下去，肯定会引起顾客的反感，这样很可能就会使生意泡汤。于是他努力寻找着能够吸引林先生的话题。

这时他发现林先生背后的书橱里放着许多关于《易经》方面的书，并且办公桌的案头也有一本看了一半的《易经》。于是秦亮眼前一亮，找到了突破口。秦亮说："我想林先生一定很喜欢中国古代的文化经典，想必对《易经》也是十分有研究的吧？"

本来昏昏欲睡的林先生听到秦亮谈到《易经》，一下又有了精神，说："是啊，略有研究，闲暇时喜欢琢磨琢磨。"

秦亮顺势说："其实，我也很喜欢中国的古典文化，特别喜欢《易经》，它思想深邃，包罗万象，把宇宙与生命巧妙地结合在一起，透露出很多人生的真谛，很值得去研究啊！"

林先生马上被吸引了过来，一下子有了兴致，和秦亮讨论开来，秦亮的一些见地与林先生不谋而合，使林先生很是高兴。谈到中午还不尽兴，林先生非要拉着秦亮一起吃饭，边吃边聊。简直就是相见恨晚，一下子亲密得不得了。

后来林先生不仅买了秦亮的产品，还和他成为好朋友。而这一切的因缘只是秦亮在拜访林先生之前不久，刚刚读过《易经》，那时刚好派上用场，迎合了林先生的兴趣。

由此可见，兴趣与爱好对消费者的购买行为有着多么重要的影响，而了解消费者的兴趣所在对销售人员来说就显得极为必要了。

不过，销售人员每天都会与许许多多的顾客接触，而自己也不是全能的，不是什么都喜欢，什么都知晓，并不能够迎合所有的顾客。这就要求销售人员要博闻强识，了解的东西越多，知识越丰富，就越能够自如地应付更多的顾客。一个优秀的销售人员一定是一本"百科全书"，他们需要懂很多的东西，即使不精通，也要了解大概，一旦某天和顾客谈起，也不会因为自己的无知而冷场，导致交流无法进行。销售人员只有懂得越多，才能找到和顾客的共同点，使彼此相互吸引。例如上面的例子中，如果秦亮没有读过《易经》，也就难以找到和林先生的共同话题，生意就难以做成。

因此销售人员要想迎合顾客的兴趣，就要不断地为自己"充电"，除了过硬的专业知识素养外，销售人员还应该学习更多的知识，无论是天文、地理、时事、娱乐，还是古今中外的人物和事件，多了解、多积累，说不定哪天就会派上用场，这样也就可以帮助自己成功地迎合顾客兴趣，得到顾客的青睐，从而为销售创造出有利的条件。

不仅如此，销售人员还要有一双善于发现的眼睛，善于在消费者的言谈举止中发现他们的兴趣所在，并以此建立共同的话题，缩短彼此之间的距离，化解双方心理上的隔阂，使自己得到顾客的认同和接受。在这种情感投资的基础之上，实现交易便是水到渠成的事情了。

## 消费，不只是花钱

正如买房子不只是为了居住，买珠宝不只为了佩戴，买古玩不只为了欣赏……现代人的消费行为已经不单纯了：在人们不断成熟的消费理念中，投资型消费已经在逐渐替代传统的支出型消费。即消费者普遍存在一种这样的心态——希望自己花的钱能够物超所值，渴望自己的消费能够变成投资。

以购房为例，解决住房问题的两条路——租房和买房，其实就仿佛是支出型消费与投资型消费的论战。租房，每月要支出一定费用，而这种费用出去了就是出去了，不可能再回来；而买房就不同，虽然一下子要有一笔很大的支出，但长远考虑，在房价不断上涨的今天，买房实际上就是一种投资。因此，尽管房价高得让人瞠目，但许多消费者仍然愿意尽己所能买房子。

不过消费者不是随便找一个地儿花钱当投资的，他们需要看到回报率。这也就解释了为什么某件商品中虽然有消费者想要的利益，可是其并不一定会去购买。消费者在决定购买并把商品放上真正的天平之前，是要先在心中这个无形的天平上进行衡量的，天平的两端分别是购买成本与商品价值，当天平中购买成本一侧加重时，则很难达成交易；而天平倾向于商品价值时，交易则可以顺利达成。因此，只有商品价值与购买成本在消费者心中达到一种平衡或拥有更高的商品价值认定，消费者才可能会购买。

从这个角度来说，销售人员在向消费者推销产品时，便可以顺应消费者的这一心理，让消费者看到想要的回报率，看到希望。销售人员可以绘制一张消费心理天平图，天平的一侧列出消费者购买商品可以获得的各种价值，另一侧则是消费者购买商品所要付出的各种成本。销售人员此时只要增加天平上商品价值一侧的筹码，同时减少消费者的各项购买成本，商品就会很容易销售出去。

不过，商业常识告诉我们，这会提高企业的经营成本。那么，如何在不提高经营成本或尽可能少提高经营成本的同时，提升商品价值并降低消费者的购买成本呢？

一个最好的手段就是增加消费者对商品的心理价值筹码。事实上，一件商品的价值不完全是由其物理属性决定的，更多的是由消费者的心理因素决定的，不管这个商品实际价值是多少，关键要看消费者心中对这个商品的价值认知是多少。

对于销售人员来说，一个提高商品在消费者心里价值的最有效方法就是：强调品位。尤其是奢侈品或价格昂贵的商品，比如名车、珠宝、手表等，它们已经不仅仅是代步工具、装饰品或计时工具那么简单，更具有表达，甚至张扬拥有者个性品位与身份地位的作用，对于这样的商品，强调品位就十分重要。

一位太太向销售人员抱怨一条项链太贵，销售人员如果说："太太，6000元已经很便宜了，你到任何珠宝店都不可能买到这么便宜的项链……"完了！这个销售人员在就商品卖商品，就价格卖价格。其实，这时消费者的心里是矛盾的，她即希望少付出购买成本，又希望项链很有价值，销售人员一下子否定了项链的价值，告诉她这是最便宜的珠宝，这样成交的概率自然会很低。

如果销售人员换一种方式，说："太太，这条项链太适合您了，带在您的身上看起来少说也值 1 万元，同时，这条项链又非常符合您的气质，看起来那样高贵、漂亮。而且，即使以后您不喜欢它的式样了，还可以在我们这里以旧换新，没准到时还会升值呢！"这样，成交的概率就会大大提高，因为销售人员在说这条项链同这位太太搭配后产生的价值，而这种价值正是这位太太最在意的，当其认可了这种价值，心理上的购买成本自然相对就下降了。

另外，对于商家来说，还有一个最直接的方法就是——将购买自己商品的消费者转化为自己的投资人。通常的做法是将消费者对于本厂商品的消费视为对自己的投资，按一定的时间间隔，把自己的企业利润返还给消费者。这样，消费者的购买就由单纯的消费转化为投资，实现角色的转换，满足消费者投资型消费的渴望。例如，我们经常看到的消费者手中持有某公司的股票，就是这种投资型消费。

# 四、投石问路，连环发问，走进客户的心

### 问出客户的真实需求

拜访客户的时候，以致谢、赞美作为开场白显得自然而又得体，困难是如何将毫无商业性语言的开场白顺利地导入商业主题之中，也就是将谈话很自然地转到与销售相关的话题上。聪明的做法是，销售人员提一些探索性或开放性的问题，与客户进行广泛的讨论，好让客户提供足够的信息。销售人员进而利用客户谈话中的有用信息，将话题引入到自己设定的内容上。

下面是一个销售员与客户的对话，销售人员不妨学习一下：

销售人员："先生，你穿多大的西装？"销售人员打量着客户的身材，"先生，想必你一定知道，以你的身材想挑一件合身的衣服恐怕不容易，起码衣服的腰围就要做一些修改。请问你所穿的西装都是在哪儿买的？"

（销售人员强调市面上的成衣很少有买来不修改就适合客户穿的。他还向客户询问所穿的西装是在哪一家买的，借此，销售人员可以了解到他的竞争对手是谁。）

客户："近几年来，我穿的西服都是从 S 商场买的。"

销售人员："S 商场的信誉不错。"

（销售人员从不在客户面前批评竞争对手，他总是说竞争对手的好话或是保持沉默。）

客户："我很喜欢 S 商场。但是，正像你说的，我实在很难抽出时间挑选适合我穿的衣服。"

销售人员："其实，许多人都有这种烦恼。要挑选一个自己喜欢、适合自己身材的衣服比较难。再说，到处逛商店去挑选衣服也是件累人的事。本店有 300 多种布料和式样供你选择。我会根据你的喜好，挑出几种料子供你选择。"

（销售人员强调，买成衣不如订做好。）

销售人员："你穿的衣服都是以什么价钱买的？"

（销售人员觉得现在该是提价钱的时候了。）

客户："一般都是 800 元左右。你卖的西服多少钱？"

销售人员："从 200 到 1000 元都有。你所期望的价位刚好包括其中。"

（销售人员说出产品的价位，但只点到为止，没有做进一步说明。）

销售人员："我们能给客户带来许多方便，客户不出门能就买到所需的衣服。我一年访问客户两次，了解他们有什么需要或困难，客户也可以随时找到我们。"

（销售人员强调他能为客户解决烦恼，带来方便。销售人员的客户多是公司的高级主管，他们主要关心的是方便。）

销售人员："先生，你很清楚，现在一般人如果受到良好的服务会受宠若惊，他会认为服务的背后隐藏着其他条件，这真是一件可叹的事。我服务客户很彻底，彻底到使客户不好意思找其他的厂商，而这也是我殷勤服务客户的目的。先生，你同意我的看法吗？"

（销售人员强调"服务"，因为他相信几乎每一位公司的高级主管都很强调"服务"。所以，销售人员在谈话末了以"你同意我的看法吗"这句话来引导客户的回答，销售人员有把握让客户做出肯定的回答。）

客户："当然，我同意你的看法。我最喜欢具有良好服务的厂商，但现在这种有良好服务的厂商越来越少了。"

（销售人员觉得客户的想法逐渐和自己的一致了。）

销售人员："提到服务，本公司有一套很好的服务计划。假如你的衣服有破损、烧坏等情形，你只要打电话，我立即上门服务。"

客户："是吗？我有一件海蓝色西装，是几年前买的，我很喜欢，但现在搁在家里一直没有穿。因为近几年我的体重逐年减轻，这套西装穿起来就有点肥。我想把这套西装修改得小一点。"

销售人员："我们非常愿意为你做这件事。希望你给我业务上的支持，我将提供你需要的一切服务。我希望在生意上跟你保持长久的往来，永远替你服务。"

客户："那么，什么时候让我看看样品？"（客户看了看手表，向销售人员暗示他的时间有限。）

（客户想看销售人员的样品，销售人员虽然准备了很多样品放在包里，但他还不打算拿出来。他想进一步询问以了解客户的真正需要。在了解客户的真正需求以后，才是拿出样品的最佳时机。）

销售人员："你对衣服是否还有其他的偏爱？"（销售人员想知道客户对衣服的质量和价格的看法。）

客户："我的衣服一般很随便，只要合身就好。"

销售人员："先生，以销售员目前的商业地位来说，海蓝色西装很适合你穿。你有几套海蓝色的西装？"

（由于客户没有主动说出他所拥有的西装，销售人员只好逐一询问客户的每一套西装。）

客户："只有一套，就是先前向你提过的那一套。"

销售人员："你还有其他西装吗？"

客户："没有了。"

销售人员："我现在拿出一些样品给你看。如果你想到我还有没提到的西装，请立即告诉我。"（销售人员边说边打开公文包，拿出一些样品放在桌上。）

销售人员一直以发问的方式寻求客户的真正需要，同时也在发问中表现出了一切为客户着想的热忱，使客户在不知不觉中受其引导，做了很好的配合，创造了融洽的谈话气氛。在了解客户的真正需求后，然后才展示商品，进行商品销售的实质阶段。

## 精心构思问题接近法

所谓问题接近法，也叫问答接近法或讨论接近法，是指业务员利用直接提问来引起顾客注意和兴趣，进而转入面谈的方法。

在实际推销工作中，问题接近法常常和其他接近方法配合使用，例如：利益接近法、好奇接近法、震惊接近法等都可以用提问的方式来实现其目标。当然，问题接近

法也可以单独运用。在利用问题接近法时，业务员直接向顾客提出有关问题，引起顾客的注意和兴趣，引导顾客去思考，并顺利转入正式面谈阶段。业务员可以首先提出一个问题，然后根据顾客的实际反应再提出其他问题，步步为营，接近对方。也可以开头就提出一连串的问题，使对方无法回避。

下面介绍问题接近法的一些应用实例：

某自动售货机制造公司指示其业务员出门携带一块两英尺宽、三英尺长的厚纸板，见到顾客就打开铺在地面或柜台上，纸上写着：如果我能够告诉您怎样使这块地方每天收入200美元，您会感兴趣，是吗？

一个做保险的业务员向一位来人这样问道："退休之后，您打算干什么呢？"这个问题可能引起一场业务员与顾客之间关于退休计划的讨论。

某推销人员向一个集团的总裁问道："您的生意大得足以有利可图地使用自动化生产设备吗？"这个问题可能引起一家发展中的制造公司总裁提出新问题，"我不知道我的生意必须达到多大规模？"从而进入正式的推销面谈。

某推销员对客户说："只要您回答两个问题，我就知道我的产品是否对你有帮助。"这实际上也是一个问题，并且常常会诱出这样的回答："你有什么问题？"

美国一位业务员总是从容不迫、平心静气地向客户提出了三个问题："如果我送给您一小套有关个人效率的书籍，您打开书发现内容十分有趣，您会读一读吗？""如果您读了之后非常喜欢这套书，您会买下吗？""如果您没有发现其中的乐趣，您把书重新塞进这个包里给我寄回，行吗？"这位推销女士的开场白简单明了，使顾客几乎找不到说"不"的理由，后来这三个问题被该公司的全体业务员所采用，成为标准的接近方法。

美国一位口香糖业务员在遭到顾客拒绝时，提出这样的一个问题："您听说过威斯汀豪斯公司吗？"

零售商和批发商都说："当然，每个人都知道。"

业务员接着又问："他们有一条固定的规则：该公司采购人员必须给每一位来访的业务员一小时以内的谈话时间。您知道吗？他们是怕错过好东西。您看您——"

只要你愿意多花点时间、多动点心思，你就会取得更多的业绩。遗憾的是，有许多销售人员养成了一些懒散的坏习惯，遇事不动脑筋，不管接近什么人，开口就是："买我们的产品吗？"

有位采购员研究业务员第一次接近顾客时所说的行话，做了这样一个记录，在一天来访的14名所谓的业务员中，就有12位是这样开始谈话的："买我们的产品吗？"这是多么平淡、乏味的交谈啊！某营销经理抱怨说他的业务员有4/5的业务员都是以同一个问题开始推销面谈，比如"最近生意怎样？"事实上，要想使用"问题接近法"必须精心构思，讲究措辞。这样才能引起顾客的兴趣，进而促成交易。

### 进行有针对性的提问

推销的秘诀还在于找到人们心底最强烈的需要。那么，怎样才能找到客户内心深藏不露的强烈需要呢？有一个办法就是不断提问，你问得越多，客户答得就越多；答得越多，暴露的情况就越多。这样，你一步一步地化被动为主动，就可以成功地发现客户的需要。

某家具厂的小刘经常打破公司的销售纪录。在公司的经验总结大会上，小刘说出了他的销售秘诀：经常对客户进行有针对性的提问，可以让客户在回答问题的过程中对产品心生认同。这名销售人员经常在与客户谈话之初就进行提问，直到销售成功。以下是他的几种典型提问方式。

"您好！听说贵公司打算购进一批机械设备，能否请您说说您心目中理想的产品应该具备哪些特征？"

"我很想知道贵公司在选择合作厂商时主要考虑哪些因素？"

"我们公司非常希望与您这样的客户保持长期合作，不知道您对我们公司以及公司的产品印象如何？"

"如果我们的产品能够达到您要求的所有标准，并且有助于贵公司的生产效率大大提高，您是否有兴趣了解这些产品的具体情况呢？"

"您可能对产品的运输存有疑虑，这个问题您完全不用担心，只要签好订单，一个星期之内，我们一定会送货上门。现在我想知道，您打算什么时候签订单？"

"如果您对这次合作满意的话，一定会在下次有需要时首先考虑我们，对吗？"

从上面的例子中可以看出，小刘的提问是有系统性和针对性的：他先是弄清了客户的需求，为自己介绍公司及产品做好了铺垫，并且引起了客户对公司的兴趣，然后站在客户的立场上再提出问题，对整个洽谈局面进行有效的控制，最终促成交易，并为以后的长期合作奠定基础。可以看出，善于提问也是成就销售好口才的重要因素。

在销售人员与客户交谈的过程中，销售人员问的问题越多，获得的有效信息就会越多，最终销售成功的可能性就越大。

### 站在客户的立场上问

很多销售人员在与客户沟通时，如果没有从客户的角度来提问的意识，就会得知

应该怎样帮助客户解决问题，而得到客户的认可。他们满脑子想的只是如何才能让客户买自己的产品，如何才能提高销售业绩。所以，他们也就不知道如何从帮助客户解决问题的角度去提出问题，也就解决不了自己销售业绩不佳的问题。

作为一名优秀的销售人员，应该站在帮助客户解决问题的角度提问，时刻关注客户在目前的环境中可能存在的问题，然后再有针对性地将自己的产品卓有成效地推荐给客户。

杰克是克鲁里公司的销售人员，他每次出现在客户面前时，都会让客户立刻喜欢上他，因为他从不认为自己是单纯地在销售，而是在为客户解决问题。

杰克一般会先介绍他的产品，说明该产品是一种可以清洗游泳池的机器人，然后告诉客户它的效率有多高。

"您会对一种能为减少游泳池绿藻，积聚并节省50%游泳池化学剂用量的装置感兴趣吗？您希望一周花不到10分钟的时间保持最清洁的游泳池吗？"

杰克提出的这两个问题几乎都能得到预期的肯定答复，也会获得再一次约见的时间安排。

"我可以为您送去一个新的机器人，先把它留在您的游泳池畔，让您感受一下它带给您的好处吧！"

他的推销词极具诱惑力。通常情况下，他还会问："××先生，您知道吗？一位来自南非的工程师因厌倦于清洗自己的游泳池和使用效率不高的装置，才发明了这种机器。"

"这种机器在南非及达拉斯地区刚刚推出。""我想您也与这位工程师一样已厌倦了清洗自己的游泳池。我说得没错吧？"

在电话沟通中，杰克多次巧妙地运用"假定式"推销法。

杰克说："我们的产品若不能把整个游泳池清洗干净，您打个电话我就过来服务。如果发现没有效，您所有的损失都由我来承担。"

杰克又问："您是开支票还是刷信用卡？"

就这样，杰克拿下了订单。

好的推销员帮助客户解决问题的核心是为客户服务，做客户的顾问、专家。

所以很多销售人员根本就没有从客户的角度来提问的意识，原因就是他们从未想过应该怎样帮助客户解决问题。

### "6+1"问题成交法

心理学上发现，如果销售人员能够连续地问客户6个问题并且让对方回答6个

"是"，那么第 7 个问题或要求提出以后，客户也会很自然地回答"是"。这就是所谓的"6+1"成交法。

在国外，许多公司甚至请心理学家专门设计出一连串让客户回答"是"的问题。

下面是一个典型的实例：

销售人员沿街敲门，客户打开了门。

他的第一个问题就是："请问您是这家的主人吗？"一般都会回答"是"。

第二个问题："先生（女士），我们要在这个社区做一项有关健康的调研，相信您对健康问题也是相当关注的吧？"对方也会回答"是"。

第三个问题："请问您相信运动和保健对身体健康的价值吗？"大多数人都会回答"是"。

第四个问题："如果我们在您的家里放一台跑步机，让您试试，您能接受吗？当然是免费的。"因为是"免费"，一般人都不会拒绝。

第五个问题："请问我可以进来给你介绍一下这台跑步机的使用方法吗？以方便您使用，但是过两个星期，我们会麻烦您在我们的回执单上填上您使用的感觉，我们是想做一下调查，看看我们公司的跑步机使用起来是不是很方便。"

在这种情况下，几乎所有的客户都不会拒绝销售人员进门推销他的产品。

接下来，销售人员会接着问专家们已经设计好了的问题，而客户做的只是不停地点头，到最后，很多客户都会心甘情愿地花上几千元钱买一台跑步机。

这就是利用了"6+1"成交法。在这样的模式之下，销售人员可以顺利地开始介绍产品，并且成功地缔结客户，是一种非常简单又实用的销售技巧了。再看看下面的一个案例：

销售员："请问一下，您是否认同高效的生产是获得利润的最主要的因素？"

客户："当然了，生产率提高了，利润自然也就上去了。"

销售员："考虑到目前的市场情况，您是否认为技术改革会有利于生产出符合需求的畅销产品？"

客户："可以这么说。"

销售员："以前你们技术更新对你们产品的生产有帮助吗？"

客户："当然有帮助。"

销售员："如果再引进新的机器，可以把你们的产品做得更细更好，那么是否有利于提高贵公司的竞争力呢？"

客户："那是肯定的。"

销售员："您确实是一个具有前瞻性的人，刚才已经向您展示了我们的产品，如果您能够按照我们的方法进行试验，并且对实验的结果满意，您愿意为厂里添置一些这样的机器吗？"

客户："当然可以，但是你们的价钱必须合理才行。"

销售员："这是我们的价目表，您看还行吗？"

客户："嗯，倒可以考虑一下。"

销售员："那我再给您介绍一下产品的特点吧！"

客户："可以的。"

销售员："请问您主要看中产品的什么方面？"

……

就这样，销售员把话题首先集中在生产效率上，运用一个又一个客户可能给予肯定的回答问题，让客户认可他的产品的优点，并且使得客户对其价钱方面也认可，最终成交。

## 五、巧设圈套，不动声色地牵着客户走

### 用巧妙的语言诱导客户

利用诱导性语言引导说服是很重要的。但是，运用语言诱导的时候，必须适当具有隐蔽性，确保使用的语言能够达到一定的说服效果。如果语言运用不恰当，有可能会适得其反，不但不能成功推销，而且会引起客户的反感。

语言诱导切不可滥用，一定要恰到好处。在说服的过程中，应该正确地使用诱导语言，以使说服取得理想的效果。

首先，要有目的地进行语言诱导。

在进行语言诱导的时候，必须要有一个确定的目标，要有一个所要实现的目标作为指引，不能随意地引导，而必须让说服过程中所有的语言逐步指向要完成的心愿。例如，你要说服客户购买你的产品进行减肥，在设计以减肥为目的的暗示语时，必须围绕着减肥进行。你可以暗示客户说："你看某某人，她的身材多苗条，这样饮食的时候再也不用拒绝高热量食物的美味诱惑了……"

要想实现暗示的特有效果，必须让设计的说服语言指向一个特定的目的，不可没

有目的或是目的不够单一地去进行说服活动。

其次，你的语气要带有诱惑性。

同样的语言在一流的推销员口中会带给人强大的暗示和指引，而让别一些人说来则会显得毫无价值，这就是在说话的过程中，使用一定技巧的重要性。推销员的目的在于引导客户进入说服过程，并且可以毫无防备地接受推销员所施加给他的各种语言暗示，因此如何让这些有价值的引导语言完全进入人的意识中，就需要一定的专业经验的积累。

如果在说服中依然使用和平常一样的腔调，甚至依然采用不恰当的语气，可能会丧失客户的好感，进而失去推销的机会。语气要轻柔，在潜移默化中进行引导，会让人们在毫无防备的情景下自然地接受这些指令。

最后，诱导用词要具有适当性。

在诱导进入说服的过程中，要注意运用合适的时间词，要让这些代表时间的词或短语引起人们的注意力，起到较强的效果。如："在决定拥有这件产品之前，你真的想感受一下它的功效吗？"这句话让人将注意力引导到是否要感受产品功效，而且还假设他会试用这件产品；"在你完成这项计划前，我想和你讨论点东西。"这句话假设了你将会完成这项计划。这些合适的时间副词会让人产生不一样的理解力，恰当地运用带有假设含义的语言，如："你打算多快做完这个决定？"暗示了你一定会做出决定；"你准备什么时候开始更进一步的合作？"暗示了你已经处在合作状态，同时你还要继续合作下去。

对于一些带有否定色彩的词语，在运用的时候也要根据实际情况酌情使用，如"在你没有做好充分准备前，不要轻易购买"，其实暗示了你一定会购买；同时暗示你去做充分的准备。这种恰如其分的暗示，会让客户对销售员更信任。

说服语言的运用不是简单地把话说出来就完事了，需要有一定的技巧，以使简单的语言收到更加有效的结果。也许，在我们试图说服客户的时候，说了一大堆的好话都没起作用，而一句一针见血、抓住要害的简单话语则可能收获意想不到的效果，这就在于合适的话语引起人们心灵上的共鸣，起到一般话语所达不到的特殊作用。

总之，利用语言诱导对客户进行暗示和说服，必须在实践中灵活运用，巧妙把握。只有掌握好分寸和尺度，才能获得预想的结果。

### 一步步引导客户说"是"

在推销过程中，若能一开始就让客户说"是"，这说明你已经成功了一半，你若能让对方连续说"是的"，那么你的成功就有 99.9% 的把握。在你与客户沟通时，你要想方设法让对方不断地说"是的，是这样的"，你要不断地让对方点头表示对你的赞同。

使用良好的谈话策略，设法让对方说"是"。实践表明，谈话以"不"开始就不是一个好兆头，一旦对方说出一个"不"字，是一个不好的开局，如果对方连续说出几个"不"字的话，你最好趁早结束你的谈话，或者想办法改变话题，或者改变谈话的策略。先谈论对方赞同的那部分话题，然后慢慢地在双方有分歧的部分中，找出双方都可以接受的部分，如此往复，你就能缩短彼此的差距。接着，你还可以与对方商讨双方合作的好处，只有双方达成合作，才能使双方在合作中获利，达到双赢，这样你将最终获得谈判的成功。

记住，这就是谈话的技巧，如果你遇上比较难对付的客户，而一时半会又想不出好策略的时候，你最好马上试试这个办法，会取得意想不到的谈判效果。

为什么有些人很快就与对方达成合作？而有的人谈得多，成交的却少之又少？有的人千方百计地向对方解释你的观点，介绍产品怎样怎样好，甚至滔滔不绝地使尽口才，可总是不尽如人意？其根本原因就是因为他没有让对方说"是的，是这样"。

"是的，是这样"，有许多销售人员没有获得这样的回答，没有让对方说这句话。他们总是顺着自己的思路强调自己的观点，总以为自己应该说得越多越好，总是口若悬河，滔滔不绝地证明自己的口才。但推销的目的不是展示口才。事实上，在你与他人的交流中，你要想方设法让对方说"是"，因为你们的交流决定着对方对你的反应，以及对方是否决定与你合作。"是"的回答意味着对方对你的看法表示许可和赞同，意味着同意你的见解或观点，意味着可以与你合作。

让对方说"是"，是一种说话的艺术，如果你学会了这种艺术，你将终身获益。这种让对方说"是"的反应会带来什么呢？

使用让对方说"是"的方法，有几点要特别引起我们注意。

（1）一定要创造出对方说"是"的气氛，要千方百计地避免对方说"不"的气氛。因此，提出的问题应精心考虑，不可信口开河。例如：

一名销售人员与客户之间发生了一场对话：

"今年冬天格外冷，是吗？"

"是的！"

"现在物价上涨超过了工资的涨幅，是吗？"

"是的！"

"现在民工荒已经从沿海城市扩大到内地了！"

这一类问题虽然很正常，不论是谁说，对方都会回答"是的"，这样推销员就创造出肯定的气氛，可是注意他说话的内容，却制造出一种让人无心购买的否定的悲观气氛。也就是说，客户在听到他的询问后，会变得心情沉闷，当然什么东西也不想购买了。

（2）要使对方回答"是"，提问题的方式是非常重要的。什么样的发问方式比较容易得到肯定的回答呢？最好的方式应是：暗示你所想要得到的答案。

在推销商品时，不应问客户喜不喜欢，想不想买。因为你问他"你想不想买""喜不喜欢"时，他可能回答"不"。因此，应该问："你一定很喜欢，是吧？"当你发问而对方还没有回答之前，自己也要先点头，你一边问一边点头，可诱使对方做出肯定回答。

让对方说"是"最有效的方法是把要说的话说对。戴尔·卡耐基曾经说过，人是不可能被说服的，天下只有一种方法可以让任何人去做任何事，那就是让他自己想去做这件事。而让他自己想去做这件事，唯一的方法是让他认为你说的是对的，认为他是在遵守对的东西才这样做。

让对方说"是"意味着双方的交流是"启示式"或"询问式"的，事实上"启示式"或"询问式"的交流比普通的交流更有效。因为大多数人对事物的认知都是有限的，尽管他们认为自己并不比别人差，但他们确实需要更多的启示。

### 你也可以对客户说"不"

一位顾客走了进来，转了一会儿后忽然对柜台中陈列的某一件商品表示出浓厚的兴趣。

营业员："先生您真有眼光，这套产品是我们公司最新推出的高科技产品，不过由于它卖得非常好，我不能保证是否有货了。如果您的确感兴趣的话，我去仓库帮您看看？"

顾客："好的。"

营业员到后面的仓库，一分钟后回来。

营业员："非常遗憾，您看中的这款已经卖完了！"

顾客："这么巧啊？"

营业员："是啊！最近我们店生意一直很好，特别是这款，总部进货的速度都跟不上发货的速度呢！要不这样吧，我给您推荐另外一款，虽然贵了些，但品质更高呢！"

这时仓库保管员跑出来。

保管员："找到了！还剩最后一件！"

顾客："那就卖给我吧！"

营业员："这件是老客户定的，可不能卖！……不过看您这么诚心，我就先让给您了！如果您能付现金的话，我就马上给您打包，老客户那边我就让店长说去。"

顾客："没问题！"

案例中，当顾客对某样产品感兴趣时，接下去可能就要找产品的缺点，然后与售货员讨价还价。如果售货员采取了"对顾客说不"的策略，马上告诉顾客这款产品缺货时，就能够将顾客"要不要买"的问题以及"贵不贵"的问题转移到了"能不能买到"上了。所以营业员故意安排了一个场景，就是假装产品没有了，先对顾客说"不"，转而介绍另一款价格更高的产品。

当然这样一来顾客心中就会感到遗憾，对刚刚那款得不到的产品会念念不忘，所以当我们安排的第二个角色——仓库保管员，跑来惊喜地告诉营业员说找到了最后一件时，顾客的心就被抓住了——他就会跟着一起兴奋，很想得到它。然后厉害的营业员又对顾客说了声"不"，说已经被人定了！这时顾客的心情是复杂的，从一开始的"要还是不要"，到后来的"你花钱都买不到"然后又可以得到了，但忽然又没了。到这时，顾客的心已经完完全全被商店营业员给抓住了。所以当营业员巧妙地告诉顾客，"如果您能付现金的话，我就马上给您打包"，其实营业员是在为顾客找个台阶下，顾客立刻就会顺着她搭的这个桥走过来，乖乖地进入营业员为他精心设置的圈套中。

这样的策略如果正常与顾客进行沟通，顾客在仔细察看后，可能会找若干个理由拒绝购买。通常我们在推销时，特别不是在大商场里推销时，顾客都习惯与我们讨价还价，但在"能不能得到"这个问题前面，顾客就顾不上与我们讨价还价了，所以卖价通常会提高。

客户只考虑是否能得到了，就会不那么看重品质。当然我们也不能因为顾客不关心品质，而把次品卖给客户，因为我们要的是长期的口碑。

同样也是因为只关注是否能得到了。通常有些比较麻烦的客户，会接二连三地向我们提出很多额外条件，比如免费送货、要求延长保修期等。

如果巧妙地用现金作为台阶，那么顾客就会马上付现，而不会有欠款之类情况发生。使用策略时要注意：

（1）确定客户的感兴趣程度。使用该策略前，一定要判断出客户是否的确对该产品比较感兴趣，不能是客户只随便看了看某件产品就立刻使用这一策略。

（2）对不同性格的人有不同的杀伤力。对一些很强势、非常有主见的人，用本招尤其有用，因为这样的人占有欲特别强；对一些非常犹豫、没什么主见的人，用本招效果会差一些。

（3）穿帮。要提前与配合的人讲好，最好是之前大家就演练过，有了很默契的配合。而且旁边不能有不知情的自己人，比如正好总公司有人来检查，当你的"仓库保管员"跑出来说"还有最后一件"时，这位自己人很奇怪地说："什么啊！不是还有一打在里面的吗？"那我想你们俩一定会非常尴尬。

## 对反复客户进行心理暗示

相信很多人都听说过心理暗示的说法，那在实际推销中如何应用呢？利用心理暗示进行说服究竟又有什么样的魔力呢？在解释这一切之前，我们不妨先做个小实验。

下面是一组排比句，无论其内容是否真实，请朗诵完毕：

（1）某某品牌真的很棒。

（2）大家都说某某品牌很棒。

（3）某某品牌是最棒的送礼产品。

（4）昨天有位小姐跟我说某某品牌很棒。

（5）听说报纸今天有报道某某品牌很棒。

（6）巷子口的小摊贩都说某某品牌很棒。

（7）你听过某某品牌是一种很棒的产品吗？

（8）昨天电视新闻好像有讲到某某品牌很棒。

怎么样？现在你相信某某品牌是很棒的产品了吗？如果还不相信也没关系，生产厂家可以继续用800种方法来告诉你"某某品牌最棒了"。

如果你还不相信，他们可以重复800次，直到你相信为止。"今年过节不收礼，收礼还收脑白金"，电视上、报纸上铺天盖地的广告就是一个明证。

这种方式，实际上就是说服在销售中的一种应用。

通过不断地说明、宣传，用尽各种表达方式、从不同的角度、透过不同的媒体与消息来源，只为让消费者真正相信这件事情。

谎言重复千遍就是真理，不断重复是最直接的一种说服技巧。

历史上曾参杀人的故事就很能说明问题。

*曾参是古代一位君子，学问好，人品也好，以孝顺名闻天下。*

*有一天，曾参出门办事，他的母亲正在家织布，忽然有个人跑来对她说："曾参杀*

人了！"曾参的母亲很相信儿子，于是摇头笑道："不可能的，曾参不会杀人的。"

过了一会儿又有一个人跑来对曾母说："不好了，曾参杀人了！"

曾母心里一惊，不过嘴上还是说："不可能的，曾参是不会杀人的。"

话虽如此，可连续两个人这样说，她已经开始有些怀疑。虽然她还是相信曾参，但是她已经没有心思织布，开始等待曾参回家。

不一会儿又有人进来了，这次是曾参家的邻居。她很着急地对曾母说："曾参真的杀人了！已经被官府抓起来了，据说现在正在审理，你快点想办法看该怎么办吧！"

曾母这才真的相信曾参杀人了，由于怕受连累，正准备爬墙逃走。这时候曾参突然回来，把曾母都吓了一跳，非常惊讶地问："孩子，你不是因为杀人被抓起来了吗？怎么现在又回来了呢？难道你杀的是坏人所以不用偿命吗？"

曾参听了，哈哈大笑说："我怎么会杀人呢？只是那个凶手刚好和我同名同姓罢了。"

你看，错误的信息被说三次就会成为事实，更何况把"送礼就送脑白金"重复800次，是不是可以成为真理？这也就是所谓的"众口铄金，积毁销骨"。

在具体的销售过程中，推销员也可以利用心理暗示提高消费者从众心理的表达度，从而说服他们做出最终的购买决定。

运用"催眠术"进行销售购买是一个"追求快乐、逃避痛苦"的过程。因而，促成销售的一个很重要的原则就是要"把好处说够，把痛苦说透"。

然而，从心理学的角度来讲，一个好处的产生要让客户感受出来才行，这样才能使客户产生购买的动机。我们仅仅告诉了客户这些好处还不够，必须重复这些好处，1次、2次、3次，这样才能对他的潜意识产生影响，而人们的潜意识力量要比意识力量大3万倍以上。所以说，当你不断地重复灌输时，客户的购买欲望会增大。

在现代销售理念中，有一种销售策略叫"催眠式销售"。它的核心思想就是将好处重复灌输到客户潜意识里。一些客户原本不太注意、不太确定的东西，重复多了，就会深深地刻印在脑海中，甚至成为真理。

原一平每次在推广保险的时候，都会讲一个因没有买保险发生意外和死亡的悲痛故事，他的真情感动得客户流下泪水，这时他便说道："我真的不希望这样的故事发生在我遇到的每一个人身上，我有责任去帮助他们，我出售的不是保单，我出售的是爱和保障。"

保险推销员陈明一次次地说服客户，每次讲述的理由都大致相同，即你可能遭到意外，倘若买了保险，就没有后顾之忧了。起初，客户并不太认可她的观点，所以一次次地以各种理由拒绝了她。但她并不气馁，在她看来，客户之所以拒绝，是因为痛苦还没有塑造够。所以，面对客户的拒绝，她通过一次次地重复，将痛苦描述够，一步一步地打垮了客户的心理防线，使得客户的强硬拒绝一点点地变软。

## 多用积极的字眼进行说服

在向客户推销的过程中，一定要在语言上下些功夫。有一些关键词语是客户非常愿意从你那里听到的，所以你要尽量掌握并且不忘记多多应用这些词汇。

1. "虽然我现在给不了您要的答案，但我一定会尽快解决。"

如果客户提出的问题比较刁钻，你一时难以解决的话，就应该坦白地告诉他你不知道答案。在对所有的事实没有把握的情况下贸然地回答客户的提问，只会让你的信誉损失得更大。为了测试对方是否讲诚信，精明的买家有时会故意提出一个你无法解决的问题。在这种情况下最好是给客户一个诚实的回答以提高你的信誉。

2. "非常感谢您能接受我们的服务。"

说这句话的效果比简单地说句"谢谢光临"的效果要好得多。你还可以通过交易完成后的电话联系热情地回答客户的问题，并以此来表明你对客户的谢意。

3. "您好，我可以帮您做些什么吗？"

这种开放式的询问可以获得客户的好感，也能引起客户谈话的兴趣。因为你是在提供"帮助"，而不是"兜售"你的商品。但要尽显真诚，不要让客户感到你只是在虚伪地敷衍。人们都希望被帮助、被服务，以这样的提问开头，你就可以以一种积极的语调开始谈话。

4. "您说的问题，我们完全可以解决。"

客户与你沟通的真正目的是要"买到"解决问题的方法。而解决他们的问题也就消费了你的产品，他们喜欢简单地解决问题。

5. "我们将随时为您提供最新信息。"

客户最信赖的推销员就是那种能为他们及时提供最新消息的人，不管是好消息还是坏消息。因此，你要让客户知道你将随时为他提供有关产品方面的最新信息。订货至交货的时间越长，这种信息的及时更新就越重要。

6. "我们一定会满足您的要求。"

听到这句话会让客户放心。告诉你的客户，令客户满意是你的责任。要让客户知道你们知晓他需要什么样的产品或服务，并会按照双方都同意的价格提供这种产品或服务。

### 7."我们保证按期交货。"

约定的交货日期是你必须履行的诺言，即使"差不多"也不行。星期一就是星期一，五月的第一周就是五月的第一周，即使期间包含有国家法定假期。客户想听到的是："我们会按时交货。"能够始终如一做到这一点的人很少，如果你做到了，那么客户就会记住你。

所以说，推销员在与客户沟通时，如果能频繁地说出让顾客高兴的话，就会让客户感觉到：你是在真正地关心客户！这种方式能表明你对他们的诚意，客户再次购买你的商品或服务的可能性就更大。除此之外，你的额外收入可能是你的客户又把你的商品和服务推荐给了他所熟识的人，帮助你扩大了业务范围，而这要比你自己去拜访新的客户要省事得多。

## 谈价格要以"小"藏"大"

在可能的情况下，要尽量用较小的计价单位报价，即将报价的基本单位缩至可能的最小，从而使价格的"昂贵"感降低，客户也便容易接受了。

一位客户相中一块图案特别、质地精良的地毯，问销售员价钱。"每平方米24.8元！"销售员回答。"这么贵？"客户听后直摇头。过了一会儿，又有一位客户问这块地毯的价格时，销售员微笑着反问道："你为多大的房间铺地毯？"

"大约10平方米吧！"

销售员略加思索后说："使你的房间铺上地毯，只需1角多钱。""1角钱？"

客户一脸的惊讶和好奇。"你的房间10平方米，每平方米是24.8元，一块地毯可以铺5年，每年365天，这样你每天的花费不就是1角多钱吗？"销售员解释道。

最后，客户欣然买下了这块称心如意的地毯。

这种把商品价格分摊到使用时间或使用数量上的做法常使价格显得微不足道，非常便于客户接受。

齐格勒曾销售过厨房成套设备，主要是成套炊事用具，其中最主要的就是锅。这种锅是不锈钢的，为了导热均匀，锅的中央部分设计得较厚。它的结实程度是令人难以置信的。齐格勒曾说服一名警官用杀伤力很强的四五口径手枪对准它射击，子弹竟然没有在锅上留下任何痕迹。当齐格勒销售时，客户经常表示异议："价格太贵了。""先生，您认为贵多少呢？"对方也许回答说："贵200美元吧！"这时，齐格勒就在随身带的记录纸上写下"200美元"。然后就又问："先生，您认为这锅能使用多少年呢？""大概是永久性的吧！""那您确实想用10年、15年、20年、30年吗？""这口锅经久耐用是没有问题的嘛。""那么，以最短的 10 年来算，对您来说，这种锅每年贵 20 美元，是这样的吗？""嗯，是这样的。""假定每年是 20 美元，那每个月是多少钱呢？"

齐格勒边说边在纸上写下了算式。"如果那样的话，每月就是 1 美元 75 美分。""是的。可您的夫人一天要做几顿饭呢？""一天要做两三回吧！""好，一天只按两回算，那您家中一个月就要做 60 回饭！如果这样，即使这套极好的锅每月平均贵上 1 美元 75 美分，和市场上卖的质量最好的成套锅相比，做一次饭也贵不了 3 美分，这样算就不算太贵了。"

齐格勒总是一边说一边把数字写在纸上，并让客户参与计算。在计算的过程中总能让客户不知不觉地摒弃"太贵了"这个理由，最终促成了购买。

从心理学的角度来说，每一个人都容易对较小的事物做出决定，也就是说，当一个人面对的是一个较小的决定时，他不容易做出否定的反应。细分法的销售技巧正是基于这一思想，使客户产生一种数字上的错觉，在客户更容易接受的情况下巧妙地促成了交易。

## 进行说服要切中客户的在害

现代营销学认为，销售本身就是服务行为，就是创造客户价值。但很多推销员往往是关注自己太多，关注自己产品的品牌、服务太多，而对客户的需求偏好、期望值、价值观等却关注太少。

以推销牛奶为例，常常会出现这种场景：

销售人员：您好，我们又推出了一款新牛奶，有什么什么特点，您看您需要吗？

顾客：不需要。

销售人员：但是我们的牛奶确实很棒……

顾客：这跟我有什么关系呢？我从来不喝牛奶，可我活得很好！

销售人员：……

在这里，销售人员根本没有考虑顾客的需求，完全是无的放矢。所以，顾客几句话就把他打发了，这是很失败的说服。

但是如果使用下面的说服方法的话，就容易被顾客接受：

销售人员观察顾客一段时间，发现顾客缺钙，便找准合适的地点，比如上楼时，对顾客说："您当心点，看您很累，我来搀您上去。"

顾客：谢谢你了，老了，腿脚不好了。

销售人员：怎么能这么说呢，您还要再享几十年福呢，上了年纪的人钙流失得快，要注意补钙，这样腿脚才利索。

顾客：可不是嘛！不过吃钙片补充的效果不是很好。

销售人员：喝奶效果不错，因为人绝大多数的营养都是从饮食中获得的。阿姨，您看这样，我们刚好有低脂高钙的鲜奶，您喝喝试试。

顾客：听起来确实很好，那我就试试看。

后面这位推销员之所以能成功地说服客户，就在于他发现了"客户缺钙"这个要害，从而以此为切入点找到了客户的潜在需求。

所以说，要使说服获得成功，就要找到客户的需求点，找到客户的弱点，并及时用自己产品的某方面满足客户。把销售的理由变成客户需要购买的理由，由推销员的"我要卖"转变为客户的"我要买"。以客户为中心，以客户需求为导向，找到客户的软肋——这才是说服的关键所在。

### 因势利导，让顾客愿意消费

作为销售人员尽量争取大额订单的做法，在有时候还是比较明智的，即使它意味着"鸡飞蛋打"的风险。拿到小订单，其实不等于销售的成功，因为他们赚不到多少钱。实际上，比起你获得大额订单的机会来说，这种风险还是值得去冒的。另外，你也会很少失去最初达成的那笔小额交易。例如，在汽车生意中，当顾客同意以最低的价钱购买某种型号的车后，推销员会努力再向顾客推荐增购一些其他的配件，以期增加他的微薄佣金。大多数时候，都能把一辆装备简单的车转化为一笔大额交易。

一位顾客选定一条价格一般的领带，正当他掏出信用卡准备付钱的时候，那位推销员问道："您打算用什么样的西服来配这条领带？"

"我想，我穿我那件藏青色的西服应该很合适吧？"顾客回答说。

"先生，我这儿有一条漂亮的领带，配您的藏青色西服应该很合适。"说完，他就抽出了两条价格不菲的领带。

"是的，正如您所说，他们确实很漂亮。"顾客点了点头，并且把领带顺手放入了购物袋。

"再看看与这条领带相配套的衬衣怎么样？"

"我想买一件蓝色条纹衬衣，但是我刚才在那里都没有找到。"

"那是因为你还没有找到地方，您穿多大的衬衣？"

还没有等顾客反应过来，售货员已经拿出了三件蓝色条纹衬衣，单价为60美元。"先生，您感觉一下这种质地，难道不是很棒吗？"

"是的，我想买一件衬衣，就这个中号的吧！请问您能不能给我一张名片？下次我需要的时候，会再来找你们。"

就这样，销售员把一条普通价格的领带生意扩开了。顾客在购买过程中，提出过什么异议吗？没有，而是心满意足地离开了，临走时还要了一张名片。

作为销售人员，就要懂得把顾客本来想要购买的产品扩充，引导顾客消费，在不知不觉中增加你的销售业绩。

# 六、免费的午餐人人爱，拿出点"便宜"给客户

世界上没有比"免费"两个字更有诱惑力的东西了，但凡听到"免费"，不管自己是否需要，大家都会蜂拥而至，因为消费者都有"占便宜"的心理。因此，为了促进销售，销售人员可以利用客户这种心理，真正拿出一点"便宜"给客户，他一定会给你很大的回报。

## 让客户感觉占了便宜

在销售领域流传着一句话：客户要的不是便宜，而是要感到占了便宜。客户感觉自己占了便宜，你的产品也就容易推销出去了。

贪图便宜是人们常见的一种心理倾向，就拿购物来说，同类产品，质量相当，哪里便宜哪里就是顾客"扎堆"的地方，比如超市打折、厂家促销、商家甩卖，都会吸引不少的客户蜂拥而至。其实这都是占便宜心理在作怪。

客户占便宜的心理给了销售人员可乘之机，如果你能利用好客户的这种心理，定会给销售带来意想不到的成绩。比如有些女士在买衣服时，常常要和销售人员"砍价"，有种"你不降价即使再喜欢我也不买"的劲头。看到这样的买主，销售人员一般都会显得很不情愿地说："算了，就要下班了，我就赔钱卖你一件吧！""开个张，图个吉利，就以赔钱价给你吧！""唉，这完全是以清仓价给你的，你可别跟朋友说是以这个价买的。"当听到这样的话时，大多女士都会爽快地掏腰包，然后独享低价的优惠满意而归。

销售人员在销售产品时，可以很好地利用客户占便宜的心理，通过价格的悬殊对

比来俘获客户的心，促进销售。

　　一家销售衣服和布匹的店铺里，挂着一件珍贵的貂皮大衣，由于三百两银子的价格太高，挂了很长时间也卖不出去，掌柜的也无可奈何。

　　后来店里来了一个新伙计，他说他能够在一天之内把这件貂皮大衣卖出去，掌柜的有些怀疑，他只当新伙计是在吹牛。但是新伙计一再表示他能卖出去，只不过要掌柜的配合一下，说如果有人进店来问貂皮大衣的价格，让掌柜的一定要喊五百两银子。

　　二人商量好后，伙计在前面打点，掌柜的在后堂算账。上午顾客稀稀拉拉，进店的人没有一个对这件貂皮大衣感兴趣。到了下午，店里进来了一位妇人，在店里转了一圈后，看好了那件卖不出去的貂皮大衣。这时她问伙计："这件大衣多少钱？"

　　伙计假装没听见，还在继续整理布匹。妇人又问了一遍，并且将声音提高了一倍，此时伙计才赶紧过来回应说："不好意思，我的耳朵有点不好使。您是问这件大衣的价格吗？我是新来的，价钱我也不知道，我得先问问掌柜的。"

　　说完就冲着后堂大喊道："掌柜的，这件貂皮大衣多少钱？"

　　掌柜地回答说："五百两！"

　　"多少钱？"伙计又问了一遍。

　　"五百两！"

　　掌柜的声音很大，妇人听得真真切切，感觉太贵了，她微微摇摇头，准备离开了。

　　而此时伙计憨厚地对妇人说："掌柜的说三百两！"

　　妇人一听脸上顿时露出了欣喜的表情，还以为是新来的小伙计真的听错了呢，于是心花怒放，为避免掌柜的出来纠正价格，她赶紧让伙计将这件大衣包了起来，付过钱后便匆匆离开了。

　　新来的店伙计正是利用了客户都有占便宜的心理，成功地将衣服卖给了那位妇人。

　　物美价廉永远是客户追求的目标，人们总是希望用最少的钱买最好的东西。受占便宜心理的影响，客户总希望自己与众不同，希望同样的产品，自己能够用比其他顾客更低的价格买来。当然，这里说的占便宜心理并不是说顾客就喜欢便宜货，我们经常可以看到，几元钱一件的东西或许无人问津，但一件标价980元的名牌打折到280元时，就会引起抢购。这就是客户的占便宜心理在作怪。

　　能买到既便宜又质量好的产品，会让客户感到心理愉悦，但是客户的这种心理既容易得到满足，又容易受到伤害，一旦客户得知自己的"实惠"是商家或销售人员的伎俩，就会感到气愤而再不愿购买你的产品。因此在销售过程中，销售人员和商家要善于给客户创造真正的便利和实惠，而不是为了获取暴利肆意欺诈。否则不仅会伤害客户，更重要的是会影响自己的声誉。比如平时很多商场、超市每周或者每天都会推出不同的打折商品，这不仅满足了客户占便宜的心理，同时也给客户带来了方便和实惠，因此受到了广大客户的欢迎和青睐。当然，在优惠的同时，你还要传达给客户一种信息：同种产品的优惠并不是天天有，你赶上说明你很幸运。这样，客户的满足感更强，他们才更愿意与你合作。

针对客户占便宜的心理，销售人员在销售中的讲话技巧也非常重要。在与客户的交谈中，将产品能够带给客户的实惠在销售一开始时就讲给客户听，更能抓住客户的心，让他有兴趣继续听你介绍产品，最终购买。

但是销售人员还要注意一点，虽然客户都有占便宜的心理，但同时又都有种"无功不受禄"的心理。精明的销售人员总是能利用人们的这两种心理，在未做生意或者生意刚刚开始时拉拢一下客户，送客户一些精致的礼物或请客户吃顿饭，以此来提高双方合作的可能性。

毋庸置疑，利用价格的悬殊差距可以起到相当好的销售效果，但多少有欺骗客户的感觉。因此，运用价格悬殊对比销售时，一定要掌握分寸，力争做到既要满足客户的心理，又要确保让客户实实在在地得到实惠，这样才能与客户保持长久的互惠互利关系。

### 送客户人情，客户会还你订单

在销售中，人情往来是个非常重要的原则。举个例子来讲，本来素不相识的两个人，平日里更谈不上有什么交情，但是由于一次偶然的机缘，两个人见了面，而且还聊了起来。恰好到了午餐时刻，其中一个人请另外一个人吃了一顿饭，结账时花了近百元。那么两个人分手时，另一个人心里会怎么想？按照常理来讲，想必另一个人一定会提醒自己有机会务必要回请这个人，而且要比这次消费稍高一些才觉得能说得过去。

在实际销售中，你让对方感觉接受了你的人情，那么对方通常会通过购买你产品的方式"回报"你。因此，销售人员可以通过一些巧妙的方法，在成本没有增加的情形下，合理地提升人情的价值，很可能就会获得较高的回报。

下面我们通过两个销售人员送光盘的例子来看一下。

销售人员甲："李先生，为了使您对王老师的课程有个更细致的了解，我给您寄了一张公司制作的王老师的演讲光盘，您先看看。"

李先生："好，那你就寄过来吧！"

销售人员甲："这套光盘收费 298 元，您看您是不是先把钱打过来？"

李先生："哦，那算了，我不需要。"

销售人员乙："李先生，上次您提到对王老师的课还存在一些模糊的认识。考虑到仅通过简单的资料介绍，还是不能很好地帮助您深入地了解，因此在为您提供资料的同时，我还想到了另外一个不错的办法。"

李先生（有些迫不及待）："哦，是吗？是什么办法？"

销售人员乙："是这样，我认为如果能够亲自聆听一下王老师的课会更容易对课程内容加深印象，但是基于知识产权的缘故，又加上您在云南，不方便来北京听课，我特意帮您弄到了王老师的演讲视频。不过王老师很少有公开的视频资料，这部分资料是昨天我通过王老师的助理弄到的。相信您收到之后一定会有一个更直观地了解。"

李先生（显然很激动）："是吗？如果是这样的话真的太好了，了解起来就简单多了！非常感谢你。"

销售人员乙："还有，李先生，拿到视频后，我还帮您做了一下剪辑，将有关如何组建高绩效团队的演讲精华部分提到了第二部分。我记得您上次提到您的部门刚刚组建，感觉缺乏团队凝聚力，这部分正是讲如何增强团队凝聚力的。我认为您应该非常需要这部分内容。相信您看过之后，不仅可以对王老师的讲解有一个深入的了解，同时对您的实际工作也会有很大的帮助。"

客户（惊喜）："是吗？真的太感谢你了！收到后我一定要好好看看。"

销售人员乙："不过，李先生，因为王老师的助理参与其中了，又加上王老师的演讲视频是不轻易外泄的。因此王老师的助理要求收取 298 元的资料费，您看……"

李先生（还没等乙说完）："哦，没关系，应该的，我现在就把钱给你打过去。"

同样是一套演讲资料，销售人员甲因为没有任何解释，直接就要求给客户寄资料，同时还直接要求客户汇款；销售人员乙则是先明确了自己为得到这套演讲光盘所花的努力，紧接着还表示自己花时间帮客户做了剪辑，能够让客户对他最感兴趣的部分一目了然，这就让客户在乙的"人情"面前很爽快地答应马上汇款过来。相信你如果是那位客户，也一定会被乙的做法感动。

许多销售人员认为人情都需要实物来做支持。其实，在实际销售过程中，给予客户真诚的关怀，或者为客户提供思想上的指导与帮助，有时反而要比实物人情好得多。

走过近 7 年的奋斗路程，上海冠松丰田已经在上海地区一汽丰田车主心目中成了销售及售后服务态度最好、维修保养价格最公道的全国优秀经销店。能赢得车主如此的评价，上海冠松丰田一直秉承的"真诚关怀，为客户创造价值"的服务理念起着不可估量的作用。

**上海冠松丰田"4S"店**

一次由一汽丰田厂家组织的客户调查显示，冠松丰田的满意度在上海区排在第一位，在整个华东大区则排在第二位。与时俱进的上海竞争异常激烈，一汽丰田特约经销店光在上海就有十几家之多，华东大区更是有很多，而上海冠松丰田能在众多的同行中脱颖而出，获得此荣耀，进一步佐证了上海对客户的"人情"作用——给客户真诚的关怀，一心为客户创造价值！

2011 年，上海冠松丰田在一汽丰田上海地区神秘客户满意度评选中，依旧居于第一的位置，再次证实了冠松集团用真诚的关怀赢得客户、赢得市场的事实。

总之，送客户人情，给客户真诚的关怀，会让客户对你生出"感恩"之心，从而用购买产品回报于你。

### 先做朋友，再做销售

"来而不往非礼也"，这种思维在中国几千年的传统习惯中根深蒂固，别人对你做了很大的付出，这时候，你就立刻想给予对方回报。销售也是一样。如果你在销售过程中，懂得使用"人情术"，那么对方就有可能因为心理上的"人情债"而时刻想着要偿还你，当然，最好的方式就是从你这里购买产品了。

你平时去逛商场时，是否遇到过某品牌化妆品的销售人员热情地让你过去免费试试她们的产品？很多时候，她们会热情地为你做一次面部的肌肤护理。当做完半张脸后，她们会拿过镜子端着让你看一下效果，并且问你是不是感觉有些累了，顺手还会递上一杯清香怡人的茶。当得到你对化妆品的认可后，她们会征求你的意见，问你是不是愿意做完另一半脸的护理。此时，又有谁会说不呢？

接下来，热情的销售人员就开始了她们的销售，根据你的肌肤情况介绍不同的适合你的产品，什么精华乳、柔肤水、面膜一并提出，而且每种产品对你的肌肤都有不同的效果，有改善你干燥肌肤的，有效去除眼角细纹的，有明显改善肌肤暗黄的等。

试想，在如此热情的服务下，你还能说出"不买"两个字吗？即便囊中羞涩，恐怕你也会毫不犹豫地买下对方介绍的几种产品，哪怕是其中的一种。总之，你肯定不会空手走出她们的柜台。

这就是"人情术"的魅力。

如今，大型超市内无论是卖糕点的，还是卖酸奶的等，都有促销人员一手端着煮子，一手拿着小牙签或是杯子等，热情地邀请你品尝。如果你过去拿起杯子品尝了酸奶，受到了这一小小的服务，难道你会像没事人一样抬腿就走人吗？你的心里是否会有种愧疚感呢？是否有如果不买一点就不好意思的感觉呢？于是在这种心理感觉的影响下，你就会将那种品牌的酸奶随手放进你的购物车。

著名心理学家罗伯特·西奥迪尼指出：对于别人的付出我们要予以回报，否则就会产生愧疚感。这也正是我们平时所说的"人情"。

通俗来讲，无论在任何情况下，只要接受了他人的某种礼物或帮助，你就等于"欠了一个人情"，而这笔"人情债"一天"不还"，你的心里就会有一种无形的"道德压力"，直到有一天偿还为止，才感受到了一种"解脱"。

销售人员可以利用人情术达到销售的目的，但具体又该如何对客户运用"人情术"呢？

### 1. 送人情必须找准客户的需求

送人情要先找准客户的需求，如果你不了解客户，盲目地去销售，就很容易遭遇挫折。

孙老师买车快一年了，而车险也很快要到期了。也不知道那些车险的销售人员从哪里得到的消息，总之，孙老师最近总是接到推销车险的电话。其中有一个业务员正是上次投保的保险公司的员工。电话接通了，对方的声音十分温和，也很客气，先是一通感谢，感谢孙老师上次买了他们公司的保险，不过眼看保险单很快就到期了，看孙老师是不是要接着续保。

当得知对方是去年投保的保险公司，孙老师就开始在心里嘀咕："去年买新车时，如果不是在汽车分销商那儿买的车险，我肯定不会买这件的保险。当时只是想反正买车已经花了那么多钱了，就不再另外费神了解车险的事了，索性就一起办妥。可谁知道，同事竟大笑我一场，原来这份保险竟然比其他家的高出了整整30%，这不是让我当冤大头吗？如今还来让我上当，那肯定是没门儿了。"于是孙老师不由分说地挂掉了电话，而且在挂电话的同时，他还在嘟囔："想通过电话在我这里卖保险，简直是痴心妄想。"

没过几天，孙老师又接到了另一家保险公司业务员打来的电话，当得知对方是推销车险的，孙老师就想挂掉电话，但还没等他挂，对方就说自己不是推销保险的，说公司最近正在推广一个活动，专门向广大新老客户免费赠送救援卡。拥有了这张救援卡的车主，可是在市区四环以内免费享受半年的救援服务，介绍完之后问孙老师是不是对这张卡感兴趣。孙老师一听是免费送的救援卡，顿时就来了精神，不要白不要，于是就将自己的详细通信地址告诉了对方，而对方也确实很痛快，核对完地址后就马上挂了电话。两天后，李老师果然收到了一张救援卡。看着上面的说明，顿时觉得自己捡了一个不小的便宜。

收到卡后的第二天，那个业务员就又给孙老师打来了电话，问他有没有收到救援卡，并且说明了这次打电话的意图：一是确认孙老师有没有收到卡；二是提醒孙老师无论他是否是该保险公司的客户，这张卡在未来的 6 个月内都会有效。之后，孙老师逢人就说这家保险公司的好，还拿出前一家保险公司来对比。

眼看离孙老师的汽车保单有效期只剩一周的时间了，那位业务员又打来了电话，他说他知道孙老师的车险保单就要到期了。孙老师感觉很奇怪，赶忙问他是从哪儿知道的。对方只是一笑了之。后来对方又通过传真传过来一份保单报价表，并且建议孙老师与其他家的车险对比一下。如果有兴趣可以选择他们的保险。

放下电话，孙老师赶紧拨通了其他几家保险公司的电话，询问了价格和服务内容，最后发现这家保险公司确实在价格和服务上有一定的优势。

但同时孙老师也感觉自己中了那家保险公司的"圈套"，业务员的三次电话，就让自己乖乖地成了他的客户。

免费救援卡对一位私家车车主来说，确实有着非常大的吸引力，他本身确实有这方面的需求。而正是因为了解了孙老师的这一需求，保险公司的业务员才做成了生意。

想对客户的需求有所了解，就要在前期做好充分的信息收集工作，如此才能真正了解客户，然后有针对性地"下药"，自然会收获不错的销售成果。

### 2. 运用"人情术"还需考虑成本

销售就是以最小的成本、最快的速度来获取最大的收益，过高的成本不仅会耗费销售人员的宝贵时间和资源，还是一种对销售人员本身以及对公司不负责任的表现；而过低或者与同行相当，则会让客户感觉理所当然，没有必要回报你。因此给客户

"人情"要掌握一个度：比竞争对手稍好一些就足够了。

在销售过程中，巧施"人情术"，可以让客户无法拒绝你和你的产品。

### 巧妙让步，让客户感觉捡了大便宜

销售就是销售人员和客户之间谈判的过程，双方都想获得彼此希望得到的东西，直到双方都感觉达成了一种平衡为止。

"让步"是销售过程中双方都经常会采取的策略，先由其中任意一方向另一方提出一个对方完全不可能答应的条件，然后再慢慢地降低要求。而获得让步的一方则可以满足心理上的需求，从而愿意妥协，愿意出售或者购买产品。

对销售人员来说，如果你希望客户购买你的产品，通过巧妙"让步"让客户感觉自己得了大便宜，则可以大大地提高你的成功销售概率。

某客户订了一台笔记本电脑，为了将每年200元一套的新推出的额外售后服务设备推销出去，销售人员甲和销售人员乙分别做了以下销售。

客户："你们大概什么时间可以将电脑送过来？"

销售人员甲："一星期内就可以送货到家。对了，蒋先生，我们公司新推出了一种服务保障计划，如果您在以后的使用过程中遇到了问题，我们可以为您提供额外的售后服务支持，这样就保证您买得放心、用得安心了！"

客户："是吗？听起来倒是非常不错，不过要收费吗？"

销售人员甲："是的，要收费，目前的收费标准是每年200元，里面还包含一款最新版的杀毒软件。如果您觉得可以的话，我现在就帮您办理，您看如何？"

客户："200元啊，有点贵了。这样吧，等我用一段时间后，感觉确实有问题再给你打电话吧！"

销售人员甲："……"

我们再来看看销售人员乙是怎么销售的。

客户："你们大概什么时间可以将电脑送过来？"

销售人员乙："一星期内就可以送货到家。对了，蒋先生，如果您现在方便的话，我向您介绍一下具体使用过程中需要注意的一些细节吧！"

客户："这样当然好了，我还是第一次购买这种电脑呢，确实有些生疏，你能帮我指导一下，确实很感谢！"

销售人员乙："第一次使用时，首先需要注意的就是务必要将电池的电量全部耗尽，一直到它自动关机为止；而首次充电时，则需要充足8个小时，这样可以最大限度地激发电池的活性，延长电池的使用寿命，而以后再充电，只需2~3小时就完全可以满足了。我讲得还清楚吗？"

客户："清楚清楚，非常感谢你，我都记下了！还有其他的吗？"

销售人员乙："嗯，蒋先生，您要注意的第二点是……"

客户："这样啊，我都用笔记下了，等收到电脑后我一定按照你指导的做。"

销售人员乙："最后我还想给您提一个建议。"

客户："嗯，你说。"

销售人员乙："由于您是第一次使用，难免会遇到一些使用上的难题或是软件方面的困扰，因此我建议您定制一套售后服务保障计划。这样一旦在使用中遇到问题，您就不用担心了，因为您随时随地都可以享受到一对一的技术支持或上门服务。虽然这其中可能需要一点点的付出，但是相对于您可能遇到的麻烦来说，我觉得还是物有所值！您觉得呢？"

客户："一对一的技术支持？随时随地地上门服务？肯定收费不菲吧？"

销售人员乙："如今我们推出的一款三年服务的保障计划，原价900元，因为我们第一次打交道，我们可以优惠300元，三年收取600元，其中包含一款价值120元的正版杀毒软件。这样一来，您就没有任何后顾之忧了。您看呢？"

客户："哦，是这样，不过600元，一次性交清高了点吧！"

销售人员乙："目前我们公司推出的只有这种针对三年期客户的，而且其中包含的120元的杀毒软件也只有三年期的客户才能享有。不过我看您也够爽快的，也非常支持我的工作，您看这样好不好，我自己做个主，帮您办理一套一年期的服务保障，只交200元即可，另外额外再送您一款正版杀毒软件。这样算起来，一年期200元的服务保障费用，减去价值120元的杀毒软件的费用，也就相当于花80元您就可以享受我们一对一的技术支持和上门服务保障。您觉得怎么样？"

客户："好，就这样吧，我就选择一年期的服务支持吧！"

在销售中，买卖双方往往会针对价格等，由一方（多是销售人员）先提出一个比较大的，甚至估计对方会觉得比较难做到而拒绝的要求，而在这个基础上，再提出一个相对于前者而言难度小很多的要求，由于第二个要求相对于第一个要求做出了巨大的"让步"，因此另一方更容易接受。其实，聪明的销售人员都非常清楚：看似更小的第二个要求，才是自己的真实想法。就像上例中的销售人员乙，原本就是200元一年的服务支持费用，他先用一个三年期的高额费用做铺垫，然后又一步步让对方感觉他在不断地让步，最终还是以200元一年的费用成交。这就是他的聪明之处，他深谙对

客户让步，让客户感觉像占了大便宜的销售之道，因此才不像销售人员甲那样直截了当地跟客户提一年的服务保障费用。

在实际销售中，如果你预期提出的要求会遭到对方的拒绝，不妨先提一个更大的会被对方拒绝的高要求，然后在此基础上不断地做出让步，让客户感到你的让步就是他的便宜，那么你的销售基本上就成功了。

### 你给他芝麻，他可能给你西瓜

6岁的小洋从学校回来就兴冲冲地对妈妈说："妈妈，今天淘淘给了我一块糖，后来我把你买给我的那支笔送给他了，他可高兴了，我们是好朋友。"妈妈心里虽然有些不悦，但依旧面带笑容地问小洋："那你为什么想要送淘淘一支笔呢？"

"他既然给了我糖，那我肯定也要给他点东西呀，要不然多不够朋友啊！"

法国人类学家 Marcel Mauss 说："给予是一种责任，接受是一种责任，偿还也是一种责任。"当有人给予你帮助时，你肯定有种有愧于他的感觉，因此就总想着一定要找个机会偿还。

就像上幼儿时的小洋，小朋友给了他一块糖，他一定要拿出点东西来还给对方，否则他心中可能就会有种愧疚感。当然这种感觉在成年人心中可能更强烈一些，就像你去买点心，售货员让你品尝，当品尝完了之后，即使你感觉味道并不是很好，但你肯定也要买几块，为的就是让自己的心里少些愧疚感。这就是心理学上的互惠原则。

互惠原则有着巨大的杀伤力！如果销售人员能够将这种原则运用到销售中，可以有效地提升你的销售业绩。下面我们就来看看在建材行业做销售人员的小郑是如何成功做销售的。

销售人员小郑在建材行业已经工作多年，他非常善于利用互惠原则做销售。

这天，小郑正在展厅后面整理退砖，突然听到从展厅内传过来一个清脆而洪亮的声音："有人在吗？"小郑转过头一看，原来是一位40岁左右的女士，上身着一件T恤，下身很随意地搭了一条短裤，手上则提着一个纸袋。

小郑忙来到展厅迎接她："您好，欢迎光临。"

"你好，我今天过来想了解一下地砖上墙的铺法，我想知道你们这里有没有样板间？"

"有，在这边，请跟我来。"

小郑一边引导着顾客去看样板间，一边凭着职业的敏感，开始捕捉信息：这位大姐穿着虽然随意、不拘小节，但看上去却相当有气质，也就是说，她很有可能是一个高端顾客。就在小郑这样想着时，对方的手机响了，当她从纸袋里掏手机时，小郑敏锐地发现纸袋内有一把汽车钥匙。趁着对方打电话的空当，小郑又开始琢磨了："这样看来，我的判断是没错的，价格肯定不是问题了，接下来我就要重点从品质方面下手了。"

于是当对方收起电话时，小郑向她介绍了店内最好的一款产品："大姐您看，我们这款瓷砖是由 600×600 的聚晶微粉地砖切割而成的，它的特点是吸水率低、硬度高、耐磨，非常适宜贴在用水量大的卫生间。"

"嗯，这种瓷砖看起来倒是不错，不过不知道这种砖的质量如何？我们之前两套房用的瓷砖是××牌子的，质量还不错！"

"这种瓷砖的质量您尽管放心，它不仅是我们店内最上等的瓷砖，而且是国家免检商品，绿色环保。"小郑一边介绍，一边引导着女士去看挂在墙上的证书。

"这些证书说明不了什么，哪家都有，只不过是别人放进了抽屉里，而你们挂在了墙上，都是一些面子工程，就不看了吧！"

小郑见这位女士懂得还挺多的，着实不好对付，就急忙换了个角度引导她："您看您经常装修，也可谓这方面的专家了。您如果仔细看一下我们的瓷砖，就能发现每一块瓷砖纹理都不尽相同，这就是仿理石的最高境界。"

中年女士听小郑这样一说，就真的凑过去看每一块瓷砖的纹理："还真是不太一样。"顾客显然对其产生了兴趣，"这是怎么做出来的？"

"这种技术目前为止是陶瓷专业最先进的魔术布料，多管齐下才能做出这种层次感强、纹理自然流畅的效果，目的就是为人们呈现出一种天然石的感觉，目前很多仿理石都很难达到这种效果。"小郑详细地做着介绍。

"好是好，不过这款瓷砖的价格肯定也不便宜吧！"中年女士一边端详着瓷砖一边说。

"这样吧，我们这款砖前几天刚做了个工程，是为一个未来的大型商场装修的，如果您有意向购买，我现在就和经理申请一下，看能不能按那个工程价给您，这样价位会便宜不少。"

中年女士一听很高兴："好啊，如果价格合适，今天就在你们这里订下了。"

得到对方的肯定回答之后，小郑很自然地走到电话前，故意按了免提，并熟练地拨通了一个同事的电话，开始"请示"："经理，我有一个非常不错的朋友，今天过来看好了咱们的一种瓷砖，就是咱们上次做工程的那种，您看能不能照顾一下，给她按工程价走。"

电话那头的"经理"显然也非常配合："这种瓷砖咱们的库存已经不多了，如果按工程价走显然要低不少啊！不过既然是你的朋友，就按工程价走吧，但要注意，单子上也需注明工程补货。"

电话挂上了，还没等小郑开口，中年女士就十分感激地说："非常感谢你能帮我！现在你就帮我算一下，我一个厨房和两个卫生间，再加上一个大阳台的面积，总共需要多少瓷砖吧！"

就这样，这单买卖顺利成交，后来小郑还和那位顾客成了好朋友。

案例中的小郑之所以能够顺利地让买卖成交，根本原因就在于他最后故意卖给对方的人情："我有一个非常不错的朋友……"如此的话令顾客听了，心里怎会不舒服？这几句简单的话语给了对方一个大大的人情，让顾客有了一种"占便宜"的感觉。就是这种"占便宜"的感觉，让小郑赢得了中年女士的订单，同时也赢得了顾客的忠诚。

在销售过程中，如果你能够运用好"互惠原则"，那么就不用担心产品销不出去了，因为对方肯定会找机会偿还他内心的愧疚感。

### 馈赠妙法，小礼物的大说服力

小礼物可能只是一件小饰品、一张消费卡，甚至是一个孩子喜欢的洋娃娃等。虽然这些礼物并不大，但起到的作用可能是决定性的，销售人员很可能因为送了一些小礼物而从竞争对手手中赢得客户的订单。

一本以美国500强之一的某制药公司中国区的业务代表为主人公的小说《黑与白》中有这样一个细节：她（书中的业务代表）经常到当地的小商品批发市场买一些别致又不贵的礼品，在医院见到工作人员就双手奉上。这样，上到院长，下到库管、统计人员都喜欢她，也都支持她的工作。

许多销售人员之所以做得很成功，就是利用礼品战术打动客户的。下面我们就来看看一位年度销售总冠军的礼品单，这也是她销售业绩斐然的重要武器。

1. **固定礼品**

春节：红包、花篮。

元旦：挂历、台历、购物卡。

五一节：购物卡、国内游（小客户）、国外游（大客户）。

端午节：粽子。

中秋节：月饼、购物卡。

国庆节：购物卡。

### 2. 机动礼品

当地上演大片时：电影票。

当地举办歌星演唱会时：演唱会门票（给喜欢音乐的客户）。

当客户或客户家人过生日时：生日蛋糕（一次，她为一个与她年龄相仿的客户送去一个特制的生日蛋糕，让客户感动不已）。

自己旅游时：旅游纪念品（单位组织去西藏旅游，她特意买些小纪念品，如念珠、哈达，送给客户，效果非常好）。

……

给客户送礼，其意义就不必赘述了，关键是要选对礼、送对人、送得巧、送得妙，否则就会弄巧成拙。下面从 4 个方面介绍一下如何送礼。

### 1. 送什么：不选贵的，只选对的

小陈是建材行业的销售人员，做销售 5 年来，销售业绩一直遥遥领先。

这天小陈来拜访客户张总，这已经是他第二次拜访张总了，但是张总对他们的产品还是没什么兴趣。因此，从小陈一进门，张总就抱着电话打个不停，一个结束了，冲小陈抱歉地笑笑，说："还有一个重要电话必须现在打，你先坐一会儿。"于是小陈就在一旁等着他打完电话。

一个小时快过去了，张总还在打电话，小陈有些不耐烦，但也不好说什么。就在小陈感觉百无聊赖时，张总的秘书敲门进来了，张总一边用手捂住电话的听筒，一边问："什么事？"

"张总，小李今天又带来了几张邮票，还不错，您儿子一定喜欢，我放这里了。"秘书一边说着，一边将邮票放在张总的办公桌上。

张总应了一声，然后又接着打电话。

此时，小陈心中像乐开了花似的，他想他今天算是来对了，他的生意很快就做成了。

张总总算是放下了电话，此时小陈抢先说："张总，我看您今天特别忙，就不打扰您了，我先回去了。"

张总抱歉地笑笑，说了声"好"，起身将小陈送了出去。小陈很开心地出去了，路过秘书处时，还特意跟秘书愉快地打了声招呼，秘书以为他与张总谈好了生意，没想到他却说："今天生意上的问题我一点儿没提，不过还是要感谢你。"

秘书被他说得有些糊涂，想着既然没有谈成生意，怎么还会这么高兴呢？她哪里知道，此时小陈已经有了让张总对他的产品动心的办法了。

回到公司，他马上找到对外联络部的办事人员，从他们那里收集了一大堆的邮票，因为那里每天都要处理不少的邮件往来，邮票是最不缺的东西。

得到了邮票，经过整理之后，这天小陈又来到了张总的办公室。

张总一见小陈又来了，虽然没说什么，但脸色马上就沉了下去。

小陈则不提一句生意上的事，只是将一包东西放在张总面前，对他说："张总，我知道您儿子非常喜欢邮票，因此今天带了点邮票过来，您带回去看他喜不喜欢？"一听是邮票，张总立刻来了精神，于是马上打开，看到里面的邮票顿时欣喜异常，对小陈说："真是太感谢你了。你是不知道，我结婚10年才有的这个宝贝儿子，如今他上中学了，什么也不好，就好集邮，他如果看到这些邮票一定会非常喜欢……"就这样，张总讲起了令他自豪的儿子。

小陈静静地听着，但是心里却嘀咕着："唉，如果我早一天了解到这点，送张总儿子一些邮票，也不至于跑这么多次才做成这单生意。"

张总眉飞色舞地讲了十几分钟，最后他问小陈："哦，现在让我看一下你之前提的项目。"

就在小陈从张总那里回公司的第二天，张总就给他打来了电话，说是准备从他们这里订购一大批建材，马上让他过去签单。

从案例中我们可以看出，小陈之所以最后能顺利地拿到客户的订单，就是因为他送给了客户一些小礼物——客户的儿子非常喜欢的邮票。而他得到这些邮票一分钱也没花。也就是说，给客户的礼物，不在于它值多少钱，但一定是你拓展思路、花心思去为客户选的恰到好处的礼物。所谓恰到好处，就是你送出去的礼物正合客户的心意。比如这个礼物是客户刚好需要的，满足了客户的兴趣，真正能够讨得客户的喜欢。

### 2. 送给谁：礼物要送对人

一家啤酒厂的市场主管想要一家顾客盈门、生意兴旺的酒店代销自己的啤酒，可谁知酒店老板竟向他提出要5000元的进店费，而公司根本就没有预留这笔费用，这下可难坏了他。

就在市场主管一筹莫展时，两个小孩引起了他的注意。其中一个小孩说："你如果给我那块糖，我就跟你做朋友。"另一个则说："好吧，我给你，你一定要和我做朋友。"于是两个人手拉手一起去玩了。

市场主管心想，是啊，我送点小礼物给他们不就行了。可是礼物到底该送给谁呢？是直接送给老板，还是服务员呢？如果送老板，老板肯定不接受，因为我不可能送给他价值5000元钱的礼物。那就送服务员吧，服务员直接与客户接触，送他们小礼物，让他们根据客户的提议向老板建议进我的啤酒。

就这样，接受了市场主管小礼物的服务员一会儿这个过来跟老板说，客户要喝某某牌的啤酒，一会儿那个也过来说，客户要喝某某牌的啤酒，最后老板实在没办法，只好让市场主管的啤酒进了店。

这一案例就说明，销售人员不仅要向决策人送礼，关键时候还要向关键人物送礼，哪怕是一些不起眼的小人物，只要他们有利于你的销售，那么就不妨将你廉价的小礼物送出去。

### 3. 何时送：在人需要时送

雪中送炭胜过锦上添花，这一点对于在销售过程中给客户送礼也适用。对客户多做了解，发现客户有真正的需求时，再给他送礼，而这种送礼的方法又不会与其他的竞争对手相冲突。

### 4. 怎么送：送礼方式要新奇

不管你是否愿意承认，你懂得送客户礼物，同时你的对手也能想到这一点，如果你的礼物太普通，而对手的礼物更能让客户感到意外，那么客户无疑就会选择你的对手。因此，送给客户的礼物还需有惊奇之处，太过平常、普通的礼物很难赢得客户的兴趣，很难从众多的竞争者中收获你想要的订单。

馈赠的作用在于你告诉客户：你在意他们，他们对于你是重要的。恰当地馈赠客户一些小礼物，可以瞬间拉近与客户之间的关系，为你的销售带来莫大的帮助。

## 给客户点小便宜，让你收获大便宜

"滴水之恩，当涌泉相报。"这是从古至今大家都懂得的道理，而一些不懂知恩图报、忘恩负义、背信弃义的人，则往往只会换得人们的恶语相向。因此，在如今竞争激烈的市场中，在谈判桌上，如果能够给客户点小便宜，那么客户很有可能会在接受你恩惠的心理影响下，给予你回报。

小许虽然涉足销售行业时间并不长，但他的销售业绩却名列前茅。但即便是有如此业绩的小许也曾遇到过一个令他头疼的客户。

这位客户姓杨，是一个对销售中的所有环节都要求相当苛刻的人，总会向他们提出一些难以答应的要求，比如价格、送货方式、售后服务以及支付方式等。如果在谈判中，对方反驳他的意见，表示不能答应这么苛刻的条件，他甚至会以威胁的方式一定让对方认可，否则就立即停止谈判，选择和其他公司合作。

小许遇到这位客户时，在谈判中感觉相当吃力，也曾想到要放弃，但是又想到如

果能够将这个客户拿下，那么不仅会给公司带来丰厚的利润，同时自己也可以稳拿一份不错的收入了。于是，为了能够争取到这个大客户，他决定适当地给对方一定的让步，尽可能在能力允许的范围内满足对方的要求。

于是再次拜访杨经理时，他说："杨经理，我将情况都汇报给了领导，领导认真地考虑了您提出的所有要求，他说他非常希望能成为贵公司的合作伙伴，因此，希望大家再开诚布公地进行一次有效谈判。您要求我们负责运输，终身免费帮贵公司维护和维修设备，这些条件我们全部答应，我们也算做出了最大的让步，但是为了保证我们这次合作的顺利进行，希望贵公司能看到我们的诚意，尊重我们的价格范围。我想如果在价格上我们达成了共识，那我们一定可以合作愉快的。"

杨经理听完小许的话，不仅没有反驳，反而因为小许这席话开始对他刮目相看，还说："不错啊，小伙子，看你年纪不大，但业务能力却非同一般啊！这样，就按你说的，我们尊重你们开出的价格范围，不过具体定在多少，我们还要开会讨论一下，因此还需要你静等两天，之后我会给你答复。"

第三天，小许接到了杨经理的电话，杨经理直接就给了他一个比较合理的价格，而且这个价格比小许的预期还要高出不少，这令小许非常满意。后来再次见到杨经理时，杨经理告诉他："你知道我为什么那次那么痛快地就答应了你的要求吗？其实我也知道我们的要求有些苛刻，单就终身免费维护和维修这点，其他公司就做不到，而你既然能在领导面前帮我们争取到这一点，又同意由你们来承担运输问题，也算是给了我们公司不小的恩惠了，如果我再不同意你的要求，就太不近人情了。"说着杨经理哈哈大笑起来，一点也不像那种苛刻的人。

小许之所以能征服这位令旁人看来非常棘手的客户，就在于他在能力范围之内满足了客户的一些不合理要求，从而让客户感觉受了他的恩惠。而受了这种恩惠，他们就将以各种方式加以回报，以求取一种心理上的平衡。

掌握了客户的这一心理，销售人员的工作就可以畅通无阻，因为让客户感到受了恩惠，不仅可以促使客户轻易答应你的请求，还能给客户留下一个热情、友好、懂得关心客户的良好形象。更重要的是，即便是初次见面的客户或是与自己有过节的客户，一旦他们接受了销售人员的恩惠，就会对销售人员产生好感，进而更容易接受产品。

而如今的社会，施以小恩小惠已经让客户处于麻痹状态了，就算客户接受了你送的礼物，他也不一定真的会购买你的产品，这时你又该怎么办呢？

一句话：继续施以恩惠。如今的销售市场竞争异常激烈，客户上午刚收下你的礼物，下午就可能又收到了竞争对手的礼物。因此，如果想让客户有所回馈，一直能够想起你，那么你就需要在礼物上花点心思，让你的礼物够分量，能够与竞争对手的区分开来，并且要长期坚持。这样一来，客户的愧疚感会不断增加，心理的不平衡感也会不断增强。同时不断地送出礼物，也可以表示你对客户的诚意。

让客户看到你是出于真心才对他施予的恩惠，你才能得到客户的信任。因此在送出礼物时，不要忘记对客户说："这是我个人的心意，希望您能收下，而且千万不要有什么心理负担。"因为你越是这样说，客户的心理负担越强烈，越想以购买产品的形式来补偿你。

### 示弱效应，让客户感觉在掌控全局

在进行商品交易的过程中，对待客户如果能够主动示弱，让客户感觉在整个销售的过程中他一直是主角，那么他更能获得一种心理上的满足感，从而更有利于销售的成功。

有些销售人员为了维护自己的面子，绝对无法容忍客户对自己的商品过分挑剔，或者不允许客户对自己提供的服务提出任何异议，一旦客户的意见与事实不相符，他们就会竭力反击，以使客户无言以对。但是，这种观念是不正确的。一个销售人员良好的信誉度不仅是依靠商品的质量上乘、款式新颖、价格适中、功效实用等建立的，还需要拥有热情、谦逊的服务态度。热情周到地为客户服务，始终将客户摆在比自己重要的位置上，善于示弱，这样做能够让客户与自己在达成交易时保持轻松愉悦的心情，让整个交易过程更顺利。

杰克是美国一家汽车公司的销售人员，他对各种型号的汽车性能和特点都非常熟悉。本来，这些是很有利于他的销售的，但遗憾的是，他遇事总喜欢争论。每当遇到特别挑剔的客户时，他总会跟他们争论不休，并且经常把客户说得无言以对，然后他就很得意地对别人说："我又一次取得了胜利，让那些自以为是的家伙们大败而归了！"

但是，经理却时常批评杰克："逞一时口舌之快，只会给你的销售带来负面影响。你越是占上风，就越失职，因为这样你只会得罪客人，到最后还不是什么也卖不出去吗？"后来，杰克慢慢地懂得了这个道理，就变得很谦虚了。

有一天，杰克负责推销怀特公司的汽车，有一位客户十分傲慢："什么，怀特？我看不上这种牌子的汽车，我还是喜欢福特的。像这种烂牌子的车你白送给我，我都不要。"

杰克听后，没有因此生气而与他争论一番，只是微微一笑，说："您说得很对，福特汽车确实很好，设备很棒，技术也很精湛。看来您是内行了，那咱们改天再讨论怀特汽车吧，到时候一定还请您多多指教。"

没想到，几句话不仅留住了客户，两个人还开始了海阔天空式的聊天。杰克趁着这个机会大力夸赞了怀特汽车一番，并最终达成了交易。后来杰克成了美国非常有名的销售人员。

在商品交易的过程中，常常会有磕磕绊绊的情况出现。客户有抱怨，销售人员则恶语相加。虽然有时候，确实是因为客户过于挑剔，但如果这时销售人员也大发脾气、心胸狭窄，就必然会影响双方交易的成功。一个聪明的销售人员通常善于给客户留些余地，懂得主动示弱，以使对方的心理恢复平衡。这样一来，既能赢得客户，又能化解双方的矛盾冲突，可以让客户在一种快乐的心情中购买你的产品。

有个人非常善于做皮鞋生意，别人如果卖一双，他通常可以卖出好几双。在一次交谈中，有人问他做皮鞋生意到底有什么秘诀，他笑笑说："善于示弱。"

接着他还举了实例来证明："有些客人来买鞋子，总是横竖看东西不顺眼，常常把你的皮鞋贬得一文不值。客户会告诉你哪种鞋子是最好的，价格适中，样式和做工是多么精致，说得头头是道，似乎他们是这方面的行家。在这个时候，你如果和他们争辩是没有丝毫用处的，他们这样讲就是为了用相对较低的价钱买到鞋子。而这时，你就应该学会示弱。例如，你可以恭维他的眼光确实很特别，的确很会挑选鞋子，自己卖的鞋子的确有不足的地方，像样式不新颖，不过鞋跟很稳固，鞋底是牛筋底，走路时不会发出响声……你在承认鞋子有不足的同时，从另外的角度也把它的优点夸赞一番，或许这正是他们中意的地方。客户费了这么多的心思在这上面，不正好能表明他们对这双鞋子很满意吗？"

事例中的销售人员之所以能获得最后的成功，就源于他不跟客户争辩的行事方法。

事实也是如此，客户虽然不是行家，但好与不好，他们也是有自己的分辨能力的，假如你总是夸自己的产品好得不得了，就难免会引起客户的抵触心理，从而导致交易失败。而你的示弱，则可以充分满足客户的挑剔心理，这样一笔买卖很快就能做成了。

但需要注意的是，示弱并不代表是真弱，而是要摸准客户的思路，采用一种委婉的方法来俘获客户的心。

## 几乎人人都喜欢听"免费"

作为客户，大概他们最喜欢听的一个词就是"免费"。这一点根本不足为奇，毕竟买东西要花钱，而花钱又是痛苦的。免费可以不花钱或少花钱，这样就会带来快乐。再则，人们对于意料之中的收获可能无动于衷，可对于意料之外的收获却激动不已，免费看起来就是一种意料之外的事情。

商家正是由于摸清了客户的心理，所以就在免费上做文章。比如，他们会搞很多"回馈客户"的活动，如降价销售、发行赠券、发行代金券等。

商家真的这么好吗？他们真的愿意免费做这些慈善活动吗？当然不是，他们没有菩萨心肠，同时也不是慈善机构，所有的商家，无论进行什么活动，都是以营利为目的的。因此，不管他们怎么进行"免费"活动，都是一种吸引顾客的商业运作策略。

我们知道，在一些特殊的日子里，几乎所有的商场或超市都会搞减价促销活动或用购物送购物券的方式吸引顾客。他们会发动一些员工去街边发放宣传单或购物券，或者有些商家为了简便，还专门以各大报纸为载体，将宣传彩页夹在报纸中，或者干脆就以大篇幅的广告形式整版或多版登载在报纸上，这样就可以随着报纸到达各家各户的市民手中。

优惠券或购物券一般是以免费或购物达到一定额度时发放的，比如肯德基曾经有一段时间，只要你点了"全家桶"，那么店内的工作人员就会主动送给你一张有日期限制的优惠券。在有效期内，只要你持此券去肯德基消费，工作人员就会根据上面标注的折扣给你算最终的价格。往往在优惠券价格的诱惑下，人们更愿意前去购买。也因此，发放优惠券或购物券成了一种比较有效的发财之道，虽然商品卖得便宜一些，但却吸引了不少的客户上门，薄利多销，对商家来说，通常是有利可图的。

波恩在华盛顿成立了一家管理咨询公司。在公司刚成立时，没有任何客户上门，为了生存，波恩不得不推销自己。

波恩给以前的大学同学打电话。当同学知道他还没有客户时，就不愿意再理会他。他深刻感受到人情淡漠、世态炎凉的现实，于是他发誓一定要成功。

波恩想，之所以没有客户愿意找他，一定是怕他做不好，怕浪费咨询费。于是，他对外界宣布他可以做免费咨询。首先他拜访了该领域最具权威的一家公司，并为该公司提供了整体工作方案，也帮助这家公司解决了正在面临的几个问题。他的工作和服务得到了该公司经理的认可，该经理表示可以为此付费，但波恩言行一致，他所有的服务完全免费。他很诚恳地说明了自己没有客户的情况，经理表示同情，并愿意为他介绍新客户。

两个星期之后，另外一位老板拜访了波恩，他不仅为波恩的工作所打动，也为他的方法所折服。他问波恩做一年的咨询需要多少费用，波恩提出了一个价格，他们对此进行了磋商。波恩怀着忐忑不安的心情等待着对方的决定。最终，波恩得到了对方的同意。

当然这只是个特例，并不是每个销售人员都可以免费提供他的产品，但你可以免费提供其他的服务和帮助。在销售过程中，让客户真实地体会到一个环节免费的好处，他们就会有购买的心理倾向。

在现实生活中，也有相当一部分人对免费商品或免费服务心生芥蒂，不能心安理得地接受，谨慎地权衡着，生怕其中有什么"阴谋"，让自己讨不着便宜不说，还要遭受损失。这样的担心也是在情理之中的，因为人们可能会有机会体验到"免费的午餐"，但也只是没给这顿午餐付钱而已，除此之外，却不得不为获得这顿"免费的午餐"耗费很多气力或金钱。这样看来，这顿"午餐"还是有成本的。

但是，从商家的角度来衡量，当你为客户提供了一些好处，让客户从中受惠，他会在欠了你的情的负债心理下，总是认为自己应该对你做些什么。

这是一种约定俗成的社会心理，每个人都不自觉地受到它的影响，这种无形的心理意识往往会帮助客户做出购买的决定。

"免费试用"策略，是商家经常会用到的一种销售手段，其效果十分明显。因为送出免费这份礼物，等于给了客户一种好处，也在送出这份免费礼物的同时，迅速拉近了客户之间的距离，就像和客户紧紧地握了一次手，增进了感情，促使客户对你有所回报。

总之，"免费的午餐"不免费。销售人员要善于运用这种隐蔽的心理效应，让客户心理产生压力，促使其尽快做出购买决定。

### 善用别出心裁的纪念品

物质社会，走在大街上或是翻看报纸、打开网页，你会发现诸多类似这样的字眼："值此本店成立 10 周年之际，为回馈新老客户，特举行优惠酬宾活动。"

这些所谓的店庆、周年庆是否有据可查并不重要，商场的真正目的是以此来促销商品。

别人可以，你也可以。只要你愿意搞类似的活动，你总能找到值得纪念的日子或事件，你可以借此促销产品，你还可以为此事特意制作一些纪念品，然后把这些纪念品发放给所有有缘结识你产品的客户。

纪念品可以是一件非同寻常的衣服，可以是挂在墙上的小巧饰物，可以是方便摆在办公桌上的手工艺品，还可以是制作精美的证书。但无论是什么物件，它必须十分引人注目，要使人一看到它就忍不住想问一下"这是谁给的？"

纪念品的造价不应太昂贵，如果成本太高，就不便于随意大量散发了。但造价也不应该太低廉，没有品质的东西别人是不会珍惜、不愿收藏的。

当然，如果你的纪念品做得很漂亮，你不想免费送给客户，也可以成本价销售，这样，你可能在收回纪念品成本的情况下，还起到了促销的作用。

比如保时捷和万宝路就把出售纪念品的活动视为一项主要的赢利业务。但这样做的坏处是由于价格不菲，购买的人有限，影响力有限，起不到口碑宣传的作用。

事实上，与出售纪念品获得一点利润相比，免费散发纪念品获得的价值更大，因为它会为你及你的公司带来良好的口碑。口碑是赚取更大利润的保证，尤其是独具匠心的赠品。

日本最大的赠品公司广森产业公司前社长广森三郎旅美时，在入住饭店的餐厅里用餐。

就在他即将离开的最后一晚，用完晚餐结账时，餐厅经理赠送了他一个系上缎带的小礼物盒及一张卡片，上面写着：

广森先生：承蒙您的光顾，至为感谢。祝您旅途愉快！

广森好奇地打开礼盒，里面装着两打红色火柴盒，火柴盒中央还印上"SHIROMOI"的烫金字样。刹那间，他会心一笑，在他曾经收过的各式赠品中，从没有这么令他感动的。虽然火柴盒上没有印这家餐厅的名字，但每当他拿起火柴盒时，就能回忆起这家餐厅的温情，并不时地向亲朋好友推荐这家餐厅。

能让日本最大的赠品公司的前社长，也就是最专业的赠品专家在一件小小的赠品面前感动，该饭店的赠品策略可谓达到了极致，特别是该赠品只是价值并不高的火柴。为什么小小的火柴作用竟如此大呢？其成功之处有两点：一是能印上客户的姓名，体现了酒店对他的重视和尊敬，体现了这件特意制作的赠品的"独一无二"，这也是个性化营销观念的体现。二是一改在赠品上印商家名称的传统做法，不印任何关于酒店的内容。这份赠品实质上表明了酒店的一种态度：我们不是在做广告，而是真心实意地赠予礼品作为纪念。试想，身为一个大公司的高层领导，谁会收藏一件带有广告性质的物品呢？酒店很体贴地考虑到了这些问题，所以能搞好这次针对重要客户的营销。

### 提供增值服务，赢取客户

在生产越来越集中、规模越来越大、产品成本越来越低的中围经济环境下，很多中小企业都难逃被清理出局的宿命。然而，某地一家小小的鲜奶直销品牌——"诚意"鲜奶，却书写了"中小企业依靠增值服务击退大企业进攻"的完美中国版本。可以说，是增值服务使"诚意"鲜奶屹立不倒。

2001 年，由 4 万元起家、当时仅有 5000 个家庭客户的"诚意"鲜奶老总谢老板与当地一家投资一千多万资产的新奶品企业短兵相接了。这家企业完全模仿"诚意"鲜奶从牧场到社区家庭的鲜奶直销模式。

谢老板主动找上门，与那家企业的老板辩论了整整一天。他极力想劝说对方：生意只是生意，大小企业都有各自的赢利空间。

谢老板最终没能说服对方。然而，那家企业没过多久就因为发展不起来客户，亏损太大而宣布破产了。

又有一次，谢老板面临着更残酷的打击——执法部门把他的"诚意"鲜奶罐车车间查封了。

事件的背景是，当时，中国奶行业的所有知名大企业都下狠功夫开始占领当地的市场，而其中一家居然还使用了"盘外招"：他们到处鼓吹"本地小型奶业企业太多了，严重扰乱了市场秩序"。同时，该地一家在全国很有影响力的报纸也打响了一场"清理、整顿鲜奶市场"的战役。

于是，"诚意"鲜奶的运装箱被发现源于完全不相关的另一家质量不合格的小型乳制品厂，"诚意"鲜奶的鲜奶灌装车间由此就被封了，质量监督检查人员鱼贯而入。

然而，在进行了 36 项技术指标检查后，证实"诚意"鲜奶全部达到标准，这在大型奶业集团中也是难能可贵的。谢老板和他的员工几乎跑断了腿，在最短的时间内把这个结果亲口告诉了 5000 个家庭用户。"这次危机事件发生以后，客户对我们的信任度更加牢固了。"谢老板说。

是什么使这个小企业与同行业的巨鳄斗争却屡次击之不倒？

"是因为增值服务。"谢老板坦诚地说，大企业拥有资源优势和成本优势，甚至有的还拥有全国性的品牌优势，这些优势像他这样的小企业没办法达到。

但是，在鲜奶的消费市场中，始终存在着高忠诚度的客户，他们面对低价不为所动，面对广告轰炸出来的品牌有自己独立的评判能力，同时他们对产品与服务有更高层次的价值需求。这就为像"诚意"鲜奶这样的小企业通过做好增值服务完善产品的整体价值，也为自身的生存与发展创造了机会。

现在"诚意"鲜奶的客户是其他公司抢不走的。

那么，"诚意"鲜奶的增值服务，到底有什么核心内容呢？那就是他们直接销售"挤出来的新鲜"牛奶。

谢老板辞职创业，就是因为看准了一个大企业难有作为的社区服务市场——以"挤出来的新鲜"为卖点，提供从牧场到社区家庭用户的纯鲜奶快速直销服务，使人们重新找回守在牧场奶牛旁饮用原生态的新鲜牛奶的感觉。

但是，谢老板确信，他要做有益于消费者的服务，就要"把好事做绝"，真正、彻底地向客户提供"挤出来的新鲜"；而那些以追逐成本最小化、利润与规模最大化为本性的大企业，则很难在这一较小的市场中付出全部"真心"。

很多小企业在起步之后都想发展快一点，去努力追求更多的客户、更大的规模。但谢老板却意识到：自己处在一个利润很低、目标客户做得很透的行业，不是新诞生的行业，而是在大品牌的缝隙中求生，所以首先要立足，然后才是发展。

谢老板告诉员工："我们的服务重点要从销售产品转移到销售信任，即'诚意'鲜奶要做客户的好邻居，把奶牛牵到邻居家。因为从送鲜奶这一行业的特性来说，本土客户的信任和忠诚度在我们与大企业的竞争中至关重要。"

在"诚意"鲜奶日渐壮大的同时，谢老板意识到，在简单的销售牛奶和服务的同时，他们也在做着一种文化销售。如果在服务中加上了知识含量，它就会在同质中表现出异质，在客户心里刻下难以磨灭的形象。

这种想法源于他的一次偶然发现。有一天，还在上大学的妹妹和她的几个女同学来家里玩。几个女孩闲着无聊，提议到社区去无偿帮他做推销。谢老板不是扫兴的人，这个兴头上要满足她们的意愿，于是没抱什么希望，但出乎意料的是：一个下午的时间，这几个女大学生在与客户你一言、我一语的毫无章法的交谈中，把食用鲜奶的好处和鲜奶的营养知识讲得实用易懂，居然成功地收到了50多家订单。

谢老板一下子想明白了：同样是卖牛奶，这些女大学生的业绩为什么就比自己的员工好很多呢？恐怕除了女孩们有漂亮的外表外，更重要的原因是素质较高的人能在销售产品的同时"销售"出与产品相关的知识。

于是，"诚意"鲜奶又增加了向客户提供营养知识，推行"牛奶文化"这一服务内容。

为了做好这一服务，谢老板除了自己学习充电外，同时定期为员工做这方面的培训，大家一块收集和"切磋"所有与牛奶相关的营养、历史、习俗、行业新动态等知识和信息。

然后，这种"牛奶文化"通过"诚意"鲜奶的服务人员、印刷品、企业网站等多种形式传递给客户。而这种"文化销售"，不但提升了"诚意"鲜奶在客户心目中的地位，还把客户与"诚意"鲜奶紧紧地绑在了一起。

现在，"诚意"鲜奶已经凭借他的真诚服务赢得了无数忠实的客户，人们有理由相信，未来的"诚意"鲜奶一定能取得更大的成功。

# 七、讨价还价，买卖双方的心理博弈

在销售中，讨价还价是很正常的现象。而如何牢牢地掌控客户的心理，在讨价还价的过程中占据主动，并说服客户接受你的价格，就成了这一环节的关键。本章就教给你讨价还价的心理策略和谈判技巧。

## 价格谈判，有时要欲擒故纵

欲擒故纵通常是制造表面的假象，向对方传递一种错误的信息，让对方麻痹，等待时机成熟，再进行反击，从而给对方一个措手不及。因此，欲擒故纵属于三十六计中的攻战计。实际上，欲擒故纵不仅适用于军事上，而且同样适用于销售行业。对销售人员来说，欲擒故纵中的"擒"与"纵"是矛盾统一的，要巧妙地利用这个矛盾，以"擒"为目的，以"纵"为手段，也就是说有"纵"才有"擒"。

销售人员要想成功地向客户推销东西，就要利用"欲擒故纵"的策略。这样做，既能让客户放下戒备心理，又能成功地销售产品，以达到"擒住"客户的目的。然而，在真正销售的过程中，很多销售人员常常急于把商品销售出去，缺乏智谋和策略，最终结果却是"欲速则不达"。

余女士是位售楼经理，她是个很爱面子、好胜心很强的人，而且还是个急性子。为了提高销售业绩，她每天都亲临售楼现场，并且时常加入售楼员的队伍中去。一次，来了一个中年男客户，是一个入行不久的售楼员接待的。余女士通过在一旁倾听，得知这个客户是一位大老板，想买一套300平方米以上的复式公寓，如果交易成功，成交额将达到300万之多。"这可是一条大鱼，一定要紧紧抓住！"余女士心想。

事后她特地找到那位售楼员，详细地了解了一下情况后，她对那位售楼员说："你一定要把这个客户搞定，下次他再来时，你向他推荐一个400平方米的单元，争取成交一套大单元房。"

售楼员说："这样不太好吧，客户说他只想买300平方米左右的，再大的根本不考虑。"

余女士一听就急了："什么不考虑！关键要看你怎么去说服他，你就按我说的做，让他买400平方米的单元楼，搞定后我请你吃饭。"

售楼员为难了："余经理，恐怕真的不行，我怕那样会失去客户。"

余女士打断他的话说："别给我找理由，就按我说的做。做销售要敢于挑战自己，达成别人达不成的目标。"

几天以后，那个客户又来了，售楼员按照余女士的吩咐，推荐给他一套400平方米的单元，可客户无论如何都不肯接受。无奈之下，售楼员只好请余女士亲自出马。

余女士走到男客户面前，只问了一句"您好"，然后就直奔主题："之所以给您推荐400平方米的房子，是因为这个400平方米的单元无论是朝向，还是景观都是一流的，比300平方米的要好很多，我觉得您完全可以考虑我的建议。"

客户笑了笑说："谢谢。"

见客户没有正面回答，余女士有点着急了："怎么样，考虑好了吗？其实您用不着再考虑了，我是站在专业的角度为您做选择的。"还没等客户说话，余女士又继续说道："买房子关键是要住得舒服，钱多一点儿也值！"

客户没有吭声，余女士认为客户是默认了自己的提议，于是说："我等会去把预订书拿来。先生，您今天得赶紧定下来，要不然到明天您想要都可能没有了。"

客户笑了笑说："你别这么着急啊，我有我的考虑，我只想买300平方米的，你偏要我买400平方米的，是不是300平方米的不卖了？"

"这倒不是，我是觉得房子大一点儿，住着才舒服嘛。"

"那是你的想法，多加100平方米，就得多加一百万，这钱你给我出吗？这样吧，我再考虑考虑，过两天再说。"还没等售楼员把预订书拿来，客户就起身走了。

客户这一走就再也没有回来。事后得知，客户本打算那天定下一套300平方米的房子，可是余女士非要他买400平方米的，他对余女士这种强加于人的态度非常反感。相反，客户在另一个售楼中心洽谈时，售楼员根据他的家庭和收入状况，建议他买个300平方米左右的房子，不要太大了，他觉得这里的服务比余女士那里好多了，于是毫不犹豫地订了一套。

余女士之所以失败，主要原因在于她面对客户时太急功近利、急于求成，结果"欲速则不达"。

其实，在与客户沟通的过程中，如果销售人员一味地紧逼客户，往往会让客户吃不消，毕竟一个人承受压力的能力是有限的，过大的压力往往会激起客户的逆反情绪，从而放弃跟你沟通。与其如此，还不如先给客户点儿甜头，等客户上瘾时，再转入实际销售，这就是"欲擒故纵"的营销之术。

某超市正在开展饮水机的推销活动。虽然这款饮水机的款式新颖、方便实用，但价格却很低廉，比其他饮水机的价格便宜近一半，一时间吸引了很多正在超市里购物

的客户。销售人员现场讲解、示范后，当场就有很多客户掏钱购买这款饮水机。

这时，正当这些客户买完饮水机准备离开时，销售人员又说："这种饮水机虽然可以把自来水烧开，但如果有一个净水器的话，所饮用的水会更安全、更卫生，更有利于人体健康。"

导购员的一席话让购买饮水机的客户立刻停下了脚步，有的客户开始向销售人员询问有没有配套的净水器。销售人员告诉客户，这种饮水机的净水器是配套生产的，目前只有这一家商场经营。健康可是人的头等大事，于是一些客户开始询问净水器的价格，销售人员告诉他们，净水器的价格与饮水机的价格差不多。一个小小的净水器竟然与饮水机的价格相当，这多少让客户有些接受不了。但出于对家人身体健康的考虑，这些客户还是再次掏钱购买了净水器。

在这则案例中，销售人员抓住了客户的心理，一开始就抛出了诱人的条件。他知道，如果一开始能以诱人的条件打动客户的心，过后再提出附加条件，客户即便觉得有些损失，也往往会接受。这就是"欲擒故纵"的营销战术。

### 不要接受客户的第一次开价

终于盼到年底休息了，小张邀约好朋友一起到商场买衣服。很快小张看中了一件羽绒服，是一种很流行的款式。小张走过去看了看面料，又摸了摸手感，感觉还不错，于是就试了试，在同伴说好看后，就像店内的导购小姐询问："这件羽绒服多少钱？"

"880元。"导购小姐很清晰地报了价。

"这么贵，便宜点吧，合适的话，我就买下了。"小张在一旁一边继续端详着这件羽绒服，一边跟导购小姐讲着价格。

"那你开个价吧，你多少钱可以拿？"导购小姐让小张先出价。

小张的同事也买过一件羽绒服，跟这件的质料以及手感差不多，而且同事的那件也是800多买的，因此小张说："这样吧，500块钱。如果可以的话，咱们现在就结账。"

见小张如此爽快，导购小姐稍犹豫了一下，说："好吧，见你这么喜欢，就便宜卖给你一件吧，不过我们还从来没有这么低价卖过呢。"

听导购小姐这么一说，小张则开始犹豫了，她没有急着让导购小姐将衣服包起来结账，而是又开始翻看着羽绒服，再一次试了羽绒服，最终以"这件羽绒服穿在身上显得有些臃肿"而打消了购买的想法。

导购小姐虽然有些不悦，但小张没有结账她也不好说什么，只是在旁边不断地说这件羽绒服穿在小张身上真的很合适，一点儿臃肿的感觉都没有。但小张还是没有让销售继续下去，拉着同伴快速走出了那家店，留下导购小姐一个人在店内嘟囔。

同伴很不解，一边走一边问小张："刚才那件羽绒服，穿在你身上的确效果不错，价钱也谈好了，怎么突然又不想要了呢？"

小张此时则诡秘地一笑，说："衣服确实不错，不过你没见她连价都不还吗？我开口说500，她立刻就答应了。我同事前段时间也买了一件差不多的，她买的价格也要800多呢，如此一想，她那件羽绒服肯定有问题，只是我们没有发现，说不定它的绒不够细，穿不了两次就往外跑毛了呢！"

同伴应和着说："倒也是。"

在销售过程中，销售人员跟顾客讨价还价是很正常的事，但是作为销售人员，一定要记住：永远不要接受顾客第一次的开价！就像上例中的导购小姐，本来小张很中意那件羽绒服，但最终却因为她接受了小张的开价使得送上门的生意白白流失了。

其实，上例中导购小姐所犯的错误，也正是很多销售人员最容易犯的错误之一。之所以这样说，就是因为你很轻松地接受了顾客的第一次报价，那么顾客则反过来会怀疑这件商品的价值，甚至开始对质量以及做工都表示怀疑，哪怕这件商品真的无可挑剔，也会在他们内心生出一种反悔的想法。这就是太容易得到的东西，反而会让人怀疑它的真实性。其实在人们的潜意识里，认为自己想得到的东西总是要通过努力才能获得，而对太过简单或轻松获得的则抱有不信任的态度。另外，在讨价的过程中，人们更习惯于那种你来我往、互不相让的架势，而刚一开价，就得到了商家的同意，会让顾客觉得这件商品根本不值这么多钱，还有很大的降价空间，从而继续得寸进尺地向你讨价，此时即便你用尽了浑身解数告诉他这真的是最低价，也无济于事了，如果你不再降价，那么结果就是失掉这次成交的机会。

因此，当客户向你开出第一次价时，无论是否符合你预期的价格，都不要轻易地接受，否则只会丢掉到手的生意。

事实上，在实际销售过程中，有不少的销售人员事先会对顾客有个心理预期，同时也会为自己设定一个价格底线。其实，这种做法是一种非常不明智的选择，很容易导致销售人员轻而易举地接受客户的条件，进而损害自己更大的利益。

小徐做了多年平面设计，对设计图书的封面很在行。一次，一家图书公司让小徐先做出了一套图书的封面后，非常满意，无论是风格，还是色彩搭配，都与内容相符，于是当即就对小徐开出了800元的价格，虽然不算高，但还算合理。当对方报出价格后，小徐有些吃惊，因为这是他所在公司的老板给出的底线了。但是小徐并没有因为害怕失去这样一个客户而爽快地答应，而是跟对方说："您给出的这个价格实在是太低了。这样吧，我去跟经理商量一下，看您的这个价格是不是可以接受，不过我会尽力帮您争取的。"

就这样，过了一天，当客户又打来电话时，根本就没有请示经理的小徐对他说："我和经理商量了一下，和其他的员工也一起讨论了一番，大家都一致认为这个价格实在是有些低，如果我们做的话，不仅白费了工夫，甚至公司还要赔钱进去。所以，您看，如果价格不能再高的话，您只能找别家设计了。"

听小徐这么一说，对方立即说："这样吧，1000元一本，你看你们是否可以接受？"

"是这样的，老板，我们经理给我们的底线是1200元，低于这个价格我们如果接了，就只能由我们自己来承担额外的部分了。您看，我只是一个具体做事的，也确实没有别的办法能帮您了。"

小徐只是试探性地跟对方说，因为他知道自己的设计是被客户认可的，如果可以的话，他就能够收获不小的提成了。没想到，对方只是稍微犹豫了一下便说："那就这样吧，1200元一本，先帮我们做5本书的封面吧！不过我们要求每本书的封面风格都基本一致，但不要俗气，要有新意。"

就这样，小徐轻松地拿下了一个客户，为自己赢得了一笔不小的收入。

作为销售人员的你一定要牢记：永远不要接受客户的第一次开价，否则丢了生意，少了提成的只有你自己！

### 谈价时要勇敢地说"不"

人们的要求总是永无止境的，想做个有求必应的人并不容易，很多时候你想对对方说"不"，却不好意思说，于是就轻易承诺了自己无法履行的职责，这不仅会给自己带来很大的困扰，同时会造成沟通上的困难。还有一些人虽然了解事情难办，有意拒绝对方，却让拒绝有些模糊，比如说："这件事很不好办啊！"但是这样的答复，很多时候会让对方误认为你答应了，而一旦你到时候没有按照他们的意思办到，就很容易被对方埋怨。

在销售中，与客户的沟通也是一样。有不少的销售人员为了实现销售目标，不断地说服客户，希望他们能够认可自己的产品以及服务，同时接受产品及服务的价格等。当然，销售人员的销售目标明确无可厚非，但每次与客户沟通时都扮演"接受者"的角色，却让他们不敢对客户说"不"，唯恐流失了一个客户。这种不敢说"不"的举动，往往只会适得其反，最后当客户的要求无法被满足时，买卖也就泡汤了。因此在遭遇一些无理要求，或是遇到客户将价位压到底线以下时，作为销售人员的你，就要想办法拒绝。

在销售中，拒绝也要讲求方式方法，因为恰当的拒绝不仅不会给你带来没必要的困扰，同时还可能让生意成交。

### 1. 拒绝时巧用幽默

如果在与客户的沟通中巧妙地加进幽默的元素，很容易让你的话具有感染力，从而轻松地应付各种尴尬的局面，就算无法立即让客户接受你的论断以及你的产品或服务，但是总可以舒缓一下紧张的情绪和气氛，从而促进双方的关系。尤其是在讨价还价的过程中，当双方陷入僵局时，幽默就成了最有效的润滑剂。例如，如果有些客户一再地压低价格，那么销售人员不妨这样说："恐怕您得先帮我找份工作了，否则我以这个价给了您，公司也就该解聘我了。"如此一说，客户也就不好再坚持用超低价格购买你的产品了。也就是说，幽默是一种很有效的拒绝方法。

### 2. 拒绝的同时给予补偿

这天，小冯来化妆品专柜买保湿精华乳。当发现自己喜欢的精华乳后，小冯问柜台内的销售人员："这瓶保湿精华乳打折吗？"

销售人员很爽快地告诉小冯："可以打九折。"

"才打九折啊，打个八折行不行？我一直用这个品牌的化妆品。不过以前买的价格不仅比这个低，而且还直接打八折。"

"如今物价都上涨得很快，以八折的价格确实没办法拿货。要不这样吧，看您也确实诚心购买，打完九折后，我额外送您一个实用且美观大方的化妆包吧！这样您以后出门，携带化妆品就方便多了。"销售人员显然在尽量补偿小冯心理上的价格落差。她这一招可谓十分好用，当小冯看过化妆包后，非常喜欢，并且立即按九折购买了保湿精华乳。

在销售中，无论你的拒绝是直截了当的，还是温和婉转的，都会令客户产生不快，毕竟你的拒绝令客户的目的最终不能实现。因此，销售人员在不得已的情况下，婉言拒绝客户后，要尽量像上例中的销售人员一样，在自己力所能及的范围内给予客户其他方面的优惠，让客户感觉自己获得了补偿，用这种补偿去淡化客户心中因被拒绝而产生的不快，如此不仅可能会促使交易的成功，甚至还能为自己赢得长久的客户。

### 3. 委婉地暗示客户

当你认为对方给出的价格确实让你无法接受时，你可以采用一些说法来暗示客户，委婉地告诉客户，他的条件不可能实现。此时你可以这样说："如果我们采用劣质材料，并在生产过程中降低成本的话，我想我们应该可以满足您开出的价格，不过现在真的不可以。"利用这种委婉的暗示法，不仅达到了对客户说"不"的目的，同时也顾及了客户的颜面，使客户更容易接受。

### 4. 先给实惠再拒绝

有些时候，销售人员若想既留住客户，又能拒绝客户，并且在关键问题上得到客户的认可，可以先在一些无关紧要的问题上做出适当的让步，这样可以让客户慢慢地感受到你的诚意，同时也能让客户在关注这些小的让步时淡化关键问题。当然，与此同时，销售人员要让客户明确地了解到：即便给您这些小恩小惠，我也是非常艰难和无奈的，而且这其中还可以通过请示领导、拖延时间以及示弱等方式，让客户感到这些让步确实很难得。接下来，销售人员再告诉客户，他的价格确实压得太低了，从而拒绝客户的要求，就容易让客户接受了，同时还可能让客户改变立场，从而愿意接受销售人员的价格。

鉴于这一点，销售人员还可以灵活运用，即使客户所提的条件是可以实现的，但为了获得忠实的客户，你也可以不立即答应，而要让客户认识到你是在做了艰难的决定后才为他做出的让步。需要注意的一点是，在做让步时一定不能表现得太轻松自然，否则只会让客户认为你还有更大的让步空间。

在与客户讨价还价时，一旦遇到确实无法接受的条件时，无论采取哪种方法，都要勇敢地说"不"。

## 巧报价，让客户感受到优惠

销售的核心是顾客。各大商家为了吸引顾客的注意，可以说使尽了浑身解数，但效果似乎并不理想。在众多吸引顾客的技巧当中，"价格战"是运用最多、最广的一种。但是，谁都知道，"价格战"是把双刃剑，往往杀敌一千，自损八百，赢得了顾客，却丢失了利润。

其实，在很多人的意识里，低价格代表了低品质、低品位。在这个日益讲究品位和档次的时代，应该说"价格战"是个错误和失败的策略。

作为商家和卖场的导购员，应该明白这样一个道理：顾客并不是想购买便宜的商品，而是购买便宜的感觉。比如说，同样一款腰带，一个标价 400 元；一个原价 1200 元，现价 400 元，你觉得哪个会卖得更好？肯定是第二个。因为谁都不希望自己低别人一等，穿的都是便宜货。

所以，销售的最大技巧在于给顾客一种赢的感觉，让他感觉自己占了大便宜。只要做到了这一点，你就能做到不销而销。这个策略尤其适用于报价。

庄先生经营茶叶生意已经二十多年了，在这二十多年中，周围的其他家茶叶店铺换了一批又一批的主人，唯独庄先生的店铺坚持下来，并且生意越来越红火。庄先生到底有什么销售的独门秘籍？

在庄先生刚开始经营茶叶生意时，因为基本上没有什么竞争对手，他一路顺风顺水，根本不用费多大力气就可以将新近的茶叶很快销售出去。但是没过两年，或许是看到庄先生的生意很红火，很多人都认为茶叶生意好做，于是接连在庄先生的店铺周围又开了好几家茶叶店。这下庄先生的生意受到了重大的冲击，茶叶再不像以前一样好卖了。

过了几个月，眼看自己的茶叶滞销，庄先生很着急。冥思苦想之下，他想出了一套巧妙报价的方法，认为这样肯定能吸引不少的顾客。

庄先生往常都是很规律地将店内的茶叶按20元、50元、150元等不同的价格陈列出来，但现在庄先生不这么做了，虽然也有这些价格，但他在50元的茶叶旁立起了一块警示牌：原价150元，现价50元；然后又在150元的茶叶旁写着：原价450元，现价150元；而将20元的茶叶直接升价为50元。

进店的顾客看到原价150元的茶叶竟降价到50元，虽然有些质疑，但经过几种茶叶品尝比较之后，确实原价150元的茶叶比标价50元的好喝，而原价450元的味道更清香。再加上庄先生告知顾客，都是因为市场竞争才导致他如此降价，让客户更容易相信庄先生确实是因为周围店铺带来的压力才如此定价的。于是标价50元的茶叶基本上没有人买，而原价150元和原价450元的茶叶却不断地迎接着新老顾客。

就这样，掌握了一套独特的报价秘籍的庄先生，让自己的店铺在二十几年中顺利地生存下来。

庄先生的案例就说明，商品的价格并非一定如教科书般定价，其他的因素甚至比成本和效用更重要。其中，心理因素成了关键。

当商品不再是单纯地用于日常生活消耗的商品时，其附加的功能、作用、价值不断增加，如心理暗示、财富提示、地位象征等。奢侈的消费品则通过高价格体现了消费者的财富、文化、地位、尊严等。在上例中，之所以人们更倾向于原价150元和原价450元的茶叶，就是因为人们感觉买150元和450元的茶叶更有面子，而且庄先生有关竞争的解释，让客户更感觉自己确实捡到了大便宜。

价格永远是销售过程中最敏感的问题。客户永远是追求物美价廉的，而销售人员

则更愿意让自己的产品卖出一个好价钱。因此，销售人员就要注意：你不一定非要将商品的价格压得很低，只要想办法把便宜的感觉卖给客户，让客户心理上感觉占了便宜，就算做到了成功销售。

## 巧妙降低客户对价格的敏感度

一件商品只要你拿到市场上去卖，不管你的商品定价多少，一定会有人说价格太高了。这恐怕是每一个做销售的人员都经常会遇到的问题，同时也是一个最大的难题。虽然你的商品已经够便宜了，但顾客可能还会说"我刚刚还发现比你这个更便宜的""价格太高了，还是等价格降下来时再买吧""价格真高，我还是想要买便宜点儿的"等。面对顾客不断提出的反对意见，如果你还继续保持原价不变，就必须要用一定的策略来说服对方，并向对方证明你的价格是合理的，你的商品是物有所值的。"金额细分法"就是一非常有效的报价策略和技巧。

"金额细分法"是由世界杰出的十大推销大师之一的齐格·齐格勒从他的妻子那里学来的。

当时齐格和妻子刚到达拉斯，急切需要购买一套属于自己的房子。但在房屋中介商的介绍下，他们夫妇看了不少的房子，却没有一套是令他们满意的。齐格总觉得中介商的报价太高，简直就是勒索。后来他和妻子仔细分析了一下，最后确定购买房子的费用最多不能超过8000美元。8000美元在现在确实不算什么，但在当时却是个非常大的数目。

在不断寻找合适的房子的一天，妻子兴致勃勃地告诉齐格，她找到他们梦想的家园了，她兴奋地说："它真是棒极了！拥有3个房间，不仅有我们的独立卧室，还有孩子们的卧室。这个房子占地非常大，宽敞的后院足可以建一个我们全家人都很喜欢的游泳池。房间是装修好的，除了配备了床以外，每个房间还都有一个大衣橱，这样就解决了我们不少问题。"

齐格听着妻子的描述，脸上也浮现出了喜悦的神色，他问价格是多少，但他的妻子依然兴高采烈地说："房子的客厅真是大得不得了，车库也很宽敞，我们的两部车现在可以不用发愁没有地方停了，除了停两辆车，我们所有的工具都可以存放在里面。还有，我们俩睡的主卧非常大，现在我们必须准备一部可以坐在上面操纵的吸尘器了。"

"这套房真的不错，但是，它要多少钱？"齐格忍不住再次问道。

"18000美元，亲爱的。"

"18000美元太贵了，超过了我们预计的8000美元一倍还多啊！"

"但是，亲爱的，我知道你一定会爱上它的。它的好处我还没说完呢，最棒的还有你可以在车库空余的11平方英尺的地面上，盖一间小型的办公室，这样你就可以在里面静静地思考和写作了，你也不用担心孩子们不断地打扰你了！"

经过一番讨论后，齐格决定亲自去看看这栋房子，妻子也非常愿意带他立即去看。

先看到了房子的外部结构，确实很漂亮，以至于齐格想马上买下来，但还是认为价格太高。齐格那时也有一定的销售经验，于是他就以在自己销售生涯中潜在客户对待他的方式去对待那名销售人员。即便他确实对房子很感兴趣，而且内心兴奋不已，但表面上依然呈现出一副非常冷淡的态度，似乎他根本没有兴趣要买下它。

但是妻子在旁边不断地鼓动他一定要参观一下房子的内部，齐格答应了妻子。在参观的整个过程中，他的妻子都非常兴奋，甚至她的热情高过了带他们看房的销售人员，以至于还描绘起了他们住在这所房子里的美好情景，仿佛此时此刻这所房子已经是他们的了。参观结束了，销售人员也去工作了，妻子此时问齐格："亲爱的，你是不是也和我一样，非常喜欢这所房子？"

"没错，这真是一个漂亮的家，但问题是，你知道的，我们现在根本没有能力负担这所房子。"

听完齐格的话，妻子并没有直接回答，而是说："亲爱的，你认为我们要住在达拉斯多长时间呢？"

"至少30年吧！"齐格说，当时齐格已经40岁，他认为他的寿命至少还有30年。

"那么18000除以30，每年需要多少钱？"她问。

"600美元。"齐格清晰地答道。

"那么一个月要多少钱？"

"一个月50美元。"

"一天多少钱？"

"一天约是1.7美元。亲爱的，你问我这些做什么？"齐格说。

"那我能再问你一个问题吗？"齐格已经一步步陷入了妻子设置的陷阱中，但他还是说："当然可以。"

"那么，亲爱的，你愿意每天多花1.7美元拥有一个快乐的太太吗？而不只是一个太太而已。"

齐格这时已经完全被妻子说服，最终决定买下这所房子。

妻子之所以能说服齐格买下这所房子，就是因为她巧妙地运用了"金额细分法"，让齐格认为买这套房子绝对物超所值。

"金额细分法"的最大好处就是可以让客户降低价格的敏感度。

地毯专卖店内，店员正在向一位顾客介绍地毯。过了一会儿，顾客向店员询问价钱，此时店员很诚实地回答说："每平方米 24.8 元。"顾客一听，只是默默地说了句"太贵了"就转身走了。

望着顾客远去的背影，地毯店老板款步走出来对店员说："以后有顾客再问价时，你应该这样回答：'如果铺在您卧室的地板上，只需 1 毛多钱。'"店员听完一脸迷惘。

老板继续说："这种回答不仅可以激起客户的好奇心，能够让你借机向他继续介绍产品，而且能让客户感觉很便宜。"

"但是我们的地毯明明都是几十元钱一平方米的啊，怎么就变成 1 毛多钱了呢？"

"人们的卧室一般在 10 平方米左右，如果像刚才的那种地毯那样，每平方米价格 248 元，以地毯 5 年的寿命来算的话，每年 365 天，这样每天花费不就是 1 毛多钱吗？"

店员点头称是，在以后的销信中，他利用"金额细分法"确实为专卖店，同时也为自己赢得了不小的收获。

"金额细分法"虽然可以为你带来收益，但在运用时应该注意以下几点：

**1. 对客户任何的负面话语听而不闻**

运用"金额细分法"说服客户，要非常有自信，而对于客户的负面话语，要想办法拒绝。就像齐格的妻子，当齐格说他们的能力有限，负担不起时，她不断地讲着房子的"最棒"之处，而拒绝听齐格的话。很多销售人员通常在客户有异议时就打住了，其实明智的做法是聪明地听而不闻。

**2. 满怀自信，不要与客户争辩**

之所以齐格的妻子能够顺利说服齐格，就在于她没有表现出一点儿防御的态度，也没有和齐格争辩或敌对；而是在整个过程中，都满怀热情和自信，她相信她一定能说服丈夫买下这所房子。即便当齐格说无力负担时，她也没有加以辩解。但很多销售人员却很容易在这点上犯错误。

**3. 报最小单位的价格**

例如，成箱的啤酒 36 元，很容易让顾客感觉贵。但如果销售人员告诉顾客 1 瓶为 15 元，那么就可以让顾客接受，并且不容易留下高价的印象。

**4. 尽量报带零头的价格**

销售人员在向顾客报价时，要多报一些带零头的价格，像几百几十几元几角几分，不仅让价格更具体，让顾客相信定价的精确性，还可以在与顾客讨价还价的过程中，将零头作为讨价还价的筹码，制造一种"让利"给顾客的假象。

在你和客户谈到买卖的敏感话题——产品的价格时，最明智的做法就是想办法把金额的总数分解成客户将获得的利益，从而淡化客户对价格的敏感度。

### 开价要高于实际想要的价格

无可厚非，有关价格的"讨论"经常是买卖双方争论的焦点。在任何一次商品交易中，价格的"协商"通常都会占据整个交易过程70%以上的时间，很多交易都是因为双方价格上的分歧而最终导致不欢而散的。

通常来说，作为卖方的销售一方总是希望以较高的价格成交，而作为买方的客户则更希望以较低的价格成交，这是商品买卖中一个非常普遍的规律，存在于任何一次商品买卖中。基于买卖双方的不同利益，在价格上要想达到双方共赢的局面并非一件易事，这就涉及销售人员的报价技巧。销售人员要想取得交易的成功，必须掌握高超的报价技巧，尤其是第一次报价尤为关键。

"好的开始是成功的一半。"销售人员在第一次向顾客报价时，必须要花费一些时间和精力进行全盘思考，不能信口雌黄，否则，开价过高可能会导致交易失败，而开价太低又不能制止客户的讨价还价，同时还可能会引起客户对产品的质疑。总之，他们不知道你的价格底线，不管到什么时候，都会认为你是在"漫天要价"，于是就在价格上与你"杠"上了，直至能够完全满足他们的心理需求为止。

那么，销售人员如何把握第一次报价才能让客户信服呢？一条亘古不变的黄金法则就是：开价一定要高于实际想要的价格。

在销售过程中，报价有可能先由销售人员提出，也有可能先由顾客提出，只不过各自的角度不同：从销售人员的角度来说，报价是最高的可行价；而从顾客的角度来说，则是最低的可行价。而销售人员的报价则是顾客极为关注的。

但是，为什么销售人员第一次报价一定要高于实际想要的价格呢？其原因主要包括以下几点：

#### 1. 首先设定了一个最高限度

销售人员首先报价就给顾客定了一个最高的限度。这个价位一旦报出口，不论顾客是否一下子就能接受，都不能再提出更高的要价了，而作为买方的顾客也绝对不可能再接受比此更高的价格。

#### 2. 让对方对产品留下一个好印象

销售人员的报价在一定程度上可以反映产品的好坏，而高报价可以让顾客在脑海

中对商品留下较好的印象和评价，认为这件商品对方既然报这么高的价，一定是一件不错的商品，接下来就要看看它到底值不值这个价钱。

### 3. 留下让步的空间

我们说，顾客总有一种"占便宜"的购买心理，销售人员的报价高于实际想要的价格，才能为接下来的讨价还价留有余地，才能让顾客感受到"便宜"。否则，你一口就将价格定死了，很难让顾客信服。

因此，对销售人员来说，第一次开口报价越高，可能带来的好处就越多。在销售实践中，销售人员喊价越高，成交的价格水平往往也会越高。

而对顾客来说，都认同"一分钱一分货"的道理，因此大部分人在判断商品价值时，不会花很多"闲工夫"去分析企业的生产成本、人力成本以及销售渠道等问题。而第一指标依然还是以商品的定价为依据，也就是说，销售人员报价高往往意味着商品价值高。以冰箱来说，国产电冰箱中"海尔"的售价可以说是最高的，并且海尔冰箱很少进行打折销售，但其销量却始终遥遥领先、名列前茅，顾客的口碑也最佳，这就说明了高价格往往意味着商品或服务的附加价值高的道理。

开价多高还要合乎情理。销售人员在第一次向顾客报价时，喊价高，就可以达到一开始就削弱顾客信心的目的，同时还可以趁机弄清楚对方的实力和立场。但销售人员要注意的一点是，不能漫天要价、信口开河、随心所欲，否则超出了顾客的心理承受范围，最终的结果只会将顾客吓跑。

而如果有些销售人员既想卖个好价钱，又不愿意与顾客每次都进行焦灼的较量，不妨开始就为商品设定一个高价格，并且在面对顾客的让价要求时，不要急于跟顾客讨价还价，而要这样对顾客说："先生/小姐，我非常理解您的心情，当然，谁都希望能以最低的价格购买到最好的商品。不过，您可以绝对放心，像您看中的这款商品，我们每天能卖 N 套，从来没有降过价。如果降价，一是公司不批准，降价销售我是要被开除的；二是销售不公平，我们这个商品在全国市场都是按统一价格销售的……"这样说，不但会让顾客感到物超所值，增强他的购买信心和决心，还能让顾客感到很有面子。这样一来，顾客自然就不会再跟你讨价还价了。

其实值不值、贵不贵都是顾客的主观感受，如果顾客感觉那款商品值，即使花再高的价钱也愿意；但如果顾客感觉那件商品不值，就算你让他花一元钱去买，他也会感觉很贵。因此，事先设定一个高价格，并在叙述中让顾客了解这是一种很畅销的商品，就不难将商品卖出去了。

然而，作为买方的顾客，很少有你要多少就给多少的，一番讨价还价后，他会要求你尽可能多地让价。这是销售人员在销售工作中经常遇到的问题，那么到底让不让呢？如果销售人员立即让了，并且幅度很大，会让顾客感觉你的要价"水分"太多，进而对商品的质量表示怀疑；但如果不让，顾客又会觉得心里不高兴，觉得你这个人不好说话，一点儿商量的余地都没有。面对这种两难的境地，无论利润空间有多大，销售人员应该采取的最佳策略就是先故作矜持，然后摆出一种在顾客的一再"紧逼"下不得不一步步缓慢让价的态度，并且要让顾客知道让价的理由。只有让顾客觉得降价是经过他的奋力争取得来的，他才会有成就感，才会乐意购买。

这样的降价，一方面满足了顾客的"降价自尊心和成就感"，另一方面也向顾客表明了你的态度——我们的降价空间已经很小了，不能再往下降了！经过这样一番你来我往的讨价还价，交易达成后，顾客是满意的，你自己也是满意的，因为你们双方都收获了自己心理价位以内的"优惠价格"。

### 如何让客户情愿接受高价

在现实生活中，有很多客户买东西并不是出于自己的生活需要，也不是拿来送人，只是买给周围的人看。这就是人们的虚荣心在作祟。在虚荣心的影响下，客户的消费能力有时甚至会超过自己的支付能力，因此销售人员完全可以利用客户的这种虚荣心提升自己的销售业绩。

喜欢炫耀的人做事习惯讲排场、摆阔气、与别人攀比，并努力在人前证明自己更强，因而就努力地表现，不为别的，只为获取心理上的满足。表现在消费方面，就是不管买什么东西都讲究最好、最独特、最能体现身份的，以此来渲染自己有别于别人的身份，以引起他人的关注。

受炫耀心理的影响，一些爱慕虚荣的人在消费时从来不计较价格的高低，哪怕超过了自己的经济承受能力，他们也要打肿脸充胖子，死撑到底。因为其购买目的并不是追求商品的使用价值，而是极力想用消费行为证明自己的财富或权力。而商品的价格恰好就具备了很好的排他性，能够明显地体现出个人的收入水平，从而表现自己的尊贵。

在美国纽约的一条大街上，有个叫汤姆的老板开了一家服装经销店，门面不大，生意也一般。但一心想发财的汤姆很想扭转这种生意冷清的局面，于是就高薪聘请了一位高级服装设计师，经过一番精心设计，一种新款的、适合年轻人穿的休闲西装上市了。

汤姆对这一产品寄予了很大的希望，希望通过这款西装能改变自己经营不景气的状况。为此，他投入了大量的资金，首批生产了 2000 套，每套成本为 64 美元。基于迅速打开市场的需要，汤姆采取了低额定价的策略，将每套西装定价为 104 美元。可以说，这个价钱在西装产品中算是很低的。汤姆想，凭着新颖的款式和低廉的价格，一定可以为自己赢来开门大吉，赚个好价钱。

于是他亲自上阵指挥，大张旗鼓地叫卖了一个星期，过往者看到不小的销售场面就过来凑热闹，但购买者却寥寥无几。又继续卖了一个星期，境况还不如前一周。为此急昏了头的汤姆又狠下心来，决定将每套西装再降价 10 美元销售。两个星期过去了，西装销售依然不见起色。最后没办法，汤姆只好咬着牙，又降低了 20 美元的价格。这样一来，就相当于他们前期的工作基本上都白做了，即便西装全部卖出去，也挣不了多少钱，但即便如此，销售状况仍然没有任何好转。向来不服输的汤姆最后真急了，他顾不得太多，总不能让这一大批的西装积压在仓库中，于是就组织所有员工进行清仓大甩卖，每件 50 美元，连成本费都不顾了。虽然这种销售吸引了不少顾客，但销售状况依然不见好转。

彻底绝望的汤姆自认倒霉，索性也不再努力了，反正高低都卖不出去，于是他改变策略，不再低价吆喝着销售了，而是让员工在销售专卖店门口竖了一个广告牌，上面写着：本店销售最新款式西装，每套 40 美元。至于是否能销售出去，汤姆打算听天由命。谁知以如此低的价格卖，还是无人问津。

就在这时，汤姆的一位朋友来看他，见汤姆正在为积压在仓库中的新设计的西装犯愁，就笑着轻松地为他支了一招。

朋友这招很简单，就是在 40 美元前多加了个 10，这样一来，每件 40 美元的西装就变成了 1040 美元，价格一下子高出了数十倍。汤姆表示怀疑，对朋友说："我开出那么低的价格都无人问津，这么高的价格更别想着有顾客光临了。"谁知就在广告牌竖起的第一天，就有几位顾客上门来看西装，而且最终都很爽快地以这个价格买了回去。随后更是有不少的顾客陆续前来购买西装，而且不少的购买者一边挑选西装，一边啧啧赞叹着新颖的设计和精致的做工。甚至还有顾客一下子就买两三套，说是为了换着穿。就这样，汤姆的生意空前兴隆起来。不到三个月的时间，第一批生产的 2000 套西装就基本上销售一空了。

差点血本全无的汤姆转瞬间发了横财，但是他在高兴得手舞足蹈的同时，还是有些"丈二和尚摸不着头脑"，于是他前往朋友处请教原因。朋友告诉他，人们大多有虚荣心，这种心理让他们对廉价的产品不屑一顾，而最初汤姆的低定价正是触犯了这一忌讳。

休闲西装的主要销售对象是那些喜欢追赶时髦的年轻人，他们的购买心理特点是讲究商品的高档次、高质量和时髦新颖。年轻人对服装的需求不仅讲求新，而且讲求派头，为的就是满足自己的虚荣心和爱美之心。在开始时，虽然汤姆的休闲西装款式新颖，但因为定价太低，却无法引起年轻人的兴趣，因为在他们看来，这款休闲装根本不上档次。而当价格提升后，他们就误以为价高货真，而且符合他们贪慕虚荣的心理，于是踊跃购买，让汤姆大大地赚了一笔。

虽然说炫耀型消费并不值得提倡，但在实际生活中，就是有不少人怀有这样的心理，毕竟奢华和高档商品在某种程度上可以体现出尊贵的身份或较高的社会经济地位，让自己能够得到他人的羡慕和重视，从而获得心理上的满足感。

对于这类爱炫耀，而且有强烈虚荣心的顾客，销售人员要善于对其进行积极引导，可以专门向其推荐一些比较高档的商品，善于给客户以心理上的满足，并多对客户进行恭维。

秦小姐是一家时尚服装店的销售人员，虽然工作时间并不长，但是她勤奋聪明，很快就精通了待人接物之道，加上开朗大方的性格，很受顾客喜欢。

一天，一个年轻时尚的女孩来到了秦小姐的服装店，两个人的年龄相仿，秦小姐主动过去招待她。

凭借着自己的销售经验，秦小姐看得出眼前的这个女孩是个富家女，因为从她的穿着打扮上都透着高档。于是秦小姐绕过平价区，直接带顾客到了高档服饰区，并给她介绍了几款新进的款式。年轻女孩很喜欢，认为秦小姐很会做生意，很懂顾客的心思，于是就与她攀谈起来。在谈话中，秦小姐了解到这个年轻女孩刚走上工作岗位，是个白领，每月的收入不菲，但同时也是一个很会花钱的人，喜欢炫耀。

秦小姐了解了顾客的心理后，很真诚地夸奖她有眼光、有品位，还说年轻人就应该把自己打扮得时尚一点。年轻女孩听完很开心，一连试了好几件衣服。这时秦小姐又给她介绍了一件高档的连衣裙，女孩试过以后感觉很好。此时秦小姐边向她投去美慕的眼光边说："你穿上这条裙子真是既高贵又时尚，还特别显身材，我要是有你这样的身材和高收入，一定会买很多这样漂亮的衣服，可是只能美慕你了。"女孩听了别提多高兴了，自己的虚荣心也得到了极大的满足。接下来就不用说了，一件标价800多元的连衣裙轻松地被秦小姐卖出去了。

因此，作为销售人员的你，如果能够看出哪个客户是带着虚荣心理来购买产品的，那么只要你稍微动点心思，提升销售业绩就不是困难的事了。

## 让自己的让步有价值

如今的市场，竞争异常激烈，为此有不少的销售人员为了能够打动客户，就在价格上做一些善意的让步，以为这样就能让自己拿到一大笔订单。其实，很多时候，这往往只是你自己的梦想，现实的严酷总会让你备受打击。因为，在你做出让步，没有任何要求的前提下，客户会更加有恃无恐、寸土不让。不仅如此，客户还会在此基础上，要求你进一步让步，否则买卖就不可能成交。

其实，人们都有一种"有付出才有回报"的心理，在你为客户做了一定的让步之后，必须要及时索要相应的回报。如果你不但没有索要回报，甚至还继续让步，那么只能说明你的付出是虚假的。因此，销售人员在价格上对客户让步时，必须做到以下几点：

### 1. 没回报不退让

一些销售人员为了能留住客户，有时候还没等客户开口，自己就迫不及待地开始降低价格了。结果接下来客户一而再，再而三地要求销售人员降价，否则谈判就此终止，以至于最后已经到了销售人员的底线，客户还是不满足，最终迫使交易不得不以失败告终。

因此，在销售中，让客户首先提出降价的要求，不管客户给出的价格是否在合理范围内，你都不要急于成交，不妨先给客户一点儿让价空间很小的感觉。可以问问客户打算买多少，比如，顾客买衣服，你可以问顾客是单件买，还是打包批发，如果是打包批发可以满足他的要求，但如果只是购买一件，那么就不能按照那个价格走。再比如，当顾客购买饮料时，如果顾客要求适当降价，此时你可以问他是想买整箱还是买一瓶，如果买整箱的饮料则可以在原价基础上稍降价。这样做，就是为了得到你应有的回报，同时还可以阻止客户没完没了地降价。

一家知名大型超市即将在北京开业，各厂家供应商蜂拥而至。小魏代表一家并不知名的品牌也来跟超市的采购部杨经理洽谈。好不容易接近了对方，起初对方还算热情，但当得知小魏代表的公司只是一家不起眼的小公司后，谈判开始变得异常艰苦，对方甚至不给小魏任何说话的机会，并且在最后表示："如果你们想进入我们的超市也可以，不过有一个条件，那就是我们要求60天货款到账。"这个条件让小魏很难接受，因此谈判就此陷入了僵局，随时都有破裂的可能。小魏为了缓解这种僵持的局面，自行终止了这次谈判，说下次再来拜访。

事后，小魏经过多方了解才得知，这家超市正常的货款账期只有30天，小魏也知道，之所以超市采购部的杨经理给他们要求 60 天的货款到账期，就是因为他们的品牌不知名，进入超市后，如果消费者不买账，那就得被迫下架。

但是小魏并没有就此罢休，他还是希望自己的产品能进入超市，一来可以扩大销售，二来最重要的是可以借助这家大型超市提高自己品牌的知名度。于是这天他再次找到了杨经理。

这次的谈判不像前一次那样艰难了，当小魏再次简单介绍了自己和自己的产品后，杨经理改变了他一往强硬而刻薄的态度，说："这样吧，上次你走后，我对你们的产品也做了一下了解，发现在外地的销售量还算说得过去。不过毕竟你们的品牌知名度不够响，进超市后不仅很难与其他品牌抗衡，甚至还会遭遇消费者的冷遇。到时候我们双方都是做赔本买卖。这样吧，如果你们的产品真想进超市的话，那就提供一套现场制作的设备吧，这样不仅可以吸引不少的消费者，还可以就此提升你们产品的知名度。"

听完杨经理的话，小魏虽然知道公司库房内确实还有一套设备可以使用，但想到上次杨经理谈到了 60 天账期的要求，就没有直接答应，而是说："提供设备的事，我回公司后会尽力和各位领导协调，而且会在最短的时间内给您答复。不过您现在可不可以给我一个正常的货款账期呢，就是因为我们的产品不知名，所以我们的进店价格已经非常低了，如果货款账期还是 60 天的话，对我们公司的资金周转就构成一个很大的威胁了。"

杨经理说："这样吧，只要你们能够提供一套现场制作的设备，我就按正常账期给你们结款。"

销售人员在价格上对客户做出让步时，要明确地让客户知道你让步是为了什么，更想获得什么，如此一来，客户才能给予你积极的回应。就像上述案例中的小魏，他做出了让步，但同时也把将 60 天的货款账期改为正常账期的目的明确告诉了超市采购部经理，从而最终达成了一个双赢的局面。

### 2. 适当退让，让客户感觉占了便宜

喜欢占便宜是人们普遍的一种心理，在销售中，如果销售人员利用人们这种贪图便宜的心理，在销售产品时，适当地做出价格上的让步，让客户占便宜的心理得到满足，就很容易促使交易成功。

### 3. 不轻易让步

销售中的讨价还价是必然的，但是销售人员除非在迫不得已的情况下，否则不要轻易让步。在销售中，最重要的是掌握客户的信息，当你对客户的信息掌握差不多时，

也确定对方真的不会再大幅度提价时，再做出适当的让步。

### 4. 让步要讲原则

在销售过程中，并不是你抓住了适当的时机做出让步就能成功了。真正的成功销售其实包括很多方面，比如是否达到了你预期想赚到的钱，是否可以通过这次销售培养一位老顾客，是否可以通过这次销售赢来更多的顾客等。因此，在让步时还要考虑长远利益，如果不利于自己以后的销售，那么就不做无原则的让步。当然，给对方一种你已经是竭尽全力做出让步了的感觉更容易让顾客相信你有苦衷。

在讨价还价中，让步是一种技巧，销售人员只有把握好厂让步的技巧，才能进一步促进销售的成功。

# 八、讲感情，用情感捕获客户的心

经商的过程也是人与人之间心灵沟通的过程。想要交易成功，仅仅靠语言是不可能的，还需要投入自己的情感，把握客户的心理，迎合客户的兴趣，使其对你产生信赖感。

## 善意对待自己的客户

客户是很普通的人，他们也需要得到别人的关爱。作为一个推销员，只要用你的实际行动表达出你对客户的爱心，那么客户自然而然会信任你，和你亲近。如果你的爱心表现得更加明显一些，客户就有可能成为你的朋友，一旦成为你的朋友，仅仅看在朋友的关系上，他也会爽快地购买你的商品。

一个推销员在拜访一位客户的时候，正巧赶上天气不佳，乌云密布，暴风雨马上就要来临。这时他突然看见客户的衣服还在外面晒着，可能是忘记收取了，于是他便大声地向屋里喊道："快要下雨了，赶紧把衣服收进去呀！"女主人听到后赶紧出来把衣服收了进去，她很感激这位推销员。在感激之余，一家人十分热情地接待了推销员，并且很认真地听该推销员介绍自己的商品。

女客户一家之所以如此热情地接待这位推销员，就是因为推销员的那句话体现了他对客户的关心。

如果你对客户报以爱心，那么客户回馈你的也会是爱心；如果你以一个功利的面孔面对客户，客户回馈你的将不仅仅是冷淡。

亨利刚搬到这个城市不久，对路况不是很熟悉，他的家人也是如此。

有一天，他年仅4岁的儿子乔治出去玩耍，到了傍晚还没有回来，大家都觉得乔治失踪了，于是全家人出去分头寻找孩子。找遍了大街小巷，亨利还是没有找到儿子，他的恐惧感越来越深，为了能尽快找到儿子，亨利给警察局打了电话。几分钟之后，警察也参与到寻找乔治的行列中来。

亨利开着车到各大商店中寻找儿子，所到之处，他不断地打开车窗向行人询问乔治的名字。附近的人们了解到这一信息后，也纷纷自发地帮助亨利找儿子。

同时亨利在寻找的过程中不得不多次返回家中，看看乔治是不是自己回去了。有一次在回家的路上，亨利遇见了前几次向他推销服务的地区警备公司的推销员，亨利向他恳求道："我的孩子失踪了，您能不能帮我找找看？"此时却发生了一件简直让亨利无法相信的事情，那个推销员什么也不回答，只是开始自顾自地做起了巡回服务推销表演。看到这一幕，亨利气得目瞪口呆，但是那个推销员依旧做着表演，潜台词是："如果你不接受我的服务，我就不帮你找孩子。"看到这个人的表现，亨利无可奈何地说："如果你帮我找到儿子，我会考虑与你合作的。"

乔治终于被找到了，但不是被那个推销员找到的。亨利表示："我将永远不会与这家公司的人合作，如果当时这个推销员能够主动帮我寻找孩子，那么即使到时候他不说推销的事情，我也会主动和他谈的。但是很遗憾，他一点爱心都没有，我没法想象和一个没有爱心的人合作会是什么样子。"

客户喜欢和有爱心的推销员合作，只有推销员能够急客户所急，想客户所想，客户才会愿意与之合作。

于娜是一名保险推销员，她从事保险这个行业很久了。作为一个成功的售险人，她的经验就是：在你的客户需要帮助的时候及时地帮助他，用你的爱心和行动感染他，推销自然而然就会完成。于娜用自己的亲身经历讲述了如何用爱心去感染客户。

有一次，一位女客户找到于娜诉苦，说自己之前买了一份保险，每次交费的时候，那个推销员就对她特别热情，但是交完费之后出现问题时，推销员就没人影了，真是让人气愤。听到这位客户的讲述，于娜除了给予其一定的安慰外，还为那个推销员做了一些解释，并尽自己的能力帮助这位客户解决了一些小问题。尽管该客户不是于娜的，但于娜还是像对待自己的客户那样对待她。通过多次接触，这位女客户和于娜成了好朋友，她还推荐了自己的很多朋友买于娜的保险。于娜在获得友谊的基础上，也轻松地完成了自己的销售。

还有一次，于娜到一个工业园去拜访自己的客户，当走进工厂的一间办公室时，于娜看见一位老人在文件堆里找东西。他看起来很狼狈，因为找不到资料而急得满头大汗。于娜赶紧上前问道："老先生，您在找什么呢？我可以帮您找吗？"听到于娜的话，那位老人有些吃惊，打量了于娜片刻，看到她穿着正式的职业装，说话又很稳重，于是便说道："我想办工商营业执照，但是不知道怎么弄。…'哦，这个啊，我做过生意，知道怎么办，我帮您办吧！"于娜热情地说。

原来这位老人姓张，是个退休教授，刚开了一家工厂，虽然懂技术，但是对经营方面的知识一窍不通。于娜帮他跑了几天，顺利地把各种证件办了下来，等这些东西办好了，张老也和于娜成了朋友。虽然不是自己的客户，但是于娜用一颗"爱心"帮助张老解决困难，自然获得了他的好感。后来，张老还把自己生意上的朋友介绍给于娜，其中很多人都变成了于娜的客户。于娜再次成功地用"爱心"赢得了客户。

成功的推销员必须足一个心中时刻充满爱的人，只有你爱客户，客户才会给你丰厚的回报，你的推销之路才能走得顺畅。

## 营销中的情感因素

人类的一切交往活动都离不开情感的因素，推销亦如此。一切推销活动的本质，其实就是人与人的交流。人是感情动物，充分地利用感情因素进行交流，会使人和人之间的关系变得亲密。而在推销活动中，如果推销员可以正确地利用情感这个有利因素，通过它拉近自己与客户之间的距离，往往能顺利地达到推销的目的。情感交流能存推销的每个环节中起到不可估量的作用，只要你时刻与客户进行情感沟通，你就可以赚到客户情感的钱。

**推销前的情感交流**：推销活动的基础是和客户接触，如果你把客户拒之门外，你的推销对象怎么会出现？你的商品向谁推销？

推销员一发现客户就应该立刻采取行动，不管对方是否有购买意图，推销员都应该用最热情的服务与之沟通。在沟通的过程中渗入一些情感因素，让客户能感受到你的真诚，对你产生信任感，这样推销的序曲就拉开了。

一位中年妇女刚走进一家珠宝店，卖宝石的推销员便立刻迎上去对中年妇女说道："非常欢迎您的光临，您有什么需要？我能为您提供些服务吗？您看起来那么高雅，如果再搭配这些珠宝，气质会变得更加优雅。"

中年妇女还没有说话，推销员又接着说道："这些珠宝还有一定的收藏价值，如果您不喜欢了，还可以再转卖出去，能卖一个好价钱。"

中年妇女脸上露出了笑容，随后便请推销员拿出珠宝，开始进行挑选。

这位推销员的成功之处就在于他能以一个朋友的身份向客户进行推销，考虑了商品增值的问题。这样不仅消除了客户的疑虑，还拉近了推销员与客户之间的关系，为留下客户奠定了基础。

**推销中的情感注入：**能够让客户的脚步停下来，但是这并不能保证客户就会买你的商品，客户还会有很多方面的疑虑。如果推销员不能及时捕捉到这些疑虑并给予针对性的解答，客户的脚步很有可能再次动起来。因此，在推销活动中注入情感也是十分重要的。

思思是一名电器的推销员，当她看见一对青年夫妇在冰箱专柜前犹豫不决时，她意识到了对方的购买意图，但是凭直觉她知道，两个人肯定还有什么顾虑，于是她上前问道："欢迎光临，先生家里有几口人？平时是您太太做饭吧？几天买一次菜呢？"当那位先生回答了思思的问题后，她接着问道："先生家里经常有客人拜访吗？""嗯，挺多的。"那位先生答道，并开始查看冰箱里面放啤酒的地方。思思又对先生说："先生爱喝啤酒吗？每天下班喝点凉爽的啤酒，感觉应该很舒服。"那位先生点了点头，这时，思思看见太太衣服的颜色是白色，马上对她说："白色的冰箱放在客厅里，不仅很容易和客厅里的其他摆设相互映衬，还能增加客厅的亮点呢……"听到这儿，太太笑着回答："我也是这么想的。"说到这里，思思的心里已经有了几分把握，然后她接着说道："这款冰箱是节电型的，每天能省下一度电，这样算下来的话，每年仅电钱就能省下不少呢。"太太随口接道："可不是嘛，现在电费贵着呢。"先生听到太太这句话便说道："那就买这款吧！"太太点了点头，思思的生意就这么做成了。

思思的成功，方法不在于用经验进行销售，而是在用情感进行销售。情感在推销的进程中起到了很重要的作用，客户一般不会拒绝这样的推销方式。推销员站在客户的立场上，为客户考虑问题，赢得了客户的心，情感销售的目的就达到了，商品卖出去将不是问题。

**成交后的情感联络：**很多推销员都有一个常识性错误，他们以为商品卖出去后一切就 OK 了，其实推销后与客户的联络也是一件很重要的事情。

著名的推销大王乔·吉拉德对此深有体会，在他看来，真正的销售工作其实开始于商品售出之后。他每个月会定期送给在他这里买过商品的客户一定量的卡片，这些客户每个月还会收到乔·吉拉德发来的祝福短信。也许这些看起来是很微小的事情，但是作为客户，能收到这样的慰问是非常让人感动的。这样做的好处是：首先可以收到客户的反馈信息，以此改进自己的服务方式；其次是通过这个方法和客户保持联系，争取让这些客户变成回头客或者自己商品的免费宣传员。这两点对于一个推销员来说，无疑都是十分可贵的销售财富，这样的情感投入，收益总是会比付出大很多倍。

### 赞美和欣赏客户

检查一下你自己是否会赞美客户。

1. 认为赞美客户就是巴结他吗？

2. 赞美客户会让你觉得失去了自己的人格吗？

3. 觉得客户可以被你赞美的地方多吗？

如果你认为赞美客户就是巴结对方，而且赞美让你觉得很容易失去自己的尊严，那么你确实在赞美上存在问题，你应该及时检讨一下。如果你发现客户没有地方值得你去赞美，你更应该反省一下，以便增强自己对客户的洞察力。

有的生意人会问："为什么我很真诚地赞美客户，但是客户觉得很不舒服而走掉了？"这个问题很具代表性，好的赞美会大大拉近你与客户之间的距离，促成交易，但是不恰当的赞美只会让客户觉得你这个人很虚假从而远离你。

也许你在赞美客户时，只是自我感觉很真诚，但是客户却丝毫没有从你的话语中感觉到。这时，你在赞美客户的时候就需要注意以下几个方面：

（1）如果对方是你的新客户，就不要轻易赞美，只需要礼貌即可。因为在你和对方还不熟悉的情况下贸然去赞美客户，只会让其产生疑心乃至反感，弄不好就陷入了谄媚的境地。

（2）如果对方是你的老客户，下次来的时候一定要留意其服饰、外貌、发型等有无变化，有的话一定要即时献上你的赞美，效果会非常好。

（3）要根据具体的事情、问题、细节等赞美。比如你可以从赞美其问题提得很专业或者看问题比较深入等着手，这样会让客户感觉你的赞美很真实、真诚。

（4）最好借第三个人的口去赞美你的客户，这样会更具有说服力。比如你可以说："的确，刚才站在你旁边的那位客户也说你很有品位！"

（5）一旦客户购买了你的商品，就更要通过赞美来使客户坚信自己的购买是正确的。因为一般来讲，大多数客户购买完商品后总是会怀疑自己是不是买亏了或者买得是否合适，于是就会去询问身边的朋友、亲戚、家人以便获得肯定的回答。

乔治是一家保险公司的区域经理，他工作很出色，很多人都喜欢找他办理业务。一天，有位老妇人来找他。

老妇人："你好，我找乔治。"

乔治："美丽的太太，我就是。"

老妇人："你刚才叫我什么，叫我美丽的太太？"

乔治："当然，您的气色看上去好极了，像太阳一样有生机，难道还不足以用美丽来形容吗？"老妇人乐极了，连连点头。

老妇人："乔治，我是来咨询一下关于老年人保险的问题，我跟我的先生都想办……"老妇人说完了自己的需求和困惑，用充满希望的眼睛看着乔治。

乔治："哦，您的想法不错，您说的那种保险是有这种弊端，但是您和您的先生身体都很健康，所以您不用有那么多的顾虑。跟您情况一样的很多太太都办理了这种类型的保险，可她们大多都没您身体硬朗呢。"

老妇人："是吗？乔治，你觉得他们给我推荐的这个保险项目可行是吗？"

乔治："当然了，您是一位非常有主见的女士，而且您也很时尚。像这种新推出的保险，一般没有魄力的人是不敢去买的，您让我不得不佩服您呢。"

赞美客户能引起客户的愉快感以及对你的信任感。

### 1. 把握好赞美的尺度

如果赞美过度，客户就会觉得很不舒服，不仅不能给客户留下良好的第一印象，反而会失去客户对你的尊重。因此，在赞美客户时，务必要把握好适度的原则：既不奉承、巴结，又要给客户带来愉快的感觉。

### 2. 增强洞察力的方法

所谓洞察力，是指你能够一眼就看出客户值得学习和赞赏的地方。由于大部分客户都是与你初次接触，你需要培养很强的洞察力找出客户最值得赞美的地方，避免你陷入无处下口而干巴巴地赞美却言之无物的尴尬境地，因为这样不会给客户带来任何愉快的感觉。在做生意的过程中，你要不断地学习，以增强自己的洞察力。

（1）学会专注。要增强洞察力，你首先要学会专注。从你一见到客户开始，就需要认真、仔细地观察和思索，寻找出客户的特别之处，为你对客户的赞美奠定坚实的基础。

（2）掌握"由远而近，从外到内"的原则。客户值得赞美的地方有很多，你在开始赞美客户时，需要掌握赞美的原则：由远而近，从外到内。这就是说，你在赞美客户时，首先赞美客户所处的大环境的特点，再一步步地向核心目标靠近，直到赞美客户本人。

## 小处不妨忍让

与客户沟通的目的在于做成生意，而不是说赢客户。不要在对客户提出任何问题和想法时都抱着"说赢客户，才能说服客户"的心理，凡是有经验的生意人都知道，要想赢得胜利，小处不妨忍让。

李老板是一家传真机公司的代理商。有一个客户和他谈了很久，李老板刚一开始就窥探出客户是有购买意向的，并且把他视为准客户，自己在为客户展示和解说商品的时候也很仔细，生怕自己漏掉哪一点。可是费了一番口舌，客户还是有点不满意。

客户："李老板，真是谢谢你了，关于这台传真机我还是需要再考虑一下，它有点不适合我。"

李老板："经过比较，您应该也看出来了，A 品牌的传真机无论是传真品质、速度，还是其他功能都比 B 品牌好。"

客户："你说得不错，只可惜它的外形设计得比较奇怪，颜色也不是我喜欢的，我喜欢象牙白的颜色。"

李老板："这您就说得不对了，外形怎么会奇怪呢？现在的传真机大多都是这个样子的，而且黑色的最大方了，有品位的人都喜欢黑色，我保证您买回去会喜欢的。"

客户："有品位的人喜欢黑色，但我自己还是不喜欢。尤其是这个样子，我觉得很奇怪。"

李老板："怎么会呢，要是真的是你说的那样，就不会有那么多的人喜欢它了。而且我们这里卖得最好的就是这款黑色，你居然不喜欢。"

在这个例子中，李老板明显犯了一个错误：他对客户提出的问题和看法一概都不给予尊重，只用自己的想法强迫客户去接受。懂得推销技巧的生意人都应该知道，在这些小地方上要顺着客户的意思，略做让步，不要将客户提出的任何问题和想法都咄咄逼人、尖锐地反驳回去。

其实客户买东西，并非要所有的条件都完全满意才购买，只要最重要的几项要求能被满足就可以。因此，你实在没有必要针对客户提出的任何异议，都想说赢他，不妨在小的地方顺从客户。其实要想让客户接受你的意见，又不会让他觉得有失面子的方法有两种：

（1）让客户觉得一切决定都是由他自己做的。

（2）你要在一些小地方做出让步，让客户觉得他的意见以及想法是正确的，也受到了你的尊重和认同，这会让他觉得自己很有面子。

做生意的人要时刻记住，客户就是自己的衣食父母，所以在一些细节上就不要和客户较真，否则不会给你带来任何好处，反而会因处理不当，让你失去一个客户。不论你对客户的感觉如何，绝不要让自己的情绪成为障碍。为此，要求你努力做到：

（1）商品被客户否定时，不要和客户强辩，以免得罪客户。

（2）越是难缠的客户，越要设法与之搞好关系，因为这类客户往往有购买的欲望，而且购买力较强。

（3）对你讨厌的客户，也要打心眼里感激他，否则你的言行会不自觉地表露出对其的反感。

（4）当客户不讲理时要忍让，因为客户永远是对的，绝不要逞口舌之快得罪客户。

（5）设身处地为客户着想，也许你的客户真的不喜欢某个款式、某个颜色以及某个商品的材质。

（6）生意人卖的不仅是商品，还必须图利于客户，向他们介绍批零差价大的高档品牌，你的主要任务在于"替客户下决心"。实践表明，在当今的市场"激战"中，谁能赢得客户的信任与支持，谁就是未来市场上的强者。

## 巧诈不如拙诚

任何商品都存在一些缺陷，这些缺陷对你的生意有诸多不利，多数时候，它是你买卖失败的罪魁祸首。其实，你在出售一件商品的时候，如果能很好地利用这些不利的因素，就能转败为胜。因为一个商品的优点和缺点是大家有目共睹或者一用便知的，如果你只说优点而对其缺点绝口不提，还利用种种手段来掩饰，就会为你的生意带来很大的困难。所以，要想生意蒸蒸日上，巧诈不如拙诚。

保罗就有过这样一次成功的销售经历。那时，房产公司刚刚在洛杉矶西北部开发出一片高档的住宅区。这是一个建有20幢房屋的住宅区，它的售价定为17950~19950美元。几年之后，这里还有18幢房屋没有售出。这批被剩下的房屋全部位于罗斯利路，距离这批房屋20英里远处有一道围墙，围墙外面就是铁路，每天都会有3次火车经过。

开发商拒绝了保罗过去向他提出担任此批房屋推销员的要求。尽管保罗曾用一封封信向他"轰炸"，但是仍然徒劳无功。"我没有兴趣与一名房屋推销员合作出售这批房屋。"开发商一再用这句话来拒绝保罗。

几个月过后，当保罗驾车从他们位于比佛利山的办公室旁经过时，保罗便再一次下定决心要与他们约定一个会面时间。这次令保罗十分惊讶，他们居然同意和他面谈。由于这18栋房屋至今无人问津，很明显，开发商愈来愈为此焦虑不安了。

他们一开始就对保罗抱怨："你一定是要我削价出售这批房子，这便是你们这些房屋推销员最常做的事情。"

"不，"保罗很干脆地回答，"恰恰相反，我建议您抬高售价。还有一点，我会在这个月之内将整批房子全部卖出去。"

"可是它们已经在那里躺了两年半之久，你现在告诉我你会在一个月之内将它们全部卖出去？"开发商不相信地问道。

"请允许我向您详细解释我会怎么做。"保罗说。

"请说。"开发商说，同时舒适地靠在了椅子上。

"就像您所知道的，先生，每当一名房屋开发商开放一间待售房屋时，人们可以在任何时间前往参观，"保罗说，"可是我们将不会这么做，我们将一批一批地展示这些房子，而且要在火车驶过的那个时候展示。"

"你疯了，"开发商大声吼道："这些房子起初没有卖出去，就是因为那些该死的火车在作祟！"

"请让我说完，"保罗平静地回答，"我们准时在每天上午 10 点和下午 3 点开放房屋让人参观，这样必会引起人们的好奇心。我建议在展示的房屋前面挂一个牌子，在上面写着：此幢房屋拥有非凡之处，敬请参观。"

开发商听完，下巴往下掉了几寸。

"接着，"保罗继续说，"我要求你将每幢房屋的价格抬升 20 美元，然后用这笔钱为每户买一台彩色电视机。"在那个时候，拥有一台彩色电视机是一件十分了不得的事，绝大多数人都还只有黑白电视可看。最后开发商还是同意了保罗的计划，购买了 18 台彩色电视机。

在每次"参观"开始之后的 5~7 分钟，火车会从罗斯利路旁隆隆驶过。这就是说，在火车驶来之前，保罗只有几分钟时间对买主们进行推销。

"欢迎参观！请进！"保罗在门口招呼人们进来，"我要各位在这个特别的时刻进来参观，是因为我们罗斯利路上的每一幢房子都有着独一无二的特点。首先，我要你们听听看，然后告诉我你们听到了什么。"

很自然地，保罗的问题使参观者做出了好奇的表情。如果表情会说话，那一定是在说："这里会有什么呢？这个人到底要做什么？"

"我只听到冷气的声音。"总会有人这么回答。"没错，"保罗说，"但是如果我不提出来，你们也许不会注意到这个噪音，因为你们早已习惯冷气机的声音了。然而，我很确定你们第一次听到它时，这个声音一定引起了你们的注意。你们会发现，一旦习惯了这个噪音之后，它们就不会对我们造成困扰。"

保罗接着带领人们进入客厅，指着那台彩色电视机说："开发商将随同房子把这台漂亮的彩色电视机送给你们。他这么做是有道理的，他知道你们将不得不适应一段 90 秒钟的噪音，一天 3 次，但是你们很快会习惯的。"

在这个节骨眼上，保罗将电视打开，调整到正常的音量后说："想象一下你和你的家人坐在这里，观看电视的情形。"接着他便停下来，等待由远而近的火车隆隆驶过。在这段 90 秒的时间里，每个人都很清晰地听到了火车的声音。

"各位，我要让你们知道，火车一天经过 3 次，每次 90 秒钟，也就是一天 24 小时中共有四分半钟的时间火车会经过，"保罗在叙述一个事实，"现在，请你们问问自己：我愿意忍受这点小噪音——我当然会习惯噪音，来换得住在这幢美丽的房子中，并且拥有一台全新的彩色电视机吗？"

就这样，3 周之后，18 幢房子全部售出。

在推销的过程中，如果你忽略了商品的缺陷，那只会让你的推销变得更加艰难。因此，永远不要把商品的缺陷当作一项秘密，因为这是一种欺骗客户的行为。如果客户已经知道这个缺陷，但你在介绍的时候并没有明确地说出，对方会认为你在有意欺瞒，势必会导致你的信誉丧失。所以，在客户对你提出任何问题之前，你要对每一个主要的不利点做好心理准备，当着客户的面提出缺点，并提出一些有力的措施，从而将其转化成优点。

### 永远要面带微笑

人活在世上，很多时候你不得不去面对冷漠的面孔、阴郁的眼神，甚至是恶意的中伤、阴险的陷阱等，但无论周围的环境怎样令你痛苦不堪，无论你心灵的天空如何阴霾密布，你都应当学会笑对人生。

其实，生活就像一面镜子，当你对它展颜欢笑时，它回报给你的一定也是暖人的笑容。

世界上最伟大的推销员乔·吉拉德曾说过："当你笑时，整个世界都在笑。当你一脸苦相时，没人会理睬你。"

推销大王原一平在初入推销界时的处境也是不好的，而且他毫无优势可言。原一平并没有自怨自艾，而是用微笑面对生活，因为他始终坚信，生命的天空总会有晴朗的一天。

原一平为了能够使自己的微笑让别人看起来自然、真诚，他曾经专门做过练习。他假设各种场合与心理，让自己面对着镜子，开始练习应对各种情形时的面部表情。

经过一段时间的刻苦练习之后，原一平发现嘴唇的闭与合、眉毛的上扬与下垂、皱纹的伸与缩，都表达出不同的含意，甚至双手的起落与两腿的进退也会影响"笑"的效果。

有一段时间，他因为在路上练习大笑，而被路人误以为是精神病，也由于练习得太入迷，半夜里常在梦中笑醒。不过历经苦练之后，原一平终于可以用微笑表现出不同的情感反应，也可以用自己的微笑让客户露出笑容。

后来，原一平把"笑"分为38种，针对不同的客户，展现不同的笑容；并且深深体会出，世界上最美的笑就是从内心深处表现出来的真诚笑容，它散发出的诱人的魅力令人如沐春风，无法抗拒。

原一平

一次，原一平前去拜访一位客户。之前，他也通过其他渠道了解到此人性格内向，脾气古怪。见面后果真如此，有时两人谈得正欢，客户会突然烦躁起来。原一平还清楚地记得那次他们谈话的情景。

"您好，我是原一平，明治保险公司的业务员。"

"哦，对不起，我不需要投保，我向来讨厌保险。"

"能告诉我为什么吗？"他微笑着说。

"讨厌就是讨厌，是不需要理由的！"客户忽然提高声音，显得有些不耐烦。

"听朋友说您在这个行业做得很成功，真羡慕您，如果我在我的行业也能做得像您一样好，那真是一件很棒的事。"原一平依旧面带笑容地望着他。

听原一平这么一说，客户的态度略有好转："我一向是讨厌保险推销员的，可是你的笑容让我不忍拒绝与你交谈。好吧，你就说说你的保险吧！"

原来客户并非真的讨厌保险，而只是不喜欢推销员。了解了问题的实质后，事情就好办了。在接下来的交谈中，原一平始终都保持微笑。就这样，在谈话中，客户不知不觉也受到了感染，当谈到他们感兴趣的话题时，两人都愉悦地大笑起来。最后，客户愉快地在保单上签上了他的大名并与原一平握手道谢。

大家都知道刚开始推销保险时，很多人会走许多弯路，因为手头没有一个客户，他们只好采用"地毯式轰炸法"进行推销。所谓的"地毯式轰炸法"就是选定一个区域后，逐门逐户地推销。原一平也是这样，访问 15 户后回公司，第二天从第 16 户开始，访问到第 30 户，第三天从 31 户开始，访问到第 45 户，第四天重复第一天的回访。

让原一平记忆犹新的是，"地毯式轰炸法"让他赢得了唯一的一位客户。当他回访到第 25 家客户的时候，那位客户对他说："怎么又是推销保险的，你们公司的推销员前些天才来过，我讨厌保险，所以他们都被我拒绝了！"

"是吗？不过我总比前些天来的那位同事英俊潇洒吧！"

这句话把对方给逗乐了："你真像个小辣椒，说话这么风趣。"

"矮个子没坏人，再说辣椒也是越小越辣！我只需要占用您 30 分钟时间，您就会知道我与那位仁兄有何不同了。"

这位客户也许忘了，原一平就是他以前见到的那个推销员。原一平心想，这次一定要设法把这位准客户逗笑，然后自己跟着笑，当两个人同时开怀大笑时，陌生感就会消失，彼此也就能在某一点上进行更进一步的沟通了。事实证明，原一平做到了。

无论从事任何职业，每个人都应该学会微笑或者利用幽默制造微笑。很多人花大量时间和金钱去学习各种技能，比如英语、计算机等，却很少有人花一点时间来学习用幽默制造微笑这种技能，而这种不花钱、只要用心就能学会的技能，可以为你带来不小的价值。但值得注意的是：不能油腔滑调，否则，一不小心，幽默就成了油滑，这会让人讨厌。

微笑如同直通人心的世界语，它能深深地打动另一颗冷漠的心灵，能创造命运的奇迹。现在，有人说"原一平的微笑价值百万"，只要你自信真诚地微笑，你也一样可以用自己的微笑来创造财富。

在生意场上，要求你有露出 8 颗牙齿的规范化的笑，这样的笑，目的在于增加商机，吸引客户。

### 为长期客户建立档案

故事一

进入日本明治保险公司的时候，X 君 27 岁。现在他已经 77 岁，50 年间他的客户量就已经达到了 28000 个以上，而每个月平均下来，X 君要用掉 1000 张名片。

他按照客户成交的可能性的大小，从 A 到 F 分级归类，建立了自己详细的客户卡。

"A"级客户

这类客户有投保意愿但还没有完全下定决心，一般都能被 X 君说服。而一个"F"级的客户要晋升到"A"级，就需要经过很长一段时间。

"B"级客户

这类客户客户一般是因为有其他原因而不能马上投保，但都会晋升至"A"级。

"C"级客户

这类大多数是因身体的原因暂时被公司拒绝投保。

"D"级客户

虽然这类客户不存在身体方面的因素，但这类人绝大多数收入不太稳定，因为人寿保险属于长期性的契约，如果没有固定的收入，继续投保就成了问题。

以上四级客户的共同特点是了解保险制度，而且都有投保的意愿。为了便于利用这些宝贵的资料，X君针对这些客户的不同特性，采用了不同的推销方法。

"E"级客户与"准客户"之间还有一段距离，因为这类客户对保险还不了解，有待进一步加强保险知识，但X君有把握在一年之内将他们提升至"A"级。

"F"，级准客户有两类：一类是在一年之内不能"升级"的客户；而另一类客户还处在调查阶段，他们可能很富有也很健康，但由于还在调查中，所以暂时未进行拜访，如果与其进行面谈，X君认为他们很有可能立即晋升至"A"级。

不论是哪一级的客户，只要与他们有过接触，X君都会立即在客户卡上做详细记录。例如：

（1）交往的情况、时间、地点、谈话内容等。

（2）为什么不能深入交谈。

（3）自己为客户所做的服务。

（4）自己对这次访问的看法。

从记录的这些内容中，不但能看出客户的全部情况，也能看出自己在这次行动中的表现。每当在这个时候，X君会回想当时谈话时的情形，一边想一边揣摩客户的言行及自己当时的反应，以便下次能更好地接近客户。

其实，除了上述的"A"至"F"级的客户之外，还有一种让人无法掌握的客户。也许是因为自己的努力还不够，又或者是因为他们的经济条件有限，X君一直没办法把他们归类到"A"至"F"级上。

对于这些无法归类的客户资料，X君把它们集中起来，暂时放在一边。不过一旦他有闲暇时间，就会重新去翻看检查，看是否有遗漏，以便发现新的客户。

爱好也是一种精神寄托，X君的爱好就是拜佛、散步、看报，这是他每天必须完成的三项工作，同时也对他的工作有很大帮助。

有一天，X君正在吃早餐，突然被报纸上的一则新闻吸引住了，新闻中讲的人物的名字他好像很熟悉。接着，那个人的形象逐渐从X君的脑海中浮现出来。

"啊！就是他。"X君激动得大叫一声。太太看着X君，感到莫名其妙。

"一定是很久以前被我从'F'级淘汰掉的N先生。"

X君一想到这里，连忙翻找被束之高阁的客户卡，还好，终于找到了，他是一家公司的顾问，比较热衷于社会公益活动。

X君一边翻看客户资料，一边告诉自己的妻子："我今天的工作计划要改变一下。"

他无意中发现的这条线索使这一客户重新被发现，使他的推销多了一个成功的目标。现代社会是瞬息万变的，而客户的情况也随时在变，所以你要把握住每一个契机，然后进行最有利的行动。

由上例子中可以看出，客户的资料就是你最珍贵的资产，任何行业的生意人都应该去准备这样的客户资料，因为客户卡就是你作战的重要武器。可是，这么重要的资料，也会因为你处理的方式不同，要么成为价值连城的瑰宝，要么如同毫无用处的废纸。所以，这就要求推销员一定要妥善保存客户资料，也许你的成功就隐藏在这里面。

故事二

泰国的东方饭店历史悠久，是公认的世界一流度假饭店。东方饭店每天都是座无虚席，如果不提前一个月预定是很难有入住机会的。东方饭店之所以有这样优秀的业绩，靠的就是对客户的熟识度。

于先生因为工作需要经常去泰国出差，并入住于东方饭店，第一次入住时良好的环境和服务就给他留下了深刻的印象。当他第二次入住时，几个细节更使他对饭店的好感迅速升级。

那天早上，于先生走出房门准备去餐厅时，楼层服务生就恭敬地问道："于先生是要用早餐吧？"于先生很奇怪，反问："你怎么知道我姓于？"服务生说："我们饭店规定要背熟所有客人的姓名。"这令于先生大吃一惊，因为他频繁往返于世界各地，入住过无数的高级酒店，但这种情况还是第一次碰到。

于先生高兴地搭电梯来到餐厅所在的楼层，刚一走出电梯门，餐厅的服务生就说："于先生，里面请。"于先生更加疑惑，因为服务生并没有看到他的房卡，疑惑地问："你知道我姓于？"服务生回答："上面的电话刚刚打过来，说您已经下楼了。"酒店如此高的效率让于先生再次大吃一惊。

于先生刚走进餐厅，服务小姐居然带着甜美的微笑问："于先生，您还是要坐老位置吗？"于先生的惊讶再次升级，心想：'尽管我不是第一次在这里吃饭，但离最近的一次也有一年的时间了，难道这里的服务小姐的记忆力那么好？'看到于先生惊讶的目光，服务小姐主动解释说："我刚刚查过电脑记录的资料，您去年 8 月 8 日在靠近第二个窗口的位子上用过早餐。"于先生听后兴奋地说："好好好，老位置！老位置！"服务小姐接着问："老样子吗，一个三明治、一杯咖啡、一只鸡蛋？"现在于先生已经不再惊讶了，"老菜单，就照老菜单！"

上餐时，餐厅为于先生赠送了一碟小菜，由于于先生第一次见到这种小菜，就很好奇地问道："这是什么菜？"服务生后退两步说："这是我们酒店特有的小菜。"服务生先后退两步是怕自己说话时口水不小心落在客人的食品上。这种细致的服务不要说一般的酒店，就是在美国顶级的饭店里，都是于先生没有见过的，这给于先生留下了终生难忘的印象。

后来，由于业务调整的原因，于先生有 3 年的时间再没有去过泰国。于先生生日的时候，突然收到一封东方饭店发来的信件，内容是：亲爱的于先生，您已经有 3 年没有来过我们这里了，我们饭店的全体人员都非常想念您，希望能再次见到您。今天是您的生日，祝您生日愉快。于先生读完信件后激动得热泪盈眶，发誓如果再去泰国，绝对不会到其他的饭店，一定要住在东方饭店，而且要说服所有的朋友也像他一样选择东方饭店。于先生看了一下信封，上面贴着一枚 6 元的邮票，而这 6 元钱就这样买到了一颗心。

这就是积累客户资料的强大魔力！

东方饭店非常重视培养忠实的客户，并且建立了一套完善的客户管理体系，使客户入住后可以得到细心周到的人性化服务。迄今为止，世界各国有 20 多万人曾经入住过那里，只要每年有 1/10 的老客户光顾，饭店就会永远客满。这就是东方饭店的成功秘诀。

### 换位思考问题

有时客户不购买你商品的原因可能是：

（1）价格太高，自己负担不起。

（2）有必要，但不是迫切地需要，所以不想买。

（3）虽然想买，但目前觉得没有必要，所以不买。

（4）没有必要，也不想买，自然不买。

看下面的一个案例：

保罗："你来推销面包粉啊，我们不需要。"

销售员："保罗，贵公司目前需要的面包粉是否都到隔壁粮店去购买？"

保罗："隔壁就有粮店，我们工厂里不库存，随用随买，少占资金和仓库。"

销售员："的确很方便，但高级面包粉隔壁粮店未必有。再加上他们粮店供货渠道比较多，质量也不稳定，会影响您店里的面包质量。"

面对这样的客户，就要使用询问法，确认客户有购买面包粉的要求，进而提供给客户另一种方式满足他的这项需求。

当客户另有重要的事情或心情不佳不想多谈时，也有可能以不需要为借口，迅速终止谈话，此时你可以主动地告退，如："很抱歉，我的这份资料准备得不够充分，下次再给您详细报告。"或者"请总经理再给我一点时间，以便对贵公司的状况掌握得更清楚一些，并另选时间再次拜访。"

如果是在进入正式的商谈中，客户才告诉你自己不需要了，这也有几种原因。

（1）客户觉得你的商品不合适。

（2）客户对你这个人不信赖。

（3）客户对目前的往来对象、上司或同事觉得不安。

对此，你要站在客户的立场上为客户着想，因为适合的才是最好的。也就是说，要为客户提供他们认为最有价值的东西或是信息，如市场行情、新技术、新产品知识等，就会充分引起客户的兴趣。

要尽量多阅读报刊，掌握更多的市场动态，充实自己的知识，把自己训练成为行业的专家。

很多客户或许会对你敷衍了事，但他们对专家则是十分尊重的。如果这时你对客户说："我在某某刊物上看到一项新的技术发明，觉得对贵厂很有用。"这样你就为客户提供了信息，关心了客户的利益，也就获得了客户的尊敬与好感。

"为客户着想，客户才会为你着想"，相信很多从事市场生意的人看到这个观点都会深有感触。而让张先生有这种感觉的是他在 2006 年创业初期遇到的一个客户。

2006 年 5 月，马先生辞去了薪酬丰厚的工作，在 7 月份自己注册了一家小公司，开始了创业的艰辛历程。

马先生的公司成立后签的第一个单子是二套节电设备，对方是河北省一家国有食品饮料企业，这套设备是装在饮料生产线上的。对方的工程部王经理让马先生过去面谈，马先生就带着他们的销售人员和技术人员赶到这家公司，洽谈的结果很理想，当场就签订了意向书。但是王经理告诉马先生，一周后他还要带领他们的技术人员到马先生的公司做一次考察，考察满意后才能签订正式合同。一周后，王经理如约带领技术人员来到马先生的公司，考察了他们的技术工程部门，觉得比较满意，就让马先生 3

天后去他们公司签合同。3天后，马先生如约赶到他们那儿把合同签了，设备安装完成后，运行一切正常。

时光飞逝，转眼要到春节了。腊月二十九的晚上，马先生在家里陪怀孕的妻子聊天。九点半时，他接到了王经理打来的电话，王经理的语气明显很焦急，但一直表达着歉意。他在电话里告诉马先生，由于技术人员的失误，有一台节电设备出现故障了，直接影响了一条生产线的运行，并且正值银行放假，要到年后才能付款给马先生，问马先生当晚能否派遣工程师去维修一下。

按照合同规定，人为造成节电设备出故障的，先要鉴定故障等级，然后对方支付了维修费用，才能给维修。当时又是腊月二十九，公司都放假了，每天只有一个工程师值班，但是马先生寻思了一下：如果当时不去维修，我们是没有违反合同，可是耽误一天对方要损失几十万元啊！马先生当即答应王经理："好的，我们连夜派工程师去维修。"电话里，王经理的语气很激动："谢谢，谢谢你们！否则生产线停一天就是几十万元的损失啊！"

通完电话后，马先生就和工程师带上工具及配件连夜驱车200公里赶到王经理那儿，到达时已经是凌晨1点钟了。他们顾不上路途的劳累，赶紧维修节电设备，2：40分的时候，设备被修好了。王经理给他们安排了消夜和宾馆，但他的好意被马先生拒绝了，马先生告诉他："我们要连夜赶回北京。"临行前，王经理紧紧握住马先生的手，嘴里一个劲地说："谢谢，真是谢谢你们！"

春节后初五银行上班，王经理准时把款汇给马先生。此后一个月内陆续有王经理他们那儿的几家企业找到马先生的公司，要买他们的节电设备。马先生心里纳闷，事先他们并没有洽谈过啊！客户告诉马先生是王经理介绍他们来的，他这才恍然大悟，赶紧打电话给王经理致谢。王经理说了这么一句话："你为客户着想，客户才会为你着想啊！"

做生意就是这样，要时时刻刻以客户的利益为首，只有做到这一点，他们才能相信你，并乐于和你交流。这样，留住的不仅仅是一个客户，而是更多的客户，因为他们会一传十、十传百甚至更多。这就是你的魅力，也是客户的力量。

# 九、留给客户的有效心理陷阱

## 设个"圈套"引诱客户

某营销员正在推销甲乙两座房子，他想卖出甲房子，因此他在和客户交谈时说："您看这两座房子怎么样？现在甲房子已经在前两天被人看中了，要我替他留着，因此你还是看看乙房子吧，其实它也不错。"

客户当然两座房子都要看，而营销员的话语也在客户心中留下了深刻的印象，产生了一种"甲房子被人看中，肯定比乙房子好"的感觉。

这里，营销员已经很成功地设下一个"圈套"，也可以说是出色地完成了整个营销工作的一半了，就等客户来钻这个"圈套"。

过了几天，营销员兴高采烈地找到客户，说："你现在可以买甲房子，你真是幸运，以前订甲房子的客户由于钱紧，只好先不买房了，于是我就把这所房子留给了你。"

听到这，客户当然很高兴自己能有机会买到甲房子，现在自己想要的东西送上门了，眼下不买，更待何时，因此，买卖甲房子的交易很快达成了。

有一次，路华德为了推销一种档次不高的花布，特地为当地社交界最有名的两位妇人做了两件款式独特的衣服，两位夫人看到衣服后，很满意这种款式，于是在一次游园会上穿着衣服到处游玩，立刻引起当地妇女的美慕。当游园会结束时，很多妇女都拿到一张通知单，上面写着：瑞尔夫人和泰姬夫人所穿的新衣料，将是今年最流行的花式，本公司有售。

第二天当闻风而来的客户争相到萨娜·卢贝百货公司买这种衣料的时候，路华德又在厂门口贴上了一张大告示，上面写着：衣料已售完，但为了满足客户的需要，明日有新货进来。布店的营业员则一本正经地对前来购布的客户解释说，这种法国衣料原料不多，难以充分供应，等等。这些妇女听后，唯恐第二天来了仍然买不到，便纷纷预交货款。

在第一个例子中，营销员稳稳地掌握住客户的心理，通过设"圈套"把客户的注意力吸引到甲房子上，又给他一个遗憾，甲房子已被订购，刺激起了他对甲房子更强的占有欲，最后很轻松地就让客户高高兴兴地买下了甲房子。令人叹服！

在商场上，欲擒故纵也是一种高明且极有效的"圈套"策略。

路华德在上述这次经营中，就非常恰当地运用了欲擒故纵的销售技巧，成功地达到了自己的销售意图。

### 善借第三方的影响力

有一推销员为了推销吸尘器，他知道某公司的经理与某局长是老相识，便打听到经理的住处，提一袋水果前去拜访，非常巧妙地说了几句这样的话：

"这次能找到您家，是得到了王局长的介绍，他还请我代他向您问好……"

"说实在的，第一次见您就使我十分高兴……听王局长说，贵公司还没有吸尘器……"

第二天，他再向该公司推销吸尘器便成功了。这位推销员的高明之处是有意撇开自己，用"得到了王局长的介绍"这种"借人口中言，传我心腹事"，借他人之力的迂回攻击法，令对方很快就接受了。

社会纷繁复杂，真真假假、虚虚实实，谁能时刻保持那么高的警惕去辨别真假？因此，很多人就可以抓住机会，获得成功。

一天，一位办理房地产转让的房产公司推销员来到一位朋友家，带着朋友的介绍信。彼此一番寒暄客套之后，就听他讲道：

"此次幸会，是因为我的上司赵科长极为敬佩您，叮嘱我若拜访阁下时，务必请先生您在这本书上签名……"边说边从公文包里取出这位朋友最近出版的新著。于是这位朋友不由自主地信任起他来。在这里，赵科长的仰慕和签书的要求只不过是个借口，目的是对这位朋友进行恭维，使他开怀。

此种情况，由不得人家不照他的话去做。这种办事的手段，确实令人难以招架。

在很多时候，为了说服客户，如果只靠我们个人的人力、财力、物力会十分困难，但是如果巧借第三方的言语或威信，那事情就会变得很好办了。素不相识，陌路相逢，如果让所求之人了解你与他是朋友的朋友、亲戚的亲戚，虽然十分牵强，但一般人不驳朋友的面子，也不至于让你吃闭门羹。这是一条与客户建立亲切关系的捷径。

与客户打交道，通过第三方的言谈，来传达自己的心情和愿望，在办事过程中是常有的事。人们会不自觉地发挥这一技巧，比如："我听同事老张说，您是个热心人，求您办这件事肯定错不了……"等。但要当心，这种话不是说说而已的，也不能太离谱，一定要事先做些调查研究。

为了事先了解对方，可向他人打听有关对方的情况。第三方提供的情况是很重要的，尤其是与被求者的初次会面有重大意义时，更应该尽可能多地收集对方的资料。但是，对于第三方提供的情况，也不能尽信，还要根据需要有所取舍，结合自己的临场观察、切身体验灵活应用。同时，还必须切实弄清这个第三方与被托付者之间的关系。否则，事情很可能就办不好。

### 折价促销是最好的幌子

一位顾客在逛超市时发现一个让他百思不得其解的现象，某知名品牌正在促销洗衣粉，然而一袋500克洗衣粉的价格是7.9元，两袋的价格却是17元；也就说，顾客一次买两袋还没有买一袋划算。他以为自己是看错了，就叫来销售人员询问，销售员明确无误地告诉他，这是上面统一下来的价格，是不会出错的，全国都一样。

通过和其他品牌洗衣粉价格进行比较，这位顾客判定，一袋的价格是标错了，价格肯定是大于8.5元的，他立即决定买了一袋回家。他相信，用不了多久，单袋的价格就会调整。

回到家后他将自己在超市看到的奇怪现象告诉了左邻右舍，大家都纷纷前来超市观看，也一致认同这位顾客的判断：单袋的价格肯定会提高，要不那两袋捆绑在一起的怎么能是促销呢？他们在离开超市时都各自买了一袋洗衣粉回家，有的人甚至买了几袋。

过了一周，价格依然没被改正过来。最早发现这个现象的那位顾客开始怀疑自己当初的判断：作为全国知名品牌，肯定是有着严格的价格管理制度的，这么长时间过去了，还没调整过来，那只能说明自己的判断是有问题的，也许这个价格的背后隐藏有其他阴谋。

他花了一天的时间来观察这个洗衣粉的销售，前来购买的人络绎不绝，大家都认为这是标错的价格，现在购买一袋是占了便宜的。这下让他彻底明白：原来企业就是要让顾客产生占便宜心理，最终能使销售量得到增长。看来真是买的没有卖的精。

有顾客打趣说，现在不是打折的东西便不能买。商家正是通过营造打折的气氛，让顾客觉得自己是在一个充满了"便宜"的世界里，从而诱导其纷纷购买。打折实际上就是营销者利用的"折扣促销"方式。折扣促销，是卖方按原价给予买方一定百分比的减让，即在价格上给予适当的优惠，从而刺激顾客的消费欲望，拉动自身产品的消费。

如今，商品打折已经成了一种"商业风气"，正在整个商业系统中迅速地蔓延开来，各商家已经将打折作为促销的惯用手段，屡试不爽。无论大街小巷，各家商店门口都醒目地标示着"大甩卖""跳楼价""大放血"等字样。商场里,"买一送一""买二送一"等醒目的牌子也随处可见。还有许多的大长假、小长假等,都成为商家促销的喜庆日子,不遇节假日时就变着法术开展一周年、五周年、十周年店庆,打着"答谢新老客户的关爱"的口号,"全场商品一律 5 折""满 200 送 100",一家比一家喊得响。而且,本来只有一天的"店庆",一开可以几个星期,甚至一两个月。一些小店,每天喊着"最后一天大甩卖",实际上也不知道哪天才是最后一天。

打折销售对消费者具有极大的吸引力,当然也被销售员作为有力的促销手段而屡试不爽。折扣促销的方式多种多样,总的来说,营销人员常用的折扣促销主要有以下几种:

(1)折价优惠券,即通称优惠券,是一种古老而风行的促销方式。优惠券上一般印有产品的原价、折价比例、购买数量及有效时间。顾客可以凭券购买并获得实惠。

(2)折价优惠卡,即一种长期有效的优惠凭证。它一般以会员卡和消费卡两种形式存在,折价优惠卡可便于商家与目标顾客保持一种比较长久的消费关系。

(3)现价折扣,即在现行价格基础上打折销售。这是一种最常见且行之有效的促销手段。它可以让顾客现场获得看得见的利益并心满意足,同时销售者也会获得满意的目标利润。因为现价折扣过程,一般是讨价还价的过程;通过讨价还价,可以达到双方基本满意的目标。

(4)减价特卖,即在一定时间内对产品降低价格,以特别的价格来销售。减价特卖的一个特点就是阶段性。一旦促销目的完成,即恢复到原来的价格水平。减价特卖的形式通常有"包装减价标贴""货架减价标签"和"特卖通告"三种。

### 善于制造紧张气氛

玛丽的公司在佛罗里达州海滨,这里位于美国的最南部,每年冬天,都有许多北方人来这里度假。1993 年 12 月 13 日,玛丽正在一处新转到她名下的房屋里参观。当时,他们公司有几个业务员与她在一起,参观完这间房屋之后,他们还将去参观别的房子。

就在他们在房屋里进进出出的时候,看见一对夫妇也在参观房子。这时,房主对玛丽说:"玛丽,你看看他们,去和他们聊聊。"

"他们是谁?"

"我也不知道。起初我还以为他们是你们公司的人呢,因为你们进来的时候,他们也跟着进来了。后来我才看出,他们并不是。"

"好。"玛丽走到那对夫妇面前，露出微笑，伸出手说：

"嗨，我是玛丽·柯蒂奇。"

"我是彼特，这是我太太陶丝。"那名男子回答，"我们在海边散步，看见有房子参观，就进来看看，我们不知道是否冒昧了？"

"非常欢迎！"玛丽说，"我是这房子的经纪人。"

"我们的车子就放在门口。我们从西弗吉尼亚来度假。过一会儿我们就要回家去了。"

"没关系，你们一样可以参观这房子。"玛丽说着，顺手把一份资料递给了彼特。

陶丝望着大海，对玛丽说："这儿真美！这儿真好！"

彼特说："可是我们必须回去了，要回到冰天雪地里去，真是一件令人难受的事情。"

他们在一起交谈了几分钟，彼特掏出自己的名片递给了玛丽，说："这是我的名片。我会给你打电活的。"

玛丽正要掏出自己的名片给彼特时，忽然停下了手。"听着，我有一个好主意，我们为什么不到我的办公室谈谈呢？非常近，只要几分钟就能到。你们出门往右，过第一个红绿灯，左转……"

见他们微微点头，玛丽便抄近路走到自己的车前，并对那一对夫妇喊："办公室见！"

车上坐了玛丽的两名同事，他们一起往玛丽的办公室开去。等他们的车子停稳，他们发现停车场上有一辆凯迪拉克轿车，车上装满了行李，正是刚才那对夫妇的车子。

在办公室，彼特开始提出一系列的问题。

"这间房子上市有多久了？"

"在别的经纪人名下6个月，但今天刚刚转到我的名下。房主现在降价求售。我想应该很快就会成交。"玛丽回答。她看了看陶丝，然后盯着彼特说："很快就会成交。"

这时候，陶丝说："我们喜欢海边的房子。这样，我们就可经常到海边散步了。"

"所以，你们早就想要一个海边的家了！"

"嗯，彼特是股票经纪人，他的工作非常辛苦。我希望他能够多休息休息，这就是我们每年都来佛罗里达的原因。"

"如果你们在这里有一间自己的房子，就更会经常来这里，并且还会更舒服一些。我认为，这样一来，不但对你们的身体有利，你们的生活质量也将会大大提高。"

"我完全同意。"

说完这话，彼特就沉默了，他陷入了思考。玛丽也不说话，她等着彼特开口。

"房主是否坚持他的要价？"

"这房子会很快就卖掉的。"

"你为什么这么肯定？"

"因为这所房子能够眺望海景，并且，它刚刚降价。"

"可是，市场上的房子很多。"

"是很多。我相信你也看了很多。我想你也注意到了，这所房子是很少拥有车库的房子之一。你只要把车开进车库，就等于回到了家。你只要登上楼梯，就可以喝上热腾腾的咖啡。并且，这所房子离几个很好的餐馆很近，走路几分钟就到。"

彼特考虑了一会儿，拿了一支铅笔在纸上写了一个数字，递给玛丽："这是我愿意支付的价钱，一分钱都不能再多了。不用担心付款的问题，我可以付现金。如果房主愿意接受，我感到很高兴。"

玛丽一看，只比房主的要价少一万美元。

玛丽说："我需要你拿一万美元作为定金。"

"没问题。我马上给你写一张支票。"

"请你在这里签名。"玛丽把合同递给彼特。

整个交易的完成，从玛丽见到这对夫妇，到签好合约，时间还不到30分钟！

适时地制造紧张气氛，让顾客觉得他的选择绝对是十分正确的，如果现在不买，以后也就没有机会了。你只要能调动客户，让他产生这样的心情，不怕他不与你签约。

稀缺法则在人们的生活中发挥着非常重要的作用，有时未必是人们的必需品，但制造稀缺效应会倍增事物的价值。优秀的销售员会在客户对于性价比的要求中，制造紧俏的假象，提高客户做决定的速度，这是一种高明的销售技巧，如果运用得当效果相当明显，值得广大销售员借鉴推广。

### 让顾客享受砍价乐趣

一天，一位顾客看中老张店里一套服装，标价为800元。

顾客说："你便宜点吧，500我就买。"

老张回道："你太狠了吧，再加80元，也图个吉利。"

"不行，就500。"

随后，老张又与顾客经过一番讨价还价，最终谈妥以520元成交。

但是，当顾客掏出钱包准备付款时，却发现自己身上所有零钱整钱凑齐也只有490

元了。老张为难地说，"那太少了，哪怕给我凑个整500呢？"顾客说："不是我不想买，的确是钱不够啊……"最后，老张似乎狠下心说："好吧，就490吧，算是给我今天买卖开张了，说实话，真的一分钱没挣你的。"顾客490元拿着这件衣服，开开心心地走了。

老张真的一分钱没赚吗？当然不可能。因为这只是老张故意使用的诡计。其实老张心里最清楚不过，那件衣服进价也就280元，给出800元的标价为的是给顾客心理上制造"高档"商品的感觉，同时留出顾客"砍价"的空间，在讨价还价中得出顾客愿意支付的价格，最终，老张能赚得利润，消费者也在"砍价"过程中得到了乐趣和成就感，感觉自己占到了便宜，自然也就达成了一桩愉快的买卖。

每个消费者一般都会对商品有一个预期的心理价位。心理价位实际上就是他们对所购买的物品有一种主观评价，心理价位的高低，往往取决于他们的消费能力以及对商品的偏好程度。因此，在销售的过程中，我们就必须对消费者的心理价位有一定的了解，从而才能在讨价还价时获得最大的利润。

对于消费者来说，购物常常是一场心理战。如果通过自己的"砍价"，买到一件价格明显低于自己设想而质地样式又特别喜欢的商品，心理上会产生极大的愉悦感和自豪感。同时不少消费者也会将"砍价"当成一种生活的乐趣。所以销售员也要迎合消费者的这种心理，满足他们"砍价"的乐趣。

**1. 讨价还价中的分寸把握**

在使用这个诡计时，销售员可以从以下几个方面掂量好"砍价"进退的分寸：

（1）判断消费者所购物品的迫切程度。我们可以从观察消费者的神情动作来判断他们对商品的喜欢程度，根据他们对商品所表现出来的喜欢程度决定价格的弹性幅度。消费者越迫切，越需要，我们就不能轻易或放大商品价格下降的幅度。如果无法从消费者的神情动作上判断出他们需要商品的迫切程度，我们还可以使出另外一招，即：不断地与消费者攀谈，问他们买给谁，是送礼还是自己用……

（2）判断消费者的经济条件和花谁的钱。我们可以通过观察消费者的穿着和言行，判断他的经济实力，根据实际情况出价和降价。一般来说，经济实力强的人容易接受高价，而你用狮子大开口的方式来对待捉襟见肘的人，只会立即将他们吓跑。

（3）判断消费者是否有购物经验。农贸市场里买菜的是老大妈还是家庭临时差使的孩子，百货商场笃悠悠挑衣服的是中年女性还是急吼吼的大男人，售货员一看就该心知肚明，报价时要学会看人下菜碟。

## 2. 讨价还价时的注意事项

在使用讨价还价的诡计时，销售员要特别注意以下几点：

（1）证明价格是合理的。无论出于什么原因，任何顾客都会对价格产生异议，大都认为衣服价格比他想象的要高得多。这时，销售员必须从衣服在设计、质量、品牌等方面的优点来证明，价格是合理的。所谓"一分钱一分货"，只要你能说明定价的理由，消费者就会相信购买是值得的。

（2）在小事上要慷慨。在讨价还价过程中，买卖双方都是要做出一定让步的。虽然每一个人都愿意在讨价还价中得到好处，但并非每个人都是贪得无厌的，多数人只要得到一点点好处，就会感到满足。因此，销售员在洽谈中要在小事上做出十分慷慨的样子，使买家感到已得到对方的优惠或让步。比如，增加或者替换一些小纽扣时不要向买家收费，等等。

（3）讨价还价要分阶段进行。和买家讨价还价要分阶段一步一步地进行，不能一下子降得太多，而且每降一次要装出一副一筹莫展、束手无策的无奈模样。另外，讨价还价切不可一开始就亮底牌，有的销售员不讲究策略，洽谈一开始就把最低价抛出来，然而事实上，洽谈初始阶段，消费者是不会相信销售人员的最低报价的。这样，也就无法谈下去了。

## 抓住那个叫"炫耀"的生活观

来自偏远山区的刘先生最近登上了天安门城楼。刘先生上次登城楼是 10 年前，现在重新看，觉得似乎没什么变化，只是多了一处出售"天安门城楼游览证书"的柜台，出于好奇心，刘先生留意了这个新柜台，有两台计算机和打印机，游览证书早已打印好（只要再打印上游客的名字和日期即可），做得很精美，印有天安门的图片，正中有金色的大字"天安门城楼游览证书"，像大学录取通知书，只要交 10 元钱就能获得证书。刘先生觉得自己难得有机会到北京，他想"以前总在电视上看到国家领导人在天安门城楼上，特别威风，现在我也有一种君临天下的感觉。一定要办个证书作纪念，回去也好炫耀炫耀。"于是，他便掏了 10 元钱买了张天安门城楼游览证书。

由此可以看出，在炫耀性消费里，消费者能从中得到虚荣效用。这种虚荣效用并不能带给消费者任何物质上的满足，它的存在实质上造成了商品相对价格及资源配置的扭曲，因为一个人从炫耀性商品中所得的虚荣效用正是另一人所失去的效用，从而导致一切用于追求虚荣效用的资源都被浪费性地消耗了。

对于顾客来讲，很多时候，钱好像是糊里糊涂就花出去了，不计较得失，花得高

天安门城楼

兴，只要自己愿意就行。例如对于某小资女人来讲，将辛辛苦苦半年的工资攒下来买了 LV 限量版手袋而不是攒买房钱或买房首付。谁能说她的决定不对呢？

你或许会说她虚荣。但事实上，很多时候，我们买一样东西，看中的并不完全是它的使用价值，而是希望通过这样东西显示自己的财富、地位或者其他，所以，有些东西往往是越贵越有人追捧，比如一辆高档轿车、一部昂贵的手机、一栋超大的房子、一场高尔夫球、一顿天价年夜饭……制度经济学派的开山鼻祖凡勃伦称之为炫耀性消费。

在金钱文化的主导下，炫耀性消费遍及社会的每个角落，其表现形式林林总总、无所不包。炫耀性消费与商品的竞争相结合，一种是自我消费，另一种是代理消费。其表现形式如下：

自我消费，是通过对财产的浪费来显示其对财产的占有。在《金钱的爱好准则》一书中，经济学家凡勃伦说明，在财产私有制度下，由于金钱财富成为区别荣耀和博得尊敬的基础，它也就成为评价一切实物的标准，无论是宗教、美感、实用性还是对物质的占有，都是以显示金钱为目的。例如，人们在服装上的好奇斗胜和极力奢侈，说明他们在借此夸耀自己的财富，表现自己的浪费性消费。

代理消费，是炫耀性消费的另一种重要表现形式。可分为两大群体：一种是穿特制衣服，住宽敞宿舍的奴仆；另一种是在饮食、衣着、住宅和家具等方面浪费的主妇和家庭的其余成员。这些消费行为也只是为了证明其主人具有足够强的支付能力，以此为其增添荣誉。

从另一个角度看，炫耀并非缺点，它对社会起着很大的建设性功能。通过炫耀，

财富获得不断积累；通过炫耀，一个人对拥有财富的满足才能折射到另外一个人的梦想中，并转化为一群人追求财富的动力——也就是说，从主观上讲，一个人通过炫耀获得了"追求财富并得到财富"的成就感；从客观上讲，另一群人在这个人的炫耀性消费的刺激下获得追求财富的动力。从某种程度上来讲，有资格炫耀财富的人是成功的人。

而对于从事销售的人员来讲，认识并熟悉这些拥有炫耀性消费的人群，对我们制定价格，有着很重要的借鉴意义。因为随着中国人群财富的逐渐增多，人们追逐名牌、奢侈品等的速度也在飞快发展，抓住这个机会，准确识别人们的炫耀性消费心理，将产品推向名牌，将名牌推向品牌，从以卖产品为主逐渐推广为以卖服务为主，让顾客在销售过程中享受到更优质的服务价值，才能争取到更大的销售额和更有购买力的顾客。

### 善造供不应求的假象

2009 年 10 月，微软 Windows7 正式在北京发布。Windows7 家庭普通版预售价仅为 399 元，这也是微软历来在华销售售价最低的 Windows 操作系统。在铺天盖地的宣传攻势之后，微软 Windows7 在中国迅速热销。不过，仅仅上市两天后，Windows7 就出现了"一货难求"的情况，有钱也买不到。

"我们遭遇了传说中的'饥饿营销'。"在各 IT 论坛上，热盼 Windows7 的消费者发泄着自己的无奈。相对于 Windows7 上市之前长达 5 个月的宣传攻势，正式上市之后却难觅踪迹，这一现象让消费者很难理解。

微软在接受媒体采访时，对"饥饿营销"的说法不置可否。相关负责人表示，正和众多合作伙伴密切协作，加大供货力度，确保用户在第一时间购买和体验到 Windows7。微软还表态称，对于准备购买新电脑的客户，购买预装正版 Windows7 操作系统的电脑将是最经济实惠的。

另一个例子：

在地安门十字路口有一家京城极负盛名的干果店，它的店主陈红村通过探究民间炒板栗的秘方，精选颗粒最为饱满的怀柔油栗，用特殊的糖和砂子炒制而成。板栗飘香引来了无数的吃客。在这家小店的面积不到 40 平方米，顾客们每次起码要排半小时的队才能买到。过节时一天就能卖出 2000 多斤糖炒栗子，光靠栗子、瓜子等一些干果竟然一年能卖出五六百万元。

为此，有吃客在网上发表了总结出的生意经。他认为，这家店之所以出名，不仅仅是板栗大王炒的栗子好吃，更重要的原因是这里的栗子要排队才能买到。光是这个，在商品极度丰富的市场上，很是难得。另外，排队的开始，顾客可以从玻璃窗外看到在一个单间里，员工在将坏的栗子从大麻袋中一个个挑出来，这是一个可以亲眼看到的"质量控制"流程。想必印象很深。一锅炒栗子大概20来斤，不是那种大规模生产来保证供应，典型的市场"饥饿"策略。供应不够，需求旺盛，就得排队，越排队越觉得值。亲眼看见几个韩国人很奇怪地看了半天，最后也排到队尾。排队过程很枯燥，他们在糖炒栗子之外，还卖炒瓜子，这个可以轻易买到。排队很多人买瓜子嗑。瓜子成了衍生服务，销量不比栗子少，业务自然增长，完成了多元化。排半个小时甚至一个小时的队，你肯定烦了。到你买，原本买2斤的，买了4斤，原本买5斤的，买了10斤。顾客不愿意吃亏，排了老长的队，买少了总是觉得亏。前面的人买得越多，后面的队排得越长。

饥饿营销起源于一个传说：古代有一位国王吃尽了天下山珍海味，从来不知道什么是饥饿。所以他变得越来越没有食欲，每天都很郁闷。某一天，他外出打猎迷路了。饿了几天之后终于在森林里遇到了一户人家。那家人把家里唯一的野菜和馒头煮在一起做了一锅乱炖，国王二话不说，就把锅里的菜全部吃光，并将其封之为天下第一美味，还把那个山民当成大厨带回宫里。然而，等国王回到王宫饱食终日之后，那个山民给他做的菜他再也不觉得好吃了。这一常识已被聪明的商家广泛地运用于商品或服务的商业推广。

微软Windows7有意调低供货量，以期达到调控供求关系、制造供不应求"假象"、维持商品较高售价和利润率的目的。此前，诺基亚对N97就采用在电视、网站、户外广告牌进行大量的轮番广告轰炸，但却严格控制发货数量，给人造成产品供不应求印象的销售策略，从而让这款产品一度成为顶级手机的销量冠军。

这种饥饿营销不仅仅是大的商家在用，一些聪明的销售人员也用这种方式极大地促进了商品的销售。

从微软Windows7和干果店这两个案例中我们可以发现，饥饿营销的操作其实很简单，即：先用令人惊喜的质量和价格，把潜在消费者吸引过来，然后限制供货量，造成供不应求的热销假想，吸引更多源源不断的消费者。但是我们不能忽视的是，饥饿营销运行的全程始终贯穿着"品牌"这个因素，即饥饿营销必须靠产品强势的品牌号召力。无论是微软Windows7还是京城那家干果店，他们在实行饥饿营销的时候，都已经有了自己的品牌。而正是由于有"品牌"这个因素在内，饥饿营销就成了一把双刃剑。剑用好了，可以使原来就强势的品牌产生更大的影响，赚取超乎想象的利润；如果用不好的话，将会给产品的品牌造成伤害，从而降低了附加值。

### 在体验营销中俘虏顾客

100 多年以来，可口可乐一直占据着饮料市场的统治地位。在全球品牌顾问公司 Inter Brand 公布的 2008 年全球品牌报告中，可口可乐品牌以"666. 67 亿美元"连续第八年排名第一。诚然，可口可乐基业长青的奥秘有很多：独家秘密的配方、无人能及的广告策略以及全球化的品牌打造等。而其值得小店店主向其学习的重要一招，就是它的"体验营销"。

可口可乐的体验营销主要包括"娱乐、教育、逃避、审美"四个方面。

首先，在娱乐体验方面，可口可乐在纽约时代广场建立了一个世界上最大的可口可乐瓶。这个 20 米高、13. 7 米宽的纤维玻璃瓶放置在两座大楼间的霓虹灯广告上。在电脑控制、马达驱动下，瓶盖会"啪"的一声打开，同时一支粗大的吸管从瓶中伸出来。随后瓶里的可口可乐神秘消失。而看到的消费者则立即就会被这种氛围所感染，并产生出强烈的购买欲望。类似的娱乐体验可口可乐做了很多，不过，由于娱乐体验主要由消费者依靠感觉被动地接收信息，消费者参与的程度较低。

而在教育体验方面，可口可乐经常邀请当地学校的学生团体来参观可口可乐饮料在当地工厂的生产流程。让学生团体们了解可口可乐生产、组装以及出厂的整个流程，既可以感受到现代科技的独特魅力，又可接触到世界一流企业的先进生产管理模式。其实，这就是可口可乐在学生团体这群消费群体中所开展的一种有效的营销方式。这一方式既让学生们因为能够获得某种知识、技能而主动地参与到其主办的活动当中，同时其品牌自然也深入人心。

逃避体验是体验营销最常用也最普遍适用的方式。逃避体验主要指消费者沉浸在体验里，积极地参与到体验的营造过程当中。可口可乐的促销活动就经常使用这一体验模式吸引消费者的关注与参与。例如，消费者只要购买可口可乐的"icoke 促销罐"，就可凭"icoke 促销罐"的 13 位字符来赢取可口可乐的"icoke 积分"。而"icoke 积分"则好处多多，消费者不但可以立即兑奖（赢取游戏装备等），还可以参加 icoke 所举办的"爽爆大抽奖"活动，赢取联想笔记本电脑等众多超级大礼，累积越多，换得越多，赢得越多。对于消费者而言，拥有越多的"icoke 积分"，则整个活动就变得越有趣、越有吸引力。

另外，在审美体验方面，可口可乐通过打造新可口可乐博物馆、展览可口可乐产品等方式，吸引着越来越多的可口可乐的"忠实粉丝"。

从企业的角度说，体验营销是指企业通过采用让目标顾客观摩、聆听、尝试、试用等方式，使其亲身体验企业提供的产品或服务，让顾客实际感知产品或服务的品质或性能，从而促使顾客认知、喜好并购买的一种营销方式。体验营销一般以有形产品为载体，生产、经营高质量产品，拉近企业和消费者之间的距离。

可口可乐通过娱乐、教育、逃避、审美四大方面的体验营销，打造可口可乐全方位的品牌形象。小店由于人力、财力方面的限制，当然并不能够像可口可乐一样大力展开世界范围内的体验营销。但可口可乐"体验营销"带来的营销新方式还是值得我们借鉴与学习。尤其在逃避体验与娱乐体验方面，可以通过较小的成本取得较大的成果——这种成果或许不是直接的短期利益，却一定是品牌效应带来的长期效益。

与传统的营销方式不同，体验营销以服务为重心，以产品为素材，为消费者创造出值得回忆的感受，传统经济主要注重产品的功能强大、外形美观、价格优势，现在趋势则是从生活与情境出发，塑造感官体验及思维认同，以此抓住消费者的注意力，改变消费行为，并为产品找到新的生存价值与空间。引入体验营销方式时可以从以下几个方面做出努力：

（1）情感化。可口可乐是饮料吗？不完全是，可口可乐带给人们的，绝不仅仅是解渴，而更多的是带给人们活力、激情、创造、享受等美国精神的象征。可口可乐代表着最纯正的美国精神与自由文化。其实，在很多情况下消费者购买产品更多的是为了满足情感上的需要，消费者往往喜欢购买那些能够引起其情感共鸣的产品。

（2）潮流化。在体验经济中，我们要带给消费者的是潮流化的感受，消费者在接受产品或服务时越来越具有潮流化心理。

（3）多元化。消费者需求一向讲求多元化，并崇尚品质。进行体验营销时也不应忽略了消费者的多元化需求，提供更多的多元体验，吸引更多的消费者。

### 免费最能契合顾客之心

有一个周末，小雅去沃尔玛购物。从沃尔玛走出来后，有位西装革履的男士拦住了她："凭您的购物小票，可以到我们的美容院做一次免费美容体验。"

爱美是女孩子的天性，小雅听后压抑不住自己的惊喜，同时也有些担心怕上当受骗，所以就愣了几秒钟。只见那位先生善意地微笑着说："您别担心，不会要您一分钱的，您长得这么漂亮，唯一的缺憾就是皮肤有点儿干，您有沃尔玛的购物小票我们就可以让您免费做一次护理，让您的皮肤更加水水嫩嫩的。"

就在小雅犹豫之间，那位先生就已经开始很热情地引导小雅进入了旁边的美容院。

果然，美容院除了让小雅买了一张一次性小毛巾之外，没有让小雅出一分钱。在高级温馨的美容室里，美容小姐非常耐心周到地为小雅做了整整一小时的面膜和按摩。

享受了全套服务的小雅心情无比舒畅地闭眼享受着这种惬意。这时，美容小姐一边给她按摩，一边轻轻地对她说："实际上，刚才给您做的美容项目，如果不继续做下去是不会有效果的。由于刚才给您做按摩时使用的是价值上百元的精油，所以我们也做好了亏本的准备了……"

小雅听后不免开始有些愧疚感，毕竟免费享受了如此亲切的服务，心里也难免过意不去。不由兴起了报答这位美容小姐的念头，心想如果再光顾几次，应该可以补偿这种心理亏欠了。于是小雅在美容小姐的引导下办了这家美容店的会员卡。

从那以后，小雅每次去这家美容店的时候，都会被半强迫地购买各种化妆品或是做各类美容护理。小雅虽然很心疼这些哗啦哗啦抽出去的钞票，但仍自我安慰："如果花钱可以变漂亮的话，还是挺划算的，再说美容小姐人又那么好。"在这种心态下，小雅不断出入该美容店，最终花费了好几万块钱。

当消费者通过等价交换付出相应的金钱买到某件商品或者获得某种服务的时候，他们心理上不会有任何的负担。不可思议的是，虽然谁都喜欢吃免费的午餐，但是真的不花一分钱就从对方那里获得好处的话，消费者们通常都会觉得不好意思，心存愧疚，想要通过其他方式去弥补或者进行退让，这样才会心安理得。

正是这种心理，往往让消费者无法拒绝销售员的需求。这也是很多商家喜欢提供"免费试用""免费品尝"活动的诡计内涵。在做销售的时候，我们可以巧妙地利用人们感到愧疚的心理，先付出一点免费的甜头让客户产生不好意思不买的负罪感。

在这样的心理压力作用下，很少有人能够无动于衷。大多数人都会迫不及待地想把这种心理压力赶紧卸下来，这时就会给出比我们所要的多得多的回报，以使自己得到心理上的解脱。我们销售员可以趁此机会将商品顺利地推销给他了。

## 十、环境对客户的潜移默化

每个人都不是孤立的存在，必须在一定的环境中生存、发展，而环境对人的心理具有不可忽视的影响。所谓"环境造人"，不同的环境会使人产生不同的感受，导致不同的心理与行为。就是说，环境对人的情绪和认知、评价的影响作用是不容忽视的。

从消费行为上来说，色彩、灯光、声音、氛围等环境因素都会潜移默化地影响到消费者的购买行为。

## 打开消费者的好"色"之心

在营销学中，有一个著名的定律，叫作"七秒钟定律"。也就是说，面对琳琅满目的商品，消费者仅仅用 7 秒钟就可以确定对相关商品是否有兴趣。而在这短暂而关键的 7 秒中，色彩的作用达到了 67%，成为决定人们对商品喜好程度的重要因素。甚至可以说色彩几乎左右消费者的购买选择。

一家饭店地处繁华地段，服务周到热情，但开业后生意很冷清，消费者一进店门调头就走，令老板百思不得其解。老板的一位教授朋友实地观察后，认为问题出在饭店的墙壁、餐桌、地板全是火红色的，他告诉饭店老板：红色是一种冲击力很强的色彩，大量的红色会使人心情烦躁。

老板恍然大悟："怪不得没人来我这里浅斟慢酌、谈情说爱呢，连我呆久了也会有暴躁不安的感觉。"于是，他把所有的地方都改成了淡绿色。不料，在营业中又出现新的烦恼：消费者就餐完毕不肯离去，大大地影响了餐座的利用率。

店老板又去向教授请教。教授说："我只是让你改涂墙壁，谁让你去改桌椅和地板呢？"于是老板把桌椅、地板恢复成红色，果然，餐座利用率提高了，生意也愈发红火起来。原来，餐桌保留红色，能促进消费者的食欲；但是如果逗留时间过长，这种红色就会变成一团令人烦躁的"火"，会促使消费者快速离开。

这说明，恰当地运用和组合色彩，调整环境的色彩关系，对形成特定的氛围空间能起到积极的作用。

因此，作为销售人员，你也要特别重视色彩因素对消费者的视觉传达。例如，在卖场中，对于货品的布置既要重视细节，也要做好卖场整体的色彩规划。成功的色彩规划不仅要做到协调、和谐，而且还应该有层次感、节奏感，能吸引消费者进店，并不断在卖场中制造惊喜，更重要的是能用色彩来唤醒消费者购买的欲望。一个没有经过色彩规划的卖场常常是杂乱无章、平淡无奇的，消费者在购物时容易产生视觉疲劳，没有购物激情。

一般来说，色彩搭配有以下几个原则：

### 1. 用色彩增强消费者对产品的记忆力

人们对语言文字和图片的记忆力比较，大多数都是对图片的记忆力比较强烈，而又有比较研究发现，有色彩的、独特的搭配的色彩语言，为图片在大脑中的储存增加了超过一半的机会。销售人员恰如其分地运用色彩，就会强有力的刺激消费者的视觉，让色彩在消费者头脑中形成一种强势的语言。例如，家乐福的不少店都用彩色塑料杯拼出了自家的 logo，并用蓝色拖鞋组合成了一条海豚，挂在半空中。这样的搭配能积极调动消费者，并给消费者留下极为深刻的影响。

### 2. 利用色彩增加产品的附加值

产品色彩的多样性，满足了消费者选择色彩的多样性，这使色彩具有低成本高附加值的功效。据国际流行色协会调查数据表明：在不增加成本的基础上，通过改变颜色的设计，可以给产品带来 10~25% 的附加值。在很多小饰品的色彩运用上，首先给人最直观的感受是丰富的色彩，在外形同一样的情况下，色彩的丰富加大了消费者选择的宽度，提高了产品超出本身的价值，大大提升了促成消费的可能性。例如，"三精口服液，我选蓝瓶的"。哈药集团生产的双黄连口服液正是运用消费者对色彩的敏感策略来提炼的产品卖点。如今，估计长城内外，大江南北的老少妇孺们没有人不知道这句广告语。

### 3. 运用色彩引起品牌的情感共鸣

色彩除了能留给消费者以强烈的视觉印象外，还能引起消费者的情感共鸣。例如，红色具有热烈、兴奋的情调；绿色具有冷静、稳定的情调；蓝色具有抑郁、悲哀的情调等。每一种颜色代表不同的语言、不同的性格表现。因此，利用色彩引发消费者的情感共鸣，达到最终的消费目的，也是一个必不可少的点。

瑞士雀巢公司的色彩设计师曾为此做过一个有趣的试验，他们将同一壶煮好的咖啡，倒入红、黄、绿三种颜色的咖啡罐中，让十几个人品尝比较。结果，品尝者一致认为：绿色罐中的咖啡味道偏酸，黄色罐中的味道偏淡，红色罐中的味道极好。由此，雀巢公司决定用红色罐包装咖啡，果然赢得消费者的一致认同。

不过，不同的消费者对色彩的敏感程度有很大差异。一般来说，女性消费者、儿童消费者容易受到色彩的影响，因此以他们为目标市场的商品更应注重色彩的作用。

总而言之，适宜的商品色彩、包装色彩、环境色彩，会对消费者产生强烈的吸引力，进而形成一种先入为主的好感，并可能激发他们拥有某种商品的强烈欲望。那些还在成功路上徘徊的销售人员，何不尝试用色彩来为产品打开消费者的好"色"之心呢？

### 刺激感官，刺激消费

人离不开环境，环境的刺激会引起人的生理和心理效应，例如，我们在自己的家里、在自己的亲人面前才会感到不受约束，感觉到自由随意，而在其他场合就会受到拘束，而这种因为环境造成的不一样的感觉又必然会影响到我们的行为。推而广之，从消费行为上来说，消费者的购买行为通常也是在一定的购物场所或环境中实现的，因此，购物环境的优劣必然会对消费者的购买产生影响。

这样，我们则可以通过消费环境的改变，对消费者的心理造成一些有利的影响，促使交易朝着正面的方向前进。理想的购物环境，会对消费者的感觉器官有着较强的刺激力，使他们在观赏选购商品时，感到优雅、舒适、和谐，始终保持兴致勃勃的情绪，从而促成购买行动，而且在购物或消费之后，还能吸引他们再一次光临，让他们把满意的体会转告其他顾客，为自己传播美誉。具体来说，包括：

### 1. 音乐

消费场所播放的音乐能对消费者的消费行为起到非常重要的促进作用。例如，位于某大学附近的一家很受周围大学生和小区居民欢迎的书店——"芝麻开门"书店，就是利用看似无关紧要的背景音乐而取得成功的。

与大学周边众多的大小书店相比，"芝麻开门"的店面并不是最大的，图书品种并不是最齐全的，装饰也不是最华丽的，然而，"芝麻开门"书店却始终消费者盈门。书友们对"芝麻开门"书店的评价是："去'芝麻开门'书店，听着和谐的曲子，本身就是一种享受。""芝麻开门"书店的店老板也承认，"芝麻开门"书店非常重视背景音乐的效果。

特别的是，"芝麻开门"书店还有自己专门的背景音乐设计方案，该方案根据不同的季节、时间而不同。书店每一季的音乐方案都由店老板结合自己多年来在音乐方面的品位，汇总各方信息的基础上亲自敲定，一经确定便不再轻易变更。所以，无论"芝麻开门"书店的工作人员如何更换，书店的背景音乐都是按照播放方案来的，不会因为工作人员变了就改变背景音乐的风格。

当然，销售人员也可以自由选择各种曲调、曲风的音乐，只要使消费者听过音乐之后产生愿意接近商品和店员并进行消费的反应就达到目的了。但是要注意的是，并不是任何音乐都能唤起消费者的购买欲望，音乐同样需要因人而异。例如：青少年经常光顾的卖场会播放摇滚和流行音乐；消费群体比较追求时尚潮流的地方趋向于播放流行乐队或乡村音乐等；在中产阶级常去的餐厅通常可以欣赏到爵士乐或器乐曲；在奢侈品消费场所总能听到高雅的古典乐曲；在超市的通道中穿行时往往伴随着管弦乐队的经典曲目。但无论播放何种音乐，目的只有一个：延长消费者的消费时间，赚更多的钱。

### 2. 气味

我们总会被气味吸引。例如，面包店门前常年飘散的香甜气味会让人忍不住去买一个。

对此，心理学家曾在法国外省的一个小城里做过这样一个持续数星期的实验：

只选晚上的时间段作观察。这是一家小比萨店，有22个座位，菜单也相对简单（例如主食有17种比萨，4种肉食主菜，3种饮料，4种沙拉）。安装在墙上的时髦的喷雾器启动后，气味分熏衣草和柠檬两种。根据事先对香氛的研究，熏衣草香精可以帮助放松，而柠檬有一定的刺激效果。引入"无香氛"作为实验控制条件之一。统计实验期间顾客在店里呆的时间长短以及平均每位顾客花费的金额。

统计数据显示，"柠檬"味独占鳌头。这种香精能让顾客呆得更久，消费更多。

其实，消费者大多数的购买决策都是建立在感情基础上的。而在人类的所有感觉中，嗅觉对人的感情最具有影响力。在某个地点闻到一种熟悉的气味，这气味本身从某种角度而言已经刺激到了嗅觉，于是能影响到消费行为。因此，销售人员就可以通过精心设计的香味来增强消费者购物氛围。

### 3. 温度

气温有时候也会影响人们的购物情绪。研究证明，气温在20℃到22℃的情况下，人心情舒畅；在18℃到20℃时，人的工作效率最高。当环境温度超过34℃时，人不仅大汗淋漓，而且心情烦躁，易产生过激行为。气温过低时，人会萎靡不振。当室温降到10℃以下时感到沉闷、情绪低落。气温低于4℃严重影响思维效率。因此，在消费者的购物环境中，对温度的控制也是有技巧的。

以商场为例，温度控制在25℃时人体感觉最舒适。太热，顾客会不愿意停留，太冷，顾客也不会过多停留，甚至会抱怨，以致麻痹本来很旺盛的购物欲。

一家女装商场曾经做过测试：在春夏装上柜的时候，把商场里空调的温度调高几度，专柜的春夏装一下子就好卖了，有的专柜销售额增幅甚至达到一倍，而一旦把温度调低，春夏装就明显不好卖了。而且连续试过几次，每次效果都很明显。

25℃是商场是最合适的温度，在这个温度下，顾客才会愿意在商场里逗留，或高或低都会影响他们的情绪。不过，不同的商品门类对温度的要求有时亦不一样，比如穿昂贵的商务装，顾客想要"冷一点"；卖运动装的商场则想"热一点"，这样泳装、透气的T恤等应季商品就会卖得快一点。另外，对于专卖店来说，最合适的温度是22℃，这个温度最容易成交生意。

总而言之，消费环境对销售起着非常重要的作用。仅仅为消费者提供质量优秀与

价格合适的产品是远远不够的，如果没有提供相对应价值的环境与氛围，销售也是很难开展的。在营销活动中，创造让消费者感觉温馨、舒适的环境，会增加消费者的归属感，从而使其放松警惕，更容易和销售人员打成一片，说出自己的真实想法和需要，并使彼此真诚以对，利于交易的顺利达成。

### 商品陈列也是一种艺术

商品的陈列也会关系到消费者的购买欲望，法国有句经商谚语"即使是水果蔬菜，也要像一幅静物写生画那样艺术地排列。因为商品的美感能撩起顾客的购买欲望。"讲的就是商品陈列的艺术。所以，销售人员在摆放商品时也要考虑到消费者的心理需求。

那么，在具体的操作中，商品陈列要注意那些问题呢？

#### 1. 方便消费者挑选

当消费者面对各式各样的商品，挑选自己喜欢的商品时，都会感到兴奋。不过要怎么做才能让消费者产生这种心理呢？基本上来说，最重要的就是陈列方式要方便顾客挑选。分类的方式不能单是采用卖方容易管理的方法，而要顺应消费者挑选商品的习惯。

#### 2. 让消费者看到实物

看不见内容物的商品，无法引起消费者的兴趣。"自己非常了解商品，就以为消费者应该也很了解"，这种先入为主的观念，会导致销售人员摆出说明不清楚、难以让消费者理解的商品陈列方式，而且这种情况经常发生。

举例来说，小型家电的包装上常常加注"附定时器"或是"附延长线"等的标示，作为商品的卖点。但是，好不容易附加的特色，假如因为放在包装内部而几乎看不见，就无法让消费者知道了，所以"附"的部分必须让消费者清楚看见才行。若是商品因为某些理由不能做成透明包装，就要采用陈列样品的方式，特别露出附加的部分，或是设计成让消费者摸得到实品的包装。

还有，在促销商品时，有时也会附送赠品，这也应该让消费者看到赠品的实物。

#### 3. 陈列试用品

促销效果最好的工具，就是提供试用。所以，即便是制造商，也必须在店面货架上，设计自家商品的试用方式。例如，食品类的试吃；酒类的试喝；衣着配饰类的试穿试戴；健康仪器或高科技产品的试用；自行车等车类的试乘；房子也可以试住……

当然，发送试用品也是其中一个方法，但如果碰到无法制作试用品的商品该怎么办呢？包装好的商品无法用手拿取，所以样品陈列也是能让消费者拿在手上试用的方法之一。陈列试用品，比什么介绍都有效。

### 4. "乱堆乱放"

不要认为乱糟糟的商品，消费者就不会有购买欲。其实，有的人在购物的时候，喜欢在众多商品中挑拣自己认为物美价廉的物品。所以，如果你将一些衣物或者食物整堆的陈列时，不仅不会出现无人问津的现象，反而会出现成群购买的现象。这是因为顾客在挑拣东西的时候，可以满足其"淘"的欲望。运用这种整堆的不规则的陈列方法，既可以节省陈列时间，也可以产生特价优惠的效果。

### 5. 善于利用等待时间

有些店铺在销售商品时会让消费者等待。消费者等待的这段时间千万别浪费，可以利用一些巧妙的方法善加应用。

以汽车用品店贩卖轮胎来说，更换新旧轮胎时一定会让消费者等待一段时间。这时如果单单只是让消费者看电视或报纸打发时间，是好做法吗？应该不是吧！这段时间就是让特地到店里来的消费者，看一看轮胎以外商品的绝佳机会。举例来说，在消费者等待的地点，在其目光所及的地方，设置汽车卫星定位系统的试用区，想必可以引起不少消费者对这项商品的兴趣。

### 6. 定期更换

另外，还要注意的是，对于商品陈列来说，不管开始陈列得多好，如果时间太久了，消费者也会逐渐失去对它的感觉，留下一成不变的印象。所以商品陈列应该定期地更换（包括换商品、同样的商品更换地方等），以保持消费者的新鲜感和兴趣。

日本日伊高级百货商店，经过认真细致的市场调查后发现，到这个百货商店来的人80%是女顾客，男顾客多半是随着女顾客来的。而这些女顾客中，白天来的大部分是家庭主妇，而下午五点半以后来的大多数则是刚下班的年轻白领。针对这一情况，他们决定陈列商品要区别对待这两种女顾客，改变了原来商品陈列一成不变的方法，根据不同的时间更换不同的商品，以便迎合这两种女顾客的不同需求。白天，这个商店摆上家庭主妇关注的衣料、内衣、厨房用品、首饰等实用商品，一到五点半，就换上充满青年气息的商品，光是袜子就有十几种颜色，摆出年轻人喜欢的大胆款式的内衣、迷你裙等等，凡是年轻人需要的商品应有尽有，而儿童用品等统统收起来。这一经营方式收效很大，3年多的时间，日伊高级百货商店的分店便遍布全日本，达102家。

可见，根据时间差异进行不同的商品陈列，也会收到意想不到的效果。

其实，商品陈列只有原则，没有标准。不同的商圈，不同的商品结构，甚至不同的经营目标，会产生不同的陈列模式。但只要是以服务于消费者需求为原则来进行的商品陈列，就可以激发消费者的购买欲，增加销售量。总而言之，商品陈列的目的就是用一切手段，勾起消费者的兴趣。聪明的销售人员要学会通过商品的陈列让消费者去发挥自己的想象，让他们想象买到这种商品后会发生的种种可能，比如亲人的一个吻、朋友的赞赏，或者是给以后的生活带来的变化等。当消费者被这种气氛所打动的时候，就会对你的商品产生浓厚的兴趣，这就是商品陈列营造特有气氛能够达到销售目的的奥秘所在。

### 热烈的氛围是一种变相的销售

生活中，许多场合都需要有一定气氛做衬托。比如在演出和演讲的现场，气氛就非常重要。气氛热烈，听众、观众爆满，才容易促成演讲或演出的成功。如果没有营造出比较热烈的气氛，显得冷场的话，无论你的演讲内容多么精彩，恐怕也会成为失败的演讲，不能达到很好的宣传效果。再比如，有的商人请客或赴约，总喜欢带一个漂亮的女助手前往，就是为了依靠女人的美丽与温柔，给交际场增添一点情趣，营造一种融洽的氛围。

销售时也是一样，例如门店开张时总要挂满彩旗，摆满有关单位和亲朋好友、捧场人所赠的花篮（其中许多是自己买或租的，写上别人的名字以显气派），门口站满花枝招展、披着缎带的迎宾小姐；有的地方还允许放礼炮，在声、色上造气氛。这样做的目的，除了为表达自己的某种心情外，更多的是为了引人注目，招揽消费者，起到一种变相的广告宣传的作用。

#### 1. 制造交际氛围

一群志趣相投的人们在交谈、嬉笑，度过愉快的时光，而派对的主人给每个人的酒杯加上一口酒，再把他们的注意力转移到自己销售的产品上来……销售时营造这样一种交际氛围，会使销售人员和消费者之间形成友好的氛围。消费者不会感觉他们在向一家公司买产品，却感觉像是向某人购买他们喜欢的东西，或者是邻居或朋友请他们买的东西。

美国的一家玻璃器皿公司放弃了零售商店，而是采用家庭聚会的方式直销。聚会的主人召集了一些朋友，满面春风地与大家聊天，为大家端茶送水，然后不失时机地要求大家购买产品。结果使其每天的销售量超过了250万美元！

有时候就是这样，友谊造成的压力，比人们对产品本身的喜爱效力更高，使人们觉得非买不可。这家公司的成功，正是因为很好地营造了交际的销售氛围。尽管大家都知道：从卖掉的每一件东西里主人都可以分得一定的利润，但是在聚会的环境下，大家因为与主人的友谊和温馨的气氛，滋生出温情、安全感和责任心，并产生了对产品的好感，从而心甘情愿地买了不少。

### 2. 打造艺术氛围

消费者在挑选商品时，也会特别注重追求欣赏性和艺术性。销售人员对销售环境进行艺术装饰，满足了消费者艺术欣赏和精神享受的双重目的，那么，消费者也一定会满足销售人员的营销目的。

"302"是日本一家专门生产小商品的企业，与日本的大企业相比，并非有名，但它的小商品却在国内外影响很大，其触角已伸向书刊、电影、饮食等行业。该企业之所以成功的一个重要原因是善于营造艺术氛围，"让人们在欢乐的气氛中购物"。为此，逐步投资改造其零售商店和专营商店的购物环境。如 1989 年改建的"船木齐商店"就令人耳目一新，整个建筑似一座古城堡，一进剧场式的狭长入口，童话般的世界立即展现在顾客眼前，令人心驰神往，一睹为快。这里除了琳琅满目的小商品外，还有剧场和儿童游艺场，每天前来游玩、购物的顾客成千上万，商店销售额比改建前增加了3 倍。

### 3. 营造热销氛围

大部分消费者都有一个特性：相信大众的眼光，大家都争相抢购的，就一定是最好的。因此，在销售过程中，也可以充分运用这种从众心理，营造出热销的氛围来吸引消费者的注意力，促进销售。

例如，有这样一家饭店，刚开业的时候，由于没有什么名气，加之消费者对其又不了解，所以，很长一段时间内，都是服务员此顾客多，让老板很发愁。有一天，老板忽然想到了一个好主意，他给自己的朋友打电话，请他们来吃饭，条件就是必须开着车来，没有车就是借也要开着车来，车的档次越高越好。朋友们也不知道是怎么回事，既然是请客，那就来吧！就这样，晚上的时候，这家饭店的门口摆满了各种高档的小汽车。没过多长时间，人们惊奇地发现，这家饭店的生意忽然之间火爆了起来，每天都顾客盈门，车水马龙的，吃个饭还要排队，等上老半天。

可见，销售人员要想把销售做得更好，首先要在消费环境中营造出热闹的气氛，刚开始哪怕是假象，也要制造得好像很多消费者都认可自己的品牌，都来了解和购买店铺的产品，从而让更多的人都跟着来店里了解产品，认可品牌和实现购买。有了火热的人气，还怕你的产品卖不出去吗？

其实，消费者的购买行为，70%以上的决定都是在购物环境里面做出的，冲动性消费占了很大一部分。良好的购物气氛，对销售有着非凡的贡献和巨大的意义。因此，关于销售氛围的营造和提升，绝非小事，是值得每一位销售人员花大力气研究和学习的。

### 用环境的威慑来影响顾客

在销售中，光靠销售人员苦口婆心地劝说，有时候并不能起到太大的作用，善于借助环境的威慑力，则可以给自己增添气势。因为环境给人带来的不只是舒适、惬意和随性，更多的时候，也是一种警示，一种劝阻，一种威慑，会对人们的行为产生某种约束。如果销售人员可以用这种不可违背、具有威慑力的氛围作用于消费者，就可以帮助自己有效地推销产品。

例如，世界上最伟大的推销员乔·吉拉德在他办公室的墙上挂满了他荣获的各种奖章，还有一些登着自己事迹的报纸、杂志、文章以及和某些重要人士合拍的照片。这些"广告"，有力地给他自己以及他的产品做了最好的证明，无形中对消费者产生了一种作用力，迫使其承认、信赖，甚至顺从和拜服，这使乔·吉拉德总是能十分顺利地推销出自己的产品。

这其实就是利用了环境的威慑力。当然，销售人员在利用环境的威慑力时，也要讲究技巧，如果让消费者感受到你在逼迫他消费时，就肯定收不到你预想的结果了。

#### 1. 利用物品

我们都知道，记者是职业的观察家，他们会记录下观察到的一切。但你千万不要以为其他人就没有观察，或者观察得不够仔细。事实上，在任何时间和地点，人们都睁大着眼睛，仔细打量着别人身边的大大小小的物品，将每一个细节摄入眼中。人们会根据这些物品所释放的信号，建立起或者进一步丰富对它们主人的印象。

如果你是一个聪明的销售人员，很多东西都是你可以利用的道具，让它们为你的销售加分，为你的商品助威。

邓林是一家商店里某品牌手表的销售员。每次有顾客光临的时候，他都会绘声绘色地描述手表的质量如何优质，性能如何良好，但是由于产品价格很高，很少有顾客购买。虽然邓林口才很好，把手表的功能说得神乎其神，但是顾客反而更加怀疑，最多也只是看看，真正购买的没有几个。

一个月过去了，邓林仅仅卖出一块手表。这样下去可不是办法，邓林通过分析觉得，顾客之所以不敢购买他的手表，最主要的就是不相信商品的质量。那么，如何才能证明自己的商品的质量呢？他想出了一个办法。

第二天，邓林买了一个鱼缸摆在自己的柜台上，并把两只手表放进了鱼缸里。很快就吸引了很多顾客过来围观。这时，邓林又开始讲自己销售的手表的防水防震功能，并把手表从水里捞出来让顾客传看，果然不怕水；接着他在把手表递给顾客传看的时候，故意没有抓牢，使表掉在地上。顾客吓了一跳，赶紧捡起来，看了看，还好没有摔坏。当顾客把手表还给邓林的时候，邓林居然又使劲儿地把手表摔在地上，但捡起来后，手表依然没有任何损伤。这下，顾客都相信手表的质量了，而此时，邓林又拿出手表的质量证书以及专家的推荐，并声明现在是推广期，限量销售，买晚了就买不到了。结果可想而知，顾客开始纷纷抢购他的手表。

邓林之所以取得了成功，就是利用鱼缸制造了这样一种环境和氛围，使顾客产生很大的好奇心和信赖感，并促使他们立刻行动，进行购买。

因此，如果你是一名销售人员，也要善于利用环境，尤其是当消费者对产品的质量和信誉表示怀疑时，你就可以通过一些物品制造出有力的证据，来说明自身的实力，也给消费者造成一定的威慑和压力，让他们尽快做出购买决定。

### 2. 利用语言

"这可是最后一件衣服了""昨天威尔先生都出价 500 美元呢"……这种对消费者的"语言威胁"，无形中制造了一种紧张的环境和氛围，而这就有助于促使消费者早做决定。在销售中，当你的客户攻不下来的时候，你可以适当地采取这种"威胁"的战略。

查尔斯在一家生产烹调设备的公司做推销员。一次，有个城镇正在举行大型的集会，查尔斯知道消息后马上赶了过去。

在集会场所，查尔斯展示了一套价格为 490 美元的烹调器，并强调它能节省燃料费用，他还把烹好的食品散发给人们，免费请大家品尝。这时，有位看客一边吃着食品，一边咂咂嘴说："味道不错，不过，我对你说，你这设备再好，我也不会买的。500 美元买一套锅，真是天大的笑话！"

此话一出，周围顿时响起一片哄笑声。查尔斯抬眼看看说话人，这人他认识，是当地一位有名的守财奴。

查尔斯想了想，就从身上掏出一张 1 美元，把它撕碎扔掉，问守财奴："你心疼不心疼？"守财奴吃了一惊，但马上就镇定自若地说："我不心疼，你撕的是你的钱，如果你愿意，你尽管撕吧！"查尔斯笑了笑，说："我撕的不是我的钱，而是你的钱。"守财奴一听，惊讶不已："这怎么是我的钱？"查尔斯说："你结婚 20 多年了，对吧？""是的，不多不少 23 年。"守财奴说。查尔斯说："不说 23 年，就算 20 年吧！一年 365 天，按 360 天计，使用这个现代烹调设备烧煮食物，一天可节省 1 美元，360 天就能节省 360 美元。这就是说，在过去的 20 年内，你没使用此烹调器就浪费了 7200 美元，不就等于白白撕掉了 7200 美元吗？"接着，查尔斯盯着守财奴的眼睛，一字一顿地说："难道今后 20 年，你还要继续再撕掉 7200 美元吗？"

最后，反倒是这位口口声声地说这套烹调设备贵的人第一个掏出钱来买走了一套。

可见，面对那些对价格比较挑剔，又不能做购买决定的消费者时，你就要学会用语音来制造一种"威胁环境"，迫使他们早做决定。

不过，不管是哪种方式，要想达到用环境的威慑来影响消费者的效果，就要掌握一定的分寸。在你的"威慑"获得一定成功的时候，你也要学会让步，因为消费者还不能做决定，那么他就是想你再退一步，那何不满足他的要求呢？让消费者觉得他的坚持是值得的，因此他也会有一种成就感。

### "私人空间"成交法

心理学中有一个"刺猬法则"，它来源于西方的一则寓言，说的是在一个寒冷的冬天，两只刺猬被冻得浑身发抖，为了取暖，他们只好紧紧地靠在一起，而相互靠拢后，又因为忍受不了彼此身上的长刺，很快就又要各自分开了。可天气实在太冷了，它们又靠在一起取暖。然而，靠在一起时的刺痛使它们不得不再度分开。挨得太近，身上会被刺痛；离得太远，又冻得难受。就这样反反复复地分了又聚，聚了又分，不断地在受冻与受刺之间挣扎。最后，刺猬们终于找到了一个适中的距离，既可以相互取暖，又不至于被彼此刺伤。

这强调的就是人际交往中的"私人空间"。任何一个人，都需要在自己的周围有一个能自己掌控的自我空间，没有人能容忍他人闯入自己的空间，即使最亲密的两个人之间也是一样。这个空间就像一个充满了气的气球一样，如果两个气球靠得太近，互相挤压，最后的结果必然是爆炸。

"私人空间"成交法就是建立在"刺猬法则"基础上的，其实质是尊重消费者私人空间不可侵犯的普遍心理，随时注意与消费者的距离，给消费者创造一种轻松、愉快而又亲切的环境，为下一步的销售工作埋下伏笔。而且，这个私人空间，既包括物理空间，也包括心理空间。

不过，对于销售人员来说，这个尺度的拿捏可是个"精细活"：离消费者太近，他们必然会产生压抑的心理，离消费者太远，又无法和他们亲密地交流。

#### 1. 从物理空间来说

无论坐在你对面的消费者是同性还是异性，你都需要与之保持身体上的一段"安

全距离"，与不熟悉的消费者保持 1 米以上的距离，是比较合适的。

副经理刚送走某公司的销售员，笑容立刻消失了，转身对总经理摇摇头。

副经理："这家公司不行，规模一定不大，一看就没有大公司的样子。"

总经理："何以见得？"

副经理："刚才那名销售员一直把身体贴得很近跟我说话，我都看见他的头皮屑了。张口闭口'咱们咱们'的，还没怎么样就要请我们吃饭，套近乎也不是这么个套法。"

总经理："嗯，有道理。"

就算你不介意自己的头皮屑被看到，别人还介意你身上的"跳蚤"跳过去呢！所以销售人员一定要把握好与消费者的距离，给消费者充裕的私人空间。

如果是在消费者的办公区域内拜访，消费者的办公桌范围就是安全距离界限。不要四处张望，不要随意走动，更不要偷窥消费者的电脑屏幕与文件夹，当然，也不要冒失地拿起桌上的小摆设，这些都是不礼貌的行为。

### 2. 从心理空间来说

与消费者谈话的过程中，避免谈论私密问题，也属于私人空间成交法中不可缺少的一部分。即使有时候，有些话题是消费者发起的，你同样也要注意不能随意议论别人的"软肋"，因为你们毕竟不是发小知己，只是工作关系，且涉及很多利益问题，靠得太近，只会激起防范心理。

销售员小贺特别擅长与客户打交道，同时也很注意分寸，许多客户都很喜欢她。

客户："最近心情很糟糕。"

小工："黄总，怎么了？能让我帮您分担一下吗？"

客户："我老婆太任性了，最近没事找事跟我吵架。我整天在外奔波，不都为了这个家吗？你给我评评理。"

小贺笑了笑，没有说话。客户看着小贺的反应，也感觉说多了。

小贺："黄总，我们喝茶。"

客户："好，喝茶。"两个人又聊起别的话题。

客户们都喜欢小贺的原因，可能就在于他明白什么话题自己可以发言，什么话题自己要规避，坚决不介入客户的小世界。这也是销售人员最聪明的做法。

其实，跟消费者聊私事也可以作为辅助手段，和他们聊些轻松的话题，增进一下友谊，也无可厚非。但是，作为一个销售人员，你要切记，聊工作内容才是你要做的正经事。当消费者和你谈到私密的事情时，比较明智的做法就是巧妙地转换话题。你知道的事情越多，跟消费者的关系越复杂，就越不好处理。

总之，"私人空间"成交法，关键在于"度"的把握。而度在哪里，有时也会因人而异。善于揣摩消费者心理的销售高手，可以轻易地让消费者保留适当的私人空间，又在消费者身上开辟出一块大大的工作区域。只有反复练习、思考、总结，才能悟出其中的奥妙，提高以后销售的成交率。

### 掌握地盘中的小秘密

古巴导弹危机期间，美苏剑拔弩张，为了打开这种僵局，肯尼迪与赫鲁晓夫曾召开了一次高层会议。为了决定会议地点，双方曾互不相让地争执了一段时间，最后采取了折中方法，决定在中立国奥地利的维也纳召开会议。

他们为什么要这么重视开会地点呢？

其实，这就是关于"地盘"的秘密。

我们知道，动物都有"地盘心理"，实际上，人也是一种有"领域感"的生灵，每个人自身能量的释放与才华的发挥都是同他所处的环境息息相关的。因此，对于销售人员来说，善于利用地盘中的小秘密也是增加成交概率的一个重要方面。根据具体的情况，合理安排谈判地点，尽可能地降低消费者的防御心理，就会使成交不再那么困难。

#### 1. 在自己的地盘

众所周知，每个人在自己所熟悉的地方都会比较随意、放松，而到了别人的"地盘"，多少都会有点浑身不自在、束手束脚的感觉。这个"规律"对于消费者而言，自然不会例外。所以，如果你想向消费者更好地展示你的产品，或者你的消费者不是很信任你，你不妨主动请他们到你的"地盘"参观考察，让消费者更多地了解你的产品和公司，这样你才能更自如、更完美地展现商品与销售技巧。

杨洋是一家机械设备公司的销售员，他想把自己公司的一批机械设备卖给另一家公司，所以多次到该公司去谈判，可那家公司的负责人始终不太信任他们公司的设备，所以，一直没有给出明确的答案。正在杨洋为此事发愁时，销售经理给他出了个主意，请客户来他们公司参观指导。杨洋听从了经理的建议，再一次与客户预约谈判，不同的是这次谈判的地点换成了杨洋的公司。那天，杨洋并没有急于劝说客户签单，而是亲自带客户观看了他们公司设备制作的整个过程。中午吃饭的时候也没有提及订单的事情，只是在客户临走时，询问客户："您现在觉得我们的产品怎么样？还有哪里不满意的吗？"客户回答："没有了，我们现在就可以签约了。"

就这样，杨洋转换了一下思路，将客户请到了他们公司，使其"身临其境"，从而

消除了客户的疑虑，促成了这笔交易。

当然，即使在你的"地盘"上，你也不能自以为了不起。无论什么时候，你都要做到，友好礼貌地接待客户，维护自己在客户心中的形象。例如，到了吃饭的时间，不管你与客户的生意是否谈成了，都要热情地邀请客户一起用餐。因为"生意不成情意在"，即使你们现在没有达成共识，不代表以后不会有合作。现在做成朋友，以后做生意就轻松多了。

### 2. 在对方的地盘

既然每个人都希望在自己熟悉的环境中谈判，那么，你到客户的单位去谈判也会是家常便饭。所以，你不仅要在自己的"地盘"上做好准备工作，在客户的"地盘"上也要能够应付自如。当销售员到了客户的"主场"时，应该怎么做呢？首先你要做的就是仔细观察，通过观察了解客户的各方面信息，比如他的态度、他的同事，甚至是他们公司的管理机构。你了解得越细致意味着你谈判成功的概率就越大。

李林是一名电脑销售员，为了说服一家公司的经理购买电脑，他多次邀请该经理来他们公司参观，经理都拒绝了。李林反思了很久，觉得可能是客户担心到了自己的地盘上，多少会有束缚感，要是不买自己的产品会不好意思。于是，李林改变了策略。

李林给经理打了个电话，还没等他开口，经理又以没有时间为由，说不能到公司去参观。李林笑着说："是这样，为了不浪费您的时间，我这次打算到您公司拜访您，只需要耽误您一个小时。"

获得了同意，李林又在拜访前做了一番工作，以防自己出错。最后，李林拿到了这个大订单。

李林深刻地反思了客户多次拒绝的原因，改变了策略，将地点选在了客户的"地盘"，这才顺利达成了交易。可见，销售人员在与消费者进行沟通的时候，也一定要注意地方对消费者的影响，不要因为粗心而丢了生意。

### 3. 在第三方地盘

除了"主场""客场"外，销售人员还可以借助第三方地盘来促成交易。例如，可以选择咖啡厅或者茶馆谈事情。

莎莎是一名化妆品销售员，在与化妆品店老板的几次电话交谈后，终于约定见面会谈。莎莎特意将会面的地点选在了一家咖啡厅。这天，她提前十分钟来到了约定地点。当她看到一位女士走过来时，热情地迎了上去……就这样，她们边喝咖啡边聊。最后，客户离开时，跟莎莎签了订单。

莎莎能够这么快与客户签单，地点是一个不可忽视的因素。试想，在这个轻松舒适的环境中，边聊天边谈生意，自然会使客户心情愉快，成交的成功率也就自然提高了。

此外，饭店也是一个好地方，同样可以帮助我们缓解尖锐的销售难题。很多时候，对于很多棘手的销售问题，在酒桌上，也许碰几杯酒，事情就能迎刃而解。酒精的力量在人际关系中有着超乎寻常的作用。

总之，双方见面地点的选择往往涉及很多心理方面的因素。在销售中，不同的商谈地点，不同的洽谈环境，谈判的结果自然也会不同。因此，作为销售人员，一定不要忽视成交地点的作用。并且，还要抓住消费者的心理，以不同的气氛为消费者做好渲染，让他们随时都围绕你的想法转，从而达到你预想的目的。

## 带着工具做推销

西班牙作家塞万提斯曾经说过："要预先警觉、预先武装好；充分的准备是成功的一半。"作为销售人员，在与消费者交谈前的准备工作决定了销售人员接下去的行动是否能够顺利地进行。

这里的准备工作，除了仪表整洁之外，还包括一项重要的内容，那就是你要准备好相关的销售工具。因为，精心准备好销售工具，既能让顾客感受到推销人员的诚意，又可以帮助推销人员树立良好的形象，形成友好、和谐、宽松的洽谈气氛，有利于推销工作更加顺利地开展。金牌推销员乔·吉拉德就曾指着自己随身携带的工具箱说："如果让我说出我发展生意的最好办法，那么，我这个工具箱里的东西可能不会让你吃惊，我会随时为销售做好各种准备工作。"

因此，精心准备那些在销售过程中可能需要的所有销售工具吧，这无疑将为你的成功销售打下良好的基础。而对于究竟要选择什么样的工具，这还

塞万提斯

要根据消费者需要来决定。但作为一名销售人员，以下的几样工具是必备的：

### 1. 名片

名片不仅是推销商品的工具，也是业务员自我推销的工具。号称"推销之神"的原一平曾说："如果只让我选择一种促销工具来做生意，那我的日子肯定不好过，因为所有的工具都是必要的。但如果一定要我选择的话，我会选择名片。"

其实，大凡成功的销售人员，都会在自己的名片上下一番功夫。

日本有位寿险推销人 S 先生，在名片上印着一串数字——76650。顾客接到他的名片时，总是好奇地问："这个数字代表什么呀？"

他就反问道："您一生中吃几顿饭？"

几乎没有一个顾客能答出来。

S 先生便接着说："76650 顿饭嘛！按日本人的平均寿命计算，你还剩下 19 年的饭，即 20850 顿……"

如此方式，让准客户既感到新奇，又感到生命紧迫，话题自然而然会引述到寿险的意义上，沟通便在这种引人深思却又不失好奇的氛围中展开。

### 2. 手表

一块性能必须良好的手表，不仅仅是提醒你约见客户时必须守时，更重要的目的是想告诉推销人员，在与客户沟通的过程中，一定要注意沟通时间的把握，要学会对时间进行最有效的管理。同时，也避免引起消费者的反感。

一次，小毛在拜访客户的时候，发现客户对他们的装潢公司疑虑重重。尽管他已经对客户的问题进行了多次很周全的解释，可是客户仍然没有下定决心签单。小毛看了看手表，他来到这里已经接近一个半钟头了，于是他决定速战速决。他对客户说："我先告辞了，因为我需要准备合同下午和××公司商谈细节。"客户或许正在想办法摆脱小毛，他立刻与小毛握手准备告别。

这时，小毛补充道："有一件事我忘了说，其实我们公司与任何一家客户合作都冒着极大的风险，因为如果我们不能达到你们要求的水准，我们公司几十年来建立的形象可能马上就会坍塌，而且你们还可以根据合同条款向我们提出相应的赔偿。"小毛的这句话戳中了客户疑虑的核心问题，客户当即表示希望小毛能坐下来继续谈。小毛再次看了一眼手表，他表示自己只有半个小时的时间了。这点时间除了签合同之外，显然不能再讨论其他更多的细节了，其实那些细节问题他们已经在前面的一个半钟头里谈过了，所以最终小毛拿到了这笔高达 780 万美元的订单。

可见，准备一块性能良好的手表，既可以帮你树立起时间管理的意识，也可以让消费者感觉到你守时、惜时的好习惯，更可以在关键时刻帮你一把。

### 3. 道具

在推销产品时，如果能根据具体情况适当地运用灵活有效的销售道具，不仅会大大增强推销效果，甚至还能收到意想不到的效果。

对此，CPB 公司总裁柯林顿·比洛普就深有体会，他用自己的亲身经历告诉我们：

"做推销拜访时带着道具，是一种吸引潜在顾客目光的有效方式。"

柯林顿在二十几岁的时候便拥有了一家小型的广告与公关公司。为了多赚一点钱，他同时也为康涅狄格州西哈福市的商会推销会员证。

在一次特别的拜会中，他会晤了一家小布店的老板。这位工作勤奋的小老板是土耳其的第一代移民，他的店铺离那条分隔哈福市与西哈福市的街道只有几步路的距离。

"你听着，年轻人。"他以浓重的口音对柯林顿说道，"西哈福市商会甚至不知道有我这个人。我的店在商业区的边缘地带，没有人会在乎我。"

"不，先生，"柯林顿继续说服他，"你是相当重要的企业人士，我们当然在乎你。"

"我不相信，"他坚持己见，"如果你能够提出一丁点儿证据反驳我对西哈福市商会所下的结论，那么我就加入你们的商会。"

柯林顿注视着他说："先生，我非常乐意为你做这件事。"然后，他拿出了一个准备好的大信封。

柯林顿将这个大信封放在小布店老板的展台上，开始重复一遍先前与小老板讨论过的话题。在这期间，小布店老板的目光始终注视着那个信封袋，满腹狐疑，不知道里面到底是什么。

最后，小布店老板终于无法再忍受下去了，便开口问道："年轻人，那个信封里到底装了什么？"

柯林顿将手伸进信封，取出了一块大型的金属牌。商会早已做好了这块牌子，用于挂在每一个重要的十字路口上，以标示西哈福商业区的范围。柯林顿带着他来到窗口，说："这块牌子将挂在这个十字路口上，这样一来客人就会知道他们是在这个一流的西哈福区内购物。这便是商会让人们知道你在西哈福区内的方法。"

一抹苍白的笑容浮现在小布店老板的脸上。柯林顿说："好了，现在我已经结束了我的讨价还价了，你也可以将支票簿拿出来结束我们这场交易了。"小布店老板便在支票上写下了商会会员的入会费。

可见，在拜访客户时准备适当的道具，确实是一种吸引客户关注的有效方式。不过，你要注意，任何道具的选择都不能偏离销售的主题。选择道具时一方面要考虑到其新奇性，另一方面也要让消费者能够接受。

此外，还包括一个整齐而内容丰富的公文包，一种尽可能便捷的沟通工具，一份包装精美而大方的资料说明……这些也都是必需的促销工具。总之，根据具体情况，销售人员在携带促销工具与消费者见面之前，一定要对工具进行仔细的检查，保证与消费者面谈时可以发挥它们的作用。

# 第十三章　谈判心理学

## 一、谈判，谈什么

谈判这个字眼儿，看似深奥，实则与我们息息相关。不论是在日常生活中，还是政治、商务上，都离不开谈判。那么，谈判，究竟要谈什么？

### 谈判无时不有，无处不在

假如不会谈判，你将会是怎样？——罗杰·道森

谈判，大多数人一看到这个字眼，马上就能想到外交谈判中的唇枪舌剑，商务谈判中的钩心斗角。其实，谈判在其他领域同样重要。此外，在人们日常的工作与生活中，谈判作为一种沟通方式，也无处不在。谈判充斥于我们的生活，与我们息息相关。

无论是平头百姓、显要大贵，还是日常琐事、国际风云，都离不开谈判。可以这样说，谈判始终伴随着人类社会的发展，存在于人类活动的各个方面。无论是政治、文化、教育、经济活动中，还是在战争、领土、民族等重大问题的矛盾与冲突中，时时处处都有谈判发生。

罗杰·道森

这些小小的交流包括与他人就任何话题进行的交谈，在路上开车、与因你违反交通法规而拦下你的警官谈话，忘带身份证而设法进入健身馆、在餐厅享受更好的服务、让家庭成员守时、就邻居家的孩子刚刚欺负了你孩子一事与邻居进行有效商谈、发生交通事故之后保持头脑冷静等，每一场谈判都会运用到多项谈判技巧。

每天我们都会多次与人谈判，只是经常意识不到而已。可是它却无时无刻不在我们的生活中，我们在扮演着各种各样的谈判者。现实社会其实就是一个大谈判桌，人们无时无刻不处于谈判之中，不是自我谈判就是与他人谈判。不管你喜不喜欢，是否自愿，都处在谈判中。

曾任美国总统的肯尼迪在就职演讲中有这样一句名言："我们不要因心生恐惧才谈判，但我们也决不畏惧谈判。"

在社会上，你可能会和他人发生冲突，解决这些冲突时，就需要谈判。例如，你的工作需要同事协助，你给同事交代了一下，可同事正忙着他自己的工作。这时候你就需要通过谈判来解决这个问题，让他明白你们的利益是共同的，都是为了工作。

司空见惯的在菜市场与小贩们讨价还价也是一种谈判，尽管你可能没意识到。国家大事要谈判，有政治谈判、外交谈判、经济谈判等等。其实，谈判并不是只有大事才可谈，日常生活中，无事不可谈。

我们日常生活中许多事情也需要"谈"一下，而最终"判"定结果。例如，我们买房子，租房子，找人装修房子，哪个不是大家先了解相关市场信息，自己成为半个专家然后与人谈判确定？即便这样，我们与这些专业人士在谈判的时候也是不对等的，仍免不了被骗被坑，更不要说生活中更普遍的一些买东西、卖东西的事情了。看来了解谈判、学习谈判的技巧还真的很重要了。如果一个人是一位生活中的谈判高手，那么他在生活中遇到的麻烦就会减少很多。

谈判是一门科学，它更是一门艺术，它源于生活，又高于生活。我们在生活中不断地摸索、积累、总结、提高我们察言观色、了解对手信息的能力，在谈判中或与人交往中就能占据更多的主动。这既历练自己的能力，又能去享受生活中谈判的乐趣，何乐而不为？

那么，人类为什么要谈判呢？

从本质上说，导致谈判发生的直接原因是谈判各方的需求，或者是自己所代表的某个组织有某种需求，而一方需求的满足又可能无视他方的需求。因此，谈判双方参加谈判的主要目的，就不能仅仅以追求自己的需求为出发点，而是应该通过交换观点进行磋商，共同寻找使双方都能接受的方案。

在现代社会，随着人类社会生产力的发展，人们之间的交往越来越频繁，需要处理的关系越来越复杂，谈判的领域在扩大，谈判理论也在拓展和延伸。如今正是一个谈判无时不有、无处不在的时代，人们之间要相互交往、改善关系、协商问题，就要进行谈判，也就是说，谈判是日常生活中的一部分，是一个人们无法回避的生活现实。

在日常生活中，当我们与朋友、亲人、邻里发生分歧和矛盾时，也可以用一点儿谈判的艺术。有专家认为，谈判是一种妥协的艺术。那么，在生活中尤其需要这种妥协的艺术。妥协不是认输，而是跳出原来的范围，站在更高点上看问题。它关注的是大家的利益，因而在生活中最先妥协的人往往最先赢得尊重和主动权。生活中的谈判，其最终目的是为了统一认识，以便更好地相处与合作。

## 谈判，谈什么

有些人把谈判视为尔虞我诈的斗智过程，认为谈判就是战斗。而谈判的攻防战术，也就是能成功地"请君入瓮"或"不战而屈人之兵"的巧言权谋。因此，一个成功的谈判者就必须认真学习"兵法"，学会练就锐利的双眼与锋利的言辞，这样才能掌握问题的重点，有的放矢。

而另一种说法则是从谈判的结果上来看。这种观点认为，在谈判中，每一方都在为自己不断争取最大利益，谈判是唯一能让双方坐下来好好谈谈，协调出一个解决方案的方式。因此，谈判不是打仗，它只是一个"共同的决策过程"。通过谈判的方式，冲突双方得以共同决策，设法找出双方立场的最大公约数或最小公倍数。这种谈判就像是协商，也就是人们常挂在嘴边的"双赢谈判"，这也是对谈判的一种诠释。

其实，谈判更像是一种充满智慧的游戏。参与者遵守一定的游戏规则，并在其中寻找让自己满意的谈判结果。为了让谈判结果更接近自己的利益和要求，谈判者要想尽办法，运用尽可能合理的谋略让谈判沿着自己的要求发展。

虽然谈判要讲究规则，但也不是墨守成规的。谈判是一种创意较强的社交活动，没有哪两个谈判项目是完全一致的，可能适用于上次谈判的方式方法，完全不适用于这一次。虽然每进行一定规模的谈判活动，各方都要进行详细、周密、认真的准备，但是谈判的效果与结果很大程度上要取决于谈判人员的"临场发挥"。因此，谈判人员的应变能力、创造性、灵活性都是十分重要的。

### 1. 谈判要追求的目标

谈判的背后究竟要追寻一个什么样的目标呢？

对于谈判者双方而言，谈判并不是为了追求寸步不让，或在谈判桌前拼个你死我活的结局；谈判所追求的其实是与对方充分交流，从双方的最大利益出发，提出各种解决方案，并用相对较小的让步换得最大的利益的途径，而谈判的双方也应该遵循相同的原则来对彼此的条件进行交换。

谈判高手总是会把谈判看成一种双向的过程。在他们看来，谈判的过程中对方所承受的压力和你是一样大的，一位真正的谈判高手总是会想办法来克服常人会有的恐惧心理，但这些并不容易做到。因为从心理学上看，在谈判时，人们通常都会比较熟悉自己所面临的压力，但他们并不熟悉对方所要承担的压力。

因此，在满足双方最大利益的基础上，如果还存在达成协议的障碍，那么就不妨站在对方的立场上，替对方着想，帮助扫清达成协议的一切障碍。这样，才能达成对谈判双方都有利的协议，而这样的谈判无疑是会成功的。

### 2. 谈判必须做好充足的准备

谈判是我们在日常生活中不可缺少的一部分，因为谈判始终贯穿于我们的生活，一旦脱离了谈判，我们便会失去很多权利。那时我们就很难对别人去表达自己的真实想法，有了利益冲突也不能很好地维护自己的利益。

要知道，谈判结果的好坏对人的影响非常大，如果谈判一旦没能成功，将会带来很多问题。这就要求谈判者在谈判之前一定要做好充分的准备。

例如，一个员工要求老板加薪，如果员工向老板提出加薪的请求，被老板拒绝了，情形可能变得很难：若继续工作的话，势必会影响以后双方意见的沟通；若愤而辞职，转谋他业，如果事先没有寻找，经济上又面临很大困难，而能不能找到一个比这份待遇还优越的工作，则又是一大问题。

如果员工在未采取任何措施之前，直接向老板提出加薪的请求，那么他就必须明确他请求加薪的理由，并且在谈话中应当注意自己的语气、语调，因为他用来谈判的筹码并不多，只有证明自己更具有价值，才有资格要求更高的工资。而老板依然可以自由地决定同意或拒绝员工的要求，此时，员工没有太大的周旋空间。

相反，如果员工发现另觅新职的情形比较有利或者已经有其他公司提出要聘用他，那么，员工便可以开诚布公地向老板说明自己具有要求加薪的资格，有较大的回转空间。

前者所遇到的状况，员工受制于老板，所以无法谈判；在后者的状况中，员工握有足够交涉的王牌，即使老板注定不给自己加薪，也不用担心给老板留下不好的印象，因为有一家公司要聘请你，你完全可以辞职不干。

从这里便可以看出，谈判并不是一件简单的事情，只有做好充分的准备，才能取得谈判的胜利。

### 3. 谈判的基本原则

在一场成功的谈判中，除了要做好前期的准备，还需要谈判者熟练掌握谈判的基本原则。

（1）**示形原则**

在谈判中，鉴于任何一个谈判者参与谈判都是为了谋取某种利益的特点，用示形的手段将某种利益信息传播给对手，是影响、支配对手心理的良策。

尤其是在面对敌对性质的谈判时，示形原则不但可以吸引对手的注意力，影响其决策思维，还可以一点一滴地渗透到对方的意识圈内，逐步改变态度、立场。

（2）**出奇原则**

决定谈判者成功的主要因素是谈判实力和谈判者的素质。谈判实力不是一个固定的、用眼可以看到的物体，它具有一定的潜在性和可变性。

在谈判活动中，谈判者向对手突然宣布己方的某一决定，或揭露对方处于保密之中的信息、动向、计划等内容，均可以达到出奇制胜的功能。

在许多大型谈判中，用出奇原则指导谈判心理战，可以为解决谈判难点提供更多的方法和途径。出奇原则的谋略功能是，在短时间内增强己方的谈判实力，对方因为猝不及防，决策能力下降，所以导致谈判实力也下降。

（3）**威慑原则**

威慑原则主要用于调节冲突的谈判。

其原则的根本是：通过显示现有的或潜在的强大威力的力量，迫使对方心理上感到恐惧，使其放弃某种企图，以消除这种企图付诸实施所造成的威胁，有效地防止这一危险的发生。威慑的实施是通过暗示来完成的。因此，威慑的效益取决于被暗示人的心理素质和谈判实力。而不恰当的威慑会中断谈判的进程。

（4）**击虚原则**

任何谈判者、谈判小组、谈判集团，其谈判实力无论是多么强大，也会有影响实力持续下降的弱点。

击虚原则要求谈判者了解对手谈判实力的虚实，采取避实击虚的谋略，针对谈判对手的虚实，实施心理战，削弱对手的实力，最终达到增强己方实力，创造有利于己的谈判氛围，并在此基础上达成有利于双方的协议。

（5）**以迂为直原则**

谈判具有一定的对抗性，双方都力图说服对方，使自己获得更大的利益。以迂为直原则为减少正面冲突提供了谋略方法。谈判是不流血的抗衡，是智力的角逐。因此，采用以迂为直原则指导谈判心理战有奇效。

（6）**让步原则**

让步原则在于放弃小的利益而谋求长远的、更大的利益。让步是一种妥协的方式，而妥协的目的是多重性的。为了进，而主动退，是谈判谋略的特色之一。

无论什么形式的谈判类型，在谈判过程中不可避免地会出现僵局的情况。只有在谈判者采用让步原则，做一定程度上的妥协，才可能打破僵局，推动谈判进程。让步是在不损害己方根本利益的基础上实施的。主动让步可以为解决矛盾，带来希望，因而具有一定的灵活性。

### （7）共鸣原则

谈判双方只有在认识上一致，在谈判观点上形成共鸣，才可能使谈判成功。谈判实践证明，只有谈判双方在认知、态度上认同一致，才可能达到双方在谈判活动中形成心理相容。

在许多谈判场合，谈判双方因所持观点、立场有异，无法做到全面的心理相容。在此情况下，谈判者可选择有针对性的信息，向对手施加心理影响，突破其心理防线，削弱其大脑中具有对抗我方观点的趋势，使双方的意识转化为共鸣的理想状态。

这些谈判中所运用的原则，是从谈判的谋略和谈判心理学这两大部分的特点所确立的。谈判者在运用以上七项原则时，要充分考虑谈判对手的文化素质、政治倾向、谈判实力、利益关系、社会背景、政治气氛、经济气候等因素。在知彼知己的前提下，方可动而成功。

冲突日益增多，需要谈判的场合也越来越多。每个人都希望自己的事情由自己来决定，人们越来越不愿意听别人发号施令。由于人与人之间的不同，我们需要用谈判来消除分歧。不论是在商界、政界还是家庭中，人们更多的是通过谈判来解决问题、做出决定。即使是打官司，人们也经常在审判前庭外和解。

## 谈判是门技术活

虽然谈判每天都在发生，但要谈出好结果却不容易。人们对通常的谈判技巧不是感到不满意，就是厌烦透顶，或者敬而远之——甚至三者皆有。

由于不了解谈判的机制，很多人变得懦弱，没有自信，受人控制。

你是否觉得谈判就是动动嘴皮子的功夫？你是否觉得谈判只要有一股勇气就可轻松上阵？你是否觉得在谈判中只要控制住了对方就一切 OK 了？谈判是门技术活儿。它是一种危机管理的综合能力。谈判不是简单地讨价还价，考验的也不仅仅是个人素质，而是一种应对危机的综合管理能力。

谈判挑战的不仅仅是你的说话之道，还有你的语速、口吻；谈判挑战的不仅仅是你的勇气，还有你的长相：你不能太高，也不能太帅；谈判挑战的不仅仅是你的身体，还有周围的温度、环境：太热容易激发人们的情绪，空间太狭小容易让对方暴躁；谈判挑战的不仅仅是时间的紧迫性，还有战略的时机性，什么时候该拖延时间、什么时候需要马上行动都有讲究。因此，谈判考验的不仅仅是谈判者的个人素质，还有危机管理的综合能力。

在谈判中，了解对手是十分重要的，因为这关系到谈判的成败。但是不同的对手有不同的心理特点，我们只有清楚地了解他们的心理特征才有助于谈判的成功。根据心理的不同，有关专家将对手分为 14 种类型。在与这 14 种类型的对手进行谈判时，你必须清楚地了解他们的心理特征，据此采取不同的对策。要极力避免触犯对手心中的禁忌，不要伤害他们的感情。

（1）以自我为中心的对手

这种对手的心理表现为：你的嗜好和我不一样。这种对手想获得优越感，并且寻求算自我满足。如果他对你没有好感，就会强烈地产生"差别"的感情。

同这种对手洽谈的禁忌：不尊重他，伤害他的自尊心，轻易深入他的内心世界。

（2）倔强、固执的对手

这种对手的心理表现为：无论如何也要固执到底，拘泥于形式，很想多听听别人的意见。

同这类对手洽谈的禁忌：毫不顾忌地驳斥他的观点，企图压服他；缺乏耐心。

（3）犹豫不决的对手

这种对手的心理表现为：希望一切由自己做主决定，不让对方看透自己。

同这类对手洽谈的禁忌：企图说服他，强迫他接受你的观点；在心理上和身体上过分地接近他。

（4）言行不一的对手

这种对手的心理表现为：不想树敌，言行不一致。

同这类对手洽谈的禁忌：轻信他们的热心，缺乏热情。

（5）风云突变的对手

这类对手的心理表现为：任性。

同这类对手洽谈的禁忌：不了解他的生活规律，不善于察言观色，抓不住出手的机会。

（7）不愿见面的对手

这种对手的心理表现为：不想和谈判人员有任何瓜葛，因为不买账，所以没必要见面。

同这类对手洽谈的禁忌：态度生硬或过分热情，没有足够的信心。

**（8）感情脆弱的对手**

这种对手的心理表现为：自尊心强，确信的事情不多，认为一切都是自己好。

同这类对手洽谈的禁忌：不维护其自尊心，不听他的谈话，使用易引起误会的词语，忽视他的地位。

**（9）胡侃瞎扯的对手**

这类对手的心理表现为：不喋喋不休就无法能心安理得，因为把对方驳倒而愉快。

同这类对手洽谈的禁忌：对于对手说的话表现出不耐烦甚至因厌烦而开溜。

**（10）不懂装懂的对手**

这种对手的心理表现为：虽然不晓得自己是否真的什么都知道，却要装出一副无所不知的样子。

同这类对手洽谈的禁忌：有问必答，拿道理和他辩论，一较高低。

**（11）沉默寡言的对手**

这类对手的心理表现为："不好应付"意识很强，想用态度来表示想法。

同这类对手洽谈的禁忌：不善于察言观色，以寡言对沉默。

**（12）初来乍到的对手**

这类对手的心理表现为：没自信，想逃避，希望给予照顾。

同这类对手洽谈的禁忌：强迫自己与之接触，因对手的态度而畏惧。

**（13）似懂非懂的对手**

这种对手的心理表现为：讨厌麻烦的事，自信，不愿拘泥。

同这类对手洽谈的禁忌：对产品不详细解说，急于求成。

**（14）容易冲动的对手**

这种对手的心理表现为：好奇心强，易激动，热得快也冷得快。

同这种对手洽谈的禁忌：抓不住他的兴趣，打持久战，丧失成效机会。

**（15）编造谎言的对手**

这种对手的心理表现为：不希望别人识破自己的本意，非常注意保护自己；不想对第三者吐露真意，因为他们害怕暴露心事会被对方看穿。

同这类对手洽谈的禁忌：刺激他的心灵，打破他的心理平衡，不尊重他的立场，甚至谴责他。

## 谈判力，你有吗

讲到谈判，就不得不说一个名词"谈判力"。所谓谈判之"力"，究竟是一种什么

"力"呢？可以这么说——为了达到目的，运用某种方式来说服对方，使谈判朝着有利于自己的方向进行，这就是"谈判力"。而"说服对方"，则是其中的关键所在。在谈判过程中，对方必然有所反应，如果反应于己不利，谈判便可能因此而破裂。所以，如何将对方的反应引导至你所期望的方向，就成了谈判中最重要的事了。

人们常说，世上没有两片相同的树叶。那么处在利害旋涡中的人，更要比树叶复杂得多了，由人组成的群体则更复杂，而且二者全无相同、相等而言。在当今的国际交往、人际交往中，我们似乎都已习惯、麻木了这种不平等。其实，在那笑脸相对、觥筹交错中，隐藏了太多的不平等。明白了这——点，对于处在弱势地位的我们至关重要，至少可以使我们头脑清醒，并摒弃那些不切实际的幻想。

身处弱势，首先，在于真正承认这个"弱"，切不可以用"阿Q精神"来自慰、自欺。总体地位弱于对手，或者更多地有求于对手，甚或二者兼而有之，那就更应承认自己的"弱"了。因为自己的弱点也就是对手的攻击"要害"，知道了自己的"命门"，就有了积极防御的可能。

其次，要不断调整自己的心态，保持精神的自信。弱势是一种痛苦的心理感受和情感经历。它会使人不适、压抑、紧张，形成一种深层的心理压力，极易销蚀自信，并导致思路呆滞、语言阻塞、信心动摇。为了舒缓这种心理压力，必须确认自己所遵循的对话目标的正确性、正当性和可行性，不断以之自我暗示，鼓舞、激励自己，保持自信、乐观、饱满的情绪，在精神上、气势上不要被对方压倒，并力争以道义力量、人格力量和逻辑力量压倒对手。

此外，围绕预定目标，灵活运用好策略，也是谈判取得成功的保证。一般谈判的目的就是让对方接受自己的观点、按自己的方向走，能促成这一点的应该首推"利"了；其次是"理"和"义"；再次就是"情"和"威"了。而与强势的对手相比，弱势一方在对话中的主要资源，则是"理"和"义"，而不是"利"和"威"，这也正是弱势一方之所以成为弱势一方的原因。因此，在"理"和"义"上下功夫，以晓之以理、导之以义为突破口，应该是弱势一方的重点所在。一定要把道理说透，说到点子上，说得让对方爱听、动心。在这其中，恰到好处地动之以情，能起到画龙点睛的作用。但是，这并不是说"利"和"威"的作用对弱势一方就无足轻重了。正好相反，弱势一方使用"利"，必须像穷人花钱一样，要精打细算，好钢花到刀刃上，让对手相信你已做了最大的让步。而"威"就要慎用了，不到万不得已，千万不要做"咬人的兔子"。

当然，恰当地把自己变"大"，也是十分可取的招术。

在一场有关谈判的研讨会中，一名发言人提到了谈判环境的问题。他主张不论任何谈判，都应该在干净、整洁的场所中进行。谈判的场所若凌乱不堪，如墙上有一幅挂歪了的画，谈判的人注意力则容易分散，无法全心放在谈判上。心理学家告诉管理者，除了习惯性的动作外，人的注意力在一时之间，只能集中于某一个动作上，也就是所谓的"一心不能二用"。因此，在谈判进行中，对方的注意力如果突然被墙上一幅挂甫了的图画所吸引的话，谈判结果将会如何呢？情况可能对你有利，也可能对你不利。

假设对方的谈判实力在你之上，却是有洁癖的人，那么，挂歪了的图画、塞满了烟蒂的烟灰缸，以及满桌子乱七八糟的文件资料，都会搞得他不能专心，这么一来，原有的谈判实力便难以完全发挥了……不错，如果凭由一幅挂歪了的图画，使谈判对手的注意力无法集中，那么，就谈判技术而言，这幅图画可以说扮演了一个非常重要的角色。但是，谈判对手的注意力如果完全被那幅挂歪了的图画所吸引，而根本不知道你到底在说些什么，那幅图画对整个谈判的"破坏性"便远大于"建设性"了。总之，在谈判双方的实力不相上下、难分胜负的情况下，如果能运用技巧，如故意把墙上的图画挂歪，使对方难以发挥原本的实力，但谈判又不至于因此中断，就等于给自己增添了一分力量、一个机会，敌消我长，谈判的结果自然便有利于你了。

谈判可说是一种极其微妙的"心理战"。为了看穿对方的意图，并且迅速地做出有效的决定，在明枪暗箭的交战过程中，最重要的，莫过于注意力的集中与否。因此，任何的小动作都无所谓，只要能扰乱对方的注意力，便可能扭转整个谈判局面。至此，或许你已经体会到，谈判力犹如一把双面的利刃，可以伤人，但也可能反过来伤了自己。

## 谈判，攻心为上

乍听起来，谈判有种高深莫测的魔力，似乎并非常人所为。但是现实生活中，没有谁能免于谈判。一个谈判高手在很多方面是无往不利的，招人喜爱，使家庭和睦，甚至能使社会进步、国定邦安。

凡是人与人的谈判交锋活动，自始至终都有心理的抗衡。因此，谈判最有效的技巧之一就是谈判心理过程的把握，了解谈判另一方的心路历程和谈判各个阶段的心理变数，就胜券在握了。很多谈判高手深谙此道。

二战就要结束之时，反法西斯联盟的三位巨头——美国总统杜鲁门、英国首相邱吉尔和苏联主席斯大林，齐聚波茨坦进行会谈。会议进行期间，杜鲁门别有用心地对

斯大林说："美国已经研制成功一种新式杀伤武器，其威力比最先进的导弹还要大许多。"他暗示说这种新武器就是原子弹，并且反反复复地说着原子弹的杀伤威力问题。说完之后，杜鲁门双眼一动不动地盯着斯大林的面部表情，希望从那张沉稳得如同一潭静水的脸上看出一些变化。但是，杜鲁门失败了。坐在远处的英国首相丘吉尔也在和杜鲁门做着同样的事情，他从另一个角度对斯大林的神态进行仔细观察，但结果和杜鲁门完全一样。

事后，丘吉尔对杜鲁门说："自始至终我都在盯着他的一举一动，但他没有丝毫变化，好像一直在倾听你的谈话，仿佛对你们的新型武器早有所知。"本来杜鲁门和丘吉尔打算以此来要挟、恐吓斯大林，想在战争结束时多捞点儿好处，但是见斯大林对此无动于衷，只得作罢。

其实斯大林当时的神情全是装出来的，对杜鲁门的暗示他听得明明白白，但他努力控制住自己的情绪，采用了攻心策略来消磨对方的锐气。很显然，丘吉尔与杜鲁门之所以没有达到预期的目的，正是由于他们首先在心理上自动瓦解了。

世间万物，人最复杂。这是因为人有思想，有感情，有性格，世上找不到两个完全相同的人，即使是一母孪生。更何况人是变化的，人可以随年龄、环境、身份、经历等诸多因素而发生改变，所以对于做工作而言，关键还在于做好人的工作。而对于一个领导，要想把工作搞好，最重要的也是把人的工作做好，因为所有的工作都是需要人去做的。

而在做人的工作方面，其方法是"法无定法"，即没有一种方法适用于所有的人。现在的教育提倡的是正面教育，提倡的是摆事实、讲道理。当然，这种正面教育的方法确实在人的教育方面取得了很好的成效，但我们不应该忘了，看起来和正面教育相悖逆的体罚实际上在教育方面也是取得过一些效果的。

既然做人的工作"法无定法"，那么是不是在做人的工作时我们就采用"摸着石头过河"的套路，今天这样，明天那样呢？其实也不尽然。虽然说"法无定法"，但是有着一种适宜于绝大多数人的方法，那就是"攻心为上"。

所谓"攻心为上"，就是说做人的工作一定要做人心的工作，要使其工作对象产生心理的认同和认可。例如，一般领导都是有着一定权力的，但有权力并不一定有权威。而在谈到树立威信的方法时，有"以德树威""以才树威""以识树威""以信树威""以情树威"等。如此等等树立威信的方法，如果我们加以分析，实际上都是使人在心理上产生认同感，是使人"心服"的一个过程——"攻心"的过程。

现在的管理理念经常涉及马斯洛的层次论。这个理论论述的是人有着五个不同层次的需求，人在不同的层次时其需求是不同的。因此，若是想对人进行激励，则根据人的不同层次采取不同的激励方法，其效果可以达到最好。这个理论是对的，但也可以将它简单化地归入"攻心为上"。清朝中兴之臣曾国藩的治军之道就体现了这种理论早就在中国的土地上被实际运用了。

曾国藩所统领的湘军在与太平军的作战中曾"屡败屡战"，其湘军队伍经常是"败而溃散，散而复聚"，但是即使是溃败和溃散之时，其手下湘军将领也鲜有叛变而投降太平军的。为什么呢？究其缘由，归功于曾国藩深得中国文化传统之真谛，"攻心为上"之法用得烂熟。他统领的湘军，其军卒的饷银略高于八旗和绿营，但饷银"月发一半，年底补足"。这样做的结果，湘军士兵在和太平军作战时，若被打散，在逃过死亡的追赶而性命无忧时，难免不想到自己还有一笔不菲的存款，从而归队，达到"散而复聚"。而对其下属将领，以金钱激励的效果是不大的。于是就动之以情，晓之以理，灌输以忠君爱国、青史留名、气节为重的思想，并许诺提携之意。

曾国藩曾有这样一幅楹联展示给属下：

虽圣贤难免过差愿诸君说论忠言常攻吾短，

凡堂属略同师弟使僚友行修名立放尽我心。

从这副楹联里，可以看到曾国藩老先生的谦逊和气度以及对下属的关怀。试想，这样的领导和长官，谁不愿意为他卖命呢？

"攻心为上"必须以正确的分析为前提。他人这样想你却这样攻，没有"攻"到心上谈不上"攻心"。

对于攻心，分析得最精辟和最到位的，诸葛亮的《隆中对》应该是一个典型例子。诸葛亮先生在刘备"三顾茅庐"时对天下形势的一番分析，实在是透彻和细致，故有"未出茅庐，已知天下三分"之说。

做人的工作讲究的是"攻心为上"，讲究的是在细致分析的基础上做人心的工作。在中国历史上我们可以举出许多成功的范例，甚至可以随手捞出一个就是，例如成语"千金市股""破釜沉舟""背水一战""七擒七纵""四面楚歌"等等都是。甚至做坏事也讲究"攻心为上"！典型的有"魏女掩鼻"，而且主角是一个妇人。

据《战国策·楚策四》记载："魏王遗楚王美人，楚王说之，夫人郑袖知王之说新人也，甚爱新人。衣服玩好，择其所喜而为之；宫室卧具，择其所善而为之。爱之甚于王。王曰：'妇人所以事夫者，色也，而妒者，其情也。今郑袖知寡说之人新人也，其爱之甚于寡人，此孝子之所以事亲，忠臣之所以事君也。'郑袖知王以为己为不妒也，因谓新人曰：'王爱子美矣。虽然，恶子之鼻。子为见王，则必掩子鼻。'新人见

王，因掩其鼻。王谓郑袖曰：'夫新人见寡人，则掩其鼻，何也?'郑袖曰：'妾知也。'王曰：'虽恶必言之。'郑袖曰：'其似恶闻君王之臭也。'王曰：'悍哉！'令劓鼻之，无使逆命。"

以上说的是战国时期，魏王送给楚王一个绝色美女，楚王非常喜爱。楚王妃子郑袖知道楚王喜爱那个美人，也表现出非常喜欢的样子，什么好的东西都拿出来取悦美人，其喜欢程度大大超过了楚王，以致得到了楚王极高的评价，认为郑袖毫无嫉妒之心。而后郑袖告诉美人："楚王非常喜爱你的美色，唯独不太喜欢你的鼻子。你以后见到楚王时，最好捂上你的鼻子，楚王定然高兴。"于是美人见楚王时，都将鼻子掩上。楚王不知道什么原因，就问郑袖。郑袖对楚王说："她是讨厌您身上的气味呀！"楚王大怒，于是命令割去了美人的鼻子。于是成语"魏女掩鼻"就在歹毒妇人郑袖的精心谋划下产生了。

不少大家也曾就此事写下不少名句。

李白就曾在《惧谗》诗里写道：

"魏姝信郑袖，掩袂对怀王。"

白居易也在《天可度》诗中写道：

"劝君掩鼻君莫掩，使君夫妇为参商。"

从这个典故中我们可以看到郑袖的细致分析和攻心的技巧，她已经达到了使人"人见利而不见害，鱼见食而不见钩"的境界。

也许这些攻心技巧对我们来说太过遥远，实际上现实也有"攻心为上"的实例。

综上所述，做人的工作关键是做人心的工作，关键是在细致分析的前提下做到"攻心为上"。成都武侯祠里的一副楹联可以作为最好的注脚：

能攻心则反侧自消，从古知兵非好战。

不审视即宽严皆误，后来治蜀要深思。

## 二、你不可不知的谈判技巧

谈判，并非只是一味地为"谈判"而"谈"，它有一定的技巧。例如，谈判中如何做到头脑冷静；如何针对谈判对手，见招拆招；如何巧用"第三者"等。掌握这些技巧，成为谈判高手，你也能做到。

### 谈判要"以毒攻毒"

如果谈判对手在谈判过程中对你百般刁难，肆意制造各种难题来向你施加压力，你最好的应变办法就是"以其人之道，还治其人之身"。

有个叫勒絮费的美国商人想在斯塔腾岛上购置一块地皮。与他打交道的卖主是个地产大王，此人精于讨价还价，只有在他认为再也榨不出更多的油水时才会成交。

在谈判中，地产大王善于施展一种叫"平台"的手法。开始，这个刁钻的卖主会派一个代理人来同你见面，磋商价钱。在握手告别时，你会以为买卖的价格和条件已经谈妥了。但是，当你同卖主本人会面后，你却发现那不过是你愿出的买价，而不是他肯接受的卖价。接着，他自己又开出一些根本没磋商过的新要求，把价钱抬得更高，使成交条件对他更有利。他用这种办法把要价抬高到一个新的"平台"上，迫使你要么接受，要么拉倒。由于当时斯塔腾岛上兴起地产狂热，他的办法大多能奏效。

他耍这套手法得心应手，而且善于掌握火候，不会把对方逼过了头，而使生意告吹。他耍这套"平台"手法，往往还会在拿起笔来准备在合同的最后文本上签字的当口，又把笔搁下，提出"最后一个条件"，再谈判下去。这种非凡的本事，奥妙就在于掌握对方的忍耐能保持到怎样的程度。

可是，这位卖主在想对勒絮费也来这一手时，就被识破了用心。勒絮费自有对策，他的对策可以称之为"拆台"。

当卖主想把他往第一个"平台"上推时，他却微微一笑，开始讲起故事来。他编造了一个叫作多尔夫的人物。他说，他从来没能从这位多尔夫先生手中买成一块地皮，因为每当他认为双方已谈妥成交之时，多尔夫总是又提出更多的要求，对他步步紧逼。多尔夫从来不知道满足，非要把条件抬到对方无法容忍、买卖就此告吹的地步不可。

"拆台"确实是一个有效的对策。那个卖主刚想把勒絮费往"平台"上推，勒絮费就盯住对方的眼睛，笑着说："您瞧，您瞧，您怎么做起事来也像多尔夫先生一样。"就这样，他把那位卖主弄得动弹不得，一点也施展不开"平台"惯伎。

这种以毒攻毒的应变对策贵在谈判者预先发现谈判对手的攻击倾向，这就要求谈判者机警睿智，能够及时判断出谈判对手下一步所要玩弄的手段，抢先给对手设置路障，使他所要施展的手段失去用武之地。

比如，有经验的保险员在刚一接近潜在的买主时就这样提出问题："能跟一个为创造良好发展机会投资2万元而无须征求任何人的意见即可做出决定的企业经理交谈，我极有兴趣。您就是这样一种人吧？"如此一问，就在洽谈之初给对方设置了一个路

障。他听了此话，只得承认自己有钱，并表示不需要问任何人他什么事都能决定。如果他在成交前还想以这两条作为拒绝购买的借口，就不但站不住脚，而且说不出口了。保险员已从潜在买主的神情中窥出了借口重重的蛛丝马迹，因而他先设置了这么个路障，以绝后患。

当然，谈判者不可能对任何谈判对手所要玩弄的花招都防患于未然，以毒攻毒的应变对策也适用于事后补救。如果谈判对手提出的要求极不合理，你也可以通过极苛刻或不切实际的提法要求对方，如此一来，对方不得不收敛起他那盛气凌人的态度。

以下这则日本的民间故事，能更好地让谈判者掌握以毒攻毒的精髓。

许多年前，京都市有两个邻居，一富一贫。

富裕的渔行老板很善于经营，他从早到晚忙着他的活计，做出香喷喷的鳗鱼。但他太吝啬，对谁也不肯赊账。

而邻居穷鞋匠，非常喜欢吃鳗鱼，却无钱购买。穷则思变，到了中午，鞋匠装着和渔行老板闲聊，坐到熏鱼的炉子边，一边贪婪地吸着熏鱼的香味儿，一边从怀中掏出米饼大嚼起来。这味道多好啊！鞋匠心里想着，仿佛他嘴里嚼着一大块又肥又柔软的鳗鱼。

一连几天，鞋匠天天跑到渔行来吸熏鱼的香味儿。吝啬的渔行老板发现了他的图谋，决定无论如何都要收他钱。

一天早晨，鞋匠正在补鞋子，渔行老板走进鞋匠家，默默地交给他一张纸条，上面写着鞋匠去渔行吸香味儿的次数。

"老板，你这是什么意思？"鞋匠心中已猜中了八九，表面却不解地问。

"什么意思？"渔行老板毫不客气地叫道："难道你认为每个人都可以随便到我店里来闻熏鱼香味儿吗？你必须为这种享受付钱！"

鞋匠听了，一句话未说，默默从口袋里掏出两枚铜币放入茶杯中，摇将起来。铜币发出很响的声音。

过了一会儿，他停止了摇动，把茶杯放在桌子上，笑着对渔行老板说："要比你耳朵听到的铜币多，我还可以让你的耳朵再听一会儿。"鞋匠说着，又要去拿茶杯。

吝啬的渔行老板生怕一会儿自己听到的声音比鞋匠吸过的香味儿还要多，没等杯子发声，一溜烟儿跑回了自己的店里。

"以应对虚，以诈还诈。"谈判者碰到无理的要求时，最好是学一学鞋匠以声音抵香味儿的妙法，无理要求会不攻自破。

## 着眼于利益而非立场

"谈判时不应该争论！"这是谈判老手向谈判新手提出的最好忠告。美国著名推销员鲁布·沃特尔经常说："不错，你可以随时向买主和其他人证明他的话显得很无知，但这样做你能得到什么？揭穿买主的愚昧没有任何好处，他绝对不会因此而感谢你，在更多的情况下他会怀恨在心，你的生意早晚会受到伤害。"

在谈判中，作为卖主应这样做，作为买主也应该这样做。谈判是一项合作的事业，而争论会激发对手的对立情绪，这对双方达成交易有什么好处呢？

有一个人寿保险员一直很纳闷儿，他弄不明白为什么有一个男人连续拜访了 10 年都没做成生意，最近却向新到该城的另一个保险员认购了价值 10 万美元的保险单。其中的原因细究起来其实很简单：大约在 8 年前，第一个保险员在拜访了那个男人好几回之后说了句话："我将来会说服你的，老家伙！"

旧金山一家鞋店的老板则正好与此相反，他应付顾客的手段相当高明，可是他给人的印象并不属于那种伶牙俐齿型。顾客对他抱怨说："鞋跟儿太高了！""式样不好看！""我右脚稍大，找不到合适的鞋子！"老板只是点头不语，等顾客说完后，他才说："请您稍等。"随即拿出一双鞋，说："此鞋一定适合您，请试穿！"顾客半信半疑地穿上鞋，随即是欣喜地回答："这鞋好像是给我定做的。"于是很高兴地把鞋买走了。

谈判者务必记住：不管谈判对手怎样与你针锋相对，不管他怎么一个劲儿地想与你吵架，你也不要争论。

争论并不等于说服，争论很少能使人心悦诚服。大学辩论队的队员在辩论结束后还会保持原有的信念，败方队员决不会因为对手辩术高超而更改观点。说服的关键在于引导，谈判者通过一系列的努力，让对手经过自身的思想斗争做出决定，接受己方提出的交易条件。

为了防止在商务谈判中出现可怕的争论和一些有争论的话题，下面引用欧洲市场及推销咨询协会名誉主席戈德纳在其著作中所举的一个实例。从这个实例中，你可以根据情景更好地体会出各种避免争论的技巧。

约翰·墨菲是一个汽车销售人员，他正在向潜在买主奈特介绍一辆赛车。

墨菲：奈特先生，这辆赛车是非常舒适的。

奈特并没有做出回答，墨菲意识到自己的口误，接着说：请坐到汽车驾驶员的座位上试一试吧？

奈特坐进驾驶室。

墨菲：您坐在里面感到舒适吗？

奈特：舒服极啦。

墨菲：您觉得座位调得如何？您坐在方向盘后面舒服吗？

奈特：行，挺舒服的。不过，驾驶室太小了。

墨菲：还小？您是在开玩笑吧！

奈特：我说的完全是实话。我感觉在里边坐着有点儿憋屈。

墨菲：但汽车前座的空间有两英尺啊！

奈特：不管怎么样，我还是觉得有点儿憋屈。

墨菲意识到他的错误，就停止了反驳：当然了，这辆车比不上大型车辆宽敞。但正如您刚才说的那样，坐在里面还是很舒服的。您可能已注意到这辆车的装潢还是相当不错的，使用的装潢材料是皮革。还有比皮革这种材料更好的吗？

他并没有提出具体理由来进一步证实为什么使用皮革材料来进行装潢。

奈特：我不懂得什么皮革不皮革的。但我觉得皮革夏天太热了，冬天又太冷。

奈特向来不喜欢皮革。墨菲本来可以也应该在事前了解清楚顾客对各种材料做的座位外套有什么看法。不过，这仅仅是一个无关大局的细节问题。因此，他决定避开它。因此，他继续说道：其实，我明白您的意思，在炎热的夏天，皮革确实有点儿热。但在这个国家，夏天从来都不是太热的。应当这样看待这个问题，您说呢？不管怎么说，皮革肯定要比塑料凉爽得多。您同意这个看法吗？

奈特：那或许有可能。但有些时候，我要在夏天开车到其他国家去。

墨菲本可以进一步指出，他不可能把车开到赤道去。另外，开车到国外的时间相对来说是短暂的。但他觉得这样谈下去会把话题扯得太远，并且会引起争执。好吧，我们来谈一下其他问题吧！

您准备用这辆车来干什么？墨菲又准备回到汽车的主要用途上，并打算以此来证明这种汽车的前座空间还是足够的。

绕开汽车大小问题，又换了一个新话题。不过，他还远远没有脱离危险区，因为他又转到汽油价格这样一个人人关心的中心话题上。

墨菲：您知道汽油的现价吗？

奈特：价格还可以吧！但是关于节油的种种说法都是靠不住的，事实上，每一辆汽车所耗费的汽油量总要比说明书上规定的多得多。

墨菲：当然了，耗油量的大小取决于您怎么使用您的汽车。

奈特很生气：你这话什么意思？

墨菲：车开快了就需要经常更换档位，这样耗油量就大一些。

奈特：在很多情况下，宣传说明书上所说的都是不可靠的，不是事实。说明书上说，行驶20英里~30英里才耗费1加仑汽油。我们就按照说明书购买了一辆汽车。结果呢？还没有行驶15英里就耗费了1加仑的汽油。宣传归宣传，事实归事实。我的一个好朋友对我说。

接着，他讲了一个很长的故事。

墨菲极力控制住自己：好吧，我们可以在试车的时候检查一下这辆车的耗油情况。奈特先生，您可以亲自开车，好吗？

奈特：好的。

他们开动了汽车。

墨菲：您的夫人也会开车吗？

他准备把这辆车便于操作这一点作为推销要点。

奈特：她准备去听驾驶课。

墨菲接过新话题：我们有自己的驾驶学校。如果您需要的话，我可以帮助您夫人联系上课的事。

奈特：不用了。

墨菲刚准备有所表示，但及时地控制住了自己：不管怎么说吧，对您夫人来说，开小车要比开大车容易。您说呢？

奈特：我想是的。

奈特又想出了一条反对的理由：像这样一辆小车怎么那么贵呢？

从奈特这一问题，墨菲意识到车的大小问题并不很重要，所以他不准备更多地讨论车的大小问题。如果反驳奈特的这一看法，并且指出汽车的价格不高的话，那么他们就有可能发生争论。因此，他决定不直接地讨论价格问题。

墨菲：奈特先生，您开车是很有经验的吧！

奈特：我想还可以吧！

墨菲：那么，依您看，车的哪一方面最重要？

通过承认对方有经验，这样就形成了一种融洽的气氛，并且以提问方式把话题转向一些更重要的问题上。

墨菲谨慎地纠正对方的看法：当然也要节省，是吗？

奈特：当然了。

墨菲：所以，应该是稳、速度和节省。奈特先生，就速度而言，您认为哪一方面

是最重要的，是最高速度指数还是变速器。

奈特：当然是变速器重要了。不管怎么说，人们一般不使用最高速度。

现在墨菲终于了解到顾客对什么东西感兴趣：您说对了，这些才是最重要的。在决定一辆车的价值的时候，它们的作用是很重要的。在这一点上，我们的看法是一致的。

奈特：是的。

现在，墨菲知道他应该怎样进行洽谈，应该避免哪些问题。他从上述三个方面解释了这辆车的价值，并且间接地反驳了奈特认为车的售价太高的看法。在第三次业务洽谈时，他终于把这辆车卖出去了。

### "忍"字诀

春秋时期的越王勾践，在兵败之后，卧薪尝胆，发誓雪耻，终于消灭了他的强敌吴国，可谓坚忍到极致。但是，在此以前，还有一个更令人震撼的故事。

勾践兵败之后，被吴王夫差扣留在吴国。一次，吴王夫差染病，夫差知道自己得到西施后过于贪图女色，担心自己患的是糖尿病（当时难于医治）。

勾践在背地里叫谋士范蠡出主意。范蠡知道患有糖尿病的人其粪便是甜的，觐见夫差后通过望、闻知道夫差的病不是糖尿病，不久便可痊愈，范蠡就对勾践说："您应亲见夫差，探问病情，亲口尝尝夫差的粪便，然后向夫差表示祝贺，说大王的病到某某曰一定能好。"

夫差被勾践这种"关切"之情所迷惑，以为勾践真心爱护自己，就把勾践放归越国。勾践以如此下作的韬晦之计，换得人身自由，归国后发愤图强，"十年生聚，十年教训"，最终灭吴复国。清代文学大家蒲松龄对勾践忍辱负重的行为大为仰慕，有联为证："苦心人，天不负，卧薪尝胆，三千越甲可吞吴。"

较之越王勾践，商务谈判者所需要忍受的委屈要小得多。谈判者的目标在于顺利、如愿地谈成交易，为了做到这一点，在谈判过程中受点儿小小的委屈又算得了什么。

有个愣小伙子由于不精此道，结果遇上了不小的麻烦。

一对年轻的夫妻花了 2000 美元买一套高级音响，货送到家后插上插头就发现出了大问题：扩音器冒出一股烟便烧掉了。他们立即拿着烧毁的部件来到商店，抱怨个不停。

可是这愣小伙子售货员态度却颇为冷漠，眼都不抬地说："放在这里吧！三四个星期后，等我们修好了，就给你们打电话。"

这对夫妻万万没有料到会这样，很是窝火，抱怨道："我们花 2000 美元买了一套音响，你现在却让我们等三四个星期后再用。我们出了那么多钱，现在就要听音乐！"对方只是用冷冰冰的口气回答："对不起，我只能这样。"说完便不屑一顾地走开了。

夫妻俩愤愤不平，他们立刻给银行打了个电话，通知他们停止支付该店的账单。现在，球被踢了回去。那个售货员接到银行拒付通知后给这对夫妇打电话，说他无论如何也不能理解他们的态度，因为他们并无明确表示过要进行这种无情的报复。可是，他为什么不想想自己的态度呢？谈判者可能遇到的来自对方的压力有两种，一种是谈判对手无心的抱怨，另一种是有意的攻击。前者是谈判对手心理认识的外在表露，而后者则是他玩弄的手段，目的在于引诱谈判者产生冲动，失去理智，他好从中渔利。

那么，谈判者如何更好地面对、承受和缓解这些压力呢？

**诀窍之一是将对手无关紧要的抱怨当成耳边风**

谈判人员往往会因为一个与交易毫无关系的问题而陷入争吵，这样的情况并不少见。如果对手有偏见或思想古怪，谈判者的任务不是去改造他。谈判者只需注意对方对交易的意见，其他方面的事情则不用管。

政治问题、宗教问题、新闻中有争议的人物和其他各种热点问题，自有其特殊的重要性，但是，对于商务谈判者而言，却属于枝节问题之列。但是，你若不小心被拉进有关这些问题的讨论中，其结果不是收获甚少，就是毁掉一切。聪明的谈判者一般都避开枝节问题，即使对方说地球是扁平的，他也是左耳进右耳出，权当是耳边风

一个办公用具的女推销员因为与可能的买主讨论起自己公司所建大楼好看不好看的问题而丢掉一笔生意。可能的买主说，他不喜欢那座新楼的样子。女推销员勃然大怒，奋而捍卫公司的荣誉，结果买卖告吹，快到嘴的肥肉掉到了泥地里，何苦呢？

曾有一个怒气冲冲的顾客跑到乳制品公司告状，说奶粉内有活苍蝇。但是奶粉经过严格的卫生处理，为了防止氧化作用，特将罐内空气抽空，再充入氮气密封，苍蝇百分之百不能生存。这无疑是消费者的过失。

那么，公司的老板是怎么处理这一问题的呢？顾客猛烈地批评公司的不是，老板只是静静地听着，一声不吭。等顾客发泄完，才开口道："是吗？那还了得！如果是我们的失误，此问题就太严重了，我一定要求工厂机械全面停工，然后对生产过程进行总检查。"

老板满面愁容，他向顾客解释："我公司的奶粉，是将罐内空气抽出，再装氮气密封起来，活苍蝇绝不可能存在，我有信心要仔细调查。请您告诉我开罐情况及保管情况。"

被老板这一问的顾客，自知保管有错误，脸上露出惊讶的表情说："我希望以后不再发生此事！"

当对手攻击自己时，自己有正当理由反击对方之口实，但此法易把对方激怒，态度更加强硬。若先让对方发泄完对自己的不满，自己甘当出气筒，使对方无力再攻击，此时再展开说服，论证自己的正确之处，效果一定很理想。

**诀窍之二是欲擒故纵，麻痹对手**

曾有一个拳击运动员，在上次比赛中被对手击败，桂冠也被对方夺去，他决心雪耻，夺回宝座。

在这以后的一次比赛前，这个拳击运动员和上次比赛的冠军一起出现在记者招待会前。这个运动员面戴口罩，穿着大外套，没有记者采访他，以为他身患感冒，力不胜任。正相反，冠军却身体强壮，精力充沛，一派信心十足的样子，比赛之前，自认为胜利已经在握。

但正式比赛时，被击倒的却是上次的冠军。人们大为惊诧。

原来，这个运动员使了一个欲擒先纵的花招，故意在记者招待会上打扮成那副狼狈相，使对方产生轻敌之念，然后伺机将对手击倒。

### 擦亮双眼，见招拆招

对谈判中的一些招数你必须擦亮双眼，这样才能见招拆招。

**（1）谨防商业泄密**

谈判中要防止商业泄密，最重要的是有警惕性。商业间谍活动手法繁多，手段高明，稍有疏忽，就会让对手钻了空子。

有一次，一批衣冠楚楚的日本客商前去参观法国一家著名的照相器材厂。

实验室主任殷勤地招呼着宾客，他引着客人参观实验室，热情地回答客人们提出的问题，但同时又保持着高度的警觉。他知道，现在有许多人借访问参观之机，窃取被访者的先进技术。因此，他暗暗注意着客人们的每一个举动。

当参观该厂的一种新型的显影溶液时，实验室主任注意到，有一个客商看得特别仔细。他的领带比一般的领带长一些，只见他俯身贴近盛溶液的器皿，仿佛是在辨认溶液的颜色，领带末端侵入了溶液之中。

可是，这个平常、自然的动作，并未逃过那位精明的实验室主任的眼睛。

他知道一旦日本人把领带上的溶液痕迹化验、分析一下，便可轻而易举地得到显影剂的配方，也就是得到该厂最重要的核心机密。决不能让日本人得逞，他悄悄叫过一个女服务员，如此这般地吩咐了一番。

在客人准备辞别时，服务员小姐拿着一条崭新的领带走上前来，用她特有的甜润嗓音，对那个日本客商说："先生请稍等，您的领带弄脏了，给您换上一条崭新、漂亮的，好吗？"

"噢——好，太好了，谢谢你，小姐！"

显然，拒绝主人的这番好意是不礼貌的。况且，在这位服务员的身旁，还笑眯眯地站着她的主任。于是，那个日本人一边道谢，一边解下他那沾有显影剂的领带。但是，从他的脸上，明显可以看出一种有苦难言的尴尬神情。

一项厂内核心技术被盗的图谋挫败了。

商业间谍活动五花八门，而且往往利用合法的身份，冠冕堂皇地做着非法的勾当。因此，商务谈判中既要热情待客，又不能失去警惕。聪明的实验室主任做得恰到好处，既制止了对方窃密的企图，又不伤面子，值得效法学习。

### （2）以"从没这个先例"做挡箭牌

1878 年，清朝钦差大臣左宗棠经过几年的奋战，平定了新疆阿古柏叛乱，维护了祖国统一。捷报传到京城，皇上龙心大悦，下旨召见左宗棠。但是，在要求入宫晋见皇上时，左宗棠却遇上了麻烦。原来，按清朝惯例，外地官员入宫觐见需给看门的见面礼，以左宗棠的身份而论，这笔礼金高达 8 万两白银。由于家私大部分已贴补军需，左宗棠实在拿不出这么多银子，再三交涉，门人总不通融。无可奈何之下，只得在宫门外暂时住下。皇上左等右等不见左宗棠上朝，连连下旨催促，后来得如原委后方不以为忤。但奇怪的是朝廷方面嘉勉了左氏的清廉，另一方面也深感为难，称"本朝惯例，无一可免"。后来还是由皇太后带头认捐了一半银子，余下部分由左氏门人七拼八凑，进门银两才最后有了着落。赫赫功臣竟栽在看门人手里，而且皇上也无计可施，原因就在于看门人手中握着"本朝惯例，无一可免"这一法宝。

在商务谈判中，惯例的力量并不亚于此。当谈判对手逼迫你退让，你又无以反驳时，不妨援引一下惯例。"此例一开，以后难办"，"我们公司在世界各地都如此，不能开此先例"，以此为由回绝对方苛刻的要求。人们很容易被自己或别人禁锢起来，惯例的力量在于"别打破惯例""我们一直这么办"的观点。这种现象是为了迫使对方按照以往的惯例来处理事情，从而达到有利于己方的目的。

比如，买方要求卖方降价，卖方可以回绝说："此例一开，我们对别的用户就没有信用了。"或者，技术出让方在收技术费、提成费后，还要收专有技术费，技术购买方就可以反驳说："没有掏两次技术费的先例！"一个精明的谈判者善于运用惯例的力量

来摆脱窘境，也善于破解对方惯例对自己的约束，他会列举自己的种种特殊情况，以告诉对方惯例不适用或者他会找出惯例本身的种种弊端，证明惯例本身的不合理。当然，他更擅长的是以惯例来对抗惯例，来达到有利于己方的目的。

谈判者要学会运用惯例和化解惯例，惯例给谈判者的应是权力，而不是约束。

（3）谈判需要镇静剂

接听 110 或 119 电话的警察局和消防队的值班人员，都要接受说话语气的训练。因为通知犯罪或火灾的人，往往过于激动，说话不得要领。但是，在值班人员冷静的口气下，通报者也会冷静地说明事情的状况。如果值班人员也激动异常，势必加剧通报者的心理紧张程度，东拉西扯地互相叫嚷了半天，却仍不明白个所以然来。

谈判者同样需要这种镇静。情感泛滥会使我们的思绪杂乱如麻，我们的情感越强烈，它们就越可能喧宾夺主，淹没理智。

倘若雇员提心吊胆，怕被炒鱿鱼，而与此同时他的老板刚好与妻子吵了一架，正心烦意乱，这两人便很难自如地处置任何不容忽视的分歧。

古往今来，由于情感泛滥而冲昏了理智的人很多。

公元前 207 年，在匈奴的单于部落里，太子冒顿继位。兵力强盛的东胡部落首领，派使者前来无理地索取千里马，冒顿以睦邻邦交为由，说服群臣，恭恭敬敬地把一匹珍贵的千里马送给了东胡。东胡首领以为冒顿不敢惹他，便得寸进尺，又向冒顿索要美女，冒顿仍不顾群臣的反对，又把心爱的美女送给了他。东胡首领越发骄横了，接着又提出了领土要求。冒顿觉得该是制止东胡欲望的时候了，于是跃马挥刀，领兵袭击东胡。东胡压根儿就没瞧得起冒顿，毫无戒备，冒顿的突然袭击成功了，东胡没多久就招致了亡国的命运。

骄横的情绪淹没了东胡首领的理智，一个强国就这样毁灭在一个弱国的手中。在商务谈判中，不少谈判者往往不善于克制自己，他们容易激动，对方的要求稍有点儿过头他们就受不了，气往上冲，拍案而起，反唇相讥。但结果呢？事情不妙。不是双方互相拆台，谈判形势每况愈下，最终陷入僵局或是导致谈判破裂，便是对方乘机钻了谈判者的空子，捞了不少实惠。无论如何，情感泛滥给谈判者造成了很大的损失。

当然，谈判的顺利进行有赖于双方人员情感的维系，有赖于双方的相互理解、信任和退让，然而这种情感应该是一种恰如其分的情感，是与理智不相冲突的。情感应成为理智的帮手，而不是理智的绊脚石。

## "镜子连环" 效应

谈判如同行军打仗一样，都是你来我往，明争暗斗，都在为己方争取最大的利益而进行着搏斗。在谈判过程中的每一个步骤，都需要经过精心设计及安排，这样方可以做到百战百胜。万事开头难，谈判的开始一样不容忽视，哪怕一个简单的称呼，也会起到决定性的作用。

当我们端着酒杯一一介绍到场的来宾时，一个简单明了的称呼总比一些所谓的头衔称谓要亲切得多，让人感受到这不是一场商务谈判，更像是相聚的友人在畅谈，而烦琐的洽谈也可以在轻松的气氛中进行。

谈判正式开始之前最关键的，是如何利用有限的空间拉近彼此的距离，让谈判顺利开始，如果生硬地称呼"某某部长"或"某某主任"，就仿佛在两人中间加了一张无形的桌子，传达了"你不能接近我"的信息。如果想顺利地沟通，就不要选择这样的称呼方式，亲切的称谓将会是你成功的有力保障，拉近你与对方的距离会让任何谈判事半功倍。在进行商务谈判时，对方直接亲切地称呼自己姓名时，会让人有一种特别的存在感，颠覆传统僵硬的谈判模式，让谈判在轻松、和谐的气氛中进行，才是职场精英们的制胜关键。

"人脉带来商机"，一个名字代表一份人脉，记住一个名字就代表你已经把握了一份商机。而成功的谈判由亲切地问候开始。亲切的称呼说出口，即使是铁面无私的包公脸，也难免为之打动，这也是职场语言制胜的杀手锏。

一位表现出色的洽谈者利用自己出色的口才征服了现场的所有人，只因身体散发出隐隐恶臭，为他的谈判画上了句号。

面对这样的尴尬，你应该知道味道对于谈判结果有着重要影响：应该让谈判场所有芬芳的气味，而不是没有任何味道，更不能有臭味。气味芬芳的环境能够使谈判更加顺利地进行，这也是一种很重要的谈判技巧。适当的香气会使人们本能地去倾诉心声。当一个人闻到怡人的香气时，在不知不觉中他的内心已经开始变得柔软。实际上，与一般的会议室相比，在充满了令人心旷神怡的香味儿的地方能够取得更理想的谈判效果。

美国的莱斯拉综合专门学校研究所的罗伯特·巴隆博士在一次试验中，让 40 名男性和 40 名女性分别分成两组，一方扮演经营者，一方扮演劳动者，让他们就预算问题进行谈判。在试验中，一半人在散发着令人心旷神怡的香气的场所进行谈判。会场中所使用的香水事先经过了调查，确认是对方喜欢的"清新、柔和"的香水。另一半人则在没有任何气味的场所进行谈判。结果证明，在使用香水的场所，谈判进行得更加顺利。

因此，在进行商务谈判时，一定要多合理地利用香气，以得到理想的结果。

另外，一些动作也会起到一些意想不到的效果。谈判桌上的两个人如果一前一后做相同的动作，那么这场谈判的结果往往就是令人满意的。例如，当一个人把胳膊抱在胸前，另一个人也把胳膊抱在胸前；一个人靠在桌子上，另一个人也靠在桌子上。这种对一个相同姿势的模仿，就好像照镜子一样，增加了二人的默契感和协调性，产生了强烈的共鸣，在心理学上，这种两个以上的人做同一个动作的现象叫作"镜子连环"。

"镜子连环"是一个有效的商务战术。如果你想给对方留下良好的印象，不妨去模仿对方的姿势和动作。这样不仅能够引起对方的注意，还能获得对方的信任，是一种很奇妙的战术。

也许你会问，一直模仿对方的姿势和动作，是不是显得有点儿做作？会不会让人产生反感？本来是想下点儿功夫获得信任，会不会反而弄巧成拙？美国的心理学家路易斯博士指出，不断练习"镜子连环"，就能学会非常自然地去模仿对方的姿势，最终可以在无意识中做到这一点，如果能活用这一技巧，说服对方的概率可以提高50%。

此外，"镜子连环"战术中还有"互补镜子连环"的方法。这种方法是指做与对方完全相反的动作。例如，如果对方的姿势是头部向后仰，那你就做出与之相反的姿势，向前探头。对方把胳膊抱在胸前，你就垂下胳膊，这就是"互补镜子连环"。

根据多个实验的结果得知，与单纯的"镜子连环"相比，"互补镜子连环"的效果更好。

### 巧用"第三者"的杠杆作用

也许有些人会说，我遇到的客户就是个雷打不动的老顽固。花了大量的时间和精力去营造了气氛和开头，为什么还是屡战屡败？失败的你该醒一醒了，古人云，"射人先射马"，适当的时候利用第三者来调节，效果会非同凡响。

如果你遇到的对手非常顽固，很难对付，那么你需要去说服的就不是他本人。

有些人非常不喜欢成为附和别人意见的应声虫，对于这样的人，一般的说服方法很难行得通，请第三者来做说服、调节的工作还是很有必要的。

知己知彼，百战不殆。一个人除去工作，其自我的私人空间非常有限。想知道对方的精神状态和日程安排，就要从其身边的人下手，其中，最有影响力的就是对方的秘书。作为打理日常工作安排的主要人物之一，通过秘书你可以很容易地知道对方今天情绪状态等非常有利的信息。对方的亲人也是很重要的第三者联系人，买一套对方家人心仪的小礼物，远比送礼物给他本人效果好。

当今是个需要团队协作、互相帮助的时代，很少任务是可以由一个人单独完成的。那些整天想着"我不喜欢请第三者帮忙，我想通过自己的实力来解决问题"的人有些太过于自负，正如我们想移动非常重的物体时会利用杠杆一样，必要的时候也要借助第三者的杠杆作用，才能使事情顺利进行。

像大多数人一样，当你觉得自己的产品有多么好时，就想把这一点告诉整个世界。但是，即使你能够证明自己的产品在某个方面是顶级的，还是会面临着一个尴尬：别人会说"王婆卖瓜，自卖自夸"。这样一来，大家会开始讨厌你，更不会采纳你的建议。因此，最好是让第三者来替你宣传，而不是靠你本人来自夸。

通过第三者来肯定你的产品，对大众很具有说服力。第三者最好是一个公众式人物，如演员、作家或其他知名人物。当然，如果找不到这样的人，还可以花钱请一个。

一般地说，客户更容易相信其他客户的话。因为大家都是"同路人"，都渴望能买到自己称心如意的商品，所以彼此间的心灵更容易沟通，也更容易产生彼此间的情感呼应。

因此，可以在谈判的过程中有效地利用第三者所说的话，打动你的客户的心，让对方较快地信任你的商品。有时，第三者的一句话抵得上你介绍大半天。

据说，辩护律师最重要的任务就是传唤证人到庭，借以说服法官。一般来说，陪审团对于律师的言辞有点儿信不过，总是要打折扣。因此，找到好的证人，会增强辩护词的可信度，对法庭产生巨大的影响。

其实，借助证人也能够促进商业谈判。只要你平时注意研究，还是有许多让第三者来充当"证人"的方法。

**方法一：让其他客户替你现身说法**。让客户来讲给你的谈判对手听，在对手听完之后，对你的信赖感就会大幅度地提升。

有一位推销保险的人士把投保人签了名的保险单都复印了一份，放在保险说明材料夹里。他相信，那些材料对于新客户一定有很强的说服力。

在与客户的洽谈末尾，他会补充说："先生，我很希望您能买这份保险。也许我的话有失偏颇，您可以与一位和我的业务完全无关的人谈一谈。能借用一下您的电话吗？"

然后，他会接通一位"证人"的电话，让客户与"证人"交谈。"证人"是他从复印材料里先挑出来的，可能是客户的朋友或邻居，也可能是两个人相隔很远，需要打长途电话，但效果更好（当然，他会自己付电话费）。

这位保险推销员这样说道："初次尝试时，我生怕客户会拒绝，但从来没有发生

过。相反地，他们非常乐于同'证人'交谈。有时候。'证人'是客户的朋友，聊起话来，还偏离了正题。

"这种方法，我完全是在偶然中发现的，但效果很好。介绍的推销方法很多，我也有很多经验，但相比较而言，我认为用'证人'的方法更加有效。

"证人愿意配合吗？只要你足够诚实，他们是乐意帮助的。每做成一笔生意，我都会向证人表示感谢，他们就会更加高兴。助人是快乐之本啊！"

**方法二：照片。**比如，请让客户看到很多减肥成功者——减肥后瘦身的样子和减肥前的样子，有照片比你光靠讲话要好多了。

**方法三：自己的从业资历。**你在这个行业里面干了 10 年了，在这个行业里面已经是专家了，是资深了，是元老了，这样也会使客户增加对你的信赖感。

**方法四：获得的声誉及资格。**你曾经得到过什么荣誉，你曾经被什么协会、被什么政府或大企业或什么事业单位表扬过，你获得了这个声誉和资格，也可以使客户增加对你的信赖感。

**方法五：你在财务上的成就。**比如，讲讲你们公司年营业额是多少，你们公司的年利润达到了多少，或者你个人的财富已经到多少了。这些也可以使客户增加对你的信赖感，因为别人会用你的财富来衡量你这个人的能力。

**方法六：你所去过的城市或国家的数量和经过。**比如，讲讲 3 年来你到过多少个不同国家的城市，你到过多少个国家去谈判、去访问，去会见行业中的权威人士。这样，也可以使客户增加对你的信赖感。

**方法七：你所服务过的客户总数。**比如，讲讲你所服务过的客户已经超过 1 万人次。你的客户总数可以让对方相信你是有能力来帮助他的。最后，你可以使用大客户名单，如某国的某总统喝过我们的饮料，某某企业家使用了我们的产品。倘若这个大顾客的名单是确实拥有的话，就可以迅速地增加你在谈判桌上的地位。

## 三、该出手时就出手，该收手时就收手

### 开局就要掌握主动权

谈判开局阶段，就要言简意赅，直接切入。这样能够引领对方，掌握主动权，也便于对方把握谈话要领，尽快切入主题，避免在细枝末节上浪费时间，达到真正的谈

判目的。

要想掌握主动权，要在你占据优势地位的时候，再进入具体谈判的内容。谈判开局阶段直截了当地点出对方的问题和不利后果，促其改变现有状况，这是一种有效的劝说方法。使用这一方法的关键在于：要善于抓住要害，点到对方的痛处，拨动其最关心、最敏感的那根心弦，使其动容、动心，改变主意，幡然醒悟。话要说到对方的要害之处。可以点利益得失、点名声信誉、点心里良心。

谈判开局阶段，抓住问题的关键是谈判成功的一个永恒的法则，是一个可以广泛运用的法则。抓住问题的关键为什么具有如此的魅力呢？因为问题的关键就是对方的死穴，抓住了问题的关键就能使对方不得不束手就擒。

对于那些善于操纵说服技巧的人最高明的方法不是与对方不停地周旋，而是抓住问题的关键。解决了关键性问题，其余的问题就好解决了。

春秋战国时，齐国人张丑被送到燕国做人质。

不久，齐、燕两国关系紧张，燕国人要把张丑杀掉。张丑知道了这个消息，立刻借机逃走了。但是还没有逃出边境，就被燕国一官吏抓住了。

张丑见硬拼不成，便对官吏说："你知道燕王为什么要杀我吗？"

官吏说："因为你是燕王想要抓的人。"

"其实，是因为有人向燕王告了密，说我有许多财宝，但我并没有什么金银财宝，燕王偏偏不信我。"张丑说到这里，接着又说："我被你捉到了，你会有什么好处呢？"

官吏说："燕王悬赏一百两银子捉你，这就是我的好处。"

"你肯定拿不到银子！如果你把我交给燕王，我肯定会对燕王说，是你独吞了我所有的财宝。"张丑边说边笑说，又继续说道："燕王听到后一定会暴跳如雷，到时候你就等着陪我死吧！"

官吏听到这里，越发心慌，越想越害怕，最后只好把张丑放了。

张丑凭借三寸不烂之舌，成功地说服要抓他的官吏，关键的一点就是他抓住了官吏的心理弱点，虚拟了一个燕王要杀自己的原因，从而引得官吏的畏惧，使其打消告发自己的念头，保住了自己的性命。试想一下，如果当时张丑不采取这种策略，怎样才能让一个贪婪的官吏放弃得到悬赏的好处呢？这基本上很难。张丑在与官吏的谈判的过程中，抓住的关键是相比较金钱来说，生命还是更加重要的，张丑用这样的方法说服了官吏。

这也就说明，只要抓住问题的关键，切中它的要害，轻轻点化对方，对方就会立刻听从你的意见。在谈判的开局阶段，谈判就要逐步进入自己的角色。这个开局阶段虽然是整个谈判过程的一小部分，而且似乎与整个谈判的利害关系不大，但却是非常重要的，因为整个谈判的基础由它奠定。虽然谈判开局阶段谈判者对谈判尚无实际的感性认识，但仍必须采取非常审慎的态度，因为在这一阶段若差之毫厘，那么在下一阶段也许你就会失之千里。

### 尽可能收集对方信息

在谈判初期的一个重要的任务就是尽可能收集对方的信息，这是一个重要的环节。

一般来说，谈判对手的态度、性格、风格以及经验等情况，都会借助他的言谈举止来表现的。比如，如果你看见对方在谈判初期，谈判对手瞻前顾后、优柔寡断，显然这是位犹豫型的谈判对手；你看见对方做事干脆、雷厉风行，那他就是个果断型的谈判对手；你看见对方在开始时就能从容自若、侃侃而谈，那么，很显然这是个谈判的行家能手。

另外，我们还可以通过对方的目光、手势等来判断对方人员的态度和意向。不仅仅从对手本身了解对手，在很多的谈判中，需要从各个途径获取对方的信息。

美国著名谈判大师荷伯·科恩曾代表一家大公司去购买一座煤矿。

公司给荷伯一个可以接受的心理价格是 2400 万美元，但矿主十分固执，开口要价 2600 万美元，荷伯还价 1500 万美元。

这样的价钱，矿主坚决不同意，荷伯不断加价，可是矿主咬定 2600 万美元不放，最后在 2150 万美元与 2600 万美元对峙起来，谈判陷入了僵局。如果就价格问题继续谈下去，而不从对方需要的方面考虑，肯定不会有所进展。那么，卖主为什么固守己见，不接受这个显然是公平的还价呢？荷伯开始通过收集信息了解到了很多的信息，原来煤矿的大部分工人都在这里工作了很久，他们和矿主的关系很好，矿主很担心煤矿卖掉后这些人丢掉饭碗。

荷伯·科恩

矿主对他苦心经营的煤矿有很深的感情，他不希望将煤矿卖掉后就和煤矿没有丝毫关系了。矿主的一个朋友是他一直以来的竞争对手，他一直都不想输给他，而他朋友的煤矿卖出了 2600 万美元。

针对这些需求，荷伯与矿主又对交易的额外条件进行了商谈，最后达成了几个附加条件：

第一，煤矿中80%的工人与新东家签订了劳动合同，继续为煤矿服务。（事实上，也为招聘人手正在发愁。）

第二，收购后的煤矿仍旧沿用老煤矿的名称，并且聘请矿主担任技术顾问。（事实上，公司也缺乏一个经验丰富的人来把关。）

第三，公司一次性付清款项。（事实上，这比他的那位朋友的5年之内付清的条件好得多。）

矿主看到这些附加条款之后，很快就同意了荷伯的条件。最后以2150万美元的价格成交。（并没有超过公司的预算，附加条件却使矿主得到了极大的满足。）

上面的故事中，荷伯对矿主自身感情的调查，对于要收购矿山似乎没有必然的联系，然而矿主的感情恰恰是促使此次谈判成功的关键。

在谈判中，对方的底价、时限、权限及最基本的交易条件等内容，均属机密，不会轻易泄露，但是我们可能从其他方面渗漏出的信息来做出判断。

收集对方的信息是每一位谈判人员要做的事情，有时即使看起来很小的一件事情，在谈判过程中也有可能起到举足轻重的作用。根据所搜集到的信息，谈判人员可以根据其制订谈判的对策，使自己在谈判中获利。如果不能在谈判之前，洞悉对手的各种情况，就只能让自己处于被动之中。

### 设最后期限进行施压

商店快关门了，老板也快要收铺的时候，我们看中某件商品。这时候，老板往往会说："要不要？现在快关门了，便宜点卖给你，这么一个价钱你要不要？"这时市场里面的人正往外面涌去，而你也急忽忽地掏钱拿了商品就走，甚至都没有仔细检查。你买的商品真的是商家以最低的价格卖给你的吗？商家能够在最后快关门的时候又做成一次生意，这就是巧妙地运用了期限的压力，在这种情境之下，你来不及考虑，就跟着商家的意识走，乖乖地掏出了钱包。

我们在面临一个重大事件的时候，我们往往会做长期的准备工作，快临近时间到来的日子里，我们会采用倒计时，每时每刻提醒我们这个日子的到来，我们也会在这种紧张的气氛中充实而快节奏地做着各种准备工作。比如高考，在考前的两三个月，老师与学生就会开始数着倒计时，气氛紧张，但往往这样会激励着老师与学生更加努力地复习，更加努力地训练。

一般来说，人们在缺少"富裕时间"的时候，往往会不关心其他有关的信息，会对很多重要信息的忽略，或是缺乏多方求证，而草草地做出决定。因为期限压力所导致的所谓捷径都会影响办事结果的质量。相反，如果时间充裕，能够增强人的信息处理能力，让人拥有更多的时间和精力去处理与事件相关的各类知识与信息，让人有更多的时间思考，从而做出相对理性的决定。

无论是施压还是受压，压力都始终存在于谈判的整个过程当中。可以说，包括谈判在内的所有谈判都是在压力中进行的。这种无所不在的压力对任何一方的谈判者都有两种截然相反的作用：一方面它可以促使谈判者调整、平衡双方利益，从而起到推进谈判走向成功的积极作用；另一方面，它也是导致谈判双方产生分歧和对抗的因素，从而使谈判陷入僵局，甚至走向破裂。

通常越临近谈判的尾声达成一致的意向就越多。在一场漫长的谈判中，大部分时间双方都会针锋相对、坚守各自的原则底线，但到了最后收官阶段，可能因为谈判时间的限制、身心的疲惫或者其他什么原因，大家都不自觉地加快了谈判节奏，在此前比较尖锐的问题双方都会做出一定程度的让步。

为了避免对方利用时间压力向你进攻，你可以在制定谈判日程时罗列所有可能涉及的议题，按照重要、非重要的次序进行分类排序，在谈判开始时先谈敏感问题，越到尾声所谈的问题应该越不重要。当在谈判初期如果对方对某些问题置之不理或建议延后讨论，你就有必要全面分析一下这个问题是否真的不重要，对方会不会在谈判结束前旧事重提，总之，不要掉进对手所设置的陷阱。

设定最后期限，给对方施压，会让人有紧张感，从而提高办事效率。

### 把握最佳时机迫其让步

成功的谈判，要在适当的时机做出适当的让步或者让对方做出让步，使谈判向着自己更有利的方向发展，这个时机的掌握非常重要。当自己让步时，要把握住适当的时机，把一次让步的价值发挥到最大、最佳；当迫使对方让步时，要把握住适当的时机，让对手做出最有利于自己的让步。

某家电商场，从某豆浆机生产厂家进了50台豆浆机，销售得很好，几天的时间全部卖出。家电商场要再从厂家进300台豆浆机，双方就这一问题进行了谈判。

家电商场认为这次的进货量是上次的6倍，厂家应该更加优惠，而厂家在谈判前了解到家电商场销售的情况，决定要加价。谈判的中期和后期，双方各不相让。最后，商家由于急于拿到货，做出了一些让步，但是希望按上次的价格进货，但是厂家不同意，坚持要加价，商家看出厂家一点都不肯退让，也知道再这样僵持下去自己会有损失，不得不同意厂家的要求，加了一些钱进货。

同样的商品，只隔了几天的时间，就卖出了不同的价格。生产豆浆机的厂家找对了涨价的时机，也抓住了涨价的时机，让涨价成为顺理成章的事情，也让涨价成为对方不能拒绝的事情。

如果商家在这次谈判中不同意涨价，由于厂家对自己产品在市场上的销售情况做了深入的了解，知道商家这几天缺货，所以厂家不仅不会降价，而且会坚持涨价。这就是谈判双方出现僵局，最先需要打破僵局、迫切希望交易顺利进行的一定是商家，因为缺货对于销售豆浆机的商家来说是最大的损失。另外，从消费者的角度来看，豆浆机不是快速消费的商品，不可能买很多，更不可能天天买，市场上豆浆机的种类又很多，这家缺货，可以选择到另一家去买。等商家和厂家经过几天谈妥价格以后，商家最佳的销售时机可能已经过了。

当然，准确地掌握让步的时机是很不容易做到的。当对方提出要你让步时，是他认为时机已经到了；或者对方有求于你的时候，多数人就认为要求对方让步的时机到了，还有人认为，谈判接近尾声时是自己让步或者让对方让步的最佳时机；然而，这都不一定是让步或者使谈判继续向前走的最佳时机。

其实，在真正谈判中，由于谈判发展的不可预测性，以及对方或者自己谈判习惯、方式的不同，自己让步或者对方让步的时机并没有一定的时间规定。只有靠自己在实践中多观察、多分析，才能真正找到最佳的时机。

当时机不成熟时，可以等待有利时机的到来。但这要建立在对于未来市场准确预测的基础上，而且要对方并不反对。如果只是单方面认为时机不成熟而拖延谈判，而且对方并不是"非你不可"，那么，就会让对方认为你在拖延谈判，使得对方选择放弃谈判或者再找合作对象。

# 四、藏住自己的真实意图

### 深藏底细，以免被动

当然谈判之中坦诚是很重要的，但也要有自我保护的意识，有句俗语叫作"害人之心不可有，防人之心不可无"，就是这个道理。

在谈判过程，不要轻易露自己的底细，要懂得保护自己的老底，不能让对方知道

自己的真实处境；否则，对方会利用你的弱点，获取最大的利益。在与对方接触的过程中，言谈举止都要谨慎，要知道不经意间的谈话会给对手可乘之机，给对方留下把柄，使你陷入被动，失去谈判的主动权。

有一次，安先生去一家酒店推销某种产品，他在同酒店的一位领班聊天时，掌握了谈判取胜的至关重要的信息。

这位领班无意中讲了这样的几句话："安先生，你看我们下个月的谈判要到什么时候才能有结论呢？我们酒店的存货快用完了。""我们用过几家公司的产品，唯有你们的产品能通过试验鉴定，符合我们要求的规范。"表面上看，安先生对领班的这几句话是漫不经心的，但实际上他在悉心聆听，心中充满了兴奋和喜悦。

领班透露出来的信息，安先生心中有了底，他在与该厂采购经理谈判时，各种条件、要求都提得很高，并且还不慌不忙地讨价还价。

由于厂方确实急需安先生的产品，又存货不多，时间压力也很大，所以在谈判中处于被动的地位，而安先生则最大限度地获得了谈判的成功。

这家酒店的失败在于让安先生知道了底细，明确地了解了他们的处境。安先生透过知道的信息在这场谈判之中占据了主动地位，掌控了谈判的方向，使得谈判朝着有利于己方的方向发展。

所以，谈判中尤其是商业谈判中，一定要注意保护自己的信息，不要让对方了解自己的底细，否则会陷入被动之中。

事实就是这样，一个人的自身缺点甚至是优点也会被别人利用。比如一个没有主见的人，很容易被别有用心的人的谗言而做出错误的决定与行为；一个脾气火爆的人容易被别人激怒而落入圈套；一个好色的男人，容易上当于美人计一般。

总之，聪明、富有经验的谈判者往往会在谈判的时候隐藏自己的真实信息，如果你是一个谈判人员，你就要尽力做好这一点。无论是做人还是做事，自己的不利之处与性格偏执不要轻易向对方暴露。在谈判这种利益相争明显的事情中尤其要注意。

### 以巧扮拙，迷惑对方

谈判的时候，你要假装知道的比别人知道的少，这对你不一定是坏事。你装得越傻，别人越不加提防。要懂得讷中的智慧，假装糊涂是重要的人生哲学，应用在谈判中，也会让你在谈判中受益无穷。

假装糊涂，可以化解谈判对手的步步紧逼，绕开对己方不利的条款，而把谈判话题引到有利于己方的交易条件上。当对方发现你误解了他的意思时，往往会赶紧向你反复解释，在不知不觉中受你的话语的影响，在潜移默化中接受你的要求。所以，谈判高手总是把假装糊涂作为他们的一个信条，必要时就潇洒地"糊涂"一回。定会尝到假装糊涂后的甜头，体会到装傻的谈判效果具有"清醒"之时无法比拟的优越性。

在谈判中，你可以使用如下语句来装傻："你刚才说的是什么？我没有听懂，能否麻烦你再说一遍？"这样做，可以让对方以为："这次我遇到一个有些呆的人！"以这样的方法即可分散对手的竞争精神。这样可能会产生一种意想不到的妥协方案，还可能得到对方的帮助。

谈判中，如果能够适当示弱，助长对手骄纵的心理，让其掉以轻心，而自己好好把握机会就能够轻易获胜。

魏明帝时期，司马懿与曹爽同执朝政，但是军政大权落入曹爽之手。司马懿老谋深算，知道现在还不是逞强的时机，于是称病，在家等待时机。

曹爽原把司马懿看成最具有竞争力的对手，没想到司马懿病了，但是他怀疑有假，得知司马懿生病的消息之后，便派亲信前去打探虚实。

狡猾的司马懿哪里不知曹爽的用意，待到曹爽的人到来之前，赶紧摘掉帽子，散开头发，面容憔悴地拥被坐在床上接待来者。并且在谈话之时，语言含糊不清，看上去就像痴呆一样。那人回去之后，便把所看到的情形如实上报给曹爽，曹爽心里这回放心了，为失去一个强有力的竞争对手而高兴，从此不再对司马懿进行防范。

等待时机一到，司马懿便发动兵变，从曹爽手中夺得了兵权，掌握了魏朝的军政大权。到这个时候，曹爽才知道上了司马懿的当。

如果司马懿不装病，不显出自己的弱势，不假装糊涂，恐怕曹爽是不会掉以轻心的，不会让司马懿得到夺权之机。但是司马懿高瞻远瞩，假装糊涂的方式蒙骗过了曹爽，最终掌握了大权。

在谈判中也是一样，当遇到强势或是势均力敌的对手时，千万不要处处显出自己的强悍，否则，会增加对方的警惕心理，很难达到最终的目的。而要故露自己的弱势，让对方掉以轻心，这样会容易取胜。

从人性的角度来说，人性本善，人总是倾向于帮助那些愚笨之人，不忍心与他们争斗，更不忍心利用他们。人总是喜欢与那些聪明之人竞争，这样会有成就感。因此，在谈判中假装糊涂，利用愚笨的外表取胜也不失为一个好的策略。"难得糊涂"这句话在生活中可以用到，工作中也可以用到，商业中、谈判中都能够用到。

### 对方报价，故作惊讶

作为买方，不管你购买何种商品，对方做出的第一次报价时，你都要显得非常惊讶，这样才能占据心理优势。对方的第一次出价，绝不可能是他的底价，可能只是一个试探，对方怀着这种心理，就会很留意你对他第一次出价的反应。

如果你听到价格后非常平静，甚至脸上还显露出高兴的表情。那对方就会感觉到他的报价离你的心理底价不远，对方可能就会坚持自己的报价，即使让步也是极少的。原因就是你对他的报价的不恰当的表现。

但是如果你听到这个价钱后表现得非常惊讶，那么对方会不自觉地在心里认为自己要价太高了，这样他降价的可能性就更高了。

有一个写手，在他没有出名的时候，他的稿费是很低的，差不多每本书稿才几千元钱，后来因为他一本小说出名了，越来越多的书商与出版社向他约稿，此时他的书稿差不多达到几十万一本，并且要求对方的发行量要达到一定的数额，至少不能够低于几十万册。

有一个书商向他约稿，书商开出的价码是 20 万写一部小说。这位作家一听，立刻用非常惊讶的神态与口气说："你开出的价格是我在出了某某小说以来所没有听到过的低廉！"这位书商马上说道："当然价格是可以商量的，40 万吧！我们保证的出版量至少 50 万册，怎么样？"最后，这位写手才勉强同意。

这位写手没有与对方做过多的讨价还价，只是表现出了自己的惊讶，就让对方主动加价。这就是故作惊讶的魔力。

如果你多运用故作惊讶的手段，你会发现原来这么小的伎俩也能够让你受益无穷。我们在购物的时候常常会先询价，当售货员报价时，我们如果显出很惊讶的神态，售货员往往会马上说："当然，如果你真心想买，价钱还可以再低的。"又或者会说："我们现在在做活动，全场商品打几折。"诸如此种种实例随处可见。

在谈判中，如果你听到对方的报价或是开出的条件不表示惊讶的话，对方会觉得你是能够接受他的报价要求的，那样对方可能就不会做出较大的让步；如果你表现得非常惊讶，你就可以无形中打击对方的信心，为自己争取更多的利益做准备。

### 展示实力，激发对方的兴趣

谈判很多时候也是实力的较量，实力状态是谈判背景的重要组成部分。谈判往往就是双方实力的一种较量，不言自明，实力强的一方在谈判桌上就会处于优势地位。

在现实中，人都喜欢与实力雄厚的人联系，可能也并非想从中得到任何好处，但是总觉得与这样的人接触很有面子。谈判中也是一样，你很有实力，对方与你沟通与合作的意愿就更强烈了。

有一位卖马桶清洁剂的销售人员到一家宾馆去销售，刚推开经理办公室的门，就看见已经有一家公司的销售人员在与经理谈，并且经理正准备购买。

后进去的销售人员看了看对方的产品后说："经理，我也是销售马桶清洁剂的，不过我的产品清洁效果非常好，我可以给你演示一下！"接着，后进去的销售员便把自己公司的清洁剂拿了出来，推开经理的卫生间，倒了一些在马桶上，用随身携带的抹布擦了擦，马桶上很久都擦不掉的污渍真的不见了，马桶变得干干净净了。

看到这样的情况，先进去的销售员手足无措，不知如何是好。这时宾馆经理马上向这个后进去的销售员了解他的产品的情况，询问了价格等等，当即拍板买了几箱后进去的销售员的马桶清洁剂，并且在之后一直用此人的产品。

其实，后进去的销售员并没有用多么精彩的言辞去说服对方，而是就地展示自己产品的质量，很快地说服宾馆经理改变了初衷，转而订购他的产品。

谈判说到底是一种实力的较量，这种实力既包括谈判场内的实力，也包括谈判场外的实力，需要场内的与场外的技巧和方法相呼应和补充。这就是为什么在很多的商业谈判中，谈判人员都会采取让对方去自己的公司或是厂房去实地考察。一方面是为了表明自己的诚意，更重要的是为了展示自己的实力。

所以，在谈判的过程中，一定要向对手展示你的实力，达到谈判的目的。记住：如果你比对方强大，但是对方不知道，那么你就要把自己的强大展示出来。如果你比对方强大，而且双方都知道，那么你在谈判中利用一下这种优势，就会使对方对你做出让步。

## 展示自信，让对方能相信你

自信是积极沟通的首要因素，如果你在讲话之前先怯场，对自己说的都没有把握，别人怎么会相信你呢？自信的你，才能克服谈判中的恐惧与焦虑。

那么除了我们内心需要有自信的心理外，还需要做什么才能增加我们的自信呢？

首先就是外表。一个人的形象是透露给人的第一印象，第一印象又往往是最重要的。所以我们在进行一项重要的谈判的时候一定要注意自己的衣着打扮。俗话说："人靠衣服，马靠鞍。"外表的魅力，会让你处处受到欢迎。穿戴整齐，干净利落会赢得对方的好感与信任。

再就是说话的方式。一个自信的人说话往往简洁、明快、顺畅自然、不愠不火，能够恰到好处地把自己的观点表达给对方。对方听到这样的话语，往往也会有美的感受，也能够激起对方的兴趣。如何让你的话语传达你的自信？

（1）声音响亮、语调自信，这样你就能够感染别人。

（2）说话的节奏要恰到好处，抑扬顿挫，速度与语调要配合恰当。

（3）吐字清晰、层次分明。只有这样才能让对方知道你想表达的意思。

（4）声音大小适中。声音太大，容易让人烦躁；声音太小，不仅对方听不见，而且是没有自信的表现，引不起对方的兴趣。

（5）要注意停顿。一句话不能说得太长，也不能说得太短。适当地停顿，不仅可以调整自己的思维，而且可以引起对方的注意。在停顿的间隙，你可以观察对方的反应。

只要与人打交道，就需要你充满自信地面对他人。需要你从心理、着装、话语等方面去透露你的自信。谈判桌上，你会遇到形形色色的人，如果你对自己没有信心，也不会有人对你有信心。当然自信不是自傲。自信是人与人之间积极交流与沟通的重要因素，没有人愿意与一个畏首畏尾的人交谈。谈判桌上，你想成功地说服对方，不仅仅需要你有精妙的言辞，还需要你具有自内而外的自信。如果一个人在谈判的时候怯场，很可能就会思维混乱、言不达意，甚至漏洞百出。这样的一个人只会让对方轻视，也不会愿意与你做过多的交谈。

其实，只要你满怀信心去与他们谈判，你就会赢得对方的信任与欣赏。要想成功，你就要相信自己的实力、相信自己的能力、相信自己能够说服对方，信心百倍地面对对手。

自信是行为的动力，信心是成功的基石，没有自信就没有良好的行为。谈判人员必须要对自己、对自己代表的团队、对自己谈判的内容与己方的策略充满自信。这样对方才会对你有信心，愿意与你谈判，这样才有助于谈判的顺利开展。

## 五、掌握好进与退的节奏

### 以退为进，在不必要处做些让步

以退为进，在不必要处满足对方需要，实际保护了自己的基本利益，甚至可能保护自己的长远利益。这是一种有目的的退却，是谈判中不可避免的手段。

如果别人对我们做出了让步，我们也有意做出让步。利用这一方式来影响和说服别人，往往能收到意想不到的效果。就如同发生争执时，劝架者最常用的方法就是要求各退一步。谈判高手不是坐地还庄，而是通过不断地讨价还价、互相妥协，利用互惠原理的相互退让来保护自身利益。当双方僵持不下时，一方主动让步；然后再要求对方让步，双方相互退让并最终达成协议。

在谈判中，最忌讳的是做出过多的无谓的让步。有经验的谈判者会用对于自己不重要的条件去向对方交换对于对方无所谓，但是自己却很在意的一些条件，这样的谈判才能是一个双赢的谈判。

让步的谈判并不等于失败的谈判，而是以退的形式走向了成功。由拒绝到退让的策略在谈判中往往很有效。高成功率的同时因为它使用了对比原理。对比原理认为：如果我们接触到的两件东西不一样，我们往往会认为它们之间的差异比实际的更大。所以先提出一个大的、极可能被拒绝的请求，在对方拒绝后，再提出一个小一些的、让对方感兴趣的请求。与第一个请求比起来，第二个小一些的请求就不是那么难以接受了。

谈判中也是这样，如果第一个大的请求让对方觉得是无理要求，那么第二个小一些的请求能让对方感觉到你做出了让步。作为回报，对方做出让步来接受你的第二个请求的机会就大大提高。

妥协是谈判的一部分，也可以是一个互惠的过程。当提出过分要求而被拒绝的时候，主动让步也是一种互惠。互惠原理给已经接受让步的人造成了一种压力，迫使他也做出一些让步。因此我们可以先主动作出一个让步，以迫使对方也做出让步，从而达到自己的目的。其实，你的让步举动，等于在向对方说：我都没有坚持我的要求，看在大家都不容易的情况下，还是稍微让让步吧！

## 步步为营，掌握好让步的幅度

在谈判过程中，不但不要过快地让步，而且要掌握好让步的幅度。最好不要先于对方做出让步。如果必须做出让步的时机必须选择得当，并且要做得体面大方，绝不能给对方留下自己急于达成协议的印象。重大让步更不能轻易做出，通常要在谈判接近尾声时再做出，并且与达成最后的协议挂钩。过多的让步对方既不会感激你，更不会欣赏你。

有一次，某外商向我方购买某产品，出价42美元一公斤，我方开口便要价49美元。他一听急了，连连摆手说："不，不，你怎么能指望我出45美元以上来买呢？"这外商无意中露了底。

我方即抓住时机，逼问说："那么我们就以45美元成交吧！"外商一时语塞，最后只好以45美元一公斤的价格成交。

外商失去了讨价还价的机会，还给对方留下了经商能力不佳的印象。可见，让步也得讲求策略。

让步的幅度如何掌握，也是一个值得思考的问题，因为这直接关系到最后的谈判结果。

A和B公司都引进一批电脑零件，他们正在和各自的委托人谈论每个单件的价格。A做出了三次让步，每个单件每次都让了4美元，最后一共让了12美元。与之相对，B做出了四次让步，分别是4、3、2、1美元，最后总共让了10美元。

在这时，他们都对公司的负责人说这是他们最后的让步了，不能再让了。可是比较起来，B就更容易使人相信。因为通过他做出让步的方式，可以看出他的让步越来越小，说明可以让的空间已经逐渐减小了，很有可能现在已经达到了尽头。

与之比较，A就不一样了，因为他三次都做出了同样的让步，所以公司主管不太相信他的话，尽管事实上A做出的让步要比B的大。

让步遵守步步为营的原则，做到让而不乱，成功地遏止对方能产生无限让步的要求，这是因为：每次让步都给对方一定优惠，表现了己方的诚意，同时保全了对方的面子，使对方有一定的满足感；让步的幅度越来越小、越来越困难，使对方感到己方让步不容易，是在竭力满足对方的要求；最后的让步幅度不大，是给对方警告，己方让步到了极限。也有些情况下，最后一次让步幅度较大甚至超过前一次，这是表示己方合作的诚意，发出要求签约的信息。

要想使自己在谈判开始不至于做大幅的让步，从而蒙受不必要的损失。这就需要在谈判之前做充分的准备。在谈判之前，你必须掌握足以支持和证实你主张的论据，借此封锁住对方所带来的反驳资料，使其完全没有迫使你让步的机会。

谈判中先做出大幅让步的一方失败的可能性更大。不管你站在多么有利的立场，也不管你有如何合理的理由，一旦做了让步，将使对方对自己更具信心，也将坚定他的立场。这样，在接下来的谈判中，你就难有"翻身"的余地了。

### 逐步蚕食，慢慢达到你的目的

当你在谈判中想"一口吃成一个胖子"的时候，你很可能最终什么都得不到——这不是忠告，而是规则。想想看，当你面对一个一下子提出许多要求来让你满足的谈判对手，你的第一反应是什么？你的第一反应很可能是：这个人没有谈判经验或者是这个人怎么提出这样的无理要求。接下来，你会百般提防他，以至于最终使你们的谈判无果而终。如果你不想你的谈判对象对你产生这种印象，那么你最好不要急功冒进。

从前，有一个乞丐看到一家人家在晾晒香肠，乞丐就向主人乞讨。主人没有理睬，后来这位乞丐说："我很饿，你能不能就切一片给我？"

主人想了想："一片也不多。"就给乞丐切了一片香肠，乞丐吃了香肠以后向主人道谢了，就走了。

第二天，乞丐又来了，还是向主人乞讨了一片香肠，主人也满足了他的要求。这样，接下来的每一天乞丐都向主人乞讨一片香肠，直到最后整节香肠都被乞丐吃完。

其实谈判中，都有很多"香肠"的故事。因为人们往往对比较小的利益都不会很在乎，都会满足对方。有经验的谈判者绝不会一开始都向对方提出自己全部的要求，而是在谈判过程中把自己所需要的条件一点一点地提出来，这样累计起来，就会得到"一整节香肠"。

"步步为营"战术是军事领域经常运用的一条有效策略，它往往用于实力比较悬殊的情况，拥有优势的一方常采取这种策略。在商务谈判中就是针对各个条文或价格，采用一步一战的做法，步步推进，这样既是有效的进攻，也是最好的防守。在运用的时候，要求对手必须把道理讲清楚、讲详尽，慢慢地折磨对手，让其后退，让出自己的利益。

当然当你运用"蚕食"策略的时候，你要知道适可而止。谈判双方都有觉察力，所以不管出于什么原因，你最好还是别索价过了头。这样很可能会把对方吓得站起来就跑。如果要求太过分，那么可能在合同的执行期内会出现各种各样的困难。

高明的谈判者在谈判之初并不提出自己全部的、真正的要求，而是随着谈判的不断深入，采取挤牙膏的方法，顺顺当当地使对方做出一个又一个的承诺，直到满足自己的所有要求为止。

"蚕食"要逐渐升级并且注意选择时机。运用"蚕食"策略的时候，我们应该注意在开始的时候步子要小，中间的时候步子要大，临近结尾的时候步子要小，发现对方有所警觉时，步子应该立刻放到最大。

在谈判中，一点一滴去争取你要的利益，从对方最容易接受的要求开始，小心谨慎的出击，在不着痕迹中一步一步地迫使对方放弃他坚守的阵地，相信你会成功的。

### 多备方案，应对谈判中的变数

谈判会出现失败是完全有可能的，所以富有经验的谈判者在谈判之前往往会准备好几个谈判方案，做好谈判成功与失败的准备，也会对对方的反应做出多种猜测的准

备，以便于制订相应的策略。

在谈判过程中，多准备几种方案，才能成功保护自己的利益，表面上看是妥协退让，实际上却是通过变通的方式达到目的。

机会总是给有准备的人，人们在谈判时，总是希望能够按照预期的设想达成协议，但是在大多数情况下，可能无法实现自己希望达到的所有目标。很多人往往只是在事情进展不顺利时才会想到自己的替代方案，这无疑亡羊补牢，为时晚矣。其实，在制订谈判计划时，就应该想到：什么样的协议，即使算不上十全十美，却能基本满足我的基本利益，让我感到相对满意呢？对这个问题心中有数是很必要的。如果能够事先明确自己的替代方案，就能确保成功实现自己的切身利益。

谈判之前，你就应该制订出最佳替代方案，制定时需要考虑三方面的因素。

需要考虑一下，要实现自身利益，单凭自己的力量能够做到什么。如果处在购买商的角度，最简单的选择就是找到另外一家供应商；反之，如果处在销售商的角度，就需要找到另外一位顾客。

需要考虑一下，要让对方接受你的最低要求，需要做哪些工作。

需要考虑一下，在目前的形势下，怎样才能让第三方加入谈判中来，从而更好地满足自身利益呢？

最佳替代方案制定出来之后，通常并不是现成的，要得到适宜的方案，就需要进行仔细筹划。如果最佳替代方案还不是那么充实完善的话，就需要进行改进工作。比如，如果公司面临被敌意收购、大鳄吞并的危险，就尽力寻找善意的买家，或是考虑自己筹款买下公司。

一旦最佳替代方案制定出来了，也已经进行了改进。就应该反思一下："还有必要继续谈判吗？"你要知道，谈判过程本身也是有成本的，需要投入大量的时间和精力。

需要提醒的是，人们往往很容易高估自己的最佳替代方案。许多公司领导往往喜欢听取一些自负的律师的建议，避开谈判，径直把纠纷带到法庭，到头来却发现自己已经处在糟糕透顶的困境之中。任何诉讼、罢工，都会让参与的一方，或者参与的双方认识到自己的最佳替代方案并非像原先想象的那样完美。如果事先知道最佳替代方案并非完美无缺，就会促使自己加倍努力，争取达成协议。

谈判中，不但要制定要自己的最佳替代方案，而且要了解对方的最佳替代方案，这样有助于认识自己面临的艰巨挑战：谈判务必确保双方达成的协议要优于对方的最佳替代方案。这种谈判目标，有助于避免两种极端错误：低估对方的最佳替代方案或是高估对方的最佳替代方案。

　　实际上，很有可能出现的情况是自己的最佳替代方案可能不太出色，而对方的最佳替代方案也不是很出色。许多人往往会认为对方会在转眼间投入竞争对手的怀抱。其实，也没必要这么不乐观，要知道中途改变谈判对象也是需要成本的。所以，对双方的最佳替代方案都要有一个客观的认识和分析，这样就能让自己在面临艰难谈判处境时信心倍增。

### 事实说话，让对方心服口服

　　事实胜于雄辩，用事实来说服对手，是在谈判中取得胜利的极其有力的谈判技巧和方法。那么当对手提出对你不利的事实，你该如何应付呢？

　　首先，你应对事实的对抗有一定的认识。在谈判过程中，都存在着对己有利的事实，同时也存在着对己不利的事实，这是很正常的事情。因此，在谈判过程当中，谈判者要既能看到对己方有利的事实，又要感触到对己不利的事实，以便对方提出对己不利的事实时，不会感到束手无策。

　　其次，针对对方提出的对己不利的事实，应用对己有利的事实加以反驳，如对方说你的产品价格比同类产品高，你就可以反驳说自己的产品质量比同类产品好，等等。

　　最后，为了维持长期的合作关系，谈判者应该公正坦诚地正视己方的不利事实，然后再提出对己方有利的事实，使对方感到你对谈判的诚恳态度，并进而产生信任感。这种谈判技巧，往往比那种一味地掩饰对己方不利的事实，刻意喧嚣对己方有利的事实的做法要高明得多，特别是对于比较熟悉己方情况的谈判对手来说，尤其会对谈判产生有利的影响。这种技巧不但适用于竞争性很强的谈判，对于高度合作性的谈判，也能够起到促进谈判成功的作用。在高度合作性的谈判中，事实根据也能够比其他的方法更能吸引合作者。俗话说：耳听为虚，眼见为实。纵使你把你的产品吹得天花乱坠，也没有铁一般的事实更具说服力，更具谈判力。

　　只要你掌握了大量的事实，并用以作为你谈判的论据，任何强有力的对手，都会败在你的更为有力的铁一般的事实面前。

　　让事实说话，如果你想在谈判中取得主动地位，击败对手，赢得谈判的胜利，你尽可以向对方实施各种各样的、形形色色的谈判技巧和谈判方略。但是，最有效的武器莫过于事实——对己方有利，对对方不利的事实。

# 六、吊足对方的胃口再攻击

## 假装放弃，欲擒故纵

欲擒故纵通常应用于志在必得的谈判，故意主动放弃，让对手感受到自己满不在乎的态度，从而压制对手要价的胃口，确保自己有利地位的手段。

作为一种谋略和技巧，欲擒故纵法在军事领域得到巧妙地应用，而且也广泛地运用于判领域。谈判中当然会有一方是迫切希望达成合作的，但是由于对方拒绝合作或者提出更为苛刻的要求和条件，使谈判很容易陷入僵持局面。在这种情况下，谈判一方便运用欲擒故纵的技巧，主动提出放弃进一步谈判或者合作的企图。这样一来，如果合作对双方都有利。由于对方失去这个合作对象之后，不但不能够满足进一步的要求，而且连最起码的利益也不能获得，因此对方不得不答应妥协和让步，放弃进一步的要求以使双方达成一致。

有一天，一个推销保险的人员向一个经理推销保险，好不容易说服了前台。等到推销员进入经理办公室的时候，经理在椅子上看材料。过了好一会儿，他才看了这个推销员一眼，继而又转向他手里的材料。这时，推销员心里挺不好受的，于是他说道："经理，你好。我是保险推销员，今天来打扰您了，我改天再来拜会。"

"什么？"

"告辞了，再见！"

那位经理显得不知所措。推销员走到门口时才说："刚才进来的时候，我向前台小姐说给我一分钟的时间，让我拜会您，现在时间已经到了，而且您也这么忙，不好意思打扰您了。如果下次有机会，我再来拜访您。告辞！"

过了两天，这位推销人员又敲开了这位经理的办公室。

"嘿！你好，来了！上次您怎么走得那么匆忙啊？你真有意思！"

"那天挺打扰您的，您那么忙，我还进办公室来找您，很是不好意思，所以我就走了。"

"请坐，别客气……"

最后，这位保险推销员不仅向经理卖出了保险，经理还为他手下的员工也买了保险，而且他们俩还成了很好的朋友。

这位推销员很好地运用了欲擒故纵的手段，激起了这位经理的兴趣。试想一下，如果第一次这位推销人员不是马上告辞，而是赖在经理办公室并坚持说一大堆的话，可能就没有下文了。

欲擒故纵策略的高明之处就在于，它隐藏了操纵者的真实意图，本想抓住对方，却采取放他一马，由于对方搞不清楚你的目的，往往就会信以为真、疏于防范，这就很容易落入圈套。

### 巧布迷阵，请君入瓮

在谈判中，设置迷阵的情况并不少见。不要不加思索地相信那些表面的信息，避免自己陷入对手的迷阵之中。我们应该知道，许多信息看起来是似乎是机密的，其实不过是让你误入歧途的诱饵罢了。因此，谈判的时候，谈判者要保持清醒的头脑，防止谈判对手布下的迷阵。

在谈判的时候，你也可以设置一些圈套，给对手一些虚假的并具有一定诱惑力的信息，使对方在不知不觉之中跟着你走，把对方引入瓮中，你就能够掌握谈判的主动权。

一休和尚自幼聪慧。一天，他不小心把老师的一个非常珍爱的茶杯（是件稀世之宝）打破了，感到非常害怕。

恰在这时他听到了老师的脚步声，于是连忙把打破的杯子藏到身后，在老师走到面前时，他忽然问："人为什么要死呢？"

他的老师答道："这是很自然的事情，世间的一切事物有生也有死。"这时一休拿出打破的茶杯对老师说："老师，您茶杯的死期到了。"老师看着破了的茶杯，心中的恼怒却也不好再发作了。

一休虽然耍的是小聪明，但是能把师父引到已经设好的圈套之中，让师父束手就擒却是一种大本领。

有一天，阿凡提和国王相遇，国王问阿凡提假如有两样东西摆在你面前，一个是金子，一个是美德，你准备要哪一样呢？阿凡提回答说："我当然要金子呀！"

国王得意地说："阿凡提，你真是个见利忘义的小人！如果是我，我就选择美德。金钱处处都是，美德却是难得的呀！"

阿凡提不慌不忙地答道："不错，一个人想要得到的正是他自己原来最缺少的东西，不是吗？缺少什么就想要什么，我们只是要了各自所缺少的东西呀！"

国王于是无言以对。

阿凡提就是对国王说出了虚假的信息，让国王以为阿凡提进了自己的圈套，其实是给国王放置了迷雾弹，最后给了国王狠狠的一击。

巧布迷阵、请君入瓮，这是谈判之中常用的手段。既要懂得如何放置烟幕弹，干扰对方；也要保持清醒的头脑，防止自己落入对方的圈套。这样才是谈判高手应该掌握的。

### 用激将法，激起对方的欲望

谈判中，若用激将法往往能出其不意地解决很多棘手的问题，能够在谈判不利的情况下扭转时局，打开新的谈判局面。谈判中，如果能够很好地运用激将法，将有助于开启对方的谈判兴趣，进而实现既定目标。"水激石则鸣，人激志则宏"，这种以激发自尊为目标的谈判策略，往往能在短时间内取得不错的效果。

某局机关办公室秘书小张具有大学本科学历，但是他周围比他有钱的学历都没有他高，他就心里很不是滋味。

有一天，他向该局的副局长抱怨说："现在的社会，学历低、胆子大的人挣大钱；学历高、胆子小的人没有几个钱，真的是社会不公平。"副局长一听就明白小张嫌自己的待遇低。其实机会不是没有，局里面管理的几个厂子没有合适的领导人，年年亏损，要不是国家拨款，早就坚持不住了。但是又没有人愿意下去把厂子办起来。

于是，副局长就说："现在社会讲究真才实学，不是文凭就可以了的，有的大字不识几个，人家照样当老板，每年给国家上税也不少。学历高的人，不一定能力就强；能力强的人，不一定学历就高。不要不服气，时间是检验真理的唯一标准，如果你真的觉得你能行，你就露两把给我们瞧瞧！咱们局下属的几个厂子，正缺有能力的领导班子，你敢不敢立军令状，下去把厂子搞活，真正为市里面做点贡献，就算你小子真行！"

一听此话，让小张热血沸腾，小张认为自己好歹也是正规的本科院校的大学生，肯定不会输给那些没怎么读过书的人的，自己要是不拼一拼，就只能窝在局里面，吃不饱也撑不死！这样的生活不是他追求的，倒不如下去试一试。于是，小张真的就申请下厂子当厂长，没几年把一个年年亏损的工厂办得红红火火。

这里副局长仅仅靠一句激励的话，就塑造了一个公司家。这就是激将法的作用，不费吹灰之力就成全了自己与他人，何乐而不为？副局长的激将法使得当地的经济得到了发展，也让小张发挥自己的优势，也给副局长所在的部门增添了荣誉。而且该副局长与小张的关系在将来的生活与工作中肯定是不错的，稳固的友谊也得到了。

激将法是人们熟悉的计谋形式，就是利用人的自尊心和逆反心理积极的一面，从相反的角度，以"刺激"的方式让对方做出有利于己方的选择，以激起其"不服气"情绪，使其产生一种奋发进取的"内驱力"，将自己的潜能充分发挥出来，从而收到不同寻常的效果。运用激将法能否达到预期的目的，主要取决于对"激将"方式和时机的把握是否恰当。

### 利益吸引，让对方更加关注

在谈判中，利益的交换是非常重要的。所谓各取所需，正是因为有共同利益的存在才有谈判的可能，唯有能够实现双赢，谈判才能顺利，合作关系才能更长久。

是否给对方提供了想要获得的利益是决定对方对此次谈判的兴趣以及最后的谈判结果。如果不能够给对方带去利益，谈判是无法取得成功的；相反，能让对方获得利益，即使在其他条件上有出入，也会有谈判的余地。

往往谈判者当然都有自己的利益需求。在他来到谈判桌前，谈判的目的就有了详细的计划，这样他最大的希望就是能够带着最大的利益离开谈判桌。所以，我们想要谈判取得成功，想从谈判中得到我们想要的，我们就要尽量使对方知道也能从中获得他们想要的。

谈判中当然会有利益冲突，谈判是一种化解利益冲突的途径。谈判的出发点也应该以合理的利益出发。在谈判中，利益大于立场。

战国后期，经过商鞅变法后的秦国逐渐强大起来，成为战国七雄中实力最强的国家，齐、楚、燕、赵、魏、韩这六国均无力单独抵抗秦国的攻击，为了与秦国对抗，保护弱小国家不被吞并，六国联合势在必行。洛阳人苏秦极力推行谋士孙衍的合纵抗秦策略，终于使得六国联合起来延续百年之久，令秦国不敢轻易向六国中的任何一国下手。

针对各个小国，苏秦在谈判中向他们指出，在强大的秦国面前，各小国好比是风中残烛，很容易就会被秦国灭掉，只有大家联合起来，把秦国当成共同的敌人，才能够强大起来，保护自己不被秦国吞并。

在苏秦的游说和努力之下，合纵抗秦的策略终于有了最终结果，各国都纷纷答应联合起来，共同抗秦，并且派出使节在洹水举行合纵谈判，最后达成协议，六国结成

联盟合纵抗秦，由苏秦担任纵约长。至此，苏秦的合纵抗强策略得到了成功，使以强大自豪的秦国不敢出函谷关一步进攻六国。

谈判之中双方最关注的就是利益，要想得到对方的重视，就要用对方关注的利益点吸引对方的合作意愿，在这个过程中既要保住自己的利益，也要满足对方的利益需求，达到双赢是最好的结果。

谈判的最好结局是双赢，谈判的结果通常不是一方获利，尽管你多么想保住自己的利益也不要忘了这一点。谈判中利益是双方的根本所在，更是谈判成功的基础。如果在一项谈判中要出现只有一方获利，一方什么也没有捞着，这项谈判是很难成功的。所以在谈判中不能只关注自己的利益，对对方的利益不予理会，这样不会赢得真正的合作，也会使自己的利益得不到保障。

## 吊足胃口，就能够利人利己

谈判中要懂得吊足对手的胃口，利用这种心理，不仅仅可以使谈判顺利，而且可以使他心理上也得到非常的愉悦。谈判中要明确对方的各种需求，才能使谈判更加顺利地进行。人的需要通常是以愿望、欲望、兴趣、爱好等形式为人们所体验的，是人们从事谈判活动的动力来源。

有一对新婚夫妻，花了好几个月时间找到了一只他们异常喜爱的古玩钟，他们商议只要不超过300美元他们就买回来。但是，当他们看清上面的标价，他们犹豫了，因为钟上的标价是500美元。但是他们确实喜欢此钟，于是，妻子鼓起勇气，对钟表售货员说："我们夫妻二人很喜欢这只小钟，我给你250美元，你卖不卖？"

钟表售货员连眼睛也没眨一下："卖，拿走吧！"

夫妻俩愣了一下，一点也没有欣喜的感觉。他们甚至怀疑这个钟表本身就不值几个钱，又或许有其他的缺陷。这对夫妻越想越懊恼。

后来，尽管他还是把钟摆到了家里，而且看上去非常好，似乎走得也不错，但是这对夫妻始终不放心。

等他们到了一定的岁数，退休以后，两人每晚都要起来两三次，为什么？因为他们断定自己没有听到钟声，其原因就是那个钟表售货员居然以250美元把钟卖给他们的缘故。

夫妻买钟，表面看来唯一的利益是钱，其实至少还有信任的需要。售货员的错误在于他没有注意到对方有渴望，不知道吊一吊这对夫妻的胃口，如果价钱要的高一点，自己多赚了点钱不说，还会给这对夫妻带来精神上的愉悦。

售货员的这种行为不仅仅使得自己没有获得可能获取的利益，而且使得对方精神上遭到了损失。如果这个故事中的售货员没有那么爽快地就答应了他们的还价，而是慢慢地一点一点地降，可能这对夫妻不会以这么低的价钱买到这个钟。即使最后夫妻两人把价格还到250元，售货员也以极不情愿的态度把钟卖掉的话。最后，可能这对夫妻也不会有接下来的担忧。售货员仅仅注意了顾客对价格的需求，并没有关注其他的心理需求，而且售货员让顾客很容易就得到想要的，顾客并不会认为得到的东西有多么珍贵。

人往往是越不容易获得的东西，越觉得很珍贵。在谈判中，也要注意到人的需求是多方面的，不要仅仅着眼于一个方面，这样不仅使得自己遭到损害，也会对别人不利。如果能够在对手其他方面满足他的要求，还可能使你得到意想不到的收获呢，最重要的是使你获利的可能性大大提高。

### 蛇打七寸，擒贼就要先擒王

蛇打七寸，擒贼就要先擒王。这是前辈们在无数次的争斗中总结出的经验。成功的谈判从确定谈判对手，找到对方关键人物入手。

有一对夫妻想买房子，便到处去看，他们来到一家看起来还不错的楼盘，销售人员很热情地向他们介绍各种房屋的特色。

从谈话中，销售人员慢慢地了解到女主人对游泳池情有独钟，而且中国的家庭往往是男主外，女主内。销售人员不断地向那位夫人谈到游泳池，以至于当先生说到销售人员推荐的房屋的缺陷时，销售人员马上就说："太太您看，从这个角度就能够看到游泳池，而且这间房离游泳池很近。"

结果，虽然先生对推荐的房屋很不满意，但是这对夫妻最终购买了一套离社区游泳池很近的房屋。这个销售人员的精明之处就在于懂得了擒贼先擒王的原则，一般的家庭在生活与购物方面都是女人拿主意，所以那位销售人员只是千方百计地打动女人的心，最后取得了成功。

在谈判中，要先设法弄清谁是谈判团体中的关键人物。很有效的一种方法就是设法知道对方组织内部决定做出的程序，以及与己方谈判的人员在谈判对方内部是否有决策的资格，即个人的地位、权威、力量等。了解谈判对方组织中拍板的决定是怎样做出来的、谁具有决定权、谁审查他们、资金由何而来、最后的决定由谁来做出等等。

对于没有谈判决定权的对手，你要以平易近人的口吻和态度与他进行商谈，使你的对手感到自尊心的满足，从而以友好诚恳的态度来配合谈判。

如果你所面对的谈判对手没有谈判的决定权或决定权比较小，你的开局则要快，但要注意保持气氛的缓和。这就要求你在谈判的过程中，必须使得磋商尽快接触实质性的问题，而不能在原地兜圈子，其目的就是让你的对手暴露出他没有决定权的"真实面目"，并催促其及早向他的上级汇报请示。但是，一定要注意保持愉快的气氛，对事不对人，不要把攻击的焦点放在对手的身上。因为真正阻碍谈判进展的不是你的对手，而是对手身后所隐藏的上司，所以你不妨采取攻心的策略，使对手感到你的友善，从而鼓励他与其上司协调。

谈判就如没有硝烟的战场，蛇打七寸，擒贼就要先擒王是在谈判中必用之技法。谈判中的每一个成员对谈判的成败都有影响，其中影响最大的就是谈判中的关键人物。要把握谈判的效率，促成成功的谈判，你就要找到对方的关键人物是谁。

### 投其所好，达到自己的目的

每个人都有的需要和爱好，并且都希望他们的需要和爱好得到满足。而一旦有人能够理解和满足其需要和爱好的时候，就愿意与对方进行合作与交流。正是根据这个道理，人们乐于用投其所好的策略和技巧来达到自己的目的。

人人都喜欢顺着自己的意识来做事情，谈判过程中要想对方合作，使谈判成功，特别是在商务谈判过程之中，一定要留心观察对方，投其所好。使对方愉快地接受你，进而接受你谈判中的要求。

有一位推销员，到一家公司联系业务。

一走进总经理的办公室，发现墙上挂着几幅装载精美的书法作品。而总经理正在小心翼翼地弹去一幅书法立轴上的灰尘，这位推销员立即认识到这位总经理喜爱书法，于是走上前对他说："宋经理，看来你对书法一定很有研究。这幅篆书写得很好，称得上'送脚如游鱼得水，舞笔如景山飞云'，看这幅悬针垂露的用笔，具有多样的变化美……"

宋经理一听，此人对书法也有研究，一定是书法的同好。便说："请坐下仔细谈……"结果自然不用说，宋经理成为这位推销员的长期固定客户。

这名推销员正是通过观察，了解到厂长对书法的喜好，然后利用自己对书法的知识与厂长谈及书法之道，赢得了厂长的认同与好感。当一个人对他人认可之后，接下来的合作也是顺理成章的事了。

将投其所好作为一种谈判的技巧和方法用于谈判实践中，其基本的思想就是为了使谈判达成有利于己方或者有利于双方的协议，谈判者根据对方的需要爱好，有意识地迎合对方，使双方达成共识，在找到共同点的基础上再进一步提出自己的要求和条件，使对方易于接受和认可，进而使自己的谈判企图和目标得以实现。

谈判者要使谈判顺利进行，可以根据对方的兴趣、爱好、志向、需要，有意识地迎合对方，使对方对其产生好感和信任，产生共鸣。在与对方建立了良好的信任关系以后，提出自己的要求和条件，对方便会易于接受和认可，这样自己的谈判计划和谈判目标便会更容易实现。很多谈判高手都很注意这一点。

# 七、软的和硬的手段都用上

### 以柔克刚，对付强硬对手的方法

在谈判时，不妨将己方的利益先摆在一旁，或是想办法将己方的利益与对方的利益相结合。简单地说，要让对方无条件接受己方的要求，这在逻辑上其实是行不通的，因此如果能够巧妙地把己方的利益与对方的利益相结合，使对方在接受己方的要求同时也获得利益会是比较容易的方法。

在谈判时，如果你表现得争强好胜，就会给对方造成某种心理压力，对方会给你设置更多的障碍；而学会适度地示弱，对方就不会对你严加防范，就可以避免锋芒毕露造成的损失。逞强带来的得意往往对于谈判不利，谈判时适时，以柔克刚，能够很好地对付强硬分子，成功的天平会更多地向你倾斜。

美国与日本的公司进行谈判，美方派代表去见日本人，从上午9点开始，美国代表向日本人陈述情况，来势凶猛，滔滔不绝，并配有图表、精美的电脑图案、辅助资料，用3架放映机打在屏幕上，图文并茂、持之有据，以表示他们的要价合情合理。

这一推销性的介绍过程整整持续了两个半小时。在整个过程中，几位日本代表静静地坐在桌前，一声不吭。

等到美方介绍结束后，美方主谈人员充满期待和自负的神情，打开屋里的灯，转身问毫无表情的日本人："你们觉得我们的产品怎样？"

其中一位日本人客气地微笑了一下，回答说："我们不明白。"

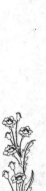

美方主谈人员的脸上顿时失去了血色，说："不明白？这是什么意思？你们究竟哪里不明白？"

另一位日本代表也客气地微笑了一下，回答说："你讲的都不明白。"

那位美方主谈人员的心脏几乎要停止了，问道："从哪里开始不明白的？"

此时，第三位日本代表也客气地微笑着说："从电灯关了开始的。"

听到这样的话，主谈人员沮丧地坐到了椅子上，松开脖子上的领带，气馁地呻吟道："那么……你们要我们怎么办？"

几位日本代表异口同声地回答说："麻烦你们再重新讲一遍？"

美方代表，只能毫无热情地念了一遍。最终的结果是，美方越来越急躁、厌烦，没有耐心，情绪一失控，谈判的主动权就交给了日方手中。

面对美国代表的来势汹汹，日方并没有硬碰硬，而是采取迂回的策略，让对方败下阵来。这就是日本人的聪明之处，也是日本人惯用的伎俩。在日常生活中，懂得以柔克刚会让你避免许多麻烦，也会给你的工作与生活带去极大的方便。

谈判者在谈判时会遇到各种各样的对手，有的表面上看起来沉默不语，似乎很好对付；而有的则是锋芒毕露、咄咄逼人，毫不掩饰地想做整个谈判的"中心"，霸道地使整个谈判围着他的指挥棒转，这是属于傲慢自负型的谈判者。对前一种人需沉着应付，不要相信他表面上的反应，以"兵来将挡，水来土掩"的策略对付可能会有较好的结果；而对后一种人则可以采取"以柔克刚"的策略，最终掌握谈判的主动权。

谈判中，很多时候，双方的实力、地位等都会有一定的差距，因为这些差距的现实存在，给谈判双方的人员会造成或多或少的心理影响，而这些心理上的变化也会反过来对谈判人员的思维方式、行为方式产生影响，最后作用于谈判的结果。

当一方实力较强、代表地位较高时，相对较弱的一方可能会对这种"不平等"和谈判感觉很不自在，产生不安心理，在谈判中心存顾虑，不表达自己的真实想法，使谈判不能按正常的方式进行下去。这时，如果适能适度示弱，让对方放下心理上的防线，才能使谈判顺利地进行下去。

适度示弱的目的是要让对方心理平衡，如果能适当地让对方在某一方面产生心理优势，更有利于谈判向我方希望的方向发展。但是也一定要把握"度"，要让对方的反应和心理变化在我方可以掌握的范围之内，否则，将达到相反的效果。

### 打打太极，让对方在周旋中退步

在谈判时，对于对方提出的问题或要求直接说"不"，势必破坏良好的谈判气氛，对于不好回绝的问题不如用打太极的方法，推来推去，把难题互相推诿，使问题得到缓和，对方经过一番曲折后仍得不到想要的结果，也只得作罢。

三国时期，刘备并吞西川后，孙权打发诸葛瑾到成都，哭诉全家老小已被监禁，要诸葛亮念同胞之情，找刘备要还荆州。诸葛亮得知诸葛瑾到，教刘备"只需如此如此……"

诸葛亮说的什么策略呢？就是诸葛亮、刘备、关羽默契配合打太极，即把问题你推给我，我推给他，迫使对手按己方的招式走，形成心理上的干扰，最终破灭希望。

诸葛瑾哭诉于诸葛亮前，诸葛亮满口答应："兄休忧虑，弟自有计还荆州便了。"随即，引诸葛瑾见刘备。刘备不允，诸葛亮为表示对其兄的手足之情，竟"哭拜于地"。刘备再三不肯，"诸葛亮只是哭求"。诸葛亮的"引""哭""求"，把其兄索求荆州推给了刘备。

刘备在诸葛亮的哀求下，勉强答应："看军师面，分荆州一半还之，将长沙、零陵、桂阳三郡与他"。这时，诸葛亮做了一个小小的点拨："既蒙见允，便可写书与云长，令交割三郡。"

刘备心领神会，给关羽写了交割三郡的信，并嘱咐诸葛瑾，"子瑜到彼，需用善言求吾弟，吾弟性如烈火，吾尚惧之，切宜仔细。"

刘备

刘备这一招，又将问题推给了关羽。诸葛瑾"随书"到了荆州，关羽阅书不买账，变色曰："吾与吾兄桃园结义，誓共匡扶汉室。荆州本大汉疆土，岂得妄以尺寸与人！'将在外，君命有所不受。'虽吾兄有书来，我却只不还。"关羽这一招，让诸葛瑾碰了一鼻子灰，只好"再往西川见诸葛亮，诸葛亮已自出巡去了。诸葛瑾只得再见玄德"。

刘备和颜悦色地说："吾弟性急，极难与合，子瑜可暂回，容吾取了东川、汉中诸郡，调云长往守之，那时方得交付荆州。"既然如此，诸葛瑾又有什么办法。

刘备与孔明的这种打太极的方法，使得诸葛瑾有气无处发；孔明既保全了面子，也保住了利益。

在谈判中，有时也会碰到对方提出一些无法满足的要求，最好的办法是用打太极

的方式，让对方在周旋中让步。打太极的要领，可概括为几个字来——推来推去。我们在谈判中也可以采取这种方法。当你面对不得不回答又不好回答的问题时，或是原本不同意但又不便直接拒绝，但是不拒绝又会让你遭受损失的时候，你就可以采取这种方法。

### 巧用赞美，缩短谈判双方的距离

一般来说，赞美的话人人爱听，人们受到赞美，都会表现出心情愉快，对对方好感大增。

要想真正达到赞美的目的，千万不能是违心的奉承，应该是发自内心地对他人某种长处的肯定。每个人都有其引以为自豪的东西，有他的长处。真诚的赞美就是把我们对一个人的长处和敬重之情如实地表达出来。这丝毫不会违背我们的良心，降低我们的人格。相反，我们的心灵还会因此得到美的陶冶。

一个电气推销员去农村推销用电，他看到一所富有的整洁农舍，便前去叩门。敲门声过后，门打开了一条小缝，一个老太太从门内向外探出头来，问他有什么事情。当得知是电气公司的代表后，"砰"的一声把门关上了。

推销员只好再次敲门。敲了很久，老太太才将门又打开了，仅仅是勉强开了一条小缝，而且还没等推销员说话，老太太就毫不客气地破口大骂。等老太太发泄完了，他改变口气说："很对不起，打扰您了。我访问您并非是为了电气公司的事，只是向您买一点鸡蛋。"听到这句话，老太太的态度稍微温和了一些，门也开大了一点。

推销员接着说："您家的鸡长得真好，看它们的羽毛长得多漂亮，这些鸡大概是多明尼克种吧？能不能卖给我一些鸡蛋？"这时，门开得更大了。

老太太问："你怎么知道这些鸡是多明尼克种呢？"

推销员知道自己的话打动了老太太，便接着说："我家也养了一些鸡，可是，像您所养的那么好的鸡，我还没见过呢。而且我养的来亨鸡只会生白蛋。夫人，您知道做蛋糕时，用黄褐色的蛋比白色的蛋好。我太太今天要做蛋糕，所以特意跑您这里来了……"老太太一听这话，顿时高兴起来，由屋里跑到门廊来。

推销员发现老太太拥有整套的现代化养鸡设备，便接着说："夫人，我敢打赌，您养鸡赚的钱一定比您先生养乳牛赚的钱还要多。"这句话说得老太太心花怒放，因为长期以来，她丈夫虽不承认这件事，而她总想把自己得意的事告诉别人。于是，她把这名推销员当作知己，带他参观鸡舍。

在参观时，推销员不时对所见之物发出由衷的赞美，他们还交流养鸡方面的知识和经验。就这样，他们彼此变得很亲切，几乎无话不谈。

最后，老太太在推销员的赞美声中，向他请教用电有何好处。两个星期后，这名推销员收到了老太太交来的用电申请书。后来，这个村子的用电订单便源源不断地到来。

推销员能够很好地借题发挥称赞老太太，满足她的自尊心。这是取胜的最重要的一条。

一般说来，人们都有一种自尊倾向，渴望得到人们的肯定和称赞。当一个人受到真诚的称赞时，就会产生亲和力，对你产生好感，并乐意接受你的请求，满足你的需要。这位推销员恰恰利用了这一点，他极力称赞老太太养的鸡好，赞美老太太的钱一定比她先生养牛赚的钱多，从而极大地满足了老太太的自尊心，博得了老太太的好感，为成功谈判奠定了基础。

谈判中，赞美仍然是屡试不爽的沟通方式，适当运用赞美的艺术会缩短谈判双方的距离、密切彼此的关系，为谈判中的心灵沟通打下很好的基础。谈判之中融入赞美的艺术，会给谈判增光添色。

### 转移话题，打破僵局的巧妙方法

当双方的条件相差过于悬殊时，都不愿意做出妥协让步，僵局就出现了。这个时候解决的办法通常有两个，一种是暂时休会，使得谈判双方就谈判中出现的问题进行思考和论证，然后再继续谈判。另一种方法就是把分歧放在一边，首先探讨容易解决的问题和条款。有一种与以上常规方法不同的打破僵局的谈判方法，就是转移话题法。

我国一个玻璃厂就玻璃的生产设备的有关事项与美国诺达尔玻璃公司进行谈判。

在谈判过程中，双方在全套设备同时引进还是部分引进的问题上发生分歧，谈判双方的代表各执一端，互不相让，导致谈判陷入非常尴尬的僵持局面。

在这种情况下，为了使谈判达到预定的目标，我方玻璃厂的首席代表想主动打破这个僵局。休会显然不太合适，而做出让步则要蒙受巨大的经济损失。

我方谈判代表思索了片刻，终于有了主意，于是主动面带微笑地换上一种轻松的语气，避开双方争执的尖锐问题，向对方说："你们诺达尔公司无论在技术设备还是工程师方面，都是世界一流水平。用你们的一流技术和设备与我们进行合作，我们就能够成为全国第一的玻璃生产厂家，利润是非常可观的。我们的玻璃厂发展了，不仅仅对我们有好处，而对于你们公司的利益也会更大，因为这意味着你们是在与中国最大的玻璃生产厂合作，难道你们不是这样认为的吗?"

对方的谈判首席代表正是该公司的一位高级工程师，听到赞扬他的话，这位代表立刻表现出很高兴的样子，谈判的气氛顿时豁然开朗，双方之间一下子就轻松活跃起来。

我方的代表看到此招果然有效，而对方也表现出了浓厚的谈判兴趣和热情，于是趁机话题一转，继续对那位工程师说道："但是，我们厂目前的资金和外汇方面确实存在着不小的困难，资金的有限毕竟是客观事实，因此我们暂时无法将贵公司的设备全部引进，迫不得已我们才提出部分引进设备的想法。现在你们也应该了解得到，法国、德国和比利时、日本等国都在与我国北方的一些厂家进行谈判与合作，如果你们不尽快跟我们达成协议，仅仅因为不能全部引进设备这一小的问题而不能投入最先进的技术和设备，那么你们很快就将面临着失去中国市场的不利局面，欧洲国家也会笑话尼姆吉诺达尔公司的这件事做得不够明智。"

美方代表听到这番话，意识到双方合作的广阔发展前景，如果因为设备引进规模的问题而不能够顺利达成协议，不仅将要损失暂时的经济利益，而且还有失去中国市场的严重危险。想到这些，美方代表也就只有按照我方的意愿，在双方进一步讨论后，顺利达成了部分引进设备的协议。

谈判时出现僵持不下的局面是非常普遍和正常的情况，毕竟双方都为了争取使己方的利益最大化，当然不愿做出让步，而掌握灵活的方法打破僵局并顺利地与对方达成对自己有利的协议是至关重要的。

谈判中的转移话题就是通过变换话题，使得谈判的气氛得到改变和缓和，让谈判双方在崭新的谈判氛围中重新讨论有争议的问题和条款，最终达成一致。

## 巧施"黑脸"与"白脸"的艺术

高明的谈判者往往能巧施"白脸"与"黑脸"的艺术，将这两种说话办事谋略中完全对立的方法完美地结合起来，从而达到最佳的办事效果。

当然，要想唱好"黑脸""白脸"角色，取得最佳的谈判成果，首先要做的是在谈判之前准备好"好人"和"坏人"的人选。而且一定要相互配合好，要齐心协力演好这出戏才行。

在谈判桌上使用"白脸"与"黑脸"的艺术，通常先是一方中的一个代表采取强硬的立场，而其他的人则态度友善。在谈判开始的时候一方的一个代表通常保持沉默，稍后主谈人更是闭口不说，让他的助手接替下去，而助手所提出的条件和态度强硬的主谈人比较起来，似乎比较合理，这样，对方会觉得和这样一个和气的人交易要比和那个强硬的人交易愉快得多，于是谈判也就顺理成章地进行下去了。

警察审问犯人也可以看作是一场谈判。在审讯的时候，警察也会使用"白脸"与"黑脸"的艺术，让犯罪嫌疑人开口。我们经常可以看见这样的情景。警察把嫌疑人带到警察局去审问。第一个审问他的是一个长得凶巴巴的、态度粗暴的人，他蛮不讲理、咬牙切齿地威胁嫌犯。

然后，这个"黑脸"警察会被别人叫出去接电话，接着进来审问嫌犯的是一个温和、友善的警察。他坐下来，同犯罪嫌疑人交心。他甚至会递给犯罪嫌疑人一支烟，说："其实情况没有那么严重，同你交谈，能感觉得出你不是什么恶人。你要不说给我听听，也许我能够帮助你。"

这样，犯罪嫌疑人不知不觉就中了警察的"圈套"。情愿马上开口，希望能够减轻罪行。

其实，商务谈判也是如此，"黑脸"与"白脸"配合好会取得非常好的效果。

在商务谈判中，如果把"黑脸"和"白脸"很好地结合，常常能产生锦上添花的谈判效应。但是在运用"黑脸"的时候，要有一定的原则规范，要掌控好火候。

从谈判的实践来看，"黑脸"主要有吓阻和胁迫两大类。吓阻就是叫对方不做某件事，用于防患于未然。胁迫则正好相反，就是叫对方做某件事，通常就是在对方已经做了，我们叫他撤回的情况。无论是哪种形式，只要"黑脸"按照自己既定的任务做就是了。

谈判中采取"黑脸"与"白脸"的手段要取得预期的目的，一定要注意：当一个人扮演角色时，要机动灵活，如发起强攻时，声色俱厉，但不宜时间过长，说出的硬话要给自己留有余地。当两个或两个以上的人扮演时，要密切配合，假戏真做，"硬"者要态度强硬，寸步不让，但要言之有理，硬中有礼，强中有情，不要给人以蛮横的印象；"软"者要善于把握火候，审时度势，及时出场，请对方就范。

## 当仁不让，让对方知难而退

谈判的时候，一定要在适当的时机，以尖锐有力的论据揭露对方的言论或者行为实质，打消对方的嚣张气焰，让对方心悦诚服，使自己在谈判中处于有利的地位，进

而达到战胜对方的目的。谈判最需要的就是用道理说服对方，让对方认清楚事实，知道利害关系，知难而退。具体可采用以下方法：

首先，一开始就要有很强的针对性，要击中对方要害。如果你所列举的论据不具有针对性，不能切中要害，就谈不到针锋相对的问题，也就达不到阻止对方攻势维护己方的利益。

再次，让对方知难而退的谈判技巧还要求提出的论据要尖锐有力，或摆事实，或讲道理，无可辩驳，方能站得住立场，居于有利地位。

再次，让对方知难而退的谈判技巧，还要注意谈判的性质和场合，在较具合作性的谈判类型中，使用让对方知难而退的技巧要特别慎重，以免弄巧成拙。

俗话说得好，有理不在声高，在谈判博弈的过程中，并不需要过多地与对方做纠缠，只需摆明事实、讲清道理，让对方认识到自己行为的不恰当性，问题在友好而融洽的气氛中得到了解决。

在谈判中，你应该当仁不让地运用以理服人的方法，让对方知难而退。使用这种谈判技巧应该特别注意以下几个问题：

第一，当仁不让，让对方知难而退的技巧是针对事件的，针对谈判原则和内容的，而不是针对谈判的参与者的。一般所看到的虽然总是谈判者坚持和操纵着谈判的原则和内容，但谈判者并不是谈判的事件本身，我们应该认为谈判者是为了解决问题的，是"和平的使者"，而非敌人。

第二，要做到当仁不让，让对方知难而退，就必须持有充足的理由，而且保证你的理由能够充分地说服对方。否则如果你无理取闹，胡搅蛮缠地耍无赖，不但不能达到预期的效果，反而会更糟。

第三，使用当仁不让，让对方知难而退的谈判技巧和方法需要谈判者的意志和毅力。任何一方都希望对方做出最大的让步，己方得到最大的好处，为此有的谈判者不惜使用各种方法，以达到其目的。谈判者没有坚强的意志和毅力，就会给己方带来不必要的损失，就会使自己本该拿到的利益付之东流。也就是把人和问题分开，对人要软、要客气、要尊重，而对问题的客观标准则要硬，在涉及原则性的问题上要当仁不让，寸利必争。

记住：如果自己有理，任凭对手再怎么强横咄咄逼人，你只要据理力争，最终你还是会胜利的。既然自己掌握着正义，就不必担心对手耍什么花招；但是也不能因为自己的实力强，就不讲求策略和方法，争辩也是有一定技巧的。适时据理力争，不仅仅能够保住自己的利益，还能够让谈判对手心悦诚服，使谈判达成一致。切忌胡搅蛮缠，这只能使谈判陷入僵局，也要避免陷入无意义的争论之中，要知道人们绝不会因为害怕而谈判，但也绝不会害怕谈判。

### 以硬碰硬，与强硬对手死磕

谈判桌上随时都可能遇到强硬的对手。如何才能战胜强硬对手呢？你可以以柔克刚化解对手的强硬，也可以和他"死磕"。如果对方看到你比他更强，也会主动败下阵来。

欧洲某知名大公司准备生产的高科技设备，需要一种稀有金属作为原料，而这种稀有金属在中国较多，价格也相对于其他国家更为便宜，所以，欧洲公司决定从中国购进这种稀有金属。

来中国的谈判代表之前并没有来过中国，但是在欧洲媒体宣传的影响下，他心中的中国早已经定位，他认为中国是一个落后、没有民主的国家，也没有什么国际型的大公司。所以，他带着骄傲和不屑，踏上了这次中国之旅。

飞机抵达中国，欧洲公司的代表受到了中国公司代表的热情接待，这更加深了他的优越心理。谈判按照预定的时间开始，欧洲公司的代表带着不屑的神情走入谈判的房间，环视一周后，开始发言。这位代表从自己公司的历史讲到现在公司的业绩，处处透着骄傲，讲到合作时，语气和表情让中方代表很生气，仿佛他们来买原料，是对中方公司的一种恩赐，是中国公司的荣誉。

当这位代表的发言结束后，他等着中国公司的代表发言，没想到，中国公司的代表站起来说："对不起，听了您的介绍，我们认为这次合作对于我们来说不合适，请您另找别的公司进行合作吧！"说完，中方代表起身欲离开谈判房间。当即欧洲公司的代表就知道自己错了，马上说了不少好话，最后以一个相对合理的价格达成了交易。

谈判是一种战略的思维，你要习惯这种思维，当对方以无礼而强硬的姿态站在你的面前，你千万不要胆怯，你只要表现出你绝不妥协的决心，这样才能对其做出有力的回击。

总之，当谈判对手态度强硬时，你切不可轻易让步，否则会给你造成更大的被动。在谈判中，一上来就持强硬态度的人，当碰到对方同样的强硬甚至比自己还要强硬的反应时，态度往往会败下阵来。这是一条谈判法则，希望你能谨记在心。

# 八、不鸣则已，一鸣惊人

## 巧妙提问，引导对方的思考方向

谈判中为了搞清对方真实想法、探听对方心理状态，进而制定相应对策通过谈判解决问题的重要手段。提问是有技巧的，恰当提问才能达到目的，反之则会弄巧成拙。问得不好，可能会影响现场的气氛，甚至使谈判陷入僵局，所以讲究发问的技巧非常重要。通常在聆听对方的言谈并确实掌握要领后，再从容地提出疑问，是比较恰当的做法。

巧妙提问可以吸引对方的注意力，引导对方的思考方向；可以从对方的回答中获得自己未知的信息、不了解的资料；也可以传达自己的意见或见解，让对方了解；可以控制谈判的方向，使谈判按照自己的意愿进行。

慧慧想到一家公司担任某一职务，慧慧希望年薪 2 万元，而老板最多只能给慧慧 1.5 万元。

老板这样跟慧慧说："给你的薪水，那是非常合理的。不管怎么说，在这个等级里，我只能付给你 1 万元到 1.5 万元，你想要多少？"

慧慧说："1.5 万元。"而老板又好像不同意，说："1.5 万元如何？"慧慧继续坚持 1.5 万元。最后的结果是老板同意给她 1.5 万元。

表面上，看似老板投降了，慧慧占了上风。实际上，老板运用了选择式提问技巧，慧慧自己却放弃了争取 2 万元年薪的机会。

老板的这种提问是把自己的意志强加给对手，并迫使对方在狭小范围内进行选择的提问。例如："付佣金是符合国际惯例的，我们从英国供应商那里一般可得到百分之四的佣金，请贵方予以注意。"按理说，在提出这一问题之前，发问者至少应先取得对手将付给佣金的承诺。但是，这种提问却把这一前提去掉，直接强迫对手在给出的狭小范围内进行选择，可谓咄咄逼人。当然，运用这种提问方式要特别谨慎，一般应在己方掌握充分主动权的情况下使用。

有很多大型谈判，一般要事先商定谈判议程，设定辩论的时间。在双方各自介绍情况以及阐述的时间里一般不进行辩论，不向对方提问。只有在辩论时间里，双方才可自由地提问，然后进行辩论。要事先做好准备，在议程规定的辩论时间里提问，可以预先设想对方的各种方案，然后再针对这些方案设置己方对策，再提出问题。

在辩论前的谈判过程中，要做好记录，仔细总结，找出谈判桌上的分歧，再进行提问，这样才能提出有质量的问题，巧妙提问，问到要点。

## 慎重回答，保护好自己的利益

谈判中不但要学会提问，更要学会回答对方的提问。如何回答是一个技巧问题，面对难以回答的问题，你可以反问，也可以模糊回答，还可以找借口拖延回答。具体该怎样做，视情况而定。

通常情况下，可以对对方的提问实事求是地正面回答。但是，由于谈判中所提的各种看似漫不经心的问题，都是对方处心积虑、精心设计之后所提，为防其存在圈套、陷阱，回答问题也必须运用一定的技巧来进行。

谈判中回答对手的提问可以灵活运用以下方法：

### 1. 让自己有思考的时间

谈判中，谈判者对问题回答的好坏与思考的时间成正比。有些提问者会不断地提问，迫使你在对问题没有进行充分思考的情况下仓促作答。作为答复者一定要保持清醒的头脑，沉着稳重，谨慎从事，不慕所谓"对答如流"的虚荣，也不必顾忌谈判对方的提问，而是转告对方你必须进行认真考虑，因而需要充足的时间。

### 2. 回答要留有余地

谈判中，答复者应将提问者的范围缩小，或者不做正面答复而对答复的前提加以修饰和说明。

例如，对方询问我方产品质量如何，我方不必详细介绍产品所有的质量指标，只需回答其中主要的某几个指标，从而造成质量很好的印象即可。

例如，对方对某种产品的价格表示出关心，直接询问该产品的价格。如果彻底回答对方，把价格如实相告，那么，在进一步的谈判过程中，我方可能失去主动。

所以，谈判中应该首先避开对方的注意力和所提问题的焦点，做出积极的、留有余地的答复，以静观其变。

### 3. 降低对方追问的兴致

谈判中，如果对方发现了答复者的漏洞，往往会追根究底地问下去。有时，也可用这样的回答堵住对方的口："这个问题容易解决，但现在还不是时候。"所以，回答问题时要尤其注意不让对方抓住某一点继续发问，假如你在答复问题时真出现了漏洞，

也要想方设法降低对方追问的兴趣。

### 4. 回答可以模棱两可

谈判中，有时会碰到一些很难回答或者不便确切回答的问题，你可以采取含糊其词、模棱两可的方法作答，也可利用反问把重点推移。

例如，当对方询问我方是否能将产品价格再压低一些时，我方可以回答："价格确是大家非常关心的问题，不过，我方产品的质量和我们的售后服务是一流的。"这样，既避开了对方的锋芒，又给自己留下了一定的余地，实为一举两得。

### 5. 针对对方真实心理回答

谈判中，有时对方为获取更好的效果，有意识地含糊其词，使所提问题模棱两可。此时，如果答复者没有搞清对方的真实心理，就可能在答复中出现漏洞，使对方有机可乘。

比如，对方在谈判时要求我方谈谈价格问题，我方首先应当弄清对方要了解价格的哪一方面的问题，然后再酌情答复。如果我方探明对方提这个问题是因为我方所报价格太高，那么，我方可依据对方的这一真实心理，回答价格为什么并不算高。可是，如果我方在尚未摸清对方真实心理的情况下，即想当然地介绍价格的计算、成本的高低，就可能中对方的圈套，给对方压低价格提供了理论根据。

所以，答复者在回答时，一定要先进行仔细认真的分析，探明对方的真实心理，然后，针对对方的心理作答。不可自以为是，按自己的心理假设答复。

### 6. 礼貌地拒绝不想回答的问题

谈判中，谈判者有回答问题的义务，但并不意味着说谈判者必须回答对方所提的每一个问题，特别是对某些不值得回答的问题，可以礼貌地加以拒绝。

例如，在谈判中，对方可能会提些与谈判主题无关或无大关系的问题，回答这种问题不仅是浪费时间，而且会扰乱你的思路。甚至有时对方有意提一些容易激怒你的问题，其用意在于使你失去自制力，答复这种问题只会损害自己，因此可以礼貌地加以拒绝。

### 7. 故意找借口拖延答复

谈判中，当对方提出问题而你尚未思考出满意答案并且对方又追问不舍的时候，你也可以用资料不全或需要请示等借口拖延答复。

例如，你可以这样回答："对您所提的问题，我没有第一手的资料来做答复，我想您是希望我为您做详尽并圆满的答复的，但这需要时间，你说对吗？"不过，拖延答复并不是拒绝答复，因此，谈判者要进一步思考如何来回答问题。

总之，在谈判过程中，要慎重回答对方的问题，回答得好可以引免顺着对方的提问思路，被对方牵着鼻子走。

### 适当沉默，让对方捉摸你的意图

沉默是最有力的回答。沉默像得体的语言一样，恰到好处的沉默同样可以取得奇妙的效果。沉默往往给人一种无形的压力，对方为了打破沉默，有时不是中止自己的要求，便是提出新的方案，或是自己转移开话题。

沉默是话语中的间隙，是超越语言力量的传播方式。沉默寡言、少说多听，是一种高明的谈判策略。一个老练的谈判高手，往往只用很少的时间介绍自己，而把大部分的时间留给对方来发言。谈判中的沉默不是简单的沉默，而是"积极"的沉默。沉默可以在各种不同状态中表达不同观点。

美国科学家爱迪生发明了发报机之后，不知道该卖多少钱。他的妻子主张该多卖些钱，要卖到两万元。

过了一段日子，美国西部一位商人要买爱迪生的发报机制造技术。在洽谈时，商人问到价钱，爱迪生总自认为原想谈的价格太高，无法说出口。所以，无论商人怎样催问，爱迪生支支吾吾，就是没有勇气说出两万元的价格。最后，商人耐不住了，说："那我说个价格吧，十万元，怎么样？"

爱迪生几乎被惊呆了，随即拍板成交。

在这场交易中，爱迪生并非有意地以沉默应对，却获得了出乎意料的收获。沉默，可以成为表示你没得到满意的一种有力武器。如果你对对方的某个提议不满，你可以将沉默延续那么几秒钟，你的对手很可能将被迫想办法来填补这个空白。

什么时候该沉默，什么时候不该沉默，这是很有讲究的。沉默运用恰当，就会产生预期的效果，否则无法产生应有的效果。

沉默要根据谈判的需要，该长则长，该短则短。积极的沉默不是永久性的，只是暂时性的，应见好就收。

沉默不仅可以回避对己不利的答复，又可以使对方产生一种己方虚实莫测的感觉，因而用沉默做工具有助于你谈判，使你取得出乎意料的成功。但是，采用沉默的方式时一定要慎重。你必须把每次谈判的环境和态势这个因素考虑在内。因为如果谈判双方关系友好，这样做就显得不太礼貌，会给对方造成反感。而当对方提出的问题充满恶意，甚至损害了国家、团体和个人的尊严时，沉默会给人软弱可欺之感。而且在谈判处于紧张、激烈的过程时，双方都力争主动，尽可能地掌握发言权，这时如果一味采取沉默方式应答，实际上就意味着放弃发言权，很难在谈判中处于优势。因此，使用时是需要多加斟酌的。

沉默要与以前的发言、举措等积极的行为结合起来。沉默从某种意义上说，应是一种准备和酝酿，是等待时机之举。

但是，谈判中的沉默是一种艺术，要有分寸，不可滥用无度。沉默表面上是消极的行为，其实是以静制动的积极举动。沉默不是逃避、忍让，而是一种策略，目的在于更有效地促进谈判。

总之，应把沉默理解为一种手段，是一种暂时的退却。退一步才能进两步，真正的目的还是为了把你的观点、立场表达出来，并获得对方的认可。

### 善于倾听，探索对手的真正动机

谈判中，必须注意时刻集中精力倾听对方的讲话。善于倾听是重要的谈判技巧。倾听能使己方和谈话方处于和谐的环境，也能促使自己更好地了解对方的需求，从而达成有效的沟通。另外，如果谈判中有一方认为自己说的话对方根本没有在听，对谈判会造成极大危害。

注意倾听不但能够给人留下良好印象，而且能改善双方关系。因为专注地倾听别人讲话，则表示倾听者对讲话者的尊重，能使对方对你产生信赖和好感，使讲话者形成愉快、宽容的心理。

在谈判的时候，不但要听，而且要态度诚恳，认真地听。据心理学家统计证明，一般人说话的速度为每分钟120~180个字，而听话及思维的速度，则要比说话的速度快4倍左右。所以，往往是我们的话还没有说完，听话者就大部分都能够理解了。这样一来，听者常常由于精力的富余而走神。那么万一就在这时，对方讲话的内容与我们理解的内容有偏差，或是恰巧传递了一个重要信息，那听者就会后悔不及了。

善于倾听是一种积极的态度，而消极地或心不在焉地听，成功的可能性就比较小。在倾听时应该注视讲话者，主动地与讲话者进行目光接触，并做出相应的表情，以鼓励讲话者继续。比如，可扬一下眼眉，或是微微一笑，或是赞同地点点头，抑或否定地摇摇头，也可不解地皱皱眉头等，这些动作相互配合，可帮助我们获得更多的信息。

实践也已经证明，在谈判中，通过认真倾听谈判对手的谈话，并仔细加以分析和提炼，就可以获得更多有用的信息。

一家美国汽车公司，想要选用一种汽车内饰，有三家公司提供样品，供汽车公司选用。公司董事会研究后，请他们分别来公司做最后的阐述，然后决定与谁签约。

三家公司中，有一家的业务代表最近嗓子有点问题，无法流利地讲话，只好将材料交给这家汽车公司的董事长，请其代为说明。这家公司的董事长替这家公司的业务代表介绍了产品的优点、特点。介绍完之后，有关人员纷纷提出意见，董事长代为一一回答。而内饰公司的业务代表则以微笑、点头或各种动作来表达谢意，结果他博得了大家的好感。

最后，这位不能说话的业务代表获得了大量的订单，其他两家公司空手而归。事后，他总结说，如果他当时嗓子是好的，还可以说话的话，可能一张订单都拿不到。

举这个例子，倒不是让所有的谈判人员都像这个业务代表学习，都不说话。只是想说明，有时候说了真不如不说。俗话说得好，"言多必失"，你说得越多，越容易暴露问题所在，这样使对方很容易找到应对之法。

说要掌握好说的分寸，听要掌握好听的信息。如果谈判人员很多的时候，开始的时候会有互相介绍的阶段。这时，一定要注意听，尽量多地记住对方的名字和职务，如果没有听清，可以再问一次，尤其是外国人的名字对于我们中国人来说有些长，记忆起来更不容易。这时，你可以选择主动要一张名片，相信对方一定非常乐意奉上的。

如果你能准确地叫出对方的名字或者职位，那么对方将会非常高兴，也会对你的印象很深。记住对方的名字和职务是对他的尊重，当谈判时你叫不出他的名字或者不记得用什么职位来称呼他，则会使对方在人多的时候感觉尴尬，也会让他认为你不尊重他，从而影响他谈判的心情和对你的印象。

记住：善于倾听是一个成功的谈判者应该具备的一种修养和素质，因为善于倾听不仅可以发掘谈判事实的真相，而且还可以探索谈判对手的真正动机。就像谈判专家麦科马克认为的一样，如果你想给对方一个丝毫无损的让步，只要倾听他说话就行了。倾听在特定条件下往往可以收到事半功倍的效果。倾听用得好，和讲话一样具有说服力。

### 就事论事，避免不必要的冲突

对事不对人是一种态度，但能真正做到的人却不多。参与谈判的是人，人有不同的喜好和性格，出现对某人看不惯或针锋相对的情况也是人之常情。但是，谈判是对

事情的讨论，而不是对人道德的评说、素质的评价，过多地把个人感情和对对方的看法掺杂进去，会引起不愉快的事情发生，谈判气氛也会随之被破坏。

在谈判中，当谈判双方各执己见时，往往双方都是按照自己的思维定式考虑问题，这时谈判往往会出现僵局。聪明的做法就是将人的问题与实质利益区分开，千万不要试图用实质利益的让步来解决人的问题。

齐国使者晏子出使楚国，楚王看到他身材矮小，讥讽道："难道齐国没有人了吗？"

晏子回答道："齐国首都大街上的人一举袖子就能把太阳遮住，他们流的汗像下雨一样，街上的人摩肩接踵，怎么会没有人呢？"

楚王继续讥讽道："既然有那么多人，为什么会派你来呢？"

晏子回答："我们齐王派最贤明的人到最强大的国家，派最没出息的人到最差的国家。我在齐国最没出息，所以齐王派我来了。"

楚王听了晏子的回答，十分生气，但又不好发火，落了个自讨没趣的下场。

晏子来到楚国，代表的是齐国、齐王，是来谈国事的，可楚王却对其进行人身攻击，这明显是不尊重对方的表现。可是对手十分聪明，顺着楚王的话，把楚国也攻击了。本来处于优势的楚王，在自己开始的话题中却处于了劣势，正题还没开始，就已经让对方获得了先机。

楚王认为，自己的地位比从齐国来的使者晏子高，所以，就算奚落晏子两句也没什么。其实不然，人都有受到人身攻击后而做出反击的本能。有几个人听到别人对他的外形或者修养进行攻击而不反击的？所以，谈判时最好的选择是对事不对人。

谈判的目的是解决双方都关心的事，如果正巧对方是自己不喜欢的人，或者对方的人正巧有自己不喜欢的性格，因而受情绪的控制，处处针对那个人，把本应该很顺利的谈判弄得困难重重。这样，既会激怒对方，也对自己这方在谈判中取胜十分不利。所以，做到对事不对人首先要做到学会控制自己的情绪，不要让情绪左右你的说话语气和行事方式。其次，要从心里真正认为人人平等。

所以，谈判所协调的是利益而不是立场，坚持没有必要的、虚无的立场是徒劳的，也是没有实际意义的。谈判要对事不对人，展开对抗时要着眼于利益，不必坚持虚无的立场。要知道，推动谈判活动进程的是利益驱动，成功的谈判所达成的协议实质上是谈判双方或多方对利益分配的认可。

以静制动，观察对方的言行举止

很少有人能将他的内心完全隐藏，而不露出一点蛛丝马迹，人体各部位的小动作，有时比他的语言泄露的还要多。在谈判桌上，不仅仅注意对方的言语，还需要从对方的细微动作中，判断对方真实的心理。有时候判断一个人的真实想法，就要通过这个人的言行举止综合进行判断才行的。

甲乙双方进行买卖的谈判，卖方谈判代表详细地介绍产品的性能、用途、价格等，买方代表脸上显出感兴趣的表情，脚却在不停地上下抖动。

卖方代表只看到了对方脸部的表情，认为这次谈判一定会得到一些订单。

待他介绍完后，等着卖方代表做出反应，卖方代表笑了笑说："你们的产品很好，不过我还需要考虑一下，两天后给你答复。"说完，他起身离开。

买方代表回想了对方的表情，认为这次谈判一定有很好的结果，于是耐心地等对方的回话。两天后，接到卖方的电话，可他们说已经找到更合适的产品，希望有机会下次合作。

在这个案例中，买方代表虽然脸上显出一副感兴趣的样子，但是脚却在不停地上下抖动，这说明他对这次产品的介绍实际上并不感兴趣。因为人的伪装主要表现在脸上，而脸以外的其他部位较难做出与内心不同的反应。大部分人会用脸部的表情掩饰内心的真实想法，所以单单注意脸部是不能猜测出对方到底在想什么的。

卖方代表只通过对方的表情来做判断，而没有注意他的小动作，在对方已经对内容不感兴趣时，没有及时发现并做调整，被对方礼貌性地表情骗了，以至于延误了商机。所以，谈判中注意观察对方的小动作，对猜测对方的真实想法"对症下药"地找出解问题的办法是很有帮助的。

一般来说，当对方用手抓、摸头部时，除了整理、清洁以外，还表现了他在这时候情绪较为混乱。当对方与你交谈时，不停地用手触摸眼睛、嘴唇等部位，或者眼睛不能直视你，那么，除了他紧张外，十有八九他在说谎。当男士用手拉领口时，除了现场温度较高外，很有可能这时他有烦恼、不安的情绪出现。

从对方握手的方式，可以看出他对你的态度和他的性格。有些人与对方握手既热情又有力，这样的人多半比较容易接触，而且对谈判很有诚意。有些人只是轻轻地、和对方保持一定距离地握手，这样的人在谈判和日常接触中，更需要自己的空间，也说明对待这次谈判的态度较为消极。还有一些人在初次见面时，握手的方式过于亲密，要么属于非常热情、友好的人，要么你就应该怀疑他另有别的目的。

手部的小动作过多，表示他不安或者犹豫；将两臂交叉在胸前，说明他这时缺乏安全感，对你也有一定的戒心。

脚部的小动作最能反映一个人的内心，因为脚离脸部最远，是人最不注意控制的地方，比如双脚不停抖动，或者双腿叠在一起，或者来回晃动，都是不安、没有兴趣或没有诚意的表现。

所以，谈判中可以故意做一些小动作，用语言之外的方式给对方传达信息。比如摇头、皱眉、说话时故意将头部提高等，用这些小动作来迷惑对方，使他不知道你的真实想法，从而控制谈判的进程和气氛。

当自己在谈判时出现紧张、不安或者任何不愿让对方察觉到的情绪时，尽量控制自己的表情和手部、脚部的小动作，如果难以控制，就想办法将对方的注意力引到其他的地方。当发觉对方的小动作所表达的含义时，如果他的这种情绪将对己方的谈判不利，应当马上调整谈判的进程和内容。

### 缓兵之计，用拖延战术后发制人

很多人在谈判中，都会运用到缓兵之计进行拖延，这一策略形式多样，目的也不尽相同。由于它具有以静制动、少留破绽的特点，因此成为谈判中常用的一种战术手段。

当谈判局势不宜速战速决，或时机尚不成熟时，应避免针尖对麦芒式的直接交锋，就应该拖延时间等待时机的到来。一旦时机成熟，就可后发制人，不战而胜。这就是谈判中的缓兵之计，缓兵之计是延缓对方进兵的谋略。

问题的解决需要把握有利的时机，如果你在谈判中遇到障碍，说明解决这个问题的时机还不成熟，那么就不要盲目行动，那样只会给你造成损失。比如，当你与对方谈判时，对方坚持高价不肯让步，但是你知道过了一个月后，这种产品肯定会明显降价，而你解决价格问题的时机应该在一个月以后。那么就不急于解决这个问题，你可以按兵不动，这样既可以给对方造成压力，为还价创造良好的条件，又可以争取更多的时间。

20 世纪 80 年代，香港一个客户与东北某省外贸公司洽谈毛皮生意，条件优惠却久拖不决。

转眼过去了两个多月，原来一直兴旺的国际毛皮市场货满为患，价格暴跌，这时港商再以很低的价格收购，赚了一大笔，使外贸公司吃了大亏。

实际上，这种拖延是非常有效的，即如果你没办法解决眼下的问题，那么你就应该缓一缓，等想到对策再说。

谈判的战术是变通的，从上面的例子中可以看出，每个人都可能因为对方使用缓兵之计而导致谈判失利；反过来，自己也可以运用这种策略使自己抢占先机。

谈判场上的拖延战术，还有另外一种战略意义，即通过拖延时间，静待法规、行情、汇率等情况的变动，从而掌握主动，以迫使对方做出一定的让步。

### 速战速决，不要做不必要的拖延

谈判时，有些事需要使用缓兵之计，故意拖延，但是千万不要做无意义的拖延，要在谈判的过程中降低谈判的成本，尽量争取最大的利益，这才会是一个有意义的谈判。如果双方能够看得开，知道谈判的拖延会给他们带去损失，他们没有理由不尽快达成共识。

两个猎人去打猎，路上遇到了一只离群的大雁。于是两个猎人都向大雁射箭。

猎人甲突然想到："射下来的雁怎么吃呢？是蒸着吃，还是煮着吃？"

猎人乙说："煮了吃吧，还能喝汤呢！"猎人甲不同意，说还是蒸了好吃。

两个人争来争去，一直没有达成共识。

后来，他们才达成一致意见，一半用来蒸着吃，一半用来煮着吃。这时候，他们再拉弓射箭时，发现大雁已经不在了。

生活中，这样的事发生的并不少，在谈判之中也可见到。在谈判中绝不能做无谓的拖延，而且必要的时候，要懂得抓住重点，速战速决。时间就是金钱，浪费时间也就是在浪费我们的交易成本，我们要尽可能地把成本降到最低。

例如，两个孩子在商议如何分吃一个冰激凌，冰激凌很不好分，一个提议说用刀切开，一个说一人吃一口，都没有达成一致。但是冰激凌却在一点点地溶化。当然，在这个漫长的讨价还价的过程中双方都有充分的时间去讨价还价，但是真是要等到整个谈判过程结束，最后也没有剩下什么可以赢取的了。

任何谈判都不可能无限延长，因为时间就是谈判的成本，过程的延长表明成本相应增加，谈判本身要做到不要"亏本"才行。在谈判中，如果久拖不决，卖方就可能失去抢占市场的机会，而买方也会失去尽早使用新产品的机会。一场谈判久拖不决，会使双方的未来利益悄悄流失。

## 九、定点突破对手心理防线

每个人都有自尊心，这种自尊心与虚荣心很相似，也可以说是我们通常所说的

"面子"。其本质实际上就是一种内心的渴望，渴望被别人高看一眼，不能被人看不起。因此在谈判中，在与对方交谈的过程中，一定要注意自己的动作和语言，要表现出尊重对方。

### 从对方感兴趣的问题切入

卡耐基是美国著名的人际关系学大师，有一次他租用某家旅馆的大礼堂作为他讲课的地方。但是在讲课还没有开始之前，卡耐基却意外接到了旅馆的通知，旅馆通知卡耐基大礼堂的租金要上调，大约是原来租金的三倍左右。

在刚刚接到这一通知时，卡耐基十分气愤，但是他很快让自己平静下来，然后去找旅馆的经理进行谈判，希望得到原来不变的租金。

卡耐基见到旅馆经理后对他说："我刚接到涨价的通知时，感到很震惊。但是我很快就觉得你这样做很有道理。因为如果我是你的话，我也会涨租金。毕竟你的职责就是为旅馆获得最大的利益。"

不过这只是卡耐基的开场白而已，他的重点是接下来的这段话："不过，我觉得你们旅馆的大礼堂除了租给我讲课之外，还可以用来举办舞会和晚会，等等，这样会为旅馆获得更多的利益。我的讲课会吸引许多有文化的中层管理人员，他们来旅馆的主要目的虽然是为了听我讲课，但也会光顾旅馆。这实际上就是免费在为你们旅馆打广告。现在，你认为哪种选择对你来说更有利呢？"

旅馆的经理自然被卡耐基说服了，没有涨租金。卡耐基为什么能赢得这场谈判，保持原来的租金？就是在说服的时候，从旅馆经理的兴趣点入手了。

就像卡耐基所说的，旅馆经理的职责就是为旅馆赢得最大的经济利益。因为这样不仅会给旅馆带来不错的利润，而且经理本人也能得到很多好处。也就是说，旅馆的收入是经理的兴趣点，经理对这个问题十分感兴趣。

所以卡耐基才从经理的立场出发，并成功地捕捉到经理的兴趣点，从兴趣入手，成功说服了经理。

在谈判过程中，从对方感兴趣的问题入手，其实就是为了满足对方的需求，从而达到自己的目标。在谈判之中，掌握一些谈判技巧是必需的，但是想要仅仅通过谈判技巧而赢得谈判，是比较困难的。所以你不妨在谈判的过程中，让对方产生一种被重视和理解的感觉，从对方的兴趣点入手。

另外，当你一直在谈论对方感兴趣的话题时，就表明你们之间有着共同的爱好或者说关注点。这样一来，双方之间很容易建立一种感情上的联系，因为你们之间产生了共鸣。

朱元璋是明朝的开国皇帝，他出身低微，因为家境贫寒，没有受过高等教育。对于年幼的朱元璋来说，他也没有想过自己会成为皇帝，那个时候朱元璋还不叫朱元璋，叫作朱重八。对于朱重八而言，他没有什么雄心壮志，只是想吃饱饭，然后娶妻生子。

但是时代并没有给朱重八一个平稳的人生。在蒙古人的统治下，那个时候中国许多地区都遭到了严重的灾荒，很多人都饿死了。作为一个平凡老百姓的朱重八，这次灾荒给他的家庭带来了悲剧，朱重八的父母以及兄弟姐妹饿死了。最终朱重八为了生存下去，决定去当和尚。

可是朱重八还没有当多长时间的和尚，寺庙中也出现了严重的灾荒。朱重八被安排到一个地方化缘，所谓化缘其实就是讨饭吃。朱重八的身份从和尚变成了乞丐。

朱元璋

后来，朱重八参加了起义军，成为造反派中的一分子，并改名为朱元璋。"璋"在古代是指一种锋利的玉器，朱元璋为自己起这个名字其实就是暗示自己是使元朝灭亡的一个利器。最终朱元璋历经磨难，推翻了元王朝，并建立了明朝。

成为皇帝的朱元璋，深感自己文化水平太低，于是在处理政务之余，朱元璋会找一个学识渊博的人给自己讲经论道。

由于朱元璋姓朱，所以他就从中国历史上找姓朱的名人，并认定自己就是那个人的后人，而朱熹就这样莫名其妙地在几百年之后又大火了一把。

朱熹一生最重要的成就就是《四书五经》了，算是儒学的集大成者。于是朱元璋也开始学习儒学。对于朱元璋这个实用主义者而言，儒家的那一套道德理论很无聊，所以在听人讲解儒学时，朱元璋都在补觉，昏昏欲睡的。

但是有一次，朱元璋非常精神。那是因为朱元璋听到了一句话："民为贵，社稷次之，君为轻。"这种民贵君轻的理论是由孟子提出来的。面对这个理论，朱元璋首先是震惊，随后就变成了愤怒。在朱元璋看来，皇帝就是天下第一，那些贫贱之人怎可凌驾于他的头上。于是，朱元璋听课的精神头马上来了，并且认认真真地听完了老师有关孟子理论的讲解，最终把孟子民贵君轻的理论从儒学中删除了。

朱元璋为什么会提起精神听老师讲解孟子的理论，而在听其他人的儒学理论时却昏昏欲睡？是因为兴趣，朱元璋对儒学所谓的道德理论一点儿兴趣也没有，因为他不是依靠高尚的道德而夺取天下，坐到今天的位置的。对于朱元璋而言，最重要的是皇权，握在他手中的权力以及会威胁到他权力的人，才是最重要的，那才是他的兴趣点。

所以，孟子民贵君轻的理论立刻让他感到了一种威胁，如果所有的读书人都认同孟子的这个理论，那么就会对自己的皇权产生不利的影响。所以，朱元璋才精神百倍地听完了老师的讲解，并把孟子理论中可能会对自己产生不好影响的内容除掉了。

在谈判中，你从对方的兴趣点入手，除了能引起对方的注意，并且赢得好感，更有利于谈判之外，还有一点很重要。

谈判在某种意义上其实就是双方之间的沟通交流，既然是人与人之间的交往，那么你就需要了解对方。可是想要在谈判刚开始这么短暂的时间内了解对方，对每个谈判者来说都是一件很困难的事情。但是，这并不表明无捷径可循。

这个捷径实际上就是对方的兴趣。一个人的兴趣所在，可以显示出他主要的需求和个性以及习惯，甚至还可以从他的兴趣中了解到他的价值追求，等等。

就像朱元璋一样，从这些小插曲中，我们可以了解到朱元璋的兴趣在他手中至高无上的权力上，所以对于孟子的民贵君轻才会那么敏感。事实证明，只要威胁到朱元璋权力的人，最后都被朱元璋送到了阎王爷那里。

不惜一切代价维护权力，这就是朱元璋的兴趣，也是他的价值观所在。人命不重要，只要敢威胁他皇帝的地位，那就意味着死亡，毫无商量。

《美国杂志》是一本十分受欢迎的杂志，杂志的主编是西德达，在西德达刚刚接手这份杂志的时候，《美国杂志》的销量十分惨淡，算得上相当失败的杂志。但是在西德达担任主编后不久，《美国杂志》的销量急速上升，达到了20万份、30万份、40万份、50万份……一路飙升。

《美国杂志》到了西德达的手中之所以会有这么神奇的表现，是因为西德达对杂志的内容进行了较大的改变。

《美国杂志》的内容变成了一般民众所希望看到的内容，多是一些房地产大富翁的故事。西德达担任主编以后，常常邀请一些有钱人谈谈他们是如何赚钱的，并把所谈论的内容写成文章发表在《美国杂志》上。而且这些大富翁基本上都是白手起家，从低级阶层奋斗到有权有势的高级阶层的。

除此之外，西德达还常常会在杂志上告诉读者如何照顾自己的牙齿以及健康方面的问题，还有一些如何购买房子和增强记忆力等非常实用的东西。

总的来说，西德达就是从读者的兴趣点入手的。因为对于普通民众来说，他们不会关心政府是否把铁路收归国有等一些与他们的生活不相关的事情。他们所关心的只是他们自己身边的事情，比如如何赢得上司的赏识尽快晋升、如何得到更多的薪水，等等。

就像西德达所说的："人都是自私的，他们只对自己感兴趣。"在谈判的过程中，当你面对谈判对手时，当然是希望对方能对你产生好感，并且答应你的要求，为自己赢得最大的利益。这时，你就必须考虑到对方以自我为中心的倾向，每个人都希望得到别人的关注，即使是陌生人。当你从对方的兴趣入手时，实际上就是在表达对对方的关注。

从兴趣爱好的角度说，关注他人的兴趣也是非常重要的。人性本质中最深层的动力其实就是希望被人肯定，发挥自己的价值。一个人的兴趣爱好是他人生中不可或缺的重要组成部分。他希望自己的兴趣爱好能够得到别人的认同与肯定。

比如如果一个人的兴趣爱好是看书、画画、练习书法等一些被人们公认为高雅的活动，那么这种爱好带给他的就是快乐，因为这些兴趣爱好是被人们肯定的。但是如果一个人的兴趣爱好是打架或吸毒等一些不被众人接受的爱好，那么这种爱好带给他的将是痛苦，因为他的兴趣得不到别人的肯定。

当你一直在谈论对方的兴趣时，实际上就是在肯定对方的爱好，那么也就意味着你对他这个人的肯定。

既然兴趣对于一个人这么重要，那么我们该通过什么方式来了解对方的兴趣所在呢？

在谈判之前，你需要做好调查工作，了解谈判对手的基本资料，尤其是对方感兴趣的问题或者他个人的兴趣爱好。但是通过这个准备工作你未必会掌握对方的兴趣所在。这就需要你在谈判的过程中，观察对方的一言一行，从而了解到对方的兴趣点。

当一个人谈论起自己的兴趣，他会变得滔滔不绝起来。因为任何人在自己感兴趣的事物面前，都会被激起谈话的欲望。所以在谈判中，如果你发现当谈论起某一个话题时，对方立刻变得兴奋起来，并且两眼放光（实际上是瞳孔扩大现象，当一个人遇到自己喜欢的事物时，他的瞳孔就会扩大），那么不用说，这就是他的兴趣点。

一位年轻漂亮的女性在首饰店的柜台前看了很久也没有出钱买首饰，所以售货员就轻轻问了一句："这位女士，请问您想要买什么样的首饰？"女士回答道："没什么，

只是随便看看。"对于售货员的热情态度，女士表现得十分冷淡。

不过售货员并没有放弃，她的直觉告诉自己，这名女士一定会成为自己的顾客。售货员注意到，这位女士总是不经意地用手抚摸自己的上衣，好像对自己的上衣十分满意。

于是，售货员就对女士说道："您的这件上衣看起来好漂亮啊，您的眼光真不错，"被售货员这样一夸赞，女士的注意力马上从首饰转移到自己的上衣上来。售货员继续说道，"这种上衣的款式很少见，您是在隔壁百货大楼买的吗？"

女士骄傲地说道："当然不是，国内根本没有这种款式，这是我从国外买来的，怎么样不错吧，我也认为很漂亮。"售货员说道："您穿上的确很吸引人，但是我觉得这件衣服如果配上一件首饰的话会更好看。"

女士说道："我也这样觉得，所以一直在犹豫着要买什么样的首饰。"接下来，售货员就牢牢抓住了机会，向这位女士推荐起首饰来，最终女士满意地买走了一件昂贵的首饰。

几乎所有人都有这样的毛病，就是在人际交往中，会习惯性地谈论起自己感兴趣的话题，而忽略对方的感受。这种不考虑对方，以自己为中心的做法，是很难得到对方的认同的，自然不可能赢得谈判对手的好感。

就像这个例子中的售货员与这位女士一样，售货员所感兴趣的事情，一定是介绍首饰，然后让女士买下首饰，这样一来自己就能得到提成了，工资就会上涨。但是售货员的工资是否提高，这位女士会感兴趣吗？不会，那跟她根本八竿子打不着。这位女士所感兴趣的是，该选什么样的首饰搭配自己的衣服。

如果售货员只是从自己的兴趣出发，喋喋不休地向女士谈论各种首饰的优势，那么势必会引起女士的反感，根本不可能卖出去首饰。但是如果从女士感兴趣的方面入手，必然会引起女士的好感和兴趣，卖出去首饰就变得容易多了。

在现实生活中，有一些从事销售行业的人，总是会很热情地向客户介绍自己的产品，但是却怎么也卖不出去产品。事实上就是因为销售员的话题引不起客户的兴趣，销售员所说的内容，客户完全不感兴趣。

## 每个人都希望被尊重

美国有一位总统，在庆祝他成功连任总统的时候，曾经邀请了 100 名来自社会各个阶层的孩子前来白宫做客，并且与孩子们进行了亲切的"交谈"。

在与孩子的交流中，这位总统一点儿总统的架子都没有，完全是一个慈祥的老者，因此孩子们都十分喜欢这个老爷爷。

一个叫汤姆的小男孩问总统："总统先生，你在上学的时候，是不是和我们一样，有一门功课总是很糟糕，而且还经常受到老师的批评？"

总统并没有赞扬自己是多么多么优秀，而是亲切地回答说："我上学的时候，品德课的成绩很糟糕。而且我在上课的时候总是无法做到乖乖听讲，喜欢和周围的同学讲话，所以老师总是批评我。"

总统的这个答案立刻使孩子们变得活跃起来，原来总统小时候也不是一个好学生啊！由于气氛的放松，一名来自洛杉矶贫民区的叫作露西的小女孩怯生生地对总统说："我每天去上学的时候都会感到害怕，因为我不知道在我上学的路上会发生什么不幸，我害怕遇到坏人。"看来，这个小女孩居住地区的治安情况并不怎么样。

面对小女孩的忧虑，总统收起了他的笑容，用诚恳的态度对露西说："我知道现在有许多小朋友的日子过得并不如意，你有这样的担心也很正常，因为我们政府在处理治安、毒品、绑架和枪支问题上还有很大的缺陷。所以我希望你们将来长大之后可以去参加一些有关国家的正义事业，改变美国目前的这种现状，让我们的生活变得更加安全和美好。"

总统这个诚恳的回答让在场的孩子们都十分感动，因为他们从总统诚恳和认真的态度中感受到了被重视和尊重的感觉。

这种被尊重的感觉，让小朋友们觉得总统和他们一样都是普通人，并不是高高在上的，是可以信赖的，因此两者之间的心理距离也大大缩短了。

在谈判之中，我们一定要做到尊重对方，尤其要注意说话的语气。因为被尊重是每个人都需要的，只有你给予对方充分的尊重，才能拉近双方之间的心理距离，让对方从心里开始接受自己。这对谈判是非常有利的。

如果在谈判刚刚开始的时候，你就表现出了高高在上的姿态，并且说话的语气给人一种趾高气扬和硬邦邦的感觉，对方不仅会认为你是一个傲慢的人，而且还会认为你不尊重他，很容易被你的态度所激怒。

一家国际知名的大企业，在中国举行了一次招聘会，招聘的职位是这家公司在中国的首席代表。因为职位很高，而且待遇不错，所以吸引了许多前来应聘的人。最后有五名年轻人过五关斩六将，从几千名应聘者中脱颖而出。但是首席代表的职位只有一个，也就是在这五个优秀的年轻人中还存在着激烈的竞争，只有一个人可以留下来。

这五个年轻人的能力都很出色，但是他们的学历却相差很大，其中两名是博士生，另外两名是硕士生，只有一个人是本科生。他们所面临的考验只有最后一场了，那就是这家公司的几名高级管理员对他们的面试考验。

在参加面试前，这五个人心中其实都有一个谱，那四个高学历的人都认为第一个被淘汰的一定是那个本科生。但是结果却叫人大跌眼镜，因为最后的胜利者居然就是那个本科生。

这样的结果说不过去啊，因为他们五个人的能力基本相当，主要的差别就在于学历了，而那个本科生在学历上根本没有任何优势啊！

最终，这家公司的老总在新闻发布会上阐述了出现这种结果的真正原因："这五个年轻人，无论是从学识上，还是专业素质上，都十分优秀，是难得的人才。但是在他们参加最后一场面试，向考官们递交个人简历的时候，只有一个人是用双手递交的，而其他人则是单手。最终考官们决定录用那个双手递交的人。因为这个人懂得如何尊重别人，这种尊重的态度显示出了这个人做事认真和严于律己的态度，这样的人才才是我们公司所需要的。"

每个人都有自尊心，这种自尊心与虚荣心很相似，也可以说是我们通常所说的"面子"。其本质实际上就是一种内心的渴望，渴望被别人高看一眼，不能被人看不起。因此在谈判中，在与对方交谈的过程中，一定要注意自己的动作和语言，要表现出尊重对方。

在人际交往中，人们经常会说"积点口德"。这里所说的"口德"实际上就是在人与人的交流中，尊重对方并且重视起对方的存在。

一个人对另一个人所造成的伤害有许多种，其中语言的伤害就是一种。俗语说，良言一句三冬暖，恶语伤人六月寒。如果在谈判的过程中，你的言语出现了不尊重对方的情况，那么无异于恶语伤人，不仅会给对方带来心理伤害，而且还会对谈判产生不利的影响。所以在谈判中，我们也需要注意自己的语言，不要在语言上伤害对方的自尊心。

## 站在对方的立场上

公元前266年，赵惠文王刚刚去世，由于赵惠文王的儿子年纪太小，无法直接处理国事，所以新君的母亲赵太后暂时代替他处理国事。

这个时候，赵国可以说正处在孤儿寡母的弱势状态，所以秦国国君就趁此机会，准备派大军大举进攻赵国。赵太后毕竟是女流之辈，面对赵国这种内忧外患的紧张局势，她首先想到的是向齐国国君求助。

齐国与赵国是盟友，所以齐国爽快地答应了赵太后的要求。但是齐国也有一个要求，那就是把赵太后十分宠爱的幼子长安君送到齐国去。这个要求实际上就是把长安君当成赵国的人质圈禁在齐国。赵太后自然知道齐国这样做的用意，所以出于爱子之心，赵太后毅然决然地拒绝了齐国的这一无理要求。

除此之外，赵太后也拒绝了齐国的援兵，赵国面临的危机将无法得到解决，所以赵太后的这一决定遭到了朝中大臣的强烈反对。那些大臣纷纷劝诫赵太后不要意气用事，不能为了一个长安君把整个赵国置于危难之中。

那些大臣所说的一切都很有道理，但是并没有打动赵太后，虽然赵太后的身份是赵国的太后，暂时处理赵国的所有国事，但是大臣们忽略了一个重要问题，那就是赵太后同时也是一位母亲。对于一位母亲而言，把自己心爱的儿子送到其他国家当人质，是根本无法接受的事实。所以赵太后在众大臣的劝诫下勃然大怒，最后甩袖离去，并且还留下了一句话："谁再劝我把长安君送给齐国当人质，我就把唾液唾到谁的脸上。"从赵太后的这句话中我们可以感觉到，赵太后是真的生气了，不然她也不会说出这么有损于她身份的话来。

当所有的大臣都感到绝望的时候，触龙挺身而出了。触龙的年纪和赵太后基本上一样大，是一个老臣，同时颇受赵太后的重视。由于赵太后的这个决定事关赵国的国家安危，所以触龙决定冒险试试，准备做一件明知不可为而为之的事情。

赵太后在怒气冲冲地离开朝堂之后，回到了自己的寝宫中，但是她并没有去做其他事情，似乎是在等一个人。没错，赵太后在等触龙。据赵太后对触龙的了解，触龙一定不会就此罢休，他一定会再来劝说。

果然，没过多久，触龙就迈着他那老态龙钟的步伐来到了赵太后的寝宫中。赵太后本来决定等触龙一提送长安君到齐国做人质的事情，就狠狠地批评触龙一番。但是让赵太后吃惊的是，触龙非但绝口不提长安君的事情，反而连国事也没有说，直接把话题引向了有关老年人健康养生的问题。

对于像触龙和赵太后这样的老年人来说，健康养生之类的话题往往都是他们的兴趣所在，毕竟长寿是每一个老年人的愿望。触龙的这一话题成功地转移了赵太后的注意力，因此赵太后的怒火消了大半，表情也变得和颜悦色起来。

触龙知道赵太后的心情已经好很多了，于是就把话题渐渐地引到了自己的幼子身上。触龙告诉赵太后说，自己十分宠爱自己的小儿子，所以希望赵太后能为自己的小儿子在御林军中安排一个不错的职务。

赵太后爽快地答应了触龙的要求，毕竟触龙和自己一样很疼爱幼子。除此之外，赵太后又好奇地问道："你们男人也和我们女人一样，很宠爱自己的小儿子吗？"触龙马上点头说："那是当然，而且我觉得我们男人比你们女人更加溺爱自己的小儿子。"

听了触龙的话后，赵太后不服气地分辩道："不可能，在宠爱孩子方面，你们男人绝对比不上我们女人！"

触龙说道："那可不一定，只是男人与女人宠爱孩子的方式不一样。女人一般只会一味地宠爱或溺爱孩子，但是我们男人往往为孩子做长远的打算，希望孩子能平安度过一生。"触龙说完这番话后，偷偷地看了看赵太后的脸色，继续说道，"我觉得您更宠爱自己的女儿燕后，就连长安君在您心中的地位都比不上燕后。"赵太后说："这不可能，我最疼爱长安君了。如果我最疼爱的是燕后，我是不可能把她嫁那么远的。"虽然赵太后否定了触龙的观点，但是赵太后却对触龙产生这种看法的原因十分好奇，所以示意触龙继续说下去。

触龙说："在燕后出嫁到燕国以后，您十分想念燕后。但是您在参加祭祀的时候，却祈祷神灵不要让燕后回赵国来。您之所以这么做，不是因为您不想看到燕后，而是希望燕后永远待在燕国做她的王后，只有这样她王后的位置才能得以稳固，而燕后的子孙后代才能世世代代为燕国的国君。"触龙的这一番说辞深深打动了赵太后，赵太后没有想到触龙居然这么理解她，而且心思这么细腻。

触龙继续说道："您很喜爱长安君，所以在赵国，您赐予了长安君许多肥沃的土地，也给长安君许多象征国家权力的礼器，您这样做只是希望长安君能过得富贵。但是我却觉得您这样的做法只是一种溺爱，算不得真正的疼爱。"赵太后有点儿生气地问道："为什么？"

触龙说："您先不要生气，我之所以这样说，是因为我觉得您这样的做法只是暂时让长安君享有富贵，但是却没有为长安君的将来做打算。您看，先王的许多子孙，在先王在世时，都享有常人所无法享受的荣华富贵。但是他们的富贵在先王去世后就烟消云散。这是因为先王在生前没有为子孙后代的将来做打算。如果您真正疼爱自己的儿子，就应该为长安君提供建功立业的机会，只有这样，在您百年之后，长安君才能因为自己的功劳，在赵国继续过着富贵的日子。所以我觉得您为长安君所做的打算实在太短浅了，您应该为长安君做长远的打算。"

听了触龙的话后，赵太后认为触龙说得很有道理，因此便把长安君派往齐国做人质，这样一来，长安君就为营救赵国立下了不可磨灭的功劳。

在谈判的过程中，得到对方的理解和支持是很不容易的。但是如果没有对方的理解和支持，想要说服对方答应自己的要求基本上是不可能的。想要赢得对方的理解，那么你首先必须做到理解对方。就好像人际交往中，你想要和另一个人成为朋友，就必须首先从朋友的角度来对待对方。

要做到理解别人，首先必须站在对方的立场上考虑问题。如果你永远站在自己的角度去看待所有的一切，那么你永远也不可能做到理解对方。

谈判的主要目的，其实就是要说服对方。而说服的工作，实际上就是做通对方的思想工作。这是一种感情思想的交流。想要进行思想上的交流，理解是必不可少的。

在这个世界上，所有的人都在做着同样一件事情，那就是证明自己是正确的，并且乐此不疲。可是我们忽略了一点，这恰恰也是我们交流的障碍所在。

在谈判中，我们在说服对方的时候，每个人都觉得自己是正确的，道理与自己站在同一条战线上。所以这种说服发展到最后，往往就变成了僵持不下的争执。

就好像赵太后在处理长安君的问题上，赵太后认为自己有理，因为她这样做的目的只是出于母亲对孩子的保护；而那些大臣也认为自己有理，他们这样做的目的，是为了赵国的国家安危。既然双方都认为自己有理，那么最终的结果是，赵太后依然认为自己有理，大臣们也坚持认为自己有理，最终谁也说服不了谁，只好争论不休，没有任何结果。

如果在谈判中发生了争论不休的状况，那么也就意味着谈判进入了僵局之中，因为争论实际上就是一种语言上的战争，而战争是不利于谈判合作的。

所以在谈判中如果想要说服对方，营造良好的谈判氛围，达到最终的目的，就必须从对方的立场出发，去考虑和讨论问题。这样一来，双方之间就会建立起一种"同理心"，这个同理心实际上就是你们之间进行沟通的桥梁。

触龙为什么能说服盛怒之中的赵太后，成功地挽救赵国所面临的危机？就是因为触龙所说的一切都是站在赵太后的立场上的。这样一来，赵太后就会认为触龙是真心实意为长安君考虑的，于是就会心甘情愿地听从触龙的建议，并且按照触龙的想法去做，把长安君送往齐国当人质。

在谈判的时候，一定不要站在自己的立场上去说服对方，因为这样一来你所扮演的身份就是局外人。那么你这个局外人所说的一切，都会让对方感到生硬，并且对方

还会认为你自视高人一等。这样一来，你的建议就变成了指点迷津式的指指点点。对方只会觉得你是一个很令人厌恶的人，根本不可能接受你的建议。

### 别把观点强加给对方

晏婴是春秋后期齐国著名的政治家。他在治理国家上有着非凡的才能，同时也是一个出色的外交家，口才很好。不过晏婴的口才从来不会给人以咄咄逼人的感觉，反而总是能起到让人心服口服的作用。这是因为晏婴在说服别人的时候，从来不会把自己的想法和意见强加在对方身上，而是用一种委婉的、让人易于接受的方式。所以晏婴给齐景公提出的建议，总是会被齐景公所接纳。

有一天，齐景公和晏婴闲聊起来。在闲聊之中，齐景无意间问了晏婴一个问题："我听说，你住的地方离市井之地很近，那你知道现在市场上什么东西卖得最贵，什么东西卖得最便宜吗？"

这本来是一次很寻常的谈话，但是晏婴却牢牢地把握住了这个机会。从前，晏婴一直觉得齐景公所制定的刑罚实在太严苛了，但是一直找不到合适的机会劝说。而晏婴的直觉告诉他，眼前就是一个千载难逢的好时机，把握住机会就把握住了一切。

晏婴一本正经地回答道："启奏君上，现在市场上，假脚最贵，鞋子最便宜。"听了晏婴的话后，齐景公很纳闷，于是就问道："鞋子是生活必需品，怎么会最便宜呢？假脚只有没有脚的人才用得到，怎么会是最昂贵的呢？"

晏婴回答道："因为现在齐国的老百姓触犯刑法的人太多了，大多数人都是因为一点儿小小的过错而失去了双脚。没有了脚，他们就用不着穿鞋子了。但是他们依然需要走路，所以只好去购买假脚。这样一来，市场上的假脚就供不应求了，卖假脚的人就趁此机会提高假脚的价格。"

听了晏婴的话后，齐景公陷入了沉思之中。良久，齐景公才缓缓地说道："是不是制定的刑罚太过严厉了？那些老百姓因为一点儿小小的过失就失去双脚，这样的做法实在太残忍了。国家应该给他们一次改过自新的机会。"

第二天，齐景公就向齐国所有的老百姓宣布了新的刑罚，那些残酷的刑罚都被废除了。就这样，晏婴轻松地达到了自己劝谏的目的。

在人际交往中，人们往往喜欢把自己的意见强加到对方身上。这样会让对方认为你是一个自以为聪明的人，而且你的这种强制性的做法还会伤害到对方的自尊心。

每个人都有被尊重的需要，所以如果你侵犯了对方的自尊，那么即使你所说的建议对他有利，他也会反驳你，并用这种反驳的方式为自己争取面子。

因此在谈判的过程中，一定不要把自己的意见强加到对方身上，而应巧妙地用委婉的方式来表达自己的观点，让对方同意自己的建议。

邹忌是齐国有名的美男子，有一天他闲着无事，就问他的妻子："我和城北徐公比，谁长得更漂亮？"邹忌的妻子回答道："你长得漂亮，城北的徐公比不上你。"邹忌不相信，于是就去问自己的妾室，邹忌的妾室回答道："徐公哪里比得上您漂亮。"

第二天，邹忌在接待客人的时候，问了相同的问题，结果客人的答案也是邹忌漂亮。后来，又过了几天，邹忌终于见到了传说中的美男子——徐公。这时，邹忌才发现自己真的没有徐公长得漂亮，徐公不愧是名副其实的美男子。

这件小事给了邹忌很大的启迪，晚上邹忌想了很多。第二天上朝见齐威王的时候，对齐威王说："我一直自视是齐国最有名的美男子，但是昨天见到了徐公，才发现原来他才是齐国最美丽的男子，我自愧不如。但是在此之前，我问过我的妻子还有妾室，就连来访的客人我也特地问过了，但是他们给我的答案却是徐公没有我漂亮。我的妻子会这样说，是因为她偏爱我；我的妾室之所以这么说，是因为畏惧我；来访者这么说，是有求于我。"

邹忌继续说："如今齐国的国土方圆一千多里，城池一百二十座。大王的王后、王妃和侍从，没有不偏爱大王的；大臣们没有不畏惧大王的；齐国的百姓没有不有求于大王的。由此看来，大王所受的蒙蔽比邹忌还要严重。"

齐威王在听完邹忌的建议后，随即下达了一个命令："各级大小官员和齐国的百姓能当面指出我过错的，得一等奖；能以书面的形式劝诫我的人，得二等奖；在公共场合批评我的人被我得知的，得三等奖。"由于齐威王的这项政策，齐威王的过失变得越来越少，齐国也因此变得越来越强大。

在人际交往之中，如果一个人想说什么就说什么，表现得十分"坦率"，从来不考虑周围人的感受。那么这个人的人缘不会好到哪里去，因为这样的人会引起周围人很大的反感。

在谈判中也是一样。想要让别人采纳你的建议，达到自己的谈判目的，就必须学会委婉地表达自己想要表达的意思，不能有话直说，把自己的意见强加在对方的身上。

如果在谈判中，你所说的话太过生硬和直白，会让对方感觉到巨大的心理压力，并认为你是在把自己的想法强加在他的身上。

这样对方很容易出现逆反心理，偏偏朝着你相反的方向去做。例如，一些父母在

给孩子建议的时候，往往会以过来人的身份自居，所说的话过于生硬，伤害到了孩子的自尊心，并激起了孩子的逆反心理，结果事情反而会朝着与自己预期相反的方向发展。

所以在谈判中，你需要委婉地表达自己的意思，避免让对方觉得你盛气凌人、高人一等。所谓委婉表达自己的观点，实际上就是避免双方之间的冲突，最好是用对方的观点打败对方。

晏婴有一次代表齐国出使楚国的时候，受到了极大的侮辱，但是晏婴并没有和楚王发生正面的冲突，而是巧妙地用委婉的方式给予回击，挽回了齐国使臣的尊严以及齐国的面子。

在晏婴见到楚王时，楚王的态度不仅十分傲慢，而且还故意让楚国士兵押着一名犯人从晏婴面前走过，并告诉晏婴说，这名犯人是因为盗窃罪被抓起来的，而且还是齐国人。

楚王这样做的意图其实就是为了侮辱齐国，晏婴自然知道楚王的意思。但是晏婴并没有直接与楚王发生冲突，讨回齐国和自己的尊严，而是对楚王说了一句话："橘生淮南则为橘，橘生淮北则为枳。"

紧接着，晏婴又为自己的这句话做出了解释："齐国人在齐国的时候，不曾偷盗。但是来到了楚国却犯下了偷盗的罪名。"晏婴说这句话的意思其实就是暗指楚国的国风不好，所以一个行为端正的人来到楚国后才成为了偷盗者。

晏婴的这番话让楚王哑口无言，毕竟晏婴并没有直接侮辱楚国。这时，楚王才知道这个矮个子的齐国人并不好欺负，于是便一改之前的傲慢态度，开始变得礼貌起来。

晏婴就是用这种委婉的方式，既为齐国和自己争取了尊严，又避免和楚王发生正面的冲突。可以说，晏婴是巧妙地用楚王的观点打败了楚王。

人们之所以会进行谈判，实际上就是为了实现共同的利益，达成一致的观点。也就是说，在谈判之前，双方的观点和利益是不一致的，谈判的目的就是为了双方之间的合作，使双方都成为最后的赢家。

既然观点和利益不同，那么在谈判的过程中，双方之间的冲突就是不可避免的了。如果对方不客气的话，会直接提出和你相反的意见，甚至和你叫板。这些在谈判之前，你都要有一定的心理准备，这些冲突都是很正常的。

如果在谈判中，你们之间出现了十分激烈的争执，也就是说对方已经明确地亮出了与你大相径庭的观点与意见。这时大多数人的第一反应是以眼还眼、以牙还牙，毫不客气地亮出自己的观点。如果你不想赢得这场谈判的话，你完全可以这样做。但是如果你想要成为最后的赢家，就必须克制自己的冲动。

接下来你所要做的就是避免双方之间的正面冲突，化解双方之间的对立情绪，委婉一些。也就是说，你要采取一些旁敲侧击的方式来使对方认可自己的观点。

必要时刻，你可以做出十分关心对方意见的样子，最好让对方觉得自己的看法会给自己带来严重的后果。这样一来，就算不劝诫对方，对方也会自动放弃自己原有的观点，并考虑你的建议，最终接受你的建议。

## 以退为进，促成谈判

2003 年，我国南方一家工艺品公司作为供货商与某外商进行买卖谈判。在谈判刚刚开始后不久，就陷入了僵局之中。工艺品公司的代表坚持以每件 800 元的价格卖出，而外商坚持以每件 500 元的价格买进。双方谁也不让步，都十分强硬，根本就谈不出什么结果。就这样，连续谈判了两天也没有结果。

最终，双方决定第三天是最后一场谈判。如果这次谈判能成功的话，那么双方就继续合作下去；如果不能成功，那么双方之间的合作关系也就因此而结束了。

尽管双方都希望能在一起合作，但是在商品价格上，根本达不成一致。眼看着谈判就要破裂了，所有的谈判人员都觉得没有希望的时候，工艺品公司的一位重要代表人物突然站起来大声说："这样吧，先生们，我真的希望我们能够继续合作下去，所以为了表达我们公司的诚意，我们决定把商品的每件价格降低到 600 元，这是我们能做出的最大让步，希望你们也能表达出你们的诚意。"

工艺品公司这位代表的这番话使外商谈判代表们陷入了沉默之中，他们正在权衡利弊。在经过一番思考后，外商谈判代表接受了这个价格，就这样谈判成功了，双方维持了合作关系。

在谈判进行之前，双方都希望能达到自己的目标和要求，这就决定了谈判过程中的争执。如果双方都表现得十分强硬，也就是说双方都十分坚持自己的立场，谁也不肯做出让步，那么这场谈判就很容易陷入僵局之中，最终的结果就是谈判失败，谁也得不到好处。就好像这个南方工艺品公司和外商之间最初的谈判一样。

在谈判之中如果遇到了这种僵持不下的情况，那么就需要有一方做出让步，只有这样谈判才能继续下去，不然只有失败。

不要小看这个让步，这个让步不仅能让谈判继续进行下去，为双方赢得最大的利益，最重要的是让僵持的谈判氛围变得轻松起来。也就是说，你的这个让步表达出了你的诚意，避免了争论不休的局面。

当然这个让步并不意味着自身利益的损失，既然自己已经做出让步，表达出了诚意，那么对方也必须做出让步，不然谈判依然无法进行下去。

最重要的是，当你做出让步时，其实就是一种示弱的姿态。在日常生活中，人们往往会在示弱者面前卸下原来的强势面孔，更容易答应示弱者的一些要求。

例如两个好朋友之间发生了争吵，就在这种对峙的局势下，一个人突然示弱，做出了让步，那么对方一定也会做出自己的让步，从而使双方之间的友谊继续维持下去。如果这一方依然得理不饶人的强势下去，那就没意思了，双方之间的友谊很有可能会破裂。

## 十、打破僵局，消除双方敌对心理

在谈判过程中，如果双方各持己见，那么谈判氛围就会变得十分紧张；如果再争执起来，那么谈判就会陷入僵局之中。这时，一方抛出幽默的语言，那么就可以使这种僵持的氛围变得缓和起来。

幽默在化解谈判僵局的时候，就好像一把利刃，任何僵局在幽默面前都是不成问题的。争执和尴尬的双方会因为幽默而一笑泯恩仇，在不自觉之中放松下来。

### 突破僵局的利刃——幽默

丘吉尔是英国二战时期著名的首相，同时也是一个谈判高手。丘吉尔的谈判长处就在于他总是能用他幽默的语言巧妙地化解谈判的僵局和尴尬氛围。

1943 年，丘吉尔与法国高级将领因叙利亚的问题发生了激烈的争执，并因此而心存芥蒂。而在此之前，丘吉尔的手下布瓦松总督因为某个问题被戴高乐将军逮捕了。

丘吉尔为了要回自己人，决定和戴高乐进行谈判。当时丘吉尔了解到，戴高乐虽然是个法国人，但是英语却讲得很好，相反丘吉尔的法语却很差劲。

在戴高乐和丘吉尔刚刚见面后不久，氛围就变得很紧张，在场的所有人都感觉到了，除了呼吸声以外，听不到其他声音。丘吉尔为了使谈判的氛围变得缓和起来，就先用法语和周围的人打招呼："各位女士们，请先去市场逛逛。戴高乐将军和其他男士们与我一起到花园去聊聊天吧！"

在用法语说完这番话后，丘吉尔就用英语高声说道："我刚才所说的法语还应付得过去吧！不过既然戴高乐将军的英语那么好，那么他就一定能听懂我所说的法语。"丘吉尔的这番话立刻逗乐了在场的所有人，就在这欢声笑语之中，那种紧张的氛围烟消云散了。接下来的谈判，丘吉尔和戴高乐都可以轻松地进行。

在现实生活中，我们可以发现，幽默的人总是会有一个好人缘。因为和一个幽默的人在一起，不仅可以欢声笑语，而且整个人都会很轻松。在谈判中，如果谈判者可以适当地运用幽默的语言，那么就可以成功营造出轻松的谈判氛围，缓解双方之间的紧张局面，尤其是在谈判陷入僵局的时候。

在第二次世界大战刚刚开始的时候，英国处于非常恶劣的处境。温斯顿·丘吉尔可以说是临危受命。那个时候，英国军用物资十分短缺，尤其是武器装备方面。所以作为首相的丘吉尔不得不前往美国和美国总统罗斯福进行谈判，希望罗斯福能够帮助英国，特别是提供军用物资方面的资助。

丘吉尔刚刚达到美国的时候，罗斯福并没有直接接见他，而是把谈判的时间安排在了第二天。这对丘吉尔来说是十分有利的，虽然英国前线十分急需这批物资，丘吉尔越快得到这批物资越好，但是就一个谈判者而言，舟车劳顿的疲惫感确实不适合谈判。

第二天早上，丘吉尔像往常一样躺在浴缸内洗澡，并且还悠闲地叼着一根雪茄，似乎正在思考接下来的谈判。就在这时，罗斯福突然出现了。

面对罗斯福的突然袭击，丘吉尔很尴尬。但是反应敏捷的丘吉尔马上说："总统先生，大英帝国的首相在你面前可是毫无隐瞒啊！"罗斯福马上被丘吉尔的这一幽默逗乐了，哈哈大笑起来。

接下来的谈判也变得十分轻松、愉快，最终丘吉尔赢得了这场谈判，为英国筹集到了许多军用物资，并很快用到了战场上，为打败德国法西斯贡献了力量。

在谈判过程中，如果双方各持己见，那么谈判氛围就会变得十分紧张；如果再争执起来，那么谈判就会陷入僵局之中。这时，一方抛出幽默的语言，那么就可以使这种僵持的氛围变得缓和起来。

生活之中处处存在着谈判，例如妻子和丈夫在谈判着用家中的积蓄购买什么样的电器；一位顾客在商场购买商品的时候和售货员讨价还价；两个公司之间进行合作的商务谈判，等等。

但是不论是什么样的谈判，幽默都能派上大用场，而且还发挥着十分重要的作用。

有时候，就好像一把打开合作之门的钥匙，幽默能赢得对方的好感和信任，使对方放松对你的警惕。这样一来，谈判就会变得容易多了。

幽默在化解谈判僵局的时候，就好像一把利刃，任何僵局在幽默面前都是不成问题的。争执和尴尬的双方会因为幽默而一笑泯恩仇，在不自觉之中放松下来。

丘吉尔的幽默除了在国家事务的谈判上得到了淋漓尽致的发挥，还在日常生活中立下了汗马功劳。有一次，丘吉尔在出席一个很重要的会议之前和夫人之间发生了不愉快的事情，但是这次会议是需要偕同夫人一起参加的。

丘吉尔是英国首相，所以十分注重个人影响。为了避免在公众场合夫人给自己难堪，丘吉尔在参加会议的时候，一面和其他重要官员进行寒暄，一方面幽默地向夫人致歉。

丘吉尔致歉的方式很特别，他没有说话，而是向远处的夫人伸出了一只手，这只手的食指和中指正做着下跪的姿势。丘吉尔的夫人在看到丘吉尔的这一动作后，就笑起来了，这样一来丘吉尔与夫人之间的矛盾也就消失了。

虽然幽默具有很好的效果，但并不是每个人都能像丘吉尔一样运用自如。有人曾经说过："幽默是具有智慧、教养和道德上优越感的表现。"

虽然幽默有一定的难度，但是并不是说不可以做到。对于一个普通人来说，你可以试着多看一些幽默的东西，例如笑话等。然后在人与人的谈话中，把适合这个场合的笑话讲出来，往往也能取得活跃气氛的效果。

### 欲擒故纵，赢得谈判

巴拿马运河是连接大西洋和太平洋的著名运河，是由美国人开凿的。但是最初，巴拿马运河的开凿权并不在美国人手中，法国人先下手为强。

19世纪末期，法国的一家公司与哥伦比亚签订了一份合同，哥伦比亚同意法国人在巴拿马境内开凿一条运河，运河的名字就叫作巴拿马运河。法国公司把开凿运河的任务交给了一个名叫雷赛布的工程师。

雷赛布是一个很有名的工程师，著名的苏伊士运河就是在他的监督下成功开凿的。此外，雷赛布还是一个十分自以为是的人。正是因为这种自以为是的态度，雷赛布并没有认真进行实地考察，把修建苏伊士运河的那一套方案移植到了巴拿马运河的工程上。

巴拿马运河的环境与苏伊士运河的环境相差很大，所以雷赛布的方案并不适合巴

巴拿马运河

拿马运河。巴拿马运河的开凿工作进行得十分缓慢。另外，法国这家承担修建巴拿马运河的公司因为资金短缺陷入了困境之中，根本没有多余的钱来继续修建巴拿马运河。

最终这家公司在权衡利弊之后，决定把修建巴拿马运河的权利转卖给美国人。美国人早在1880年就想修建一条能够连接太平洋与大西洋的运河，以便美国的经济发展，但是没想到巴拿马运河的修建权利却落到了法国人的手中。

美国人在得到法国人的转卖消息后欣喜若狂，但是他们并没有表现出来，而是镇定自若地与法国公司的谈判代表布里略进行谈判。

当时罗斯福向美国海峡运河委员会下达命令，在谈判的时候，美国代表需要向布里略提供一份报告，这份报告的内容有关于另一条运河的开凿费用，那条运河是在尼加拉瓜境内开凿的，费用共计不到两亿美元。

当时布里略所提供的价格是一亿美元，也就是说巴拿马运河的开凿费用比尼加拉瓜运河更便宜一些。但是美国谈判代表却告诉布里略说，虽然巴拿马运河的收购价格是一亿美元，但是再算上其他费用，就会高达2.5亿美元。美国谈判代表认为在尼加拉瓜开凿运河更合算。

布里略在看到美国所提供的这份报告后，十分吃惊。因为如果公司不把巴拿马运河的开凿权转卖出去，那么公司将要面临巨大的经济损失。于是布里略马上做出让步，把价格下调到40000万美元，这样一来美国方面就省去了6000万美元。

但是这样的经济利益并没有使罗斯福得到满足，他决定故伎重施，钓一条大鱼。罗斯福运用手中的总统权力指示美国国会通过一个法案。这个法案规定，如果美国政

府能和哥伦比亚政府就巴拿马运河的租金达成协议，那么美国就会投资开凿巴拿马运河。否则，美国人的选择依然是尼加拉瓜运河。

在得到美国放出的这个消息后，哥伦比亚政府就好像热锅上的蚂蚁一般，立刻采取了行动。哥伦比亚政府向驻华盛顿大使下达命令，立刻找到美国国务卿约翰，并与约翰签订了一份协议。在这份协议中，哥伦比亚政府以 100 万美元的价格把巴拿马运河长期租给了美国。

美国成了最后的胜利者，因为美国不仅以最低的价格争取到了巴拿马运河的开凿权，而且还轻而易举地得到了巴拿马运河的使用权。

在谈判中，如果你对某个利益特别看重，那么就一定不要表现出来。如果你的这种态度被对方觉察出来，那么你就会让自己陷入"人为刀俎，我为鱼肉"的不利境地。这样的话，对方就会紧紧抓住你的这一心理，哄抬价格，让你损失更多。

在巴拿马运河的开凿权与使用权争夺中，美国总统罗斯福一直是幕后的操纵者。对于罗斯福而言，他很希望能得到巴拿马运河的开凿权和使用权，因为这将对美国的经济起到巨大的作用。罗斯福之所以会取代前任总统上台，就是因为当时美国的经济十分低迷，选民们对前总统已经没有信任，所以罗斯福才取而代之。

也就说，罗斯福想要坐稳总统的位置，那么就必须使美国的经济得到复苏。值得一提的是，当时整个世界都处在经济危机之中，罗斯福想要恢复经济是很不容易的。但是雄心勃勃的罗斯福不会放过任何有利于美国经济发展的机会。

老谋深算的罗斯福并没有让对手看出自己的这个意图，反而采取了欲擒故纵的方式。所谓欲擒故纵，目的是"擒"，方法是"纵"。

想要做到欲擒故纵，那么就必须学会演戏。也就是说，你虽然十分重视，但是却必须表现得毫不在乎，要让对手认为是否赢得这次的谈判对你来说并不重要。这样一来，对方就会被你迷惑，你就掌握了谈判的主动权，对方就会处于被动的位置。

在谈判之中，如果你无法接受对方的条件，而对方也不接受你的条件时，就可以采用欲擒故纵的手段，假装着离开，不继续谈下去了。你的这种做法带有威胁的意味，这样对方就有可能为了挽回局面而做出让步。

但是需要注意的是，欲擒故纵具有一定的风险，如果对方真的认为你无意合作，那么你的目的就会成为泡影。

### 化解双方的敌对情绪

在谈判僵局中，最严重的情况就是对立情绪的产生。如果对方因为你的观点和建议而对你产生了对立的情绪，那么你接下来的主要任务就是化解对方的对立情绪，因为这个时候不论你说什么，对方都不会接受，反而会和你越来越敌对。

以色列与巴勒斯坦之间的战争似乎永远没有尽头。1991年，以色列的支持者美国试图让以色列坐在谈判桌前与巴勒斯坦的解放组织进行谈判，避免战争的发生。但是美国的这个建议却遭到了以色列政府的强烈反对，并因此对美国产生了对立的情绪，认为美国并不是自己的盟友。

因为以色列认为，只要一谈判，那么巴勒斯坦和美国就会要求以色列从巴勒斯坦境内的定居点撤军。在以色列看来，如果从自己的国土上撤军，那就意味着放弃了这片领土，这是以色列无论如何都无法接受的。所以情绪反映强烈的以色列人不仅坚决反对与巴勒斯坦进行谈判，甚至把前来劝说的美国国务卿詹姆斯·贝克拒之门外。

詹姆斯·贝克是一个谈判高手，他知道如果想要以色列接受自己的建议，并坐到谈判桌前，那么首先要做的就是化解以色列人的对立情绪。

詹姆斯·贝克在与以色列的谈判代表进行交流的时候，暂时把与巴勒斯坦进行和谈的问题放到了一边，说道："好吧，我知道你们并不想和巴列斯坦进行谈判，那么我们就把这个问题放到一边不管。你们可以想象一下，如果真的要举行和平会谈的话，你们会把谈判的地点选择在哪里呢？是美国的华盛顿，还是中东地区，抑或是一个中立的城市，例如马德里？"

因为詹姆斯·贝克的这个问题并没有涉及十分尖锐的话题，所以以色列的谈判代表对詹姆斯·贝克的对立情绪也就不那么强烈了，并把自己的注意力转移到詹姆斯·贝克所提的问题上。

虽然詹姆斯·贝克的这个问题显得十分微不足道，而且与他本人的目的也相距甚远。但是这正是詹姆斯·贝克的谈判技巧，他是要把问题一点点地引向与巴勒斯坦的和谈上。

后来，詹姆斯·贝克问道："如果巴勒斯坦解放组织派出了一个谈判代表来进行和平谈判，那么以色列希望巴勒斯坦派谁来担任谈判代表？"就这样，詹姆斯·贝克渐渐地把问题引到了和平谈判上。由于之前詹姆斯·贝克的那些小问题已经消除了谈判代表的对立情绪，所以以色列谈判代表就变得比较容易接受詹姆斯·贝克的建议了。

在谈判之中，如果对方对你产生了对立情绪，那么就意味着你们的谈判进入了死胡同。想要从死胡同中走出来，使谈判变得豁然开朗，那么你就必须疏导对方的情绪，暂时把你们的问题搁置起来，随后再处理。就好像夫妻两人吵架一样，双方想要和好如初，就必须把争吵的问题暂时搁置起来。这个搁置的过程实际上就是冷静的过程，也可以说是调节情绪的过程。一旦怒火消去，恢复了理智，自然就能恢复和谐的关系。

在以色列与埃及的和谈之中，以色列最初的条件是要占有西奈半岛的某些地方。但是埃及一方无法接受以色列的要求，可是以色列坚持自己的要求。

就这样双方之间强硬的态度使彼此都产生了对立情绪，谈判开始进入僵持之中。后来，双方为了能达成和谈的目的，决定暂时搁置自己的要求，超越对立的立场。

最终他们终于寻找到了合作的共同点，也就是能维护双方利益的方法。他们决定在西奈半岛上划分非军事区，这样一来以色列与埃及的利益都得到了实现。

谈判的目的就是为了寻找双方利益的结合点，所以在谈判之中要牢记这一点。当对方产生对立情绪的时候，切忌意气用事，变得情绪化，不计后果地与对方僵持不下。

这样你们的谈判只能以失败告终，谁也得不到好处。你所要做的就是协调彼此之间的关系，使双方重新回到最初的目的上来——寻找利益的结合点。

### 及时转移尖锐话题

孟子是战国时期著名的儒学家，在当时非常有名，他和孔子一样，把结束混战局势的希望寄托到各个诸侯王身上，于是他也和孔子一样到处游说，希望有诸侯王能接受儒家的仁爱学说，并且发扬光大。

事实上，那些诸侯王们对孟子的学说一点兴趣也没有，因为孟子的建议在战国这个战火纷飞的年代里，无法取得富国强民、立竿见影的效果。那些诸侯王所希望的是能够在短时间内拥有一支强大的军队，并击败其他诸侯国，为自己赢得霸主的地位。可是那些诸侯王们又不得不接待孟子，并且还对孟子很礼貌。

有一天，孟子和齐宣王见面了。在两人的谈话中，孟子问了齐宣王一个问题："假如有这样一个人，他把自己的妻子儿女托付给了一个朋友，然后自己到楚国去了。当他回来后，却发现自己的妻子儿女正在挨饿受冻。如果你是这个人，你会怎么看待朋友？"

齐宣王连想都没想就给了孟子一个坚定的答案："和他一刀两断！我不会和这样的人成为朋友。"孟子没有对齐宣王的答案做出评价，而是继续问了另外一个看似不相关的问题："假如负责管理国家法律的官吏无法管理好他的属下，那么该怎么办呢？"

齐宣王果断地回答道："这样的人根本不配为官，撤掉他。"孟子又问道："那么，如果一国国君治理不好国家，那么该如何是好？"这时齐宣王才知道孟子所问问题的真正目的。原来孟子给自己挖了一个坑，等着他往里跳。

此外，孟子的这个问题其实还有一点讽刺的意思，在讽刺齐宣王治国不力。但是齐宣王并没有勃然大怒地斥责孟子以下犯上，也没有为自己做辩护，而是采取了逃避的态度，看看左右，没有回答孟子的问题。

齐宣王之所以没有发火，是因为孟子的名气比较大，而且就因为孟子的一句话自己就发火，实在太没胸襟了，这不是一国君主所应有的作为。

齐宣王之所以没有为自己辩护，是因为齐宣王有自知之明，孟子的口才可不是一般的好，不论齐宣王怎样为自己辩护，最终也会被孟子驳倒，而且还会被反驳得哑口无言。

应该说孟子的这个问题是尖锐的，两人之间的气氛也一下子变得紧张起来。如果齐宣王非得和孟子继续争论下去，那么一定会不欢而散，对自己的名声产生不好的影响，那么只好选择转移话题的方式，把这个尖锐的问题成功地踢走了。

在谈判之中，有些人表现得比较坦率，会把自己想说的话直接说出来。在这种不加修饰的直白话语中，一定会涉及非常尖锐的话题。这个尖锐的话题会使得谈判的氛围一下子就变得紧张起来，想要使谈判的氛围重新变得轻松，那么就必须学会把握适当的时机，成功转移话题。

在谈判过程中，人的大脑处于高速运转的状态，也就是说这时人的大脑神经是紧绷的，当事人正处于紧张的状态。

这种紧张的状态十分有利于转移话题。因为据心理学的研究表明，人的精神处于紧张状态时，如果另一个人把话题转移到另一个方向，当事人会不自觉地主动把注意力转移过去，而且很容易实现。

广东一家玻璃厂和美国的欧文斯公司准备合作，在合作之前他们进行了一次商务谈判，谈判的主题就是围绕着是否引进欧文斯公司先进的浮法玻璃生产线的问题进行讨论。在谈判中，双方均表示应该引进这项先进的技术。但是依然出现了严重的分歧，广东玻璃厂一方坚持部分引进，因为他们的资金有限，根本无法全部引进。但是美国欧文斯公司却坚持全部引进，因为这会为他们公司赢得最大的经济利益。

结果因为双方的争执，这个问题变得越来越尖锐，根本无法谈下去了。如果双方继续抓着这个尖锐的问题不放手，那么他们的合作只能到此为止了。

广东玻璃厂一方不希望看到这种合作破裂的局面，于是其中的一个谈判者灵机一动，成功地转移了话题："大家请听我说，欧文斯公司有关玻璃制作的技术和设备都是一流的，这是全世界玻璃行业的人所共知的事实。"

在听到这个谈判者的话后，欧文斯谈判代表那愤怒的表情缓和了许多，并把自己的注意力集中在自己公司的优势上，还不忘自夸一番。

当然，转移话题只是手段，广东玻璃厂的真正目的还是说服欧文斯的谈判代表。所以谈判者继续说："如果贵公司愿意和我们广东玻璃厂合作，那么我们一定会成为全中国第一流的玻璃厂。我们玻璃厂的所有员工都会感谢欧文斯公司的。"看来，谈判者正在把谈判的主题渐渐拉回到之前的尖锐问题上。

谈判者接着说道："我相信，贵公司一定知道，现在意大利、荷兰等许多国家正在和中国北方的玻璃厂进行谈判合作。如果他们的合作成功了，那么广东玻璃厂和贵公司都会遭受巨大的经济损失。相反，如果我们合作的话，他们一定不是我们的对手，我有这个自信。"

谈判者的这段话中有威胁的意味，但是更多的是让欧文斯公司的谈判代表恢复理智，把之前那个尖锐问题所引起的负面情绪统统消除掉。

谈判者观察到，对方陷入了深思之中，这就说明对方的态度已经松动了。谈判者再接再厉地继续说："我们公司也很希望能全部引进贵公司先进的生产技术，但是我们希望能得到自己合作伙伴的理解，因为我们公司最近的资金有些紧张。如果贵公司同意和我们合作，那么就意味着向我们公司伸出了援助之手，我们会非常感激，这对我们未来的合作是十分有利的。"

最终，欧文斯公司同意了广东玻璃厂谈判者提出的条件。这次的谈判之所以能获得成功，实际上是得益于谈判者成功转移话题的行为。这一转移话题的行为，不仅缓和了谈判的氛围，最重要的是平复了对方的情绪，为合作打下了必不可少的基础。

此外，转移尖锐话题还有一个很重要的方式，那就是故意装糊涂。也就是以装傻充愣的方式来避开尖锐的局面和话题。

在美苏争霸中，有一次美国和苏联刚刚签订了有关限制战略武器的四个协定，美国国务卿基辛格是主要负责人。于是在会议结束之后，基辛格就被围追堵截的美国记者给拦住了。

记者问及了这次会议的主要情况，在基辛格回答后，记者就把话题转移到了敏感尖锐的问题上："请问，美国潜艇的数目到底有多少呢？"

这个问题涉及了美国的国家机密，基辛格当然不能回答。但是基辛格也不能直接拒绝记者的问题，因为美国政府的所有政策与决定都要受到媒体的监督。

于是基辛格对记者说："至于潜艇的数目我虽然知道，但是我不知道这个数目是不是保密的。"记者回答说："不保密。"基辛格继续装糊涂说："既然不保密，那么你说是多少呢？"

就这样，基辛格既保住了国家机密，又巧妙地回答了记者的问题。基辛格的回答实际上就是故意装糊涂、答非所问，但是效果还是不错的。

在谈判之中，遇到尖锐的话题时，我们不妨采用这种装糊涂的方式来进行转移，巧妙地化解双方的尴尬处境，把本来的意思故意扭曲成其他的意思。

### 巧妙威胁迫使对方让步

人是有理智的高级动物，但是人的理智并不会时刻伴随着人们，有时候我们的理智会消失，比如被强烈的情绪所影响时，人的理智往往会变得非常脆弱。人的情绪有很多种，其中愤怒和恐惧的情绪最能轻而易举地击垮人类的理智防线。

当一个人处于愤怒状态时，他的理智不仅会消失，而且还会暴露出许多弱点。所以你如果面临一个无懈可击的对手，你可以试着激怒他，并观察对方的弱点所在。这个方法早在几千年之前就被人们所运用了，例如诸葛亮在和司马懿对战的时候，就曾经送给司马懿一套女人的衣服作为羞辱，希望愤怒的司马懿会做出冲动的决定，这样会对自己更有利。但是不幸的是，司马懿这个老狐狸并不上当。

当一个人被恐惧情绪所笼罩时，他的理智也会轻易丧失，这个时候往往会很容易答应别人的要求。一个人之所以会产生恐惧的心理，是因为他感受到了威胁，并且会产生一种心理渴求，那就是想尽办法结束这个威胁。

蔺相如是战国时期一个非常著名的人物，他在赵国担任十分重要的官职。说到蔺相如，人们往往会想到两个成语，一个是完璧归赵，一个是负荆请罪。这两个成语来自两个故事，而故事的主人公就是蔺相如。其中完璧归赵的故事就充分说明了威胁的神奇效果。

赵国有一块美玉，被称为和氏璧。后来这块和氏璧被秦国的国君得知了，于是就向赵国提出条件，用城池换取这块美玉。赵王自然知道，秦国这么说不过是借口，只要把和氏璧拿到手后，一定会出尔反尔，不给赵国城池，这样一来赵国就什么也得不到了。

赵王虽然看穿了秦王的心思，但是却不敢拒绝，毕竟赵国的兵力和秦国比起来实在太脆弱了。就在赵王一筹莫展之时，蔺相如表示他愿意带着这块美玉出使秦国，要么把美玉完好无损地带回来，要么用和氏璧换取秦国的城池。

终于，蔺相如带着和氏璧出发了。到了秦国之后，秦王表示他要先验货。蔺相如就把和氏璧交给了秦王。秦王一见到和氏璧，马上露出了贪婪的目光，而且爱不释手地把玩，丝毫不提城池之事。

蔺相如看到秦王如此没有诚意，就对秦王说："这个美玉上有些瑕疵，我给陛下指指吧！"秦王一听，脸色就变了，他最怕美玉有瑕疵，于是迫不及待地把和氏璧交给了蔺相如。

当和氏璧重新回到蔺相如的手中后，蔺相如向后退了几步，然后毅然决然地举起和氏璧要挟秦王："我根本看不出陛下的诚意，如果陛下执意强行夺取和氏璧，那么我就把这块美玉摔碎！"

蔺相如的这一做法实际上就是威胁。因为秦王真的很喜欢那块美玉，所以当他被威胁时，马上变得紧张起来，希望蔺相如不要因为一时冲动而毁掉一个稀世珍宝。蔺相如看到自己的威胁产生了不错的效果，于是就开始提出自己的条件："既然秦王是真心喜爱和氏璧，那么就请兑现自己的承诺，把城池划给赵国，我自然会把和氏璧双手奉上。在我没有得到城池划入赵国领土的消息的时候，和氏璧暂时带在我身上。"

听到蔺相如这样说，秦王知道自己的阴谋无法在这次宴会上实施了，于是就匆匆结束了宴会，并为蔺相如安排了住处，另谋良策。

趁此机会，蔺相如命令自己的一名随从把和氏璧连夜送往了赵国，因为蔺相如认为秦王根本无意交换。后来秦王得知和氏璧已经回到赵国，为了避免两国之间兵戎相见，秦王只好作罢，把蔺相如放走了。就这样，蔺相如兑现了自己的承诺。

在谈判中，当你威胁对方时，对方会感到一种压力。这种压力会迫使对方改变自己原有的期望，做出让步，而这个让步恰恰是为了促成你们的合作。

中国历史上经历过许多混乱局面，其中五代十国就是一个。最终五代十国这种混乱的局面在赵匡胤的手中结束了，一个新的王朝——大宋诞生了。

身为皇帝的赵匡胤希望宋朝能避免唐朝末期的藩镇割据的局面，使得大宋王朝可以更长久地存在。于是经过一番思考后，赵匡胤认为之所以会出现藩镇割据的混乱局面，就是因为皇帝无法把所有的权力都集中在自己的手中，属下太过强大了。

于是，赵匡胤决定把功臣们手中的权力给拿回来，因此上演了"杯酒释兵权"的精彩一幕。

当时，赵匡胤邀请那些手握兵权的有功之臣前来参加宴会。在宴会上，赵匡胤和大家都很开心。酒过三巡之后，大家开始畅所欲言。赵匡胤说："虽然我现在身居高位，但是日子却没有你们过得逍遥，每天都睡不好。"

赵匡胤的言外之意就是说，怕其他人夺走自己的皇帝之位。所以，在场的所有人纷纷劝说道："现在天下已经统一了，没有人敢对陛下三心二意。"

这时赵匡胤说："我当然很相信你们，毕竟我们是出生入死的兄弟。但是如果有一天，你们的属下为了谋取更高的地位，对你们黄袍加身怎么办？"

赵匡胤的这番话看似是提问，实际上就是一种威胁。所有人都感到害怕，于是就请示赵匡胤的意见。这时赵匡胤才说出自己真正的目的："如果你们把手中的兵权交出来，我一定会给你们享不尽的荣华富贵。"

在威胁和富贵之间，这些人都选择了后者，所以赵匡胤成功地把权力揽在了自己手中，而且不费一兵一卒。

虽然威胁在谈判中具有神奇的效果，但是需要注意的是，你的威胁要适可而止。如果你的威胁太过分的话，对方不仅不会答应，反而会使谈判变得更加僵持。

### 用交心促合作

每个人都有感情，即使是再理智的人也会有感情。感情往往是一个人的弱点所在。在谈判之中，如果双方都不做出让步，使谈判陷入了僵局之中，就可以从对方的感情入手，让对方被你感动，从而做出让步。也就是所谓的"动之以情，晓之以理"，我们可以称为"交心"。

在这个崇尚理性的时代，几乎所有人都认为自己的理性可以控制自己的感情，并做出对自己最有利的决定。但是事实证明，许多时候，人们的理性往往败给了感情。而在人与人的相处中，情是最能触动人心的。

冉·阿让是维克多·雨果的小说《悲惨世界》中的主人公。他是一个坐了十几年牢的犯人，在一个善良的主教的点化下弃恶从善。但是，一个叫作沙威的警察却死死地盯住了冉·阿让，并认为冉·阿让是越狱出来的，希望能把冉·阿让重新关进监狱中。

冉·阿让由于受到一位母亲芳汀的嘱托，需要照顾一个小女孩，所以就此踏上了逃亡之路。冉·阿让这一逃就是好多年，他的养女已经从一个面黄肌瘦的小女孩长成了亭亭玉立的大姑娘，但是沙威却从来没有忘记过冉·阿让，而且不改初衷。

后来在一次偶然的机会中，沙威身受重伤，生命面临着危险，但是被冉·阿让发现了。最终沙威在冉·阿让的救助下，成功活了下来。在冉·阿让救沙威的过程中，沙威的意识还很清醒，他对冉·阿让说："你最好不要救我，因为我活下来依然会追捕你，这是我身为警察的责任。"尽管沙威这么说，最终冉·阿让还是毫不犹豫地救下了沙威。

冉·阿让这种不记私仇和坦诚的做法，深深地感动了沙威，也使沙威开始重新审视自己的三观。从前，沙威认为自己的人生意义就在于忠诚地维护国家的法律制度，做一名好警察。但是由于冉·阿让的救助，沙威陷入了矛盾和困惑之中，他不知道自己是应该坚持之前的想法，还是改变。

不论沙威怎么矛盾，他还是决定不再追捕冉·阿让，因为他被冉·阿让感动了。不过沙威选择了一个消极的解决矛盾的方式——自杀。

在人际交往之中，交心是很重要的。只有你和别人交心，对方才能感受到你的真诚，并为此而感动，你们之间的关系才能维持得更持久。

其实在谈判中，交心往往也具有很重要的作用。因为只有你用真诚的态度去说服对方时，他才有可能会听进去。如果你采用的是严肃，甚至是命令的口吻，那么就很难被对方所接受。

战国时期，墨子对一个叫耕柱的学生十分严厉。起初耕柱还能接受，但是时间长了，耕柱就开始对墨子心生怨恨，认为墨子之所以唯独对自己严厉，是因为看自己不顺眼。有一次，耕柱终于忍不住去问墨子原因。

起初耕柱认为，墨子一定会严厉地批评自己一番。但是让耕柱意外的是，墨子居然用十分诚恳的口吻说："我之所以对你这么严厉，是因为我认为你是一个可以担当重任之人，我对你寄予了很大的希望，所以才会用严厉的态度去要求你。"

耕柱本来想离开墨子前往别处求学，但是墨子这种交心式的诚恳态度深深地感动了他。所以在和墨子交谈之后，耕柱原来的怨恨之心不仅消失了，而且下定决心誓死跟随墨子。

在谈判之中，当你说什么道理对方都无法接受时，你就可以换种方式来改变目前的僵局，用情去感动对方，这样反而更容易达到目的。

想要在谈判中做到交心，就必须时刻注意对方的反应，并根据对方的反应说话，努力做到把话说到对方的心坎上，只有这样你才能打动对方，并得到自己想要的结果。

如果你所说的都是一些花言巧语，那么对方根本无法从你的话中感觉到真诚。别说和你交心了，甚至还会对你产生厌恶的情绪。所以在谈判中，不要让对方感觉你是虚情假意。

# 十一、谈判中的心理博弈

谈判在本质上就是一场心理博弈。在谈判中运用心理学知识，会有助于谈判的成功。对于一个富有心理学知识和谈判经验的行家来说，他能一眼看穿对方的心思或对方可能采取的行动。

### 小心！情感的圈套

许多谈判者善于忍受对手施加的种种压力，他们不为对手的勃然大怒、面红耳赤所吓倒和退让，他们满怀信心，能让一个拍案大叫的谈判对手变得心平气和。但是，在对手迷人的微笑和温文尔雅的态度前，他们中的不少人却很容易被对手俘获。

中国古代兵书《三十六计》中就有"笑里藏刀"一计，说："信而安之，阴以图之；备而后动，勿使有变。刚中柔外也。"意思是先使敌人相信自己，而自己则暗中谋划，有了充分准备再行动，这是内藏杀机而外示柔和的策略。

三国时，吕蒙得知关羽进攻魏地樊城，想乘机夺回荆州，于是自称病重，返回东吴首都建业，让尚不出名的陆逊为右都督，代他镇守陆口。

陆逊为进一步麻痹关羽，使用了假和好、真备战的两手。他上任后，立即给关羽写信，夸耀关羽的功高威重，可与晋文公和韩信齐名，说自己是个无能胜任的书生，全附将军的威望，并千方百计地把关羽的注意力引向曹操一方。与此同时，东吴又暗中和曹操拉关系，以避免两面作战。

就在关羽无视东吴，集中精力攻打樊城时，吕蒙把战船假扮成商船，悄悄地率领大军沿江而上，以突然袭击的方式夺取了荆州。

在商务谈判过程中，人们常常误解甚至讨厌那些直爽的汉子，嫌其说话太"冲"，而对那些"未曾开口面带笑"者充满好感，这是正常的心理状态。

随着人类文明程度的提高，自然、粗鲁的人会越来越少，以笑容可掬的面孔待人成了人们普遍的习惯。但同时不要忘记，一个人诱人的魅力，可能会和他的险恶成正比，对方的笑脸过后可能会刮起狂风。

谈判者应小心提防那种自己似乎是毫无戒备的诚实的人，他可能正再迫使你吐露你的机密；要小心提防那种明显的心不在焉的人，他可能正在迷惑你，盘算你的回答是否前后一致；要小心提防那种邀请你去赴宴并殷勤招待你的人，他可能正在增强其交易实力并且落实你提出的保证。不可否认，商务谈判需要情感契合，然而也不可否认，商务谈判场上有许多打着情感幌子的圈套和骗局。谈判者所要做的是：需时时有着一双警惕的眼睛和一个敏锐的头脑。

日本的某报曾刊登了一则消费者来信，批评西服黑市买卖，上当者是一个 45 岁的教师。他走在路上，有辆客货两用车停了下来，问他："是否要买便宜西服，打折的。"教师心里想，哪有这样便宜的事，本不想理会。可是对方却笑盈盈地走出来，小声对他说："我们是送货去百货公司的，不小心有几套西服染上了丁点儿污点，百货公司不收，又不敢送回公司，您能不能行行好，帮我们个忙？"

教师信以为真，以 1000 日元成交。带回家仔细一看，才发现是粗制滥造的低劣货，对对方的行骗颇为愤愤不平。但是，他为什么不反省一下自己，究竟为什么会如此容易上当呢？

商务谈判不但应该具备对压力和困境的忍耐力，也应该具备对笑脸的抗侵蚀力，大风大浪都经历过了，难道要在小河道中翻船？

### 雷池不可越，恰当地运用幽默

幽默具有神奇的力量，它诙谐、生动，富于感染力，不仅能体现人们的思想、智慧、学识，也能引起人们的共鸣，让人们忍俊不禁，心情愉悦。它能使紧张的谈判气氛一下子变得十分轻松；它能使谈判者因为充满情趣而受人欢迎；它能使对立冲突一触即发的态势变为和谐的谈判进程；它能使对方不失体面地理解、接纳、叹服你的劝慰，进而接受你的观点。幽默者往往能在困难的谈判环境中，推开光明之窗。正因为如此，在生活中，几乎所有的人都像喜欢魔术一样喜欢幽默的人。

其实，在谈判中，适时运用幽默也可以活跃气氛，拉近双方的距离，建立彼此信赖的关系。当谈判双方争论激烈，相持不下，气氛陷入非常紧张的局面时，一句幽默的话可能就会使气氛一下子缓和下来，令双方相视而笑。

谈判者应该具备一定的幽默感，这样可使谈判变得不那么艰难。幽默的深层寓意包含在轻松、风趣、机智、戏谑中，它不仅能在谈判中博人一笑，而且能使人们在哈哈大笑中不知不觉地接受对方的观点。幽默就是这样调解双方关系，缓和紧张气氛，摆脱尴尬局面，使双方顺利进行合作的。

在谈判中，如果谈判者言语含蓄、幽默，并以此来表达自己的感受与观点，而不是用生硬的语言指责对方，那么，他的话就会具有感染力，就能够营造出一种轻松、融洽的谈判气氛。如果在谈判陷入僵局时，能适时地幽默一下，那么，紧张的局面就会立即得到缓解，从而促使谈判顺利地进行下去。

深圳某工业区谈判代表出访某国，同某财团谈判关于合资经营新型浮法玻璃厂的事情。在谈判中，对方仗其技术先进，要价超高，中方难以接受。于是，双方的谈判一度陷入了僵局之中。

后来，驻当地的中商会邀请中国代表发表演讲。在演讲中，中方代表若有所指地说："中国是一个文明古国，早在一千多年前，我们祖先就将四大发明——指南针、造纸、印刷、火药的生产技术无条件地贡献给了人类。作为他们的子孙后代，我们从未埋怨他们不要专利权的愚蠢做法。相反，却盛赞祖先为推进世界科学的进步做出了杰出贡献。今天，在中国与各国的经济合作中，我们并不要求各国无条件地让出专利权。但是，希望各国不要漫天要价。只要价格合理，我们一分钱也不会少给。"

在后来的谈判中，这个财团表示愿意降低专利费，僵局就这样打开来了，并使谈判最终取得了成功。

这个案例告诉我们，在谈判中，适时地运用幽默，可以化解谈判中的矛盾，缓和紧张的谈判气氛，促使谈判取得成功。

适时地在谈判中幽他一默，可以将庄重严肃、单调乏味的谈判变得生动有趣，使紧张的气氛变得轻松活跃，让双方在笑口常开、轻松自如的气氛中取得令人满意的谈判效果。特别是在谈判遭遇僵局的时候，谈判人员巧妙地运用自己的幽默，可以发挥出神奇的力量，使僵硬、紧张的谈判气氛得到缓和与化解，从而促使谈判朝着好的方向发展。因此，作为一个高明的谈判者，不要忘记在谈判中适时地来一段幽默。

在谈判中，人们常常或运用逻辑方法创造幽默，或故意违反逻辑、利用逻辑错误来提高幽默的表达效果。常见的制造幽默的方法主要有：

### 1. 双关法

这是利用一个词的语音或语义同时关联两种不同的意义，故意违反逻辑规律，或是巧妙利用逻辑规律，使语句具有双重意义，即用同一语句表达两个判断，从而达到谈判者所期望的效果。

卡普尔任美国电报电话公司负责人的初期，在一次董事会议上，众人对他的领导方式提出许多批评和责问，会场上充满了紧张的气氛，人们似乎已无法控制自己激动的情绪。

有位女董事质问道："过去一年中，公司用于福利方面的钱有多少？"

她认为应该多花些钱，因此，对卡普尔不断地抱怨。当她听完卡普尔说可能只有几百万美元之后，她说："我真要昏倒了！"

听了这话，卡普尔轻松地回答了一句："我看那样倒好。"

会场上爆发出一阵难得的笑声，那位女董事也笑了，紧张的气氛随之缓和下来。卡普尔用恰当的口吻把近似敌对的讽刺转化为幽默的力量，解除了众人激动的情绪，换来大家的理解和信任。

### 2. 否定法

这是指甲、乙两种相互对立的事物，从肯定甲事物出发，随之以加入乙事物的内容而达到否定甲事物为归宿的幽默方法。

一个顾客在某饭店吃饭，米饭中沙子不少，他不得不把它们吐在桌上。服务员见此情景很是不安，抱歉地说："尽是沙子吧！"顾客摇摇头微笑着说："不，也有米饭。"顿时，两人都笑了。

这里，沙子和米饭构成甲、乙两种相互对立的事物，服务员从肯定甲事物（"尽是沙子吧"）出发，促发顾客在相近的语言形式中加入了乙事物的内容（"不，也有米饭"），达到了否定甲事物（不都是沙子）的目的。顾客用奇在意外、巧在理中的回答，消除了服务员的尴尬情态和不安心理，让人透过笑的影子，察觉到必须纠正的问题。此种幽默法常在谈判中使用。

### 3. 语境隐含法

在一定的语言环境中，一个语句可以提供它本身没能提供的信息，这就是所谓的言外之意。恰当地运用言外之意来表述自己的思想，往往能收到极佳的幽默效果。

例如，一个售货员向顾客推销鞋子，他说："请拿这一双吧，先生。它的寿命将和你的一样长。"顾客一听，微笑着说："我不相信我这么快就会死。"在这个语境之中，顾客的话隐含着一个判断："你的鞋子质量不好，不耐穿。"但这个判断并不是"我不相信我这么快就会死"本身所包含的，而是在当时的语境下产生的言外之意，顾客以这种既委婉又富有幽默感的方式来表达批评意见，不仅表现出其自身具有较高的素养，而且使得对方无法辩驳。

有这么一个笑话。夫妻俩吵嘴，妻子道："你是败家子儿投胎，所以你才对你家里的人那么慷慨。"丈夫反唇相讥："在古代，某人向一个年轻人要个馍，年轻人用手比了一个馍给他，回去却被他父亲迎面一耳光，呵斥儿子用手把馍比大了。这么看来，你对我家的人那么吝啬，是这个老节约专家转世投胎了？"

强行推理法不光在生活小笑话中体现，在谈判中也常常使用。例如，有一个客户想买一批皮袄，却担心它们怕雨水，于是问："这种皮袄我很喜欢，却不知它是否怕雨水？""当然不怕啦。"厂商代表说，"难道您见过打雨伞的兔子吗？"

这里，厂商代表运用了两个省略式的充足条件假言推理，第一个推理为：如果兔子怕雨，则兔子打伞；因为兔子不打伞，所以兔子不怕雨。第二个推理为：如果兔子不怕雨，则兔皮做的皮袄也不怕雨；因为兔子不怕雨，所以兔皮做的皮袄也不怕雨。

显而易见，这两个推理的前提都是虚假的，不管兔子怕不怕雨，它都不会打伞。因此，兔子怕雨构不成兔子打伞的充足条件，据此推出的兔子不怕雨这个结论当然是不可信的。同样道理，第二个推理的结论亦不可靠。厂商代表故意违反常识，构成前提虚假的推理，形成一种幽默，以便在轻松愉快的气氛中更好地把商品推销出去。

### 4. 仿拟法

即故意模仿现成的词、语、句、调、篇及语句格式临时创造新的词、语、句、调、篇及语句格式。在谈判中，恰当地运用仿拟，可以更好地帮助谈判者沟通与交际对象的情感，可以把原本很生硬、很无味的"死"语言化为生动活泼、诙谐幽默、妙趣横生、新颖奇妙、耐人寻味的"活"语言。例如，据"新闻"一词仿出"旧闻"，据"文学家"一词仿出"武学家"，据"天才"仿出"地才"。

一次，丘吉尔的同事、保守党议员威廉·乔因森希克斯在议会上演讲，看到丘吉尔一个劲儿地摇头，便说："我想提请尊敬的议员注意，我只是在发表自己的意见。"丘吉尔对答道："我也想提醒说话者注意，我只是在摇我自己的头。"轻松含蓄，寓微讽于微笑中。

### 5. 藏头露尾法

即先提出意见不完整的结论，让听者产生某种心理期望，适时将关键的、说者却故意省略的细节抖出，造成突转的心理扑空，来获得幽默的后果。

藏头露尾实际上包含两个结论，即前结论与后结论。开始给出不确定的结论，吸引听者追问，即前结论"露尾"。在听者求证具体内容时，后结论不让"藏头"，头与尾强烈地不协调，顿时化为幽默感，让听者在说者的微讽中容纳说者。

据说某贵妇曾问英国大作家萧伯纳："你看我有多大年纪？""看您晶莹的牙齿，像18岁；看您松软的头发，像19岁；看您柔细的腰肢，顶多20岁。"萧伯纳很正经地说。

贵妇高兴地笑了："您能说准我到底有多大吗？"

"请把刚才三个数字加起来。"

幽默法多种多样，在谈判中谈判者可以根据当时的情境灵活使用。

### 模糊语言的妙用

一般情况下，当一个人不想让对方知道自己的真实意图、对自己的表述没有肯定把握和信心的时候，常会说出一些模棱两可的话来。如果评论完某个人或某件事，阐述一个观点以后，就会加上"不过，有时也会"一类的话，以便防止自己的看法一旦不符合事实时有台阶可下。

如果不牵扯到什么利益冲突，我们对这种表达方法会很反感的，不肯定也不否定，让人觉得他"永远正确"。但是，一旦摆到谈判桌上，它的作用就大了。

政治家们几乎都是个中能手，他们会把事物的两面性巧妙地融进自己的语言，因而我们经常能在电视或新闻中领受这样的外交辞令："这个问题非常重要，应慎重考虑，我们愿为此做出积极的努力。"这样的回答，在你弄不清他现在到底考虑得怎样又做得怎样的时候，他已经做了"圆满"的答复了。这就是模糊语言的妙用。

在商场上亦是如此。商务谈判中有时会出于某种原因不便或不愿把自己的真实思想暴露给别人，这时就可以把你输出的信息"模糊化"，以便既不伤害别人，又不使自己难堪。特别在以下场合，模糊语言会有奇效：

1. **对方要求你表态，而你认为时机未到。**你可以这样回答："可以，代我向董事会通报一下情况后，我将以最快的速度转告贵方。"表面上是答应了，而事实上是否定了，虽然"以最快的速度"给人以率直、爽快的感觉，实际上那时说不定又有若干以董事会名义提出的意见反馈回来，这全看己方的实际需要。

2. **试探对方，激发对手情绪。**对方越想知道你的态度，你就越用模糊不清的回答或故意曲解他的意思，迫使他不厌其烦或不胜其烦地申述他的原意，使他情绪波动，暴露出更多的真实意图。

3. **保护自己不受对方牵制或驾驭**。谈判中为了防止对方限定己方的答话范围，常常得跳出圈外，也可采用模糊语言加以应付。

比如，卖方问及对价格条件的选择时，买方为了防止过早被固定话题，做了这样的回答："是采用离岸价格还是到岸价格，各有优劣，我们将认真比较，研究对待，争取尽早给贵方答复。"这种用积极的态度和模糊语言相结合的表达方式所构成的防线，一般很难让对方打开缺口。

4. **拒绝对方的意见**。用模糊语言，表示不同意见，既不会使双方难堪，又可以达到拒绝对方的目的。

比如，当对方陈述完毕之后，己方可以这样说："也许你这样做是对的，不过，我们仍然无法最终肯定。"或者可以这么说："我们基本上赞同你的看法，但是，我们毕竟各自代表本公司的利益，你说是吗？"这种表达，既给对手以一定的肯定，不至于危及谈判的顺利进行，又否定了对手的意见，还给他以合作的、建设性的、抱有诚意的姿态，这种效果不是简单地反驳或拒绝所能达到的。

5. **干扰思维，转移视线**。在谈判进程中，利用体力消耗带来的注意力松懈和戒备心理进入低潮的时候，可用模糊语言将对己方不利的问题暂时转移或促使对方进入设计好的疑问中苦思答案。

某公司与这一地区的几家供货单位都有业务关系。一次，和其中一家单位谈判时，价格问题久争不下。这时，公司谈判人员突然抛出一个新问题："据传，贵方把附近几家工厂的散装水泥按出厂价收购，然后重新灌装，销售给我们，有这么回事吗？外面有这种说法，我们想证实一下。"

"不可能吧？厂里的事我们不会不知道呀！"

"我们也不相信贵方会这样做。"

双方顺着这件事谈开了，一方表示"将信将疑"，另一方则发誓"这绝不可能"，等买方说"时间不早了，让我们轻松一下，明天再谈"的时候，他们的目的已经达到了。下次再谈的时候，卖方心理无形中多了一个干扰信心的负担。

### 威胁也可以很动听

在谈判中，使用得最多的一招就是"威胁"。有的时候出现威胁口吻是正常的，也

是必需的，因为我们必须让对方明确地知道："我不是在开玩笑的，我有权利拒绝你的要求。"

可是当我们运用威胁战术时，奏效的比率有多少？

先不谈商业谈判，仅是我们平日里上市场买东西，或者大一点儿地消费，如买车子、买房子，相信多数人都曾对卖方说过"再便宜一点儿啦！不然，我就到别处买了……"之类的威胁。的确，在当今的市场上消费者往往是占优势的一方，可是当你说出这句话时，真的能得到更合理的价格吗？也许答案是否定的。我们也许可以多拿到一些赠品，但是我们并没有得到心目中的理想价位。

这是因为当你说出这些威胁的时候，内心里并没有"被对方拒绝就转头出去"的打算。对于有经验的销售人员来说，你说出这句话一点儿都没有分量，而且等于是在告诉他们："我没有其他的路子可走了。"请注意，一旦你不是真的设下了最后的底线，事情就会演变成你投降认输，放弃自己优势地位的局面。

同样，在商业谈判时，即使你处在优势地位，如果没有把握能对说出去的话完全负责，那么逞一时口舌之快的后果，就是被对方握住了把柄，爬到你的头上来，任对方宰割。因此，我们必须先了解自己真正拥有哪些优势，才不会虚张声势过了头，成为对方眼中的"无牙老虎"。

威胁可分为善意与恶意两种，在一般情况下，我们会告诉对方："如果你不做什么……就别怪我……"（例如，如果你不答应降价，就别怪我去找别人合作）这当然是恶意威胁，因为对方知道，如果自己不照着我们的话做，就可能失去某些东西。

而善意威胁是这样："如果你做了什么……就可以得到……"（例如，如果你愿意降价，我的另一个合作伙伴也将成为你的客户）

虽然这两种方式的最终目的都是一样的，但后者往往让己方得利更多，在人际关系上也能够更进一步。

威胁别人似乎并不难——比提出建议容易多了。你只消说几句话，也不必付诸行动就可以奏效。但是，有的时候威胁反而会引发反威胁，并且会不断地升级，致使谈判破裂，甚至破坏双方的关系。心理学中一再强调，人类在遭遇明显而强烈的威胁时，第一个反应就是"反抗"，就算是谈判专家也难以避免这个心理反应。你告诉对方："假如你不答立我的条件，以后就别想合作了……"对方纵使嘴巴里唯唯诺诺地答应着，而内心里肯定是正想着以后要怎么摆脱你。

威胁常会通过施加压力来实现。施加压力常常会导致适得其反的结果。它不是会使对方更容易做决定，而是会使之更难做决定。威胁会使一个工会、一个委员会、一家公司或一个政府更紧密地团结起来，以抵抗外来的压力。温和分子和鹰派分子会手拉手，心连心，一起对抗企图威胁他们的人。这时，问题就从"我们应该做这项决定吗"转变为"我们应该屈服于外界压力吗"。

高明的谈判很少会诉诸威胁。他们不需要这样做，因为还有其他方法可以传递同样的信息。把对方的所作所为将会产生的后果列出来，似乎比较适宜。你应该列出那些不受你的意志左右的后果，而不要列出你能施加影响的事项。"警告"比"威胁"更具有合法性，并且不会招致对方的威胁，例如："如果我们不能达成协议，新闻界就会坚持把整个事件的肮脏内幕刊登出来。到了那个地步，我不知道怎样才能合法地把新闻压制下来。对此，你有何高见？"

为了使对方的威胁失效，有时候你可以干扰其传达威胁的过程。你可以故意不理会对方的威胁，只将它视为未经授权的、匆忙说出的或与你不相干的信息。你也可以向对方传达这种危险负有风险。对付心理战的办法，首先是让自己有良好的心理素质，只有这样，你才能在心理战中节节胜利。

在我们的日常生活工作中，你应该见过、听过甚至亲历过这样的情境：

"你再不去做作业，下午就不带你去吃肯德基了！"

"你以后再和别人打架，春节就不给你买电脑了！"

"以后再出现这样的失误，你就该考虑是否该离开公司了！"

想一想，在你每天的生活、工作中，你身处在威胁和被威胁的状况中有多少？这时，你就会不由得感叹威胁的强大威力和它的广泛应用了，然而威胁通常还附带着一些条件和副作用。如果运用得当，你自然可以"不战而屈人之兵"，如果运用失当，你也会一败涂地的。

到美国学习语言的日本留学生服部冈丈，应朋友之邀去参加一个化装舞会。由于人生地不熟，身着奇装异服的他走错了地方，而且浑然不觉。当他兴奋地闯进别人家门时，惊恐万状的主人立刻拿出枪来，对准了这个不速之客，大声喝道："freeze！（不许动）"也许服部冈丈没有听清，也许他根本没有听懂"freeze"的意思，还以为是"pliease（请）"呢，甚至认为主人拿枪"威胁"他只是个玩笑呢。反正是化装舞会嘛。当他嬉笑着上前要与主人握手时，惊慌的主人开了枪，打死了他。

为什么在这里主人的威胁不起作用呢？道理很简单。因为威胁也是一种谈判的过程，其目的就是让被威胁者在心理上造成恐惧或不安，继而顺从威胁者的要求。威胁者必须让被威胁者明白，不听从指示将会受到严惩。也就是说，当我们在谈判中有效地使用威胁这一武器时，必须满足一些必要的条件：首先，威胁的讯息必须使被威胁者接受到。方式可以是语言或非语言，可以是明示，或者是暗示。这就是上面我们所列举的服部冈丈被枪杀的原因。

其次，威胁必须具有足够的"杀伤力"。不痛不痒地"威胁"是没有用的。

此外，威胁要有相当的可信度，要让对方相信你不是说说而已，你说话是算数的。越是让对方相信他不顺从你会导致报复行动的发生，这个威胁就会越有效。如果给对方留下太多的回旋余地，那么威胁的可信度和效果就会大打折扣了。

在谈判中，遇上盛怒的人总是令人尴尬的事情，尤其这个人与你有着某种关联时。因为每个人都会有失控的时候，所以每个人都该有应对失控的好方法。

如何应对盛怒的人？着实有点儿棘手。有人采用"三十六计走为上"——你发火，我逃走，时过境迁时，我们再谈判。但对于一个难得发火的上司，你的拍屁股而去，只会令他感到更气愤、更悲哀。因此，对于不同的人的发怒，你应有不同的方法。

对于上司，你最好采用先甘当沙袋、后冷静陈情的方法。

比如，你的上司对公司上半年的营销状况极为不满意。事实上问题出在公司的广告宣传上。而上司把主管营销的你大训一通，你虽有很多想不开，但最好不要马上反驳，否则无异于火上浇油。你不妨先洗耳倾听，一边拿个本子记下来，等上司发完脾气，情绪稍稍平稳后，再对上司说："你能否听听我的解释呢？"在得到上司的许可后，你就可以一一陈述自己的观点了。

有时候谈判中的一方，不太敢用退出来要挟对方，生怕谈崩了弄得鸡飞蛋打。因此，谈判老手都会不择手段地揣摩对方的真实意图，摸清了底牌，就掌握了谈判的主动权，这时再以什么方式取胜，便是技术问题了。暂时离开谈判桌，也就是说，以退为要挟达到进的目的，就是常用的一种。

美国一家大航空公司要建航空站，要求电力公司优惠电价，遭到拒绝，谈判陷入僵局。

航空公司佯装退却，放弃电价要求，声称自己要建发电厂。对电力公司来说，失去供电机会，就意味着失去了一单大生意。因此，航空公司离开谈判桌的做法使电力公司慌了手脚，忙请人从中说情，表示愿意以优惠的价格供电。航空公司则乘胜追击，将价格一压再压，而电力公司除了被动接受外无招可施。

千万不要画地为牢，误以为因为这是谈判，就非得谈不可。其实，离开谈判桌，并不是你不想做成这笔交易，有时候，这反倒是成交的有效手段。

如果上面这个例子还不足以说服你，这里还有一个国际性的实例可以作为佐证。

巴拿马运河最初并不是由美国开凿的。19世纪末，法国有一家公司跟哥伦比亚签订了合同——在巴拿马境内开一条通往大西洋与太平洋的运河。主持该工程的总工程师是因开凿苏伊士运河而闻名世界的法国人雷赛布，他自以为对此驾轻就熟，然而巴拿马的环境与苏伊士有很大的差异，工程进度十分缓慢，资金也开始短缺，公司陷入了窘境。

美国早在1880年就想开凿一条贯通两大洋的运河，由于法国抢先一步与哥伦比亚签订了条约，美国人极其懊悔。在这种情形下，法国公司的代理人布里略访问了美国，以1亿美元的价码向美国政府兜售巴拿马运河公司。事实上，美国早已对此垂涎三尺，知道法国拟出售公司更是欣喜若狂。然而，美国却故作姿态，罗斯福命令美国海峡运河委员会提出报告，证明在尼加拉瓜开运河更省钱——在尼加拉瓜开凿运河费用不到2亿美元，在巴拿马运河的费用虽然只有1亿美元，但是加上另外要支付收购法国公司的费用后，全部支出达2.5亿多美元。从支出费用上来看，当然是在尼加拉瓜开凿运河更划算。

布里略看到美国海峡运河委员会提供的这一报告后大吃一惊。如果美国在尼加拉瓜开凿运河，法国岂不是一分钱也收不回来了吗？于是他马上游说美国，表明法国公司愿意削价出售，只要4000万美元就行了。通过这种欲进先退的方法，美国就少花了6000万美元。

罗斯福又故技重施，他命令国会通过一个法案，规定美国如果能在适当时期与哥伦比亚政府达成协议，就选择巴拿马，否则，美国就选择尼加拉瓜开凿运河。

这样一来，哥伦比亚也坐不住了，驻华盛顿大使马上找美国国务卿海约翰协商，签订了一项条约，同意以100万美元的价码长期租给美国运河两岸各宽3千米的"运河区"，美国需每年另付租金10万美元。

罗斯福成功地运用以退为进这一谋略，轻而易举地截取了巴拿马运河的开凿和使用权。

看到没有，离开谈判桌，交易筹码通常只多不少。因此，谈判时，别忘了随时准备离开谈判桌，而且要说到做到。当你再度回到谈判桌上时，行情往往看涨。

我们所要注意的是——我们所使用的每一个谈判策略，其最终目的都是让谈判结果能够达到"双赢"，如果对方最后的决定是退出谈判，那么不管我们在谈判中表现得

多么完美，这场没有结果的博弈都是失败的。因此，在使用这个谈判策略时，必须是当己方的"地位"高于对方的时候。当我们的地位不如对方时，并不适合使用这个策略。其理由有两个方面：其一，使用这个谈判策略前，我们只有处于较高的地位，才有资格和立场去挑剔，去要求对方；其二，只有在对方无论如何都"必须"承受我们的贬低时，才能够确保谈判可以继续下去。

也就是说，我们在选用这种谈判策略时务必注意——只有适时适地地使用不同的处理方法，才能够得到最好的谈判效益。

谈判的时候，你对对方可以采用一些既有效果更容易让人接受的施压方法。

**下面就介绍几种巧妙地使用"威胁"的方法：**

### 1. 先硬后软法

如果我们一开始就给对方来个有力的下马威，那么在谈判的过程中，对方在提出要求时就会比较含蓄。接下来，如果我们主动地放低姿态，发出善意的信号，那么内心里松了一口气的对方，对我们所提出的条件标准就会大幅度降低。尤其当对方是没有太多经验的谈判者时，使用这个策略通常能逐步地化解对方的反抗心理。

让我们来看一个实际例子：

有一家大企业正面临经营的窘境，如果不对一千多名员工进行减薪，就无法维持正常的营运，但一提出减薪，恐怕许多有能力的员工会选择离开。

最后，老板决定发布全体员工减薪 20% 消息。此消息一出，员工们惊慌失措，毕竟 20% 的减薪可不是个小数目！但就在员工们一团慌乱之时，各级主管们已经分别约谈下属员工，告诉他们虽然公司减薪 20%，但是对于表现优良的员工，老板决定只减薪 8%，希望员工们能与企业共渡难关……

从原本减薪 20% 到只减薪 8% 的"心理差距"，果然马上让这些员工定下心来，同时体谅到了公司的难处。

在这场谈判中，员工唯一的筹码是离职抗议，老板想要避免这个麻烦，就必须把"离职"这个选项排除在员工的想法之外。于是，他选用了"硬藏软"的谈判手法：先给对方重重一击，再充满诚意地提出"补偿"的方案，经过这些波折之后，员工的内心里面对公司的处理方案，已经从"减薪"与"离职"两个选项，变成为"减薪多一点儿"和"减薪少一点儿"，让对方有了"失而复得"的欢喜，也能更平静地接受企业老板所提出的条件。

除了公司内部惯常对员工使用这种策略外，当我们将这个策略运用在商业谈判上，也能让对方感到措手不及，无法防备。

有一个在业界是公认的最难对付的谈判者，他常常在谈判中引经据典，百般挑剔地贬损对方的公司，不管是过去的合作项目，或是他们和其他公司的合作绩效，在他的眼中仿佛都充满了缺点。而他最常说的一句话是："你们过去的绩效这么糟，我真搞不懂为什么我还得在这里和你们谈判。"

这种正面激烈的进攻往往能够有效地模糊谈判者的注意力，使其气势被完全击溃，他们会觉得自己的确是要负有责任，即使那些糟糕的绩效或缺点和他们根本没有直接的关系……而我们都知道，一旦对方的气势被削弱，在接下来的谈判过程中，他们就很难不被这位谈判高手所发出的善意信号或退让信号给说服。

### 2. 隐性威胁法

有很多人误以为"威胁"必定是口出恶言，或用激烈、恐吓的言辞让对方感到畏惧、害怕。其实，威胁也是可以"包装"的，如果你学会了，就能够让对方欢天喜地地接受你的"威胁"。

有一个售楼高手，他一个月可以销售掉十几套房子，而且都是高于底价。

他的做法是先带着客户去看不符合他们需求的房子，然后在看房的过程中用惋惜的口气告诉客户："其实我手上原本有一套你们应该会喜欢的房子，可惜我们老板也想买，就先保留了下来……"

听到这里，几乎所有的客户都会要求去看这套"连房地产老板也想要的房子"。在客户强烈地要求之下，他只能"勉为其难"地带着客户去看房子，果然在看完房子后，有六七成的客户都对这套房子大有好感，并要求他说服老板把房子让出来……运用这个方法，他不但能快速成交，还能达到理想的卖价。

其实，他所运用的方法，就是谈判中的"隐性威胁法"。这种威胁法往往能够让对方心理上产生压力，却又不至于产生反感。

### 3. 让人发笑的威胁

美国有一家银行在催收欠账上成效甚微，不管银行人员怎么和欠账者协商，就是无法从他们的口袋里拿到钱。

后来，他们想出一个办法：不再打电话或邀约面谈，而是利用信件夹带4幅漫画给欠账者。

欠账30天的客户收到的漫画，画面上是一只要求付账的狗；欠账60天的客户收到的漫画，画面上是一只面对账单、神情沮丧的狗；欠账90天的客户收到的漫画，画面

上是被一大堆账单压扁的债主；欠账 120 天的客户收到的漫画，画面上是泪流满面的债主，背上插了一把刀子，跪在一摊鲜血里，旁白则是"请付清账款，我信任你"。

最后，这幅漫书的催账效果特别管用。

## 学会留白

在国画中，大师讲究留白。这样更能体现一幅画的意境深远。同样，在谈判中，也不能把话说绝，凡是给人留余地，便是给自己留后路。

俗话说，"逢人只说三分话"，还有七分话，不必对人说出，你也许以为大丈夫光明磊落，坦诚相见，事无不可对人言，何必只说三分话呢？其实不然，我们提倡在人际交往中以诚相见，但是，人与人之间要达到以诚相见的境界势必要有一个过程。在这个过程的每个阶段，需要运用各种信如其分的交际方法，方能保证这个过程的顺利完成。

### 1. 善用"模糊表态"，应付一些复杂的请求

所谓"模糊表态"，即是采取恰当的方式、巧妙的语言，对别人的请求做出间接的、含蓄的、灵活的表态。其特点就是不直截了当地表示态度，避免与对方短兵相接地交锋。它是一种常用的社交方式。

"模糊表态"的功效有二：

**一是给自己留有回旋的余地。**

有些问题一时尚不明朗，需进一步了解事实真相，或看看事态的发展及周围形势的变化，方可拿主张。"模糊表态"就能给自己留下一个仔细考虑、慎重决策的余地。否则，君子一言，驷马难追，不仅影响自己的威信和声誉，也对事业对人际关系造成不应有的损失。

**二是给对方一点儿希望之光，有利于稳定对方的情绪。**

要求你解决或答复问题的人，内心总是寄予厚望，希望事情能如愿以偿，圆满解决。如果突然遭到生硬地拒绝，由于缺乏必要的心理准备，很可能过分失望或悲伤，心理上难以平衡，情绪难以稳定，产生偏激言行，有碍于人际交往。

相反，倘若话尚未完全说死，则使他感到事情并非毫无希望，也许经过更多的努力或者过一段时间机会降临，事情会向好的方向转化，因而情绪趋于稳定。

但是，我们并不是说凡事都得"模糊表态"。该明确表态也含糊其词，那是十分错误的。那么，遇到什么问题、在什么情况下，宜用"模糊表态"方式？又如何掌握

"模糊"的分寸呢?

当事态不明朗时,宜用"模糊表态"。任何事情的发展变化都有个过程,有的还得有一个相当长的演变过程。当事情处于发展变化初期,实质性的问题尚未表露出来,这就难以断定其好坏、美丑、利弊、胜负。这时,就需要等待、观察、了解、研究,切不可贸然行事,信口开河。倘若迫于情势,你不能不有所表态的话,最好还是向他"模糊表态"。例如,你可以说:"这件事比较棘手,让我看看再说。"这样给自己以后的态度留下了回旋的余地。

有些经验丰富的人遇到这类问题,用几句幽默话语,如引用一则寓言故事或一则笑话,而不直接回答,留给对方去思考、寻味。这可说是"模糊表态"中的高招儿了。

当与对方处于初交时,宜用"模糊表态"。让我们拿谈恋爱打个比方,有正、反两例,可供借鉴:

小王和小李平时性格内向,接触异性的机会少,经人介绍,他们俩相识了。初次见面,双方都有了点儿意思。接下来是两人交谈,这对双方来说都是一种试探。幸好他俩都还聪明,懂得初次交往的表态艺术。

在分别时,小王对小李说:"我对您的印象总体来说不错,不过还是初步的,有待以后进一步了解。"

小李也微笑着回答:"我和您的感觉一样。"

这里双方的表态都是模糊的,既表达了愿交朋友的意向,又为自己留下了回旋余地。双方都高兴,也为以后的进一步交往打好了基础。

另一对青年却非如此,小张和小丁也是经人介绍认识的,初次见面,小张就把嘴一翘,冲着小丁说:"我对你不感兴趣。"弄得小丁掩面而走,回去大哭了一场,埋怨起介绍人来。小张的表态无论是方式、场合,还是语言的选择,都太缺乏艺术性了。

### 2. 对把握性不大的事可采取弹性许愿

如果你对情况把握不很大,就应把话说灵活一点儿,使之有伸缩的余地。例如,使用"尽力而为""尽最大努力""尽可能"等有较大灵活性的字眼儿。这种许愿能给自己留下一定的回旋余地,但一般会给对方留下疑虑,取得对方信任的效果要差一些。

### 3. 对非自己所能独立解决的问题,应采取隐含前提条件的许愿

这就是说,如果你所做的承诺不能自己单独完成,还要求别人帮助,那么你在许愿中可带一定的限制性词语。

比如,你许诺帮助朋友办理家属落户的问题,这涉及公安部门和国家有关政策,

你不妨这样说更恰当一点："如果以后公安部门办理农转非户口，而且你的条件又符合有关政策，我一定帮忙。"这里就用"公安部门办理"和"符合有关政策"对你许愿的内容做了必要的限制，既见自己的诚意，又话语灵活，还向对方暗示了自己的难处（也要求人）。真是一石三鸟！

### 4. 可偶尔使用的缓兵计

有很多时候出于各种原因，比如碍于面子、对方来头儿大等，我们不能过于直接地拒绝他人的要求。除了婉转地使拒绝容易接受外，还不妨先答应下来，然后再用反悔给他一个交代。

这种方法不宜常用，只能偶尔为之作为应急之法。经常为之，定会影响人际关系，甚至遭人指责。大多数人都喜欢言出必行的人，却很少有人会用宽宏的尺度去谅解你不能履行某一件事的原因。我们常常听见某甲埋怨某乙，说："某乙分明答允了我……但……"事实上，某乙虽然答应过某甲，但那不过是某乙怕难为情不好意思拒绝而已，后来他仔细一想，便觉得这事根本不可能办到了，甚至某甲自己也知道这事实在强人所难。但是某甲真的会自责而不责人吗？恐怕不会的，而在旁人看来，也总是觉得某乙不对，因为到了那个田地，已经没人注意当初他的一切了。

拿破仑说："我从不轻易承诺，因为承诺会变成不可自拔的错误。"

有人会发此疑问：当我们在朋友面前，被迫非答应不可，而实际上明知这事不该答应时又怎样？

人际关系学家告诉我们："我们需要在聆听别人陈述和请求完毕之后，轻轻摇摇头，而态度并不强烈。"轻轻摇头，代表了否定，别人一看见你摇头，知道你已拒绝，跟着你可以从容说出拒绝的理由，使别人易于接受。

自然，拒绝的理由必须充分。一个充分的理由，使人谅解你不能遵办的苦衷，就不会对你记恨在心。

有许多事情常是这样看，看来应该做，但一做起来就有麻烦，比如你有一个好友做了人寿保险的经纪人，他来向你说了一大堆买人寿保险的好处，于是，他请你向他买100万元的保险。你也明知此举真有益处，但是，后来当你细心一想，如果照他的要求，你每月要付出的保险费，等于你收入的1/3，而目前你的收入，也不过是仅可敷衍日常生活所需。你一定明白这事很难办到，你就不妨轻轻地摇头，然后说出上述理由。

### 黑脸白脸唱"双簧"

美国的服装商德鲁比克兄弟二人开了一家服装店，他们的服务十分热情。但是，这兄弟二人都有些"聋"，经常听错话。

每天大多是两兄弟中的一个，热情地把顾客拉到店中，反复介绍某件衣服是如何物美价廉，穿上后又是如何得体漂亮。经过这样劝说一番之后，顾客总会无可奈何地说："这衣服多少钱？"

"耳聋"的大德鲁比克先生把手放在耳朵上问道："你说什么？"顾客又高声问一遍："这衣服多少钱？""噢，你问多少钱呀，等我问一下老板。十分抱歉，我的耳朵不好。"他转过身去向那边的弟弟大声喊道："喂，这套衣服卖多少钱？"小德鲁比克站起身来，看了顾客一眼，又看了看服装，然后说："那套嘛，72 美元。""多少？""72 美元。"老板高喊道。他回过身来，微笑着对顾客说："先生，42 美元一套。"

顾客一听，随即赶紧掏钱买下了这套便宜的衣服，溜之大吉。

其实，德鲁比克兄弟两人的耳朵一点儿也不聋，而是借"聋"给想占小便宜的人造成一种错觉来促销。事实上，这两兄弟采用此种方法经营得非常成功，赚了不少钱。

相信你肯定在过去的警匪片中看到过这个策略：

第一个警察使用威胁嫌疑犯的战术，指控他犯有多起罪行，让他面对强光照射，并将他推来搡去，然后找个借口离开。接着，白脸警察关上强光灯，递给嫌疑犯一支烟，为刚才举动粗鲁的警察道歉。他说他想阻止那个警察，但是嫌疑犯如果不合作，他也没有办法。结果是，嫌疑犯讲出了自己所知道的一切。

这就是"黑脸、白脸"策略。

在谈判的过程中，有时，当对方提出一些自己事先毫无准备且又是要害问题时，难免会使自己陷入困境；有时，在某一个问题上，对方本应让步却又坚持不让步时，就可能使谈判难以进行下去。这种情况下，谈判人员就可以利用"黑脸、白脸"策略。自己的主谈者找一个借口暂时回避，让黑脸披挂上阵，旁边配上一个调和者，将对方的注意力引向他们。此时，黑脸即可采取强硬的立场，唇枪舌剑，寸步不让，死磨硬泡，从气势上压倒对方，给对方在心理上造成压力，迫使对方让步，或者索性将对方的主谈者激怒，使其在怒火中失态。

自己的主谈者估计已取得预期效果时即回到谈判桌旁，刚回来的主谈者一般不要马上发表意见，而是让其调和者以缓和的口气、诚恳的态度，调和自己的黑脸同伴儿

与对方之间的矛盾，实际上也是间接地向自己的主谈者汇报这段时间的战果。

主谈者通过调和者的间接汇报和察言观色，判断对方确被激怒或确被己方的气势压倒而有让步的可能性时，就开始抖擞精神，以诚恳的态度和言辞，提出"合情合理"的条件（其条件往往高于或至少等于其原定计划），使对方接受。若有必要，还可以"训斥"自己的黑脸同伴儿之粗暴行为，去顾全对方的面子。在这种情况下，对方很可能会做些让步，接受你的条件。

扮演黑脸的人既要"凶"，态度强硬、寸步不让，又要处处讲理，决不可蛮横。而外表上也不是高喉咙大嗓门儿，唾沫星子横飞，这属于"俗相"。黑脸也不一定老是虎着脸，也可以有笑容，只是"立场"要强硬，"条件"要狠。

扮演白脸的人应为主谈人或负责人，应该善于把握火候，让黑脸同伴儿能够下台，及时逼迫对方就范。

若是一个人同时扮演"黑脸、白脸"的两种角色时，一定要机动灵活，发动强攻，声色俱厉的时间不宜过长，同时说出的"硬话"要给自己留有余地，不然，反倒会把自己捆住。情绪万一冲动之下，过了头而陷入被动局面，此时，最好的解决办法是"休会"。

当对方用"黑脸、白脸"的策略对付你时，经常会使你感到很狼狈。你同两个人谈判的时候，更要时时提防这一点。

例如，你替一家保险公司卖集体健康保险，你同一家生产割草机的公司的人力资源部副总经理约好见面。当秘书把你领进副总经理的办公室时，你惊讶地发现该公司的总经理也想来听你的介绍。

这是二对一的谈判，情况不太妙，但是你坚持了下来，进展还算是顺利。于是，你觉得就要成交了。突然总经理生气了，他对副总经理说："看呀，我就不相信这些人能给我们一个合理的报价，对不起，我还有事！"然后，他冲出门去。

如果你没有经验的话，你真的就动摇了。然后，副总经理说道："哇，他经常是这个样子，但我真的是很喜欢你提出来的计划。我觉得我们可以接着谈。如果你的价格再调整一些，我想我们可以成交。然后，我再帮你向总经理说情。"如果你没有注意到他们对你使用的计策，你可能会问："您认为总经理会同意多少呢？"结果，很快你就会让副总经理替你说情——其实，他根本就不站在你一边。

有趣的是，这种伎俩虽然从来逃不过精明人的眼光，但一样还是上当。理智告诉我们此人不过是在演戏，他的行为不见得对己方最有利，但是感情上仍然会把他当作好人，这多半是由于幼年经验的反射作用。

小的时候，如果父亲不肯答应某个要求，我们就会不由自主地去央求母亲。孩子们并不知道，父母之间多半已有默契，在子女面前要立场一致。如何克服"黑脸、白脸"攻势？很简单，别理会那个唱白脸的，全力设法说服唱黑脸的那一位。如果说服不了至少也没有损失，因为他的同伴儿可能同样难缠。

当别人用"黑脸、白脸"攻势对付你的时候，请试试下面的策略：

**（1）揭穿它**

尽管有很多解决问题的方法，但这可能是你需要掌握的唯一策略。"黑脸、白脸"的策略人所共知，运用此计而被当场识破的人会感到很尴尬。如果你看出对方运用此计，你应该微笑着说："喂，接下来您是不是要用"黑脸、白脸"的策略？来来来，请坐下来，咱们解决解决这个问题。"这时，他们通常会感到不好意思而偃旗息鼓。

**（2）创造一个自己的黑脸来回击**

你可以告诉他们你愿意按照他们的要求去做，但坐在领导办公室里的老板倾向于原来的计划。你总可以虚构一个比谈判桌前在场的黑脸更加强硬的黑脸来。

**（3）你可以向他们的上级核对此事**

例如，如果你同零售商谈判，你可以给经销商货主打电话，说："你们的买主跟我用'黑脸、白脸'策略，您不赞成这种事情，是不是？"要当心，越过买主去找上级的做法可能使买主对你产生恶感，给你带来更大的问题。

**（4）让黑脸充分地表演**

有时候，就让黑脸表达他的意见，尤其是让他表演令人讨厌的场面。最终，他那一方的人也会厌倦听他唠叨，告诉他闭嘴！

**（5）让白脸也变成黑脸**

你可以对那个白脸说："我知道你们两个用的是什么计策。从现在起，他说的任何话我都认为是你说的。"于是，你现在有两个黑脸要对付，这样就化解了这个策略。有时，你内心里就把他们都当作黑脸也是可以解决问题的，没必要去揭穿他们。

**（6）先发制人**

如果对方带了个律师或领导来，他明显是来扮演黑脸的。他们一进门，你就要先发制人。你对他们说："我敢保证您是扮演黑脸来的，但我们还是收起这一招儿吧！我和您一样急于解决问题，那么我们为什么不采取"双赢"的办法呢？好不好？"这样，真的就缴了他们的械。

## 沉默是金

沉默是话语中短暂的间隙，是超越语言力量的一种高超的传播方式。恰到好处地沉默能收到"此时无声胜有声"之效果。

英国政治家赖白斯在一次演讲中，突然停顿，取出了表，站在讲台前一声不响地看着听众，时间长达 72 秒之久。正当听众迷惑不解之时，他说话了："诸位适才所感觉到的、局促不安的 72 秒钟长的时间，就是普通工人垒一块砖所用的时间。"

赖白斯以沉默的方式来表现演讲内容实属高超。这是吸引注意力的一种好方法。当时伦敦各大报纸都就此事争相当作新闻登载。

有一位著名的谈判专家一次替他的邻居与保险公司交涉赔偿事宜，谈判在专家的客厅里进行。

理赔员先发表了意见："先生，我知道你是交涉专家，一向都是针对巨额款项谈判，恐怕我无法承受你的要价，我们公司若是只出 100 美元的赔偿金，你觉得如何？"

专家表情严肃地沉默着。根据以往经验，不论对方提出的条件如何，都应表示出不满意，此时，沉默地不屑就派上了用场。因为当对方提出第一个条件后，总是暗示着可以提出第二个、第三个。理赔员果然沉不住气了："抱歉，请勿介意我刚才的提议，再加一些，200 美元如何？"

良久地沉默后，谈判家开腔了："抱歉，无法接受。"

理赔员继续说："好吧，那么 300 美元如何？"

专家过了好一会儿，才道："300 美元？嗯，我不知道。"

理赔员显得有点儿慌了，他说："好吧，400 美元。"

又是踌躇了好一阵子，谈判专家才缓缓说道："400 美元？嗯，我不知道。"

"就赔 500 美元吧！"

就这样，谈判专家只是重复着他的良久沉默，重复着他的痛苦表情，重复着说不厌的那句缓慢的话。最后，这件理赔案终于在 950 美元的条件下达成协议，而邻居原本只希望要 300 美元。

谈判是一项双向的交涉活动，每方都在认真地捕捉对方的反应，以随时调整自己原先的方案。此时，一方若干脆不表明自己的态度，只用良久地沉默和"不知道"这些，可以从多角度去理解的无声和有声的语言，就可以使对方摸不清自己的底细而做出有利于己方的承诺。上述谈判专家正是利用了这一点，使得价钱一个劲儿自动往上涨。

沉默所表达的意义是丰富多彩的，它以言语形式上的最小值换来了最大意义的交流。沉默既可以是无言地赞许，也可以是无声地抗议；既可以是欣然默认，也可以是保留己见；既可以是威严地震慑，也可以是心虚地流露；既可以是毫无主见、附和众议地表示，也可以是决心已定、不达目的决不罢休的标志。当然，在一定的语境中，沉默的语义是明确的，就像乐曲中的休止符一样，它不仅是声音上的空白，更是内容的延伸与升华，是对有声语言的补充。

沉默的长度能对听者产生相当的影响，当行则行，当止则止，必须给予适当的控制。

"没有一点儿声音，没有任何喝彩，只有那震耳欲聋的深沉的静寂。"这就是沉默的最佳传播效能。如果沉默的时间掌握得不恰当，只要稍微放长了那么一点点，听者就会从这稍长的瞬间觉醒过来，在高潮突来以前做好了心理准备，那就平淡无奇了。如果不分场合故作高深而滥用沉默，其结果会事与愿违，只能给人以矫揉造作的感觉。

在一定的语境中，沉默能迅速消除言语传递中的种种障碍，使听者的注意力集中，就像乐队指挥举起指挥棒，喧闹的会场立即安静一样，沉默使听者的情绪得到无声的感染。

一个工厂主的生意清淡，他想改行，于是打算变卖自己的旧器材。他想："这些机器磨损得很厉害了，能卖多少算多少吧，能卖到4万元最好了，如果别人压价压得狠，3万元我也咬牙卖了。"

终于有了一个买主，他在看完机器后，挑三拣四地说了一大通，从剥落的油漆说到老化的性能，再到缓慢的速度，几乎没有停过。工厂主想这是压价的前奏，于是耐着性子听对方滔滔不绝地埋怨。

买主终于停了下来："说实话，我不想买，但要是你的价格合理我可以考虑一下，你说个最低价吧！"

工厂主静静地思索着：忍痛卖了还是不卖？

就在他沉默的那3秒钟，他听到了一句话："不管你想着怎么提价，首先要说明的是，我最多给你6万元，这是我的底线。"

结果可想而知，因为沉默的3秒钟，工厂主多赚了几万元。

人与人交谈时，某一方的沉默会给人造成极大的心理压力，因为沉默容易使人没有安全感，所以多数人在面临这种处境时，常常会沉不住气，不断地发表意见。也正

因如此，许多谈判高手经常会利用"沉默策略"打击对手，他们会制造沉默，也懂得适时打破沉默，进而达到最终的谈判目的。

一般说来，沉不住气的人容易败在冷静者的手里，因为急躁的情绪已经占据了他们的心理，他们没有时间冷静考虑自己的处境和地位，更无法认真思索正确的对策。在最常见的价格谈判中，他们总是不待对方发言，就不断地提出价格建议，最后让别人逮到机会，夺去优势，自己则错失良机。

在企业管理过程中，管理者时时会坐在谈判桌前，与人商议各种事务，因此，管理者一定要懂得善用"沉默的力量"，才能出奇制胜，赢得谈判。当然，所谓的沉默，并非只是"不说话"而已，而是要展现出一种胸有成竹、沉着冷静的姿态，尤其在神态上更要表现出大势在握的气势，以迫使对方沉不住气，先亮出谈判的底牌。相反地，如果管理者神态沮丧、喋喋不休，很容易就泄了底，从而把利益白白转到对方的手上去了。

任何谈判都要注意实效，要在有限的时间内解决各自的问题，有些谈判者口若悬河、妙语连珠，总能在谈判的过程中以绝对优势压倒对方，但谈判结束后却发现并没有得到多少，交易结果令人失望，与谈判中气势如虹的表现不相匹配，可见在谈判中多说无益。

如果你是卖方，相信经常会遇到难以搞定的对手。他们对你的产品报价不置可否，而且对你强调和目前的供应商合作愉快，根本没有调换的可能。倘若你意志不坚定，相信他们的鬼话，其后果就是彻底丢掉这笔生意。

全世界任何一个买家都不会轻易地丢掉一笔好交易，之所以拒绝你，是因为他们在试图了解你的底牌，所以无论出现何种情况，希望你能再坚持一下，这对你不会造成什么损失。就在你即将放弃的前一秒钟，通常他们会问："你的最低价格是多少？"狐狸尾巴终于露出来了，在这之前复杂的铺垫就是为了这句话。

这时候你会怎么办？把低价报给他们？决不！当他们听到最低报价会不会善罢甘休？当然不会！他们继续会以不合作的态度逼你，即使双方未能达成交易，他们也是赢家，因为买家已经掌握了你的最低底线，无论是下一次与你谈判还是和其他公司交易，他们都优势在手，主动权在握。

你最好的回应就是请他们出一个合适的价格，刺探买家的底牌，当然他们不会如此直率，对这些谈判高手简直就是班门弄斧，买家对于自己的底牌会守口如瓶，有打死也不说的崇高信念，同时他们会迫使你说出具体的数字。怎么办呢？坚持到底，看看谁更有耐心。

这是一个最艰难的时刻，尤其是对一个性格外向的人来说简直就是煎熬，如果谈判室里有钟表就更加恐怖了，那种有节奏的嘀嗒声好像是生命的倒计时，又如同西部牛仔生死决斗前的丧钟，屋里一片沉寂，能听到的只有双方急促的呼吸声……时间在一分一秒地逝去，你第一次感觉时间是这般难熬，看看对方的表情，他也是一样紧张，虽然还是面带微笑地看着你，但是他的笑容已经在慢慢地僵硬，他的眼神逐渐空洞无神，他在等待你的崩溃，你会吗？

一般情况下，先开口的一方就是让步的一方，甚至连说辞都极为相似："好吧，我再让步5%，这是最后的让步，如果你不同意，那么现在就终止谈判。"就是这么简单，看似没有结果的交易突然峰回路转、柳暗花明。当然，希望先开口的人不是你，宁可咬破嘴唇了也不能开口。这不是与生俱来的超能力，沉默也需要训练，你信不信？

沉默不仅能够迫使对方让步，还能最大限度掩饰自己的底牌。你没弄清对方的意图前不要轻易地表态。在正常的谈判中，对于同一个问题一般总会有两种解决方案，即你的方案和对方的方案。你的方案是已知的，如果你不清楚对方的方案，则在提出己方的报价后，务必设法了解到对方的方案再做出进一步的行动。

在任何谈判中都包含四方面的信息。其中有两种是你知道的——你的报价和底价，而对方的底价是很难了解的，所以只有找到第三种信息才能占据谈判优势，即对方的开价。事实上，对方会极力隐藏自己的开价，谁也不愿意束手就擒。

# 十二、破解谈判中的陷阱

谈判是一个"合作的利己主义"的过程。这就要求谈判者应以一个真实身份出现在谈判行为的每一环节中，去赢得对方的信赖，以把谈判活动顺利完成。但是由于谈判行为本身所具有的利己性、复杂性，加之能允许的手段性，谈判者又很可能以假身份掩护自己、迷惑对手，取得胜利。这就使得本来就很复杂的谈判行为变得更加真假相混，难以识别。

### 欺骗

欺骗是谈判者经常使用的一种伎俩，是指对方在阐述有关信息时，故意隐瞒真实情况，编造虚假事实，以欺骗谈判对手的不道德行为。

在谈判过程中，欺骗这种手段经常可见。例如，某谈判者说："这款香水是我们引进法国某著名品牌原料而生产的，是国内第一家引进。"而实际上，引进该品牌香水原料的并不止这一家。这就是明显的欺骗行为，是违反职业道德的。尽管可能一时欺骗了对方，但是很难保证永远不会暴露，对方一旦发现被欺骗，后果可想而知。

在现实中，欺骗的情形有多种：

第一，别有用心的对手常常会借谈判之机，诱导你暴露重要信息，而他却并不一定与你真做交易。许多时候对手是为了根据你的建议向其他有目标的客户压价，从而寻找他认为最理想的客户，这在当今的贸易谈判中很常见。

对付这种欺骗手段的有效办法，是想方设法明确对方的谈判动机。除非你确信对方只与你一家进行了实质性接触，否则，不要轻易提供有价值的资料情报。

第二，谈判方经常会提供一些虚假资料，以引诱你洽商。例如，资料中有用的信息很少，基本都是过时的价格标准、不符合实际的数字、夸大的产品质量性能、失效的技术专利等。

第三，谈判方可能派遣一位没有决定权的人与你谈判，以试探你的态度和立场，或故意透露给你错误的信息，诱骗你上当。很多时候，当你与对方谈妥条件并准备签署协议时，对方的实权人物便会出面，否定了已议好的主要条款，要求再重新商议。由于你已经花费了许多时间和精力，不愿意谈判中止，空手而归，只好妥协，以求签署协议。

对付这种情况的办法是：在谈判开场时，要认真考察对方的权限范围，你可以直接询问对方他有多大的权力范围，如果对方回答含含糊糊，就可以要求直接与有决定权的人谈判。也可以通过各种渠道了解对方的职位、权力与责任。如果对方在交谈中含糊其词，不讲实质内容，要么是别有用心，要么就是无权决定，谈判者一定要引起警觉，并采用假设条件策略试探对方。另外，如果对方想在条件谈妥之后重新商定条件，绝不能轻易退让。

第四，有时还会出现谈判方擅自改动协议书内容、单方毁约的情况。因此，在确定谈判结果之前，必须仔细审查协议书的内容，责任条款是否清楚，意思表达是否完整，措辞是否严谨，避免可能出现的漏洞与疏忽，减少对手可乘之机。

适当隐瞒并不同等于故意欺骗，因为，有些时候谈判出于某种需要，并没有讲出全部情况或全部真相，但并没有以虚假信息欺骗对方。谈判者不把他们考虑的事情全盘托出，是出于自我防卫的考虑。如果谈判方将他的底细露出，他将为此付出代价。

在谈判桌上，当有人假装无权做出决定，或者是信口许诺却无意兑现承诺，那么这种欺骗也会导致敌意的产生。

### 威胁

威胁，是指在谈判过程中，谈判者对于将来的行为做出的有条件的提议或表示，以迫使对方接受某种结果或限制对方的选择。威胁大概是谈判中用得最多的伎俩。威胁比提条件、说服对方要容易得多。

#### 威胁会引起反威胁

在谈判中，许多谈判者会自觉或不自觉地使用威胁手段。但是谈判专家经研究发现，威胁并不能达到使用者的目的，它常常会导致反威胁，形成恶性循环，损害双方的关系，最终导致谈判破裂。

实际上，表达同样的意思有不同的方式。如果有必要指出对方行为的后果，就客观陈述可能发生的情况，而不以附加条件的方式胁迫对方。从这一点来讲，警告就要比威胁好得多，也不会引起反威胁。

威胁的副作用很大，因此我们不仅不赞成使用威胁，而且提倡尽量避免使用威胁性的字眼。经调查研究，威胁常常来自那些壮志未酬、虚荣心受挫、自尊心过强的人。

对付威胁的有效办法，最好是直接无视，不予理睬，你可以把它看成是不相干的废话，或是对方感情冲动的表现。你也可以向对方指出威胁可能产生的后果，指出他的虚假条件，这样，威胁就失去了应有的作用。必要时，还要对威胁进行反击。

#### 威胁的应对与化解

第一，捷足先登。当谈判一方发现对方正在某个问题上威胁自己，使己方陷于被动处境时，就要立刻先发制人，使对方的潜在威胁失去目标。

第二，逆流而上。这是一种对付威胁的强硬方式。这种方式基于确认己方的心理承受力强于对方的心理承受力。一旦采用了这种应对方法，切不可再单方面向谈判对手做出让步。

第三，假装糊涂。面对威胁，顾左右而言他，用以考验对方的决心，同时也给自己的判断决策留有余地。如果威胁方发现他的威胁并未给你造成预期的压力，或许会主动撤回威胁。

第四，晓以利害。如果威胁方低估了可能会给自己造成的损失，需要向对方晓之以理，并向对方逐一说明所有损失，同时尝试向对方提出与其威胁相反的提议。

**威胁的严重后果**

（1）威胁激发对方的反抗情绪，导致其更不合作。

（2）威胁和强迫对方达成协议可能被视为违法，使对方继续反抗，谈判者不得不施加更多的威胁。

（3）威胁可能引起报复。威胁的效果越严苛，复仇的可能越大。有效的威胁是既能满足自己的利益，又不引起复仇等副作用。目标是做出威胁但能够使对方尊敬并喜欢你。

如何做出明智的威胁？必须有能力有意愿去采取威胁的行动；所提的要求须合乎情理，让对方有服从它们的意愿；所提的要求必须具有可行性，不要让对方即使想服从也没有能力服从。

## 强硬

这种伎俩在国际性谈判以及西方国家的劳资谈判中较为普遍存在，即谈判一方声称某些条款没有任何考虑、商量的余地。在有些方面。谈判者固执得不近情理，强硬地坚持某些要求，把它当作一种赌博，先向对方摊牌，然后迫使其让步。

### 不宜总持强硬态度

一些谈判者权力欲比较强，习惯于坚持强硬的、毫不妥协的立场，经常声称"这个不能改，那个不能变"，往往在谈判中趾高气扬，不习惯也没耐心听对方的解释，总是按着自己的思路，认为自己的条件已经够好的了。尽管这种一厢情愿式的主观认识十分愚蠢可笑，但是他们仍然乐此不疲。如果你遇到这样的谈判对手，首先要做好各种心理准备，以应付各种尴尬场面，然后在耐心的基础上，理直气壮地提出你的理由。可能在某些情况下，他们的强硬立场会占上风，但从长远来讲，这是一种短视的行为，一味地强硬是极不可取的。无论是什么内容的谈判，没有那个谈判对手能一直默默忍受对方强硬态度所施加的压力。

在谈判过程中，谈判方不宜总持强硬态度。事实证明，如果某个谈判者墨守成规，固执己见，立场强硬，那么他很少能达成有创造性的协议。如果谈判双方都持强硬态度，那么，谈判将名副其实地成为一场战斗，谈判的最好结果也只是双方妥协的产物。

如果对方强硬，你也强硬，甚至比他更强硬，那么谈判将无可避免地陷入僵局。如果对方强硬，你软弱妥协，你就会被剥夺得一干二净。强硬的显著特征就是死抓住某一点不放。所以，谈判中要说服对方放弃强硬立场，灵活性是绝不可少的。比如，你可以适当地打断对方的谈话，也可以提出些问题让对方解释，或者开个玩笑，借幽默来应对。

强硬与威胁的不同之处在于，威胁你可以置之不理，但强硬却不能不予理会，否则谈判便无法进行。所以，必须想尽办法克服对方的强硬，以便更好地通融与协商。只要灵活有方，措施得当，任何强硬的立场都是可以改变的。

小提示

进行反击之前，最好先了解一下对手的情况：他如此强硬的原因是什么？是否根据上级的指示？是否他的一种谈判技巧？是否由于谈判者个人的性格和作风造成的？只有摸清了这些情况，才能从容地进行有效的反击。

### 如何攻破强硬战略

针对对手的强硬战略，有很多应对方法。良好的、有战略的应对，要求谈判者尽快辨别出强硬战略，并且了解它的实质以及运行机制。大多数强硬战略是用来增强谈判者的立场，或者是用来转变对方观点的。如何更好地应对该战略，取决于谈判者的目标及其广阔的背景。

方法一：讨论强硬战略。

首先要让对方清楚谈判者知道他在做什么，甚至知道他采用的战略是什么。然后在进行实质谈判之前，先讨论这些谈判中用到的强硬战略。这是一种威胁性较小的应对方法。如果明确知道对方采取强硬的态度，则谈判者也要强硬起来，然后建议双方采取更有效的办法实现双赢。谈判者应当把个人与问题区分对待，对问题强硬但是要对个人和善。

方法二：以牙还牙。

这种应对常常会导致谈判进展混乱，并不是一种应对强硬的最佳选择。一旦烟雾散去，谈判双方都会意识到他们的战略，阻碍了谈判的顺利进行。谈判中，遇到要测试你的决心或采用夸大立场的谈判者，亲切应对是最有用的方法。

方法三：笼络对方。

当事先通过其他渠道得知对方会采用强硬战略时，谈判者应在对方耍花招之前尽力友好地对待他。这种方法基于这样一个理论：对付朋友要比对付敌人困难得多。如果谈判者强调与对方的共同点，并找到其他需要责备的因素，就可以牵制对方，从而阻止其采用强硬战略。

### 撒切尔夫人的强硬智慧

英国前首相撒切尔夫人由于她的强硬个性和工作作风，素有"铁娘子"之称。在

一次欧洲经济共同体的谈判中，她采用的就是强硬谈判策略。

谈判中，双方的目标值相差很远。撒切尔夫人想得到接近 9 亿英镑的解决方案，欧洲经济共同体则想用 3 亿英镑左右解决问题。如果要解决这笔交易，一方或双方就必须改变他们的预期想法。首先突破的是德国，他们提出 3.5 亿英镑的让步，被英国拒绝了；后来德国开始讨论 8 亿英镑的让步，但只限 1 年，也被英国拒绝了。撒切尔夫人强调的是每年都应减少。

欧洲经济共同体必须就给共同体农场主增加补偿支付额的问题上达成协议，并且每个成员都必须同意这点，否则就无法做出决定。这是欧洲经济共同体的议事原则。法国和德国由于政治上的原因都希望增加支付额，因为当年这两国家都要举行总统大选，他们不想使自己的农场主集团党觉得不舒服。大家都清楚，只有就撒切尔夫人的欧洲经济共同体预算支付问题达成协议，英国才有可能在农场主问题上进行合作。这一年 5 月的欧洲经济共同体外长会议没有达成协议，后来德国也撤回了他们减少 8 亿英镑只限 1 年的建议。

撒切尔夫人成功地运用了强硬、威胁的谈判手段。如果没有能力驾驭谈判的人，在谈判中一味顽固地坚持自己的立场是不明智的。

而应付强硬措施最有效的办法就是灵活，只要灵活有方，措施得当，任何强硬的立场都是可以改变的。

### 假出价

这也是一种不道德的谈判伎俩。使用者一方利用虚假报价的手段，排除同行的竞争，以获得与对方谈判或合作的机会，可是一旦进入实质性的磋商阶段，就会改变原先的报价，提出新的苛刻要求。

在商务谈判中，价格谈判是整个谈判中最敏感和最关键的部分。一次谈判能否成功，常常取决于交易价格能不能为双方所接受。

假出价，是指在谈判时为了使自己以后控制谈判进程和结局，承诺接受对方的出价，而一旦卖主或买主要与他完成交割手续时，他便开始削价或抬价的一种谈判策略。

假出价的目的在于消除竞争价，排除其他竞争对手，使自己成为交易的唯一对象。也正是因为这一点，使得假出价成为一种诡计，具有欺骗的性质，如果谈判者认识不清楚，则难免会吃亏上当。

通常来说，运用这种策略的人大都是在价格上做文章，先报虚价，再一步步提升，

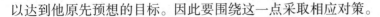

以达到他原先预想的目标。因此要围绕这一点采取相应对策。

（1）对轻易得来的承诺，要三思而行，不要轻信。

（2）要求对方预付大笔的订金，使他不敢轻易反悔。

（3）如果对方提出的交易条件十分优厚，就应考虑这是不是商业陷阱，可以在几个关键问题上试探对方，试探他的底细。

（4）在交易正式完成之前，不要丢掉其他客户，以便出现问题时能进退自如。

（5）必要时，提出一个截止的日期。如到期尚不能与对方就主要条款达成协议，那么就应毫不犹豫地放弃谈判。

（6）只要可能，最好请第三者在谈判的合同上签名作证，防止对方反悔。中间人要立场中性。

（7）价格一旦谈定就应签订具有法律约束力的文书，即使简单几条也可以，其中要明确罚则。

案例

某二手汽车店发布广告，说有一辆奥迪车出售，报价是 13 万元。互相竞争的几位顾客中，一位顾客愿出 12 万元的高价买下，并当场付了 10% 的订金，卖主没想到能卖得这么好的价钱，就同意不再考虑其他买主。第二天买方来了，说当时的价格太高，不同意马上成交，于是卖方又被迫与买方讨价还价，最后以 10 万元成交。而当初曾有人出价 11 万元，卖主却没有卖给他。

这是买主使用假出价的策略的胜利。即买主利用高价的手段，排除交易中的其他竞争对手，优先取得交易的权力，可是一到最后成交的关键时刻，买主便大幅度压价，洽谈的讨价还价才真正开始。在这种情况下，一般是假出价格的一方占便宜，而另一方只好忍痛割爱。假出价，虽然是极其不道德的行为，但却是现实谈判中屡见不鲜的陷阱。

### 兵不厌诈，预防假出价

"兵不厌诈"，这是《孙子兵法》中的一条重要原则，也是我们预防假出价陷阱的法宝。为了防止买主假出价，可以要求对方先付大笔订金，使他不敢轻易反悔；或给对方最后取货期限，过时不候；或同时与几个买主接洽。为了防止卖主假出价，应该仔细询问对方价格的含义，提出各种疑难问题和对方纠缠，最后协议内容要反复推敲，如果万一发现上了对方的当，不应该忍气吞声，而应该因地制宜采取必要的措施，给对方以坚决的还击，使己方在销售过程中的基本利益得到保障。

### 价格诱惑

在谈判中，价格十分重要，因为许多谈判本质就是价格谈判。即使不是价格谈判，双方也要商定价格条款。价格能最直接地反映谈判各方的切身利益。因此有关价格的战术策略，常常具有冒险性和诱惑性。

#### 难以抗拒的价格诱惑

价格诱惑，就是卖方利用买方担心市场价格上涨的心理，诱导对方迅速签订购买协议的策略。例如，在某先生购买新房的谈判中，业务员提出根据市场预估，下月初房价会上涨3%。如果对方打算购买这所新房，只要在本月底前签协议，就能以目前的价格享受优惠。如果此时市场价格确实浮动较大，那么，对于买家来说这一建议就很有吸引力。这种做法看起来似乎是照顾了买方的利益，实际上并非如此，买方甚至会因此吃大亏。

#### 价格诱惑是交易中的陷阱

第一，买方在签署合同时，往往不会仔细地看合同。实际上包括价格在内的各项合同条款买方都需要仔细明确。因为大多的买方只是在卖方事先准备好的标准式样合同上签字，很少能做大的修改、补充。这样，买方应争取的各项优惠条件，就很难写入这种标准式样的合同中。

第二，由于合同签订仓促，难免会忽视很多重要问题。卖方会由于事先已"照顾了买方的利益"而在谈判中坚持立场，寸利不让。买方也会为了达成协议，从而过于迁就对方。

第三，谈判者在签订这种价格保值合同时，为抓住时机，常常不会去请示领导，"果断"拍板，而合同的实际执行要等到很久以后，它所包括的一切潜在问题不会立即暴露出来。可一旦出现，后果便无可挽回。

综上所述，价格诱惑的实质就是利用买方担心市场价格上涨的心理，把谈判对手的注意力吸引到价格问题上来，使其忽略其他重要合同条款，进而在这些方面争得让步与优惠。对于买方来讲，虽然避免了可能由涨价带来的损失，但也可能会在其他方面付出更大的代价，牺牲更重要的利益。

#### 慎重对待价格诱惑

首先，要坚持执行原来的谈判计划和具体实施步骤，排除一切外界干扰。所有列出的谈判要点，都要与对方认真磋商，绝不能随意迁就。

其次，买方下订单时，一定要根据实际需要，不要被卖方在价格上的诱惑所迷惑，从而买下一些并不需要的辅助产品和配套件。切忌在时间上受对方约束而匆忙做出决定。

最后，买方要反复协商、推敲各项合同条款，充分考虑各种利弊关系。签订合同之前，还要再一次确认。为确保决策正确，可以及时请示上级或召集谈判小组会议进行讨论。

### 百般刁难

这是谈判者在谈判中以及合同履行过程中经常出现的做法。在谈判中，总是会碰到一些对手刁难你，这时应该怎么做呢？

许多人并不认为这种做法不道德。特别是在合同执行过程中出现问题时，负有责任的一方为了掩盖过错，推卸责任，往往是百般刁难，歪曲事实，编造假证。这种伎俩之所以能奏效，是施计方不断地纠缠，无理挑剔，故意拖延时间，把对方折磨得精疲力竭，无计可施，只好在万般无奈的情况下妥协让步。

百般刁难的表现形式有很多种，但对方这样做肯定是出于某种目的，因此，谈判者要有所防备。

解决对方异议有很多方式，主要表现在以下方面。

#### 1. 尊重对方的主观意识和习惯

有些谈判人员具有自己片面的见解和情感，很难被说服，通常会对某些产品抱有偏见、成见、嗜好，或对某一名牌、产品、广告等有心理依赖，对某一产品"情有独钟"。

对方的心情也是异议产生的一个原因，在谈判之前，应先有所了解。如果对方刚好心境不佳，即使你想成交，他也会因一时的糟糕心情而导致谈判进展不顺，例如，故意提出各种异议甚至恶意反对，有意阻止成交。此外，谈判者应尽量避免与对方发生正面冲突。

有的人好为人师，喜欢展示自己的知识和才能，因此，在谈判过程中，对方很可能会为表现自己而提出种种异议，对这样的人，就要求谈判者有耐性，理解他们，赞同他们，保持谦虚的态度，满足对方的自尊心和虚荣心。

#### 2. 要满足对方知情的要求

对方需要的是这种商品能够帮他解决哪些实际问题，对于商品的了解是对方的权

利，所以对于对方就商品问题提出的各种异议应予以理解，并表示欢迎，这说明对方对商品已产生了真正的兴趣，希望了解更多的情况。针对这种类型的异议，谈判者应以令人信服的介绍、别具一格的演示和充足的证明材料等彻底消除对方的疑问。

### 3. 提高谈判者的自身素质

在某些企业，由于业务培训还没被足够重视，有的谈判员本身的素质很差，再加上企业文化不够深入人心，没有达到社会的需求，表现在谈判桌上为提供信息不足、待客礼仪不当等。由此可见，对方产生异议也就在情理之中了。为了杜绝这些情况，应该加强业务培训，加强企业管理，在同行业中，树立自己良好的企业形象，不断创新，以取得对方的信任与好感。

### 4. 努力解决产品本身存在的问题

现实中，很多伪劣商品充斥着市场，使人们对商品产生出一种不信任感，因此本来不健全的消费心理又变得更加脆弱，再加上一些商品质量不合格、品种不齐全、功能欠缺、价格不当等原因，谈判中对方便会自然而然地就产品提出各种异议。此时，谈判者要区别对待，妥善处理，及时反馈信息，该提供证据的就提供更多的证据，该增加的商品就及时增加，该改进商品的赶快改进。

解决对方异议

（1）尊重对方的主观意识和习惯。

（2）满足对方知情的要求。

（3）提高谈判者的自身素质。

（4）努力解决产品本身存在的问题。

## 车轮战术

在谈判中，某一方可能会出于某种目的不断地更换小组内的谈判人员，借以打乱对方的部署。

### 车轮战术的运用

车轮战术，是指在谈判桌上的一方遇到关键问题或与对方有无法解决的分歧时，找借口离开，再由他人进行谈判。代替者可以是上级、领导，也可以是同伴、合伙人、亲属、朋友。不断更换自己的谈判代表，有助于延长谈判时间，消耗对方的精力，削弱对手的议价能力，为自己留有回旋余地，从而掌握谈判的主动权，促使对方做出更多的让步。

遇到这样的对手，谈判者应重复陈述情况，阐明观点；面对新更换的谈判对手，需要重新了解和评判。这样会付出加倍的精力、体力和时间，难免出现漏洞和差错。这正是运用车轮战术的一方所期望的。

有的谈判对手会经常使用这种战术。在谈判时，他提出强硬的要求使讨论进入低潮后借故换人，当双方都精疲力竭或者相持不下时，他又会亲自出马来处理。通常卖主因为不愿意失去这笔交易，就会迁就于买方，从而达到了要求低价或更多服务的目的。

当然，如果新换的对手是个新手，也许会对你有利，但通常，他都不会让没有经验的谈判人员出场，因此，一定要有所警惕。

## 人身攻击

所谓人身攻击就是故意捏造事实侮辱他人，诽谤他人，侵犯他人隐私，而使得他人在精神上、生活中受到了侵害并造成了严重后果。

### 人身攻击的概念

每个人都有人身权，包括人格权和身份权。人格权包括生命健康权、名誉权、姓名权、肖像权。而身份权包括了荣誉权、著作权、发明权、专利权、商标权等等知识产权中的人身权以及监护权、亲属权。

### 人身攻击的表现形式

（1）一提到人身攻击，人们常常会想到唾沫横飞，指责谩骂，甚至拍桌子、打凳子，高声叫喊。这种做法的目的就是企图用激烈的对抗方式向对方施加压力，迫使对方屈服。因为在日常生活中，人们惯于忍耐，常常把自己的愤怒、恐惧、冷漠或者绝望等情绪深埋在心底，一旦到了特殊场合，便会不知所措，只能妥协。

（2）用各种讽刺挖苦的语言嘲笑对方，羞辱对方，使对方陷入尴尬、难堪的境地，以激对方让步。这种伎俩有时可能会达到目的，但更多的情况是跟对方产生了对抗情绪，使得谈判变得愈加困难。也有时候，谈判对手使用这种表现方式是为了突出自己，强调自己的力量和能力。对此，有经验的谈判人员总能保持清醒的头脑，镇定的情绪，对对方的攻击不惊不慌，以局外人的身份看其表演，这样自然会使对方的企图破灭。

（3）对方采用不同的方式故意使你产生身体上和心理上的不适感，

案例分析：

苏联领导人赫鲁晓夫在一次联合国会议上发言，他为了让大家能关注到自己，竟

然用鞋子敲打会议桌。

这样做确实在一定程度上达到了他想要的效果，现场的人对这样一件事经久不忘。从而向对方屈服。例如，暗示你没有知识，拒绝听你说话，故意让你重复说过的话，你说话时不注视你，等等。实践证明，大多数人对此都会感到不舒服。此外，如过高或过矮的椅子、别扭的座位、光线过亮或过暗、很差的饮食、持续不间断的会谈等等，环境也会给对方造成不愉快。许多人会因此变得蛮不讲理，沮丧甚至丧失理智。

此时，应做一些适时、适度的反击。对待比较严重的人身伤害不能无动于衷，特别是在极其正式、庄重的场合，有时需要义正词严指出，必要时予以警告，要使对方认识到，他的做法不仅对你丝

赫鲁晓夫

毫无损，还会破坏他自己树立起来的形象。如果是环境给你造成了不适，要明确提出，必要时可抗议或退出谈判。

### "暗盘"交易

"暗盘"交易在世界各国都是广为存在的一种现象。贿赂存在却是不争的事实。利用金钱、商品向他们选定的人行贿，以便达成某种交易或创造更有利的交易条件。

人们经常把谈判中的贿赂称为"暗盘"交易。贿赂历来都被人们视为是可耻的，有些人甚至深恶痛绝。但是在商业活动中，贿赂存在却是不争的事实。利用金钱、商品向他们选定的人行贿，以便达成某种交易或创造更有利的交易条件。

贿赂本身就意味着用不道德的手段达到不道德的目的，获取他不应该得到的东西。其危害性极大，它不仅腐蚀了人们的灵魂，败坏社会风气，损害了国家和企业的利益，也破坏了交易的公平合理性。一些人通过行贿，获得重要的商业情报，以低价购进稀缺物资，以高价出卖滞销商品等。因此，必须坚决抵制贿赂行为。

商业贿赂行为的特征有三个方面：

（1）主体是经营者，贿赂对方单位或者个人。作为商业贿赂主体的经营者不限于法人，除法人外，还包括其他组织和个人。法人也不限于企业法人，还包括从事经营

活动的事业单位法人、社会团体法人。

（2）目的是为销售商品或者购买商品，即为达到商业目的，通过贿赂手段，获取优于其他经营者的竞争地位。

（3）手段有两类，即财物手段和其他手段。当然，商业贿赂与其他贿赂都属于贿赂的范畴，触犯刑律的都要给予刑事制裁，但在行政责任上是不同的，商业贿赂由工商行政管理机关根据《反不正当竞争法》给予行政处罚，其他贿赂要受党纪政纪处分。

"暗盘"交易在世界各国都是广为存在的一种现象。这种行为产生的原因是多方面的，既有文化、历史的原因，也有社会制度、企业外在环境原因，更与谈判者个人自身素养、职业道德等密切相关。

在许多不发达国家，社会制度正处于转型期，甚至百废待兴，想方设法为个人或小群体牟取私利是人们快速发财致富的一个重要途径，更重要的是人们这样做所付出的代价较小，甚至不受惩治，这也是"暗盘"交易屡禁不止的原因。

需要指出，还要注意区分什么是贿赂行为，不能将贿赂与礼节性馈赠相混淆。在商业交往中，互相宴请、送礼品也是不可避免的事，它有助于加强双方的交往，增进双方的感情，这种朋友间的"润滑"也是必要的。

### "人质"战略

在商业谈判中，"人质战略"的运用也是司空见惯的。只是有的人认为这一伎俩符合商业习惯，可以广泛使用。而有的人则认为这种做法不道德，不应采用。超出职业道德范围或完全是利用一点为己方谋求利益的，应该属于被谴责或限制使用的谈判战术。

#### 何为"人质"战略

商业谈判中的"人质"战略，不同于政治斗争中的扣押人质。这里的"人质"泛指对谈判双方有价值的东西，包括金钱、货物、财产或个人名誉等。

例如，甲公司与乙公司谈判，购买乙公司的产品。乙公司代表告知甲公司代表：购买他们产品的前提是必须购买保修和零配件，否则则无法合作。这就是"人质"战略的具体运用。这里的"人质"就是乙公司的产品。乙公司看准了甲公司的急迫需求，就借机向对方提出了进一步的要求，迫使对方接受。

#### 常见的"人质"战略类型

在商业交易中，"人质"战略是经常使用的一种手段。但当这种手段使用是合乎职业道德并不是以损害对方利益为己方牟利时，这种策略是被允许使用并十分有效的。但如果不属于上述情况，使用者是通过利用自己拥有的优势或某种东西以损害对方利益为己方牟利，这就应该是被禁止的。

在商业上，买方经常采用的手段是：

（1）以低于赊欠额的汇票或支票作为清偿债务的全部。

（2）先侵犯卖方的利益，然后再商谈补救措施，如剽窃卖方的商业机密或专利权。

（3）先将购进的设备安装妥当，然后要求退换设备；或先使用卖方的物品，如汽车，再以性能不好为由要求退还。

（4）先将材料使用，再谈改变付款条件。

（5）先向法院控告，再设法庭外调解。做出一种姿态，利用对方不愿对簿公堂的心理，先发制人。

卖方经常采用的手段是：

（1）先动手修理设备，然后再议定修理费。

（2）延期交货，使买方没有时间要求更换，主要适用于赶工程，有紧急任务情况。

（3）收取较高或较多货款，交付较差或较少的货物。

采取"人质"战略，许多情况下会损害对方利益，有时可能造成非常严重的后果。所以，我们称之为商业欺骗或阴谋诡计。

商务谈判的实例表明，使用"人质"战略，往往能达到目的，很多困难、复杂的问题，能够轻易获得解决。但是，这种解决并不是靠公平合理、平等互利，而是一方通过手中的王牌压迫另一方接受不合理的条件来实现的。所以，即使达成协议，双方的关系也不会融洽，更不会保持长久的合作。因此，靠"人质"战略达成谈判协议，是不予推荐的。

### 如何破解"人质"战略

如果在谈判中碰到对手使用这种伎俩，必须予以反击。对付的方法，主要是利用自己手中的"王牌"反向施加压力，改变己方所处的劣势。

## 如何应对谈判冲突

在谈判行为中，如果当事人陷入冲突的矛盾中，很容易导致问题僵化，从而达不成协议目的。所以，冲突是应该避免或消除的。

### 如何应对谈判冲突

在现实中，人们的观点和行为相互之间是不同的，这种不同可以推动企业和社会的进步，造就人类的文明。但这种不同也给谈判者带来了烦恼，当分歧发展到一定的程度时，就容易产生冲突。谈判是要经过几方协商、共同达成一致的过程，因此冲突也是不可避免的。

有专家将冲突定义为"一方感觉到另一方对自己关心的事情产生消极影响或将要产生消极影响"。由于冲突是一种过程，所以冲突并不是通常简单认为的双方产生矛盾。

在谈判行为中，如果当事人陷入冲突的矛盾中，很容易导致问题僵化，从而达不成协议目的。所以，冲突是应该避免或消除的。当然，在比较特殊的情况下，群体内部的适当冲突有助于激发灵感，提出考虑问题的不同思路，增加创造性等，冲突也是有益的。但仅就谈判行为来讲，冲突是不当的，后果也是极其消极的。

引发冲突的原因很多，主要集中在以下几方面。

**冲突的处理**

**1. 准确的判断形式，分析冲突发展的可能倾向或走势**

对冲突发展趋势的把握与分析，是解决和化解冲突的前提。多数情况下，冲突是随着谈判进程的延伸不断升级的。许多人对冲突不敏感，或者希望借冲突来为己方牟利，这种观点是错误的。但要区分复杂谈判中多种因素导致的冲突或矛盾，并获得理想的解决结果，是需要经验和智慧的。

**2. 减轻对方的防备心理**

专家研究表明，情绪对知觉的影响有着重要作用，消极情绪会降低人的信任感，并对对方的行为做出消极的反应。相反，积极情绪，则增加了在问题的各项因素中发现潜在联系的可能性，以更开阔的眼光看待现状，所采取的办法也更具有创造性。所以，当你表现出对自己谈判对手的兴趣时，应尽可能地展示自己的热情和友好，要让他们觉得你是真挚和诚实的。即使犯了错误，你也要毫无保留地表达自己的全部歉意，要努力营造一种相互尊重和信任的气氛。

首先，不要以与对方对立的立场或想法表示你的意见或观点，特别不要对对方示威，即使是出现矛盾也不可以。在阐述自己的观点时，可以略带思考，语气柔和。如果过于决断，特别是你的提议可能会威胁到个人或群体的价值观，那么对方很可能会表现出拒绝妥协的强硬态度，双方之间的对抗也就在所难免了。

其次，你的言行尽量不要让对方感到烦躁不安。倘若你的知识或经验没有得到很好的体现，很有可能会发生冲突。

　　最后，通过眼神和谈话交流来表明你在认真倾听对方讲话。当你在努力领会他们内心所关切的问题、利益和需要时，要表现得彬彬有礼、尊重和理解。短暂的思考和停顿，表明你在认真考虑对方说过的每一句话，这样也可以吸引他们的注意力。

# 第十四章 怪诞心理学

## 一、日常生活中的古怪之处

### 人们为什么喜欢报复？

读《圣经》时，我们会看到，以色列王大卫的儿子押沙龙得知妹妹被同父异母的兄长强暴后，为给妹妹报仇，他等了两年，然后找机会杀了兄长，逃到国外。另一则故事是雅各的儿子知道妹妹被当地异族头目的儿子扣住做妻子，于是欺骗当地的男人都割礼，然后在他们疼痛难忍的时候，闯进城杀光了城里的男人。

而在希腊悲剧中，也有相当多的故事是王子复仇记。读法国作家梅里美的作品时我们发现，在科西嘉岛，报复是件值得称赞的事。即使在当今社会，尽管我们并不宣扬以牙还牙的思想，但报复行为仍随处可见：得罪了朋友，便失去了友谊；得罪了领导，便穿上了小鞋……

#### 1. 报复，只为预期快感

为什么人们总是乐于报复呢，甚至不惜花费漫长的时间等待机会？

威斯康星大学神经学家哈蒙琼斯（Eddie Hamon—Jones）研究发现，当人们受到羞辱时，大脑特定区域的活动明显增强，这种情况在饥饿的人看见食物时也会出现。所以，这种脑部活动增强并不是出于愤怒，而是把愤怒表达出来会让人充满快感。虽然大家都知道表达愤怒常常导致更为过激的行动，但明知有害还要表达出来，原因正像人们担心变胖却仍禁不住巧克力和薯片的诱惑，因为这样做能获得快感，让人满足。

因此，即使是微不足道的冒犯和不公待遇，一些人也会找到借口进行报复，以便平衡报复心理；更不论宗教信仰和种族被冒犯了。事实上，相当部分的宗教信仰被冒犯，最终甚至导致了大规模的报复行动——宗教战争。这是由于人对复仇的渴望常常超乎寻常。

职场中的暴力行为也随处可见。下属遇到上级的非性暴力时，多数会采用忍气吞声的方式，但如果妻子遭到流氓上司的威胁：不开房就开除。作为丈夫，你该报警还是该报复？报警最终很难定案，而后妻子肯定会被报复。在这种情况下，虽然直接报复流氓可能受到法律的惩罚，但多数男人还是会采用直接报复的方式。

人们不计后果地采取报复行动，主要是为了满足复仇的渴望。从这个角度思考，报复心理对于维持群体的稳定非常重要，因为复仇对恶行有非常好的威慑效果。

可见，职场中的报复行为并非都是卑鄙行为，而且当女下属遇到流氓上司时，有正义感的丈夫的报复行为往往有民意的支持。所以，这时的报复心理更可能演变成一场报复行动。斯坦福大学心理学家科纳特森（BrianKnutson）认为，人们埋下复仇的种子更多的是出于一时的冲动，而不是出于冷静而又有计划的动机。

但也有人不同意这种观点，他们认为，报复并不是情绪支配下的盲目行为。如果报复的成本较高，人们就会像买东西时对价格高的商品进行压价一样，努力减少报复所需的代价。计划报复的过程会让人感到高兴，而高兴的程度也能预示谁愿意花更多时间更多代价实施报复计划。

苏黎世大学行为经济学家费尔（Ernst Fehr）等人研究发现，为了公平和正义，人们的报复行为可以不计成本。在实验中，研究人员让志愿者两人一组参加游戏。如果两人相互信任相互合作，他们就会得到金钱奖励。但是，如果一人欺骗了另外一人，行骗者会以不公平的方式得到更多的金钱。有时，这种欺骗行为是故意的，还有一些时候则是游戏规则指示这样做。

费尔

受骗者发现对方得到了更多的金钱，就会去报复，甚至不惜把自己得到的钱用于报复对方。只要欺骗行为经过了深思熟虑，或者惩罚行为没有任何代价时，他选择的罚金数额通常最大。如果欺骗行为不是故意的，而是他不得不那样做，那么，只有3人进行报复。但如果搭档故意欺骗，参与游戏的14个人都会选择报复，并且，有12人即使把自己的钱花掉也要对欺骗行为进行报复。

这说明，并不是报复后感受到的愉快让他们这么做，而是预知的快乐促使他们进行报复。当报复行为会花掉他们的钱时，负责权衡得失的第二脑区会参与进来，但大脑控制快乐和兴奋的那一部分仍在起关键作用。当受骗者决定惩罚的金额时，他的大脑特定区域会非常活跃，并且，决定的罚金越多，活动越强烈。这些信息表明，预测到的满足感越大，给予的惩罚就越多。

这就是我们都急于处罚那些不守规矩的人的缘故。哪怕这样的报复行为并不能为我们带来好处，甚至让我们失去一些东西。所以，出面谴责插队的家伙，总能让老老实实排队的人感到快乐。

### 2. 男人比女人更爱报复

生活中我们总是认为女人比男人小心眼、好嫉妒、爱报复，但伦敦大学的辛格（Tania Singer）等人研究发现，男人比女人的报复心理更强，并且，男人趋向于体罚。这或许能说明为何全球都由男人掌管军事和警力。

看到自己讨厌的人备受折磨，特别是肉体痛苦时，你感觉怎么样？研究表明，男人看到骗子遭受电击时，一点也感觉不到那个人的痛苦，事实上，他们还会感到高兴。相反，女人则非常同情骗子们的痛苦，而不愿意实行体罚。不过，当看到一些正直的人遭受电击时，男人与女人一样，都会表示同情。

在一个实验中，研究人员对志愿者进行了"报复同情心"测试。测试共分两个阶段。在第一阶段里，4名演员与志愿者一起玩"囚徒困境"——公平或不公平地交换现金的游戏。4名演员中，有的将从志愿者那里得到的钱如数交还，有的只退还一部分或一分不退。志愿者们，无论男女，都觉得公平的人更令人愉快、更可爱，甚至是更有吸引力。

在第二阶段，志愿者目睹这4名演员遭受轻微电击（类似被蜜蜂刺痛的感觉）的过程。同时，研究人员对志愿者进行脑部扫描，记录他们脑中与痛苦和移情作用有关的区域的反应。

最终结果表明，男人的复仇欲望比女人更强烈。当看到与自己密切合作且遵守规则的人遭到电击时，男女脑部与痛感相关的区域都有反应，这表明他们都同情遭受电击的好玩家。

但是，当看到欺骗、蒙蔽自己的骗子遭受电击时，男人一点同情反应也没有，而女人仍有同情反应，但比看到守规矩的玩家受罚时反应要弱。这表明，人们的同情心强弱，取决于被同情对象的社会行为性质，而且，男人更恨坏人，更乐意看到这种混蛋受到惩罚。

脑部扫描的结果还显示，男人很高兴看到欺骗自己的家伙受到惩罚，而女人无论看到谁受罪都没有快感。问卷调查的结果也表明，男人比女人更强烈希望惩罚作弊者。男人看到坏人受惩罚时，有一种幸灾乐祸的感觉。

而且，男人的肚量并没有我们想象的那样大。他们更可能有仇必报，还比女人更不容易原谅别人。但是，如果男人觉得自己有过失时，报复心理会降低，宽恕别人的意愿会提高到和女人相同的程度。奇怪的是，女人就算有人提醒她自己有错，宽恕的意愿也不会提高，只是觉得不是滋味。

总体而言，男人被冒犯后更容易怀恨在心，也比较倾向于报复。性格外向的男人被冒犯，比内向的男人更容易忘却、容易握手言和。而内向或外向的性格差异，不影响女人的宽恕意愿。

### 3. 有冒犯，即时道歉

对于轻微的冒犯，对方诚恳地道歉，或对方是经常打交道的朋友时，男女都比较容易原谅对方。这是因为道歉能缓解我们的攻击性。

我们都有这种感觉，被人踩了一脚时，如果对方没有道歉就可能怒火中烧，而听到道歉后，就算疼痛难忍一般也不会攻击对方。基本上，只要听到对方的道歉，马上会感觉气消了大半，虽然心中仍存在不满情绪，但也不会愤怒地攻击对方。

名古屋大学心理学家川合伸幸（Nobuyuki Kawai）让一群大学生就一些社会问题写下意见。之后，又让人对大学生们的意见给出评语，其中使用了蔑视的言辞。把这样的评语反馈给参加实验的大学生们，但其中半数的评语后面还附上了表示道歉的文字，如"非常抱歉给予这样的评语"。

结果，没有得到道歉的学生对评语相当愤怒，而且也表现出攻击性；而得到道歉的学生虽然也比较生气，但没有表现出攻击性。

这项研究证明，道歉虽然不能完全消除对方的糟糕情绪，但也是一种握手和解的有效性方式，尤其是不经意中冒犯了男性，诚恳地道歉更有必要。因为受害者报复不是为了让对方受到伤害，而是让自己得到满足，而道歉至少能部分满足受害者的心理。另外，我们也要掌握好自己的行为，避免因生气而一时冲动，发生暴力行为。

### 为什么穷人比富人更慷慨？

《圣经》记载，富人和普通人都捐了不少钱，唯独穷寡妇捐出仅有的两个小钱时，赢得了耶稣的赞美。从人的角度看，富人捐的钱的确较多，但在灵看来，捐出的比例才是最重要的。

　　一般来说，穷人捐款所占自己收入的比例较高。比如，美国学者发现，2007年美国最穷的家庭拿出了家庭总收入的4.3%捐献给各种慈善事业，但最富有的家庭只捐了收入的2.1%。中产阶层包括中上和中下阶层家庭的捐款额都不超过他们收入的3%。这说明，经济地位低的穷人更乐善好施，因为他们更能体会到没钱人的痛苦。

　　加州大学心理学家克劳斯（Michael Kraus）等人证实，社会地位较低者对同伴情绪的理解更接近同伴本人的描述。由于社会经济地位较低者更依赖他人提供经济和社会帮助，为了生活，不得不看别人的脸色行事。因此，他们会更加留意他人的周遭情况，更能体察他人的情绪信号。

　　社会地位较高者看不懂他人的情绪，是由于他们通常可以自行解决问题，而不需要依靠他人，最终他们没有养成察言观色的习惯。例如，他们可以花钱把孩子送到托儿所，而不必求助于邻居、家人或亲戚。

　　如果感觉自己的社会地位低于实际情况，那么人们解读他人情绪的表现会有所改进。这说明，一个人对自身社会地位的临时心态，会影响其判断他人情绪的准确性。

### 1. 弱势人群更善良

　　理解他人情绪的能力不是天生的，是社会文化背景造成了这种差异。这是因为弱势会导致亲社会行为。中科院心理研究所的研究员张侃（Kanzhang）调查研究的结论佐证了这种观点。在汶川地震发生1个月、4个月和11个月后，他分三次调查了四川、甘肃两省的灾区和河北、北京、福建三省非灾区居民的亲社会行为水平。

　　结果显示，从非受灾到重度受灾，居民的亲社会行为水平均随之增加。这表明，越是弱势群体越有亲社会行为。然而，随着时间的流逝，由地震造成的弱势逐渐减缓，居民的亲社会行为水平随之降低。

　　将唐山地区居民的数据与其他非灾区居民的数据做对比，研究人员发现，发生过大地震的唐山地区居民比其他非灾区（如福建、北京）的居民表现出更高水平的亲社会行为。

　　这一发现也与现实生活中的报道相符。据报道，汶川地震最大的一笔私人捐款来自唐山地震的一个孤儿。而唐山也是全国为汶川地震捐款最多的城市。这表明，大地震所产生的弱势效应可以持续相当长的一段时间。

### 2. 地位越高，越不道德

　　弱势会导致亲社会行为的另一个证据，则是有钱会使人更加霸道，也更不诚实。

我们都有这种感觉，虽然各个阶层都有欺骗行为，但上流阶级更可能做出一些不光彩的事情。也就是说，越有钱有势的人越不道德。

或许有人会反驳这种说法，认为这种感觉与事实不符，不过是一种仇富仇官的心理。他们的理由是，穷生奸计，富长良心，为了生存，穷人和感觉没有出路的人更可能为达目的不择手段。总之，社会地位高的人往往会认为不道德行为的多少与社会阶层没有关系。

为了证明不道德的行为与社会阶层有无关系，加州大学心理学教授皮夫（Paul Piff）和多伦多大学的研究人员做了一系列实验。结果表明，上流社会的人更有可能欺骗别人。比如，为了赢得一张在线礼品券，在 5 次表面看起来是随机的电脑测试中，许多上流社会玩家都报告说他们的总分高于 12。他们不知道这是一个经过精心设计的游戏，总分不可能高于 12。

在一个实验中，志愿者分成两组，一组被要求与处于社会顶层的人，比如地产大亨进行比较，另一组则被要求与社会底层的人，比如流浪者进行比较。实验完成后，他们从隔壁房间出去；这个房间里摆着孩子们的储糖罐，他们可以随便拿走一些糖果。

结果，那些认为自己社会地位提升了的家伙拿走的糖果是别人的两倍。这表明，原来并不有钱的人，如果被暗示他本属于一个更高的社会阶层后，也开始出现不道德行为。这种现象在暴发户身上非常明显。暴发户原本也属于底层或普通阶层，但由于突然获得了许多金钱，他便不自觉地与身边的人进行比较，从而觉得自己高人一等；而这种意识导致了特权观念的产生。有调查发现，出身贫穷家庭的孩子，一旦得势，可能比富有的人更不道德。而历史上底层民众暴动导致的改朝换代时更是如此。

在另一个实验中，研究人员在有人行横道的繁忙路段设置了一位正打算过马路的"行人"，从而观察路过的司机礼让行人的情况。根据车辆的外观和新旧程度，研究人员对驾驶员进行了"阶层意识"的判断。

与那些开着年久失修的老爷车的人相比，开豪车的人闯过人行横道，且不礼让行人的行为是前者的 3 倍，而这恰好违反了加州的法律。同时，那些社会地位较高的驾驶员不礼貌并线的概率是开着廉价老车的人的 4 倍。

通过一系列的实验，皮夫发现，社会地位越高的人，的确越不道德，比如，驾驶名贵汽车的人更容易违反交通规则，或者与过马路的行人抢道。社会地位高的人在做决策时更可能不道德，在交易时拿走别人值钱的东西，在谈判中撒谎，为了赢钱更可能使用欺骗手段，在工作中更不道德。

地位高的人之所以不道德，部分原因是他们比较贪婪。这说明，不加节制地追求自身利益很可能会导致恶性循环：虽然提升了人们的地位，但又引发了更多的不道德行为和不平等。

所以，从根本上说，人们的仇富观念基本上是符合实际情况的。而人们产生这种心理的原因，是人的社会地位越低，越得警惕来自社会地位较高人群的威胁。

社会经济地位低的人群不但更能感受到地位高的朋友的敌意，而且还会将这种敌对情绪不自觉地蔓延到其他地位较高的人群。这说明地位影响人们的期望、看法和敌对情绪经验，特别是那些自认为地位低的人，所受的影响会更大。

### 3. 仇富能减少为富不仁

然而，我们也不能一竿子打翻一船人，完全否定仇富心态的作用。因为从另一个角度来讲，这种心态或许还能促进富人们的亲社会行为。荷兰心理学家文恩（Niels van de Ven）等人发现，成功人士对那些嫉妒他们的人更友善。因为这类人害怕成为恶意嫉妒的对象，所以会更愿意帮助那些他们觉得可能会妒忌他们的人。

嫉妒可以分为善意嫉妒和恶意嫉妒两种。善意嫉妒者会努力地表现自己，以便能更接近自己嫉妒的对象；而恶意嫉妒者则想着怎样打败自己嫉妒的对象，这种人最喜欢幸灾乐祸，倾向于把别人的不幸当成自己的机会。

文恩便以这两类嫉妒者为研究对象进行研究。在实验中，一组人被告知将获得5欧元的奖励，目的是使他们感觉自己可能会遭到嫉妒。这些奖励有的时候是根据他们所获知的测验成绩来发放的，是应得的；而有的时候则完全不是以测验成绩为依据的。研究人员认为，应得的奖励会引起善意嫉妒，而那些不应得的奖励则会招致恶意嫉妒；觉得自己被人恶意嫉妒时，人们愿意花更多的时间来帮助别人。

接下来，在志愿者将要离开时，研究人员故意把几块橡皮掉到地上。那些认为自己被恶意嫉妒的人，更有可能帮研究人员捡起橡皮。这是因为嫉妒的恐惧可以鼓励人们改变行为方式，以促进群体中的社交互动。如果你被他人嫉妒，可能会表现得更和善，因为你会试图安抚那些嫉妒你的人。

当然，被嫉妒的人更愿帮助别人，也有可能是出于维护自己名誉的缘故；名誉对一个人非常重要，社会经济地位高的人更看重名誉。他们认为，名誉就像精美的瓷器，一旦受损就很难修复。因此，为了自己的名誉不受流言的影响，他们更愿意在经济上表现得慷慨一点。

我们来看看一项研究对这一理论的检验。英国皇后大学的皮雅扎（JaredPiazza）和贝林格（Jesse Beringa）进行了"独裁者游戏"实验：学生们需要分配10枚筹码，可以给别人，也可以留给自己。从经济学角度考虑，最优策略是把所有10枚筹码都留给自己。实验中，一部分人被引导相信，他的分配行为会被人传出去。这样，如果他一毛不拔，或是太抠门，声誉便有受损的风险。

**英国皇后大学**

结果显示，那些担心名誉受到流言威胁的人，在分配筹码时表现得更慷慨。这说明，人们感觉自己正被流言威胁，可能有损名誉时，会变得慷慨。这或许就是让部分人先富起来，然后带动大家共同富裕的最后希望。设计这个策略时，我们都认为，境况好的人应该跟其他人分享。

但是，明尼苏达大学心理学家沃斯（Kathleen Vohs）等人用实验证实，设想是美好的，但人性是残酷的。先富带动后富，最后实现共同富裕，很可能只不过是贫穷人的一厢情愿罢了。当自己的境况变好之后，我们并不愿意这样做。沃斯的这个实验一共有四个阶段。

第一阶段是志愿者玩"大富翁"游戏，游戏结束后研究人员给志愿者200~4000元不等的现金。第二阶段要求志愿者分别思考在经济状况良好或经济萧条时，生活会变成什么样。第三阶段让志愿者写一篇短文，一部分人所写的内容要与金钱有关，另一部分人所写内容则与金钱无关。在最后阶段，让志愿者坐在钞票图像的旁边，或其他非金钱东西的图像旁边。

结果，只要志愿者被暗示与金钱相关时，个人表现能力会突然变强，但与别人合作的意愿都会变弱，而且很少考虑别人的行为和意图，比如，那些直接接触到"钱"的人关爱和帮助"经济困难"的人时间更短。他们宁愿坐在远离人群的角落，更喜欢独来独往，要求独立完成工作的愿望很强烈，一般也不会寻求帮助。

因此，或许只有人们的仇富心理和富人们的名誉担心，才能让那些先富起来的铁公鸡成为善人，更愿回报社会。

### 4. 如何让富翁心甘情愿出钱？

当然，精明的商家有办法让富人出手阔绰。比如让女人做导购就是常见的方法。虽然女人给顾客介绍商品，很难让人留下深刻的印象（心理学研究认为这是女人的嗓音决定的），但在引起顾客购买商品的欲望方面，男人却望尘莫及。

英国的艾尔代尔（Wendy Iredale）发现，与只有男人在场时相比，有漂亮女人在场时，男人的捐款数额要多得多。但女人中却没有出现这种现象，无论是否有其他男人或女人在场，她们的捐款数额基本稳定。女人之所以能让男人更慷慨，从进化的角度看，男人慷慨是为了吸引异性注意。

所以，在进行慈善募捐时，可以考虑由美女明星主持，而且在场上暗示将有神秘人物出场为贫困儿童捐赠大笔善款。这或许能让那些平时一毛不拔的铁公鸡自愿割肉放血。

然而，要达到这种效果，除了暗示外，对美女的人数也要有严格的控制。只有在男女比例严重失调时，男人才会表现得相当慷慨。这种场景会激起男人争夺交配对象的无意识行为。明尼苏达大学心理学教授格里斯克维西斯（Vladas Griskevicius）的研究就证实了这种效应。

在实验中，研究人员让参加实验的男人阅读一份报告，报告称男女比例已经严重失调。然后，研究人员让他们写下未来的储蓄计划及负债预期。结果显示，男人们愿意每个月花掉比过去多42%的工资，以及承担比过去多84%的债务。

造成这种现象的主要原因在于择偶竞争激烈，使得男人需要更多的金钱投入来获得女人的青睐。这跟动物世界雄性争偶之战一样：雌性动物比例下降时，雄性动物会变得更好斗，因为只有更努力的竞争才能获得交配的机会。对人而言，竞争的不是体力，而是财富和地位。

事实上，在女人之间进行类似的实验也发现，当女人得知本地区男人比例高于女人时，都期望男友在约会时慷慨一些，比如她们会选择更高级的餐厅，挑选更昂贵的商品。

## 声音越低沉，事业爱情越成功

我们经常说，一听说话的声音，就知道他不是好人。我们真的能通过嗓音来判断心理行为吗？答案是肯定的。芝加哥大学心理学系主任努斯巴姆（Howard Nusbaum）等人首次找到了人们在说话时无意识地表达出某种含义的证据。

努斯巴姆通过大量的实验发现，人会无意识地调节自己的语调来表达出某些意思，他把这种心理现象称为"语音表意"。比如在一个实验中，研究人员先单独让志愿者在没有任何可视物的情况下朗读句子"它正在上升"或"它正在下降"，这种情况下他们的声调没有任何变化。

然后又让他们观看显示屏上的动态点，这些点会时上时下。当志愿者看到点上升再读这些句子时，他们的语调会随着点的上升而增高；当点下降时，他们的语调也会随之降低。这种情形有点类似于周星驰版《唐伯虎点秋香》中的一个场景：当唐伯虎用蜡烛敲打鼓点时，所有人都跟着他的节奏点头。

这表明，我们说话时会自然地运用语调高低来表达某种意思。在另一个实验中，当描述一个从左向右运动的点时，点运动加快时，志愿者说话的速度也随之加快。播放他们的说话录音时，听众可以分辨出谁正在描述一个快速运动点，谁在描述慢速运动点。

这种情况在我们听足球解说员的现场解说时非常明显。比如，当球员快速突破防守闯入禁区时，解说员的语速最快。即使不看画面，我们也能感受到紧张的气氛。也就是说，通过嗓音我们也可以推断出说话人内心的想法。

### 1. 选总统靠"听"？

嗓音也能左右人们的选择，嗓音低沉的候选人更可能赢得选票。人们更喜欢嗓音低的参选者，理由是人们普遍认为嗓音高的人好胜心过强，太具社会侵略性，而嗓音低的人正直又能干。

加拿大麦克马斯特大学心理学博士费恩伯格（David Feinberg）等人曾做过嗓音影响选票的研究。

在一个实验中，研究人员把9位美国总统的存档录音通过电脑软件处理成高音版和低音版，然后给志愿者播放。志愿者按要求给每个声音的吸引力、领导潜力、真诚度、智力及支配力等方面打分，最后选出在和平时期或战争时期自己愿意把选票投给哪个声音。

结果显示，志愿者给出的投票动机各有不同，但低音版以明显优势击败高音版，成为选民们信赖的对象。

在第二个实验中，研究人员给另外一些人听普通男性的声音。结果，他们同样把票投给了嗓音低沉的人。

另一项针对 1960~2000 年美国总统选举结果的调查也显示，在 8 次选举中，最后入主白宫的，都是嗓音比较低沉的候选人。投票时，选民会无意识地把候选人的声音因素考虑进去。因为嗓音低沉被视为吸引力和支配力的双重体现：嗓音低沉的人更具领导力。人类祖先挑选首领时尤其重视与领导力相关的各种暗示，因为那能反映出一个人带领部落生存、繁衍的能力。这种进化现象在今天仍然存在。

因此，一般而言，女性候选人赢得大选的难度要比男性大得多。2008 年，一直被人们看好的总统候选人希拉里败给默默无闻的奥巴马，其中一个原因就是她的嗓音太尖利。据说，铁娘子撒切尔夫人为了竞选首相，还专门接受演讲训练，使自己的嗓音听上去不那么尖利。

### 2. 声音动听，更有魅力

低沉嗓音更受人们喜爱的现象在生活中是否同样存在呢？如果某天忽然接到一个陌生的电话，电话那头传来甜美的女声，你是否会认为她长得漂亮？或者，如果是充满磁性的动人男声，是不是会想象他一定也有迷人的外表呢？你的这些自然反应有没有道理？

纽约州立大学心理学教授小盖洛普（Gordon Gallup）发现，声音好听的人往往外貌也更性感。在一个实验中，研究人员先录下一群大学生的声音，然后让他们在看不见其他人的情况下彼此就"魅力"打分，评分的级别从 1 分（毫无魅力）到 5 分（极有魅力）。还有一些学生回答了关于性生活的匿名问卷调查。

研究的结果显示，嗓音越有魅力的学生，性经验较早，性伴侣也较多。同时，异性对声音魅力的评价比同性更准确。这项研究还发现，有甜美声音的女人，往往比较漂亮，而嗓音低沉的男人，则更容易吸引女人。这说明，嗓音与性吸引力成正比关系。因此，一般人面对心动的异性时，为了吸引对方，会本能地压低声音。

而如果一个人的声音听上去性感而富有磁性，那么其身材可能更匀称，体质也更好。这是因为怀孕的头三个月，是声带和喉咙发育的关键时期。如果此时营养充足，身体和大脑发育都会更好，将来的健康状况也更好。即使变声后，这一影响也依然存在。所以，凭借听觉也可以判断出一个人的健康状况和外貌特征。

嗓音又高又尖的女人，更青睐声音低沉的男人，她们比其他女人喜欢嗓音低沉男人的概率高 20%。此外，宽下巴、浓眉毛也是她们喜欢的男人类型。声音尖锐的女人，雌性激素水平较高，她们多半拥有迷人的身材和漂亮的脸蛋。这样的女人更偏好雄性激素水平高、阳刚、有男子气概的男人，而嗓音低沉是男人阳刚的一个重要特征。

不过，西澳大利亚大学进化生物学家西蒙斯（Leigh Simmons）研究证实，虽然低沉的嗓音对女人具有吸引力，但这种男人的精子数量更少。如果男人将大部分能量用在提高个人吸引力上，在其他方面可能就要处于劣势，具体到这个研究上，就是精子数量较少。因为男子气概越强的人，睾丸素水平越高，而睾丸素能够降低音调，但同时也会抑制精子产生。

为了证实自己的观点，西蒙斯和同事招募了一群男女大学生进行实验。首先录制男生的声音，然后让女生通过音频文件来评估其吸引力和男子气概。同其他实验的结果一样，女生普遍认为嗓音低沉的男生更有吸引力。

随后，研究人员采集每位男性志愿者的精液样本并进行分析，计算精子的数量和游向卵子的能力。结果显示，与嗓音高的男人相比，嗓音低的男人虽然更能吸引女人，但他们的精子数量少，质量也差。

既然阳刚的男子气概会造成精子的数量和质量下降，那么为何男人还要往这方面进化？为何这类男人的后代更多？原因很简单，他们的精子虽然不如其他男人，但在竞争女人和生活资源时占了上风。

关于嗓音低沉的人比较容易吸引异性的研究，还有奥尔布赖特学院和巴尔的摩大学心理学家的实验。研究人员邀请一些男生和女生观看三张照片，其上的人分别被评为很有吸引力、吸引力一般，以及无吸引力，然后请他们给这三个人打电话。

结果，女生普遍认为嗓音高亢的男人没有吸引力，她们都比较喜欢嗓音低沉的男人，认为他们热情、诚实，有领导力，更容易成功。这说明，男人嗓音低沉可以展现刚毅的男人气质，增加他们在社交和生理上的优势。

有趣的是，志愿者打电话给最有吸引力的人时，会自动把嗓音压到最低。不论男女，当他们和有吸引力的异性说话时，都会使用较低的声调。

### 3. 嗓音难听，伴侣放心

其实，上面那个实验还得出了另一个更有趣的结论：嗓音有吸引力的人，通常性生活较早、性伴侣较多，也比较花心。反倒是那些嗓音难听的人，更忠于自己的伴侣。

麦克马斯特大学心理学博士生奥康纳（Jillian O'connor）也通过实验证明，嗓音的确可以判断男人的忠诚度。

在实验中，研究人员先录制了 9 男 9 女的英语单元音发声（并不是什么柔情蜜意的诉说），随后用软件制作数段录音。每段录音各有两个版本，一版为女高音，一版为男低音。一批志愿者要从这些声音中挑出最可能对伴侣不忠的人，然后听另外六组声音并从中挑选出最有魅力的声音。

结果显示，女人认为，嗓音低的男人魅力更大，但也更可能出轨；男人则认为，嗓音尖锐的女人更性感，但也可能不忠。

魅力越大的人，两性关系越混乱，因为性激素水平决定了他们更可能放荡。而无穷的魅力竟然能使伴侣一次次容忍他们的出轨行为。这个实验的另一名研究人员费恩伯格此前走访坦桑尼亚从事狩猎和采集的哈扎部落时发现，嗓音越低沉的男人，子女越多，往往一年内生育不止一个。

嗓音高低影响忠诚度的原因可能在于音高、激素和不忠之间的关系。睾丸素水平较高的男人嗓音较低沉，雌性激素水平较高的女人嗓音较高。而这些激素水平的高低又与不忠的欲望有关。睾丸素水平较高的男人对夫妻或伴侣关系投入较少，婚外情兴趣较高，或者性伴侣较多。青春期睾丸素水平较高使声带更长、更厚，嗓音更低沉。

而雌性激素水平较高的女人性欲更强，生育能力更强，不忠的可能性也相对较高。声音更有女人味的女人，也更容易背叛自己的另一半，或许因为她们更有吸引力，出轨机会更多。

这项研究首次将嗓音与忠诚度联系起来。嗓音低沉的男人和嗓音高的女人的确更具吸引力，但嗓音高也成了他们未来背叛的一种警示。所以，嗓音越具吸引力，欺骗的可能性越高。但并不意味着人们需要对此采取行动，性感的声音不是一个人品性的必然证明，不忠是一种非常复杂的行为，我们不能将它完全归咎于生物学原因。

声音好听的女人更可能出轨的另一个证据，是女人排卵期声音最动听。一般来说，动物在排卵期都会用特别的行为吸引交配对象，叫声就是相当普遍的一种，比如猫叫春，以便留下后代。这种情况在人类身上也存在吗？

为此，美国心理学家皮皮托内（Nathan Pipitone）等人对一些女性志愿者进行了录音，分别来自完整月经周期的不同阶段，如排卵期、黄体期、月经期等。之后让一些男人听这些录音，并给出评价。

结果发现，同一个女人的声音，在排卵期与月经期获得的评价大不相同，对男人的吸引力也不同。在男人看来，女人排卵期时声音最动听，月经期则最不吸引人。月

经期女人体内的雌性激素变化会导致声音轻微改变，这是人类进化的结果。

此外，心理学家发现，男人通常会在无意识中判断女人的生理周期。例如歌厅演唱者在排卵期获得的小费比月经期高 80%。

### 4. 低沉嗓音更能吸引异性的注意

澳大利亚心理学家通过研究发现，在调情时压低声调，更能吸引异性注意，获得芳心；而在表白求爱时，声音越大成功概率越高。在生物界，很多动物在发情时都会发出较大的声音，以表现自己的热情和强壮。那人类是否存在相同的情况呢？

事实上，人们看到比较漂亮的异性时，无论男女一般都会不由自主地用比较低的嗓音说话，并且在生理上也会有一些愉悦的表现。而用较小、较低的声音调情，往往能达到不错的效果。不过，在说"我爱你""我们结婚吧"等表白性语言时，声音越大，越能震撼对方，传达出渴望与自信。

男人的低沉嗓音会对女人记忆的准确性及随后选择配偶产生重要影响。女人对音高非常敏感，嗓音低给她们留下的印象更深刻。在考虑潜在伴侣时，女人会通过男人的音高来评估他们的基因质量和行为特征，例如确定男人是否会遵守社会行为规范，是否缺乏温情。

女人对低沉的男人嗓音表现出明显偏好。比如，男人用低沉的嗓音介绍商品时，女人会记得更久，也更准确。然而女人的声音没有这种效果。这或许是一种择偶迹象。对择偶有重要意义的信号，如果由男人传递出来，则会影响女人记忆的准确性。

女人评价潜在伴侣时，更多依靠她们对潜在伴侣的印象，靠记忆提醒潜在伴侣曾经做出的反应是积极还是消极。此时，低沉的嗓音便占据优势，因为女人更容易回忆起这种声音。记住心仪的男人，便于女人比较和评价，判断这个人是想进行一段"露水情缘"，还是想建立稳定长期的关系。这能帮助女人选择合适的伴侣，因为选了不适合的伴侣要付出相当大的代价。

人类择偶时，男人的声音具有重要作用，因为女人会本能地从声音里获得有关基因质量的暗示，声音男性化加上其他特征，预示着这名男人健康状况良好。

然而，男人的低沉嗓音并非都是正面暗示，它也预示着这名男人在长期婚姻关系中会有一些令人不快的行为，比如缺乏情感温暖等。

### 5. 微笑，无法抗拒的魅力

或许有人认为，我天生嗓音洪亮，要我用低沉的嗓音说话，真是强人所难。要吸引异性的注意力，我可以用快乐的表情。的确，我们一般都认为笑容迷人的女人更受欢迎，这种吸引力法则在男人身上适用吗？

为此，加拿大心理学家特蕾西（Jessica Tracy）进行了两个实验。第一个实验中，一群加拿大大学生观看异性不同表情的照片，这些表情分别是高兴、骄傲、羞愧和中性，然后给这些照片的吸引力打分，最低 1 分，最高 9 分。第二个实验仍是让志愿者给上述异性照片打分，只是这次的志愿者有加拿大大学生和北美人。

实验结果显示，在男人眼中，笑容满面的女人最有吸引力，平均得分超过 5 分，其次是羞涩，看起来高傲的女人最不受欢迎；而无论处于何种年龄的女人，都最喜欢骄傲的男人，这或许是在女人看来，只有自信的男人才骄傲。

有意思的是，年轻女人认为面带笑容或面无表情的男人最没有吸引力。这一结果在一定程度上有助于解释为何女人喜欢"坏男人"。研究人员猜测，笑容会让男人看起来较为女性化，缺乏霸气；而面无表情则让人感到冷漠，不容易接近。

由于这次实验的目的，是研究人们对异性表情的第一反应，所以，想建立长期关系时，采取不笑策略或许并不妥当。因为他们考虑的不仅仅是性吸引力。虽然男人认为微笑能增添魅力的想法是错误的，但微笑的女人非常有吸引力，微笑是女人最吸引人的表情。

英国一位心理学者研究发现，真诚的微笑需要动用脸部尤其是眼睛周围的多块肌肉。美丽的笑容与脸型关系紧密，高颧骨、大眼睛和尖下巴更能突显笑容，显现笑意。完美微笑最重要的元素是嘴角上翘呈弓形，笑的时候充满自信，还要有一口整齐、洁白、从门牙向两边呈黄金比例减小的牙齿。而且，要想自己的微笑得到回应，就应该带着浓浓的笑意，莞尔一笑很难得到回应。

其实，无论是对嗓音还是对微笑的研究，都是为了了解人们沟通中无意识表达出的意思，在沟通中准确判断人们的思考方式、心理状态和生理状态。从而更好地在人际沟通、社会交往中掌控自己，避免失败或绕弯路。

### 为什么越得不到的东西，就越想得到

无法知晓的事物，比能接触到的事物更有诱惑力，也更能强化人们渴望接近和了解的诉求，这是人们的好奇心和逆反心理在作怪。

古希腊神话中的普罗米修斯盗天火给人间后，主神宙斯为惩罚人类，想出了一个办法：他命令以美貌著称的火神赫菲斯托斯用粘土做了一个美丽的少女，让神使赫耳墨斯赠给她能够迷惑人心的语言技能，再让爱情女神赋予她无限的魅力。她被取名为

潘多拉，在古希腊语中，"潘"是"一切"的意思，"多拉"是"礼物"的意思，她是一个被赐予一切礼物的女人。

宙斯把潘多拉许配给普罗米修斯的弟弟耶比米修斯为妻，并给潘多拉一个密封的盒子，并叮嘱她绝对不能打开。

然后，潘多拉来到人间。起初她还能记着宙斯的告诫，不打开盒子，但过了一段时间之后，潘多拉越发地想要知道盒子里面究竟装的是什么？在强烈的好奇心驱使下，她终于忍不住打开了那个盒子。于是，藏在里面的一大群灾害立刻飞了出来。从此，各种疾病和灾难就悄然降临世间。

宙斯用潘多拉无法压抑的好奇心成功地借潘多拉之手惩罚了人类。这就是所谓的"潘多拉效应"，即指由于被禁止而激发起欲望，导致出现"小禁不为，愈禁愈为"的现象。通俗地说，就是对越是得不到的东西，就越想得到；越是不好接触的东西，就越觉得有诱惑力；越是不让知道的东西，就越想知道。

心理学家普遍认为，好奇心是求新求异的内部动因，它一方面来源于思维上的敏感，另一方面来源于对所从事事业的至爱和专注。而逆反心理是客观环境与主体需要不相符合时产生的一种心理活动。逆反心理具有强烈的情绪色彩。形成逆反心理的原因比较复杂，既有生理发展的内在因素，又有社会环境的外在因素。一般地说，产生逆反心理要具备强烈的好奇心、企图标新立异或有特异的生活经历等条件。

"潘多拉效应"在现实生活中是普遍存在的。例如，收音机里播放的评书节目，每次都在最扣人心弦的地方停下，留下悬念，以使听众在第二天继续收听。再如，电视连续剧往往在剧情的关键处突然插播广告，这种做法除了能提高广告的收视率，更能吊足观众的胃口。

知道了这点，我们就可以变得更"聪明"一些：如果有人故意吊我们的胃口，我们要保持冷静、不为所动，避免受"潘多拉效应"的影响。例如，捂紧钱包，不被商家的"饥饿营销法"蛊惑。但是，如果对方是善意的，故意卖关子是为了给你一个惊喜，那么，你就要积极"配合"，否则会很扫兴的。

其实，在日常生活和工作中，我们除了被动地受"潘多拉效应"的影响，还可以主动地运用"潘多拉效应"来达到自己的目的，或是避开"潘多拉效应"，以免出现事与愿违的结果。

日本小提琴教育家铃木曾经创造过一种名为"饥饿教育"的教学法。他禁止初次到自己这里学琴的儿童拉琴，只允许他们在旁边观看其他孩子演奏，把他们学琴的兴趣极力地调动起来后，铃木才允许他们拉一两次空弦。这种教学法使得孩子们学琴的热情高涨，努力程度大增，进步也就非常迅速。

"潘多拉效应"在我们的生活中普遍存在，了解其原理后，可以带给我们更多的启示。

### 为什么我们"欲得寸"，就需要"先进尺"

心理学家认为，在提出自己真正的要求之前，先向对方提出一个大要求，遭到拒绝以后，再提出自己真正的要求，对方答应的可能性就会大大增加。这便是心理学上所说的"反登门槛效应"，又被称作"欲得寸先进尺"。

有两家卖粥的小店，每天的顾客相差不多。然而晚上结账的时候，左边的那家小店总比右边的那家多出两三百块钱，天天如此。细心的人发现，先进右边粥店时，服务小姐微笑着迎上前，盛了一碗粥，问道："加不加鸡蛋？"客人说加，于是小姐就给客人加了一个鸡蛋。每进来一个人，服务小姐都要问一句："加不加鸡蛋？"有说加的，也有说不加的，各占一半。走进左边粥店，服务小姐也是微笑着迎上前，盛上一碗粥，问道："加一个鸡蛋还是两个鸡蛋？"客人笑着说："加一个。"再进来一个顾客，服务小姐又问一句："加一个还是两个鸡蛋？"爱吃鸡蛋的说加两个，不爱吃的就说加一个，也有要求不加的，但是很少。一天下来，左边这个小店就总比右边那个卖出更多的鸡蛋。

心理学家认为，"反登门槛效应"的产生源于人们内心深处的内疚感。人们在拒绝别人的大要求时，感到自己没有能够帮助别人，辜负了别人对自己的期望，损害了自己富有同情心、乐于助人的形象，会感到非常内疚。这时，如果对方再次提出一个较小的要求，人们为了恢复在别人心目中的良好形象，也达到一种心理上的平衡，便会欣然接受。

美国心理学家查尔迪尼曾经进行过一项"导致顺从的互让过程"的研究实验。他将一批参加实验的大学生分为两个小组，首先，对第一个小组的实验者说，要他们花两年时间担任一个少年管教所的义务辅导员。这是一件劳神费力的工作，而且没有任何回报。结果，大学生们都以各种理由断然拒绝了。随后，他提出了另一个要求，让这些大学生带领少年们去动物园玩一次，需要耗时两个小时。结果有50%的大学生很爽快地答应下来。接下来，他向第二组大学生提出同样的要求时，却只有16.7%的人同意去动物园。

生活中，我们细心留意也能发现很多"反登门槛效应"的现象：你想要父母为你买数码相机，可以先提出要买一台电脑，父母以家中暂时紧张为由，拒绝了你，这时你再提出要买照相机，父母往往会考虑一番后答应你的要求；自己有一件棘手的事情需要朋友帮忙，先向对方提出了一个更大的要求，遭到拒绝后，再将真实的要求提出来，对方往往比较容易接受；上司需要将一项复杂的工作交给下属完成，可以假装让员工完成另一件更为艰巨的工作，当他面露难色的时候，再将这件工作交付给他，他便会愉快地接受任务。

在人际交往中，恰当地运用"反登门槛效应"，能及时地消除对方的不满情绪。"反登门槛效应"也经常被一些精明的商人运用，他们把物品标出很高的价格，然后来个"大甩卖"，很多消费者都兴高采烈地购买该商品。在商场，时常有这样的情形。其实，精明的商家无论最后给出了多大的折扣，都暗暗地运用了"反登门槛效应"，让顾客心甘情愿地消费。

同样，在一些服务性的行业中，采用巧妙的方法，能够化解顾客抱怨、不满的情绪。

在一架即将着陆的客机上，乘客们忽然听到话务员的通知："由于机场拥挤不堪，飞机暂时无法降落，着陆时间将推迟一小时。"顿时，机舱里响起了乘客们的抱怨声。他们不得不做好心理准备，在空中备受煎熬地等待一个小时。几分钟之后，话务员甜美的声音再度响起："旅客朋友们，晚点时间将缩短到半个小时。"听到这个消息，乘客们都欢喜雀跃。又过几分钟，乘客们再次听到广播："再过三分钟，本机即可着陆。"乘客们个个拍手称快，喜出望外。虽然飞机晚点了十几分钟，乘客们却感到格外的庆幸和满意。

当然，"反登门槛效应"是否会发生作用，关键在于双方关系的亲密程度以及你需求的合理程度。如果既无责任，又无义务，双方素昧平生，却想别人答应一些有损对方利益的事情，这时候该效应是无法发挥作用的。

### 为什么人多却不一定力量大

中国有句老话叫作"人多力量大"。但是现实生活中，有时并非如此。有时多人一起干活，效率反而更低，效果反而更差。为什么人多却不一定力量大呢？看完下面的实验你或许能有所启发。

德国科学家瑞格尔曼的拉绳实验也能告诉我们这一点：参与测试者被分成四组，

每组人数分别为一人、二人、三人和八人。瑞格尔曼要求各组用尽全力拉绳，同时用灵敏的测力器分别测量拉力。测量的结果有些出乎人们的意料：二人组的拉力只为单独拉绳时二人拉力总和的95%，三人组的拉力只是单独拉绳时三人拉力总和的85%，而八人组的拉力则降到单独拉绳时八人拉力总和的49%。

现代社会把人们组织起来，就是要发挥团队的整体威力，使团队的力量大于各部分之和。而拉绳实验却告诉我们：1+1<2，即团队的力量小于各个部分的总和。这一结果向团队的组织者发出了挑战。

在一个团队中，只有每个成员都最大限度地发挥自己的潜力，并在共同目标的基础上协调一致，才能发挥团队的整体威力，产生整体大于各部分之和的协同效应。那么，到底是什么因素影响了团队的整体绩效呢？

在一个团队中，影响成员发挥其能力、潜力的因素非常多。一个团队要组织建设好，需要每一个成员、每一个环节都做得好，从而保证团队的力量；相反，如果团队建设中的任何一件小事、任何一个细节做不到位，都会影响团队成员的积极性，进而影响团队整体的战斗力。在影响团队绩效的诸多因素中，应该注意从以下三个方面来把握：

第一，绩效评估方法。绩效评价看重的是整个团队的绩效，这是不言而喻的。但是，团队绩效毕竟是每个成员协同努力的结果，必须重视团队成员个人的作用。所以，一个团队需要一套公平、透明的绩效评估体系，对成员的努力绩效做出评价。假如评估体系不够透明，或者不够科学的话，就会影响到团队成员的积极性，进而影响整个团队的绩效。因为不对团队成员的个人努力做出评估的话，团队中就会有人滥竽充数，不会为团队建设做出贡献，甚至会影响其他团队成员的积极性。

第二，人际关系。北大社会学的前辈费孝通先生，在谈到人际关系的时候，对我国的人际关系做了一个比较形象的比喻。他说：中国的人际关系就像一块石块扔到水里一样，溅起好多好多的波纹，一圈一圈的波纹向外扩散，由近及远，互相交错，利益关系复杂。比如，一个有着三个人的小单位，构成了一种简单的三种人际关系；如果增加一个人，就变成六种关系了；如果加入的人越多，那么形成的关系也就越复杂。因为每一个人都像投入水中的石块一样，以自己为中心，形成了一圈一圈的波纹似的由亲而疏的关系网，在相互交错中，形成了错综复杂的关系。复杂的人际关系，对团队绩效产生了很多负面的影响，因为人们把太多精力耗费在人际关系方面。而人的精力是有限的，你这方面花费得多，用在工作上的就少了，就必然会影响团队整体绩效。

所以，团队一定要创造一种和谐的人际关系氛围，使团队成员可以在简单的人际关系中，轻松而又全力以赴地进行工作。

第三，公平因素。团队当中的每一个成员都有公平的要求。公平可分为程序上的公平和结果上的公平。一般说来，程序上的公平比结果上的公平更能对团队成员产生影响。比如，在百米赛跑中，在公平的比赛机制下，人们只会向自己而不会向第三人抱怨没有跑第一，但如果参赛者没有站在同一起跑线上，那么人们就会对结果是否公平提出异议，进而影响情绪，影响其积极性。程序上的公平是要给人以平等的机会，而结果的公平是要给人以平等的结果。在满足程序公平的前提下，不同的结果则表明了个人的能力以及努力程度；如果程序上不公平，那么就会导致秩序混乱。所以，相对而言，程序上的公平比结果上的公平更重要。如果不注重程序公平，而只追求结果上的公平，则会影响业绩突出的团队成员的积极性，进而影响整个团队的绩效。

以上这些问题解决得好，组织内的成员就会协调一致地行动，这样就有可能产生整体大于部分之和的协同效应。所以，人多不一定力量大，必须具有团队精神，才能发挥整体大于各部分之和的协同效应。

团队精神可以使一个人成大事，可以使一个企业在激烈竞争中处于不败之地，可以使一个民族强大。

### 为什么人越多工作效率却越低

我们常说人多好办事，人多力量大，感觉人多是快速完成任务的有利条件。但是现实生活中并非如此，常常多人办事效率反而更低。为什么人越多工作效率却越低呢？有这样的一个案例：

1964 年，纽约发生一起谋杀案，一位酒吧的女经理在公园附近被杀害，而当时附近的住户中有 8 人看到女经理被杀的情形或听到她的呼救声，但是没有一个人挺身而出。事后，媒体纷纷谴责人们的冷漠。这种现象在心理学中叫作"旁观者效应"，即在紧急情况发生时，当有其他目击者在场，人们的责任感就会削弱，成为袖手旁观的看客。

在这种心理效应的影响下，随着目击者人数的增加，人们的责任心却是递减的。这样的心理往往会使人变得懒散和麻木，甚至当看到有人遇到危险，需要帮助的时候，因为有很多旁观者在身边，而产生"我不去救，让别人去救"的心理，最终谁都不愿伸出援助之手，造成见死不救的"集体冷漠"的局面。

在一个山头上有座小庙，里面住着一个小和尚。他每天念经、挑水、敲木鱼，给案桌上观音菩萨的净水瓶里添水，夜里防止老鼠来偷吃东西，生活过得非常自在。不久之后，来了一个年长一点的和尚。他一到庙里，就把半缸水喝光了。小和尚让年长和尚去挑水，但是年长和尚觉得自己一个人挑水有些吃亏，就要求小和尚和他一起去抬水。为了公平起见，水桶必须放在扁担的中央，这样两人才觉得心里平衡，这样总算还有水喝。

后来，又来了个胖和尚。他也想喝水，但缸里没水。小和尚和年长和尚叫他自己去挑，胖和尚挑来一担水，立刻独自喝光了。从此谁也不挑水，三个和尚就没水喝。大家各念各的经，各敲各的木鱼，观音菩萨面前的净水瓶也因为没人添水，花草渐渐枯萎了。夜里老鼠出来偷东西，他们三个都看到了，但是谁也不管。结果老鼠猖獗，打翻烛台，燃起大火。三个和尚这才一起奋力救火，大火扑灭了，他们也觉醒了。从此三个和尚齐心协力，自然也就有水喝了。

一个和尚挑水喝，两个和尚抬水喝，三个和尚没水喝。这个寓言告诉我们，人多反而办不成事。三个和尚为什么没水喝？因为三个和尚都不想出力，都想依赖别人，在取水的问题上互相推诿，结果谁也不去取水，以致大家都没水喝。

在群体中，人们普遍存在着一种"责任分散"心理，即随着责任人数量的增多，责任人的责任感就会相对降低，因为他们觉得，反正也不是自己一个人承担，自己完全没有必要干得那么起劲。于是在相互推诿之下，谁都不努力，结果严重影响了办事效率。甚至因为缺乏责任感，还可能导致悲惨事情的发生。

在具体的工作中，如果个体产生这种心理，则会使工作的效率下降。对于某一件事来说，如果是单独个体被要求独自完成，其责任感就会很强，因为一个人干活，干好干坏责任都要自己的承担，人们往往会竭尽全力；但如果要求一个群体共同完成任务，群体中的每个个体的责任感就会明显减弱，面对困难或者遇到责任往往就会退缩，而且还容易出现偷懒现象，总以为自己可以不出力或者少出力，而指望靠别人的努力得到好处。

在这样的心理影响下，人多效率高的规则会被改写，因为人越多，工作效率却不一定越高，这时候可能会出现"1+1<2"的结果。

因此，我们不能简单地根据人数的多少来计算效率。两个人挖一条水沟需要两天，四个人合作却不一定能够一天完成，可能是两天，也可能永远完成不了。这也告诉我们，在具体的实践中，要善于组织管理，对有关人员加以约束，将责任切实落实到实处，这样就会减少群体中某些个体不负责任的行为，提高整体的工作效率，避免人多反而办不成事的现象。

## 我们都爱八卦

"老板和他的秘书有一腿，"同事神秘兮兮地说，"助理经常看见老板的车停在她家门口。"而听到的人在别人面前转述时，则完全走样了："一个同事讲，老板和秘书有一腿，他还经常看到老板从秘书家里溜出来。听说老板的妻子正为这事闹离婚呢。"

职场上，我们会听到这种流言蜚语。但事实上，这两人只是关系融洽。最终，流言伤及了无辜的当事人：老板的妻子真的怀疑丈夫与秘书关系不清不白，老板为了澄清关系，只好让秘书另谋前途。

### 1. 为什么流言容易传播？

为什么流言会到处传播，而且越传越走样，而大家都会信以为真呢？

哲学家斯宾诺莎发现，我们刚看到、听到或是学习到某件事物时，都会不假思索地相信。只有在接受它的真实性后，我们才会回头判断它正确与否。也就是说，我们会自动地相信看到和听到的任何事情，因为我们看到和听到的多数事情都是真的。所以，流言很容易被我们接受。

至于流言越传越走样的原因，美国心理学家奥尔波特（Gordon Allport）认为，流言传播者只会接受符合主观状况的部分，然后按自己的理解对细节进行修改后再传播。他认为，流言的强度＝事件的重要性×对事件的不明确性。

牛津大学动物学家邓巴（Robin Dunbar）研究发现，有时候人们散播流言的目的相当奇怪，竟然是拉帮结派并以此提高自尊。

很多情况下，流言的真正目的不是揭露真相，而是牺牲第三方利益，从而制造出一种"团结假象"。流言之所以能成为社会关系增强剂，是因为当两个人都对同一个人感到厌恶的时候，谈论此人的八卦能使两人的交情更进一层。这有点类似于狒狒们打扮彼此以保持和巩固社会关系。

### 2. 如何避免流言的伤害？

但流言蜚语可能影响一个人的生活，在讨论这个问题的开篇提到，流言导致了老板的家庭矛盾，也给老板的秘书带来了伤害。流言对成年人的影响是如此大，对于小学生，这种伤害则更大。为了减少小学生中的流言，华盛顿大学心理学家弗雷（Karin Frey）和研究人员设计了一个实验。

这个实验在 6 所小学中进行，持续时间为 3 个月。首先，老师向小学生逐步进行美德教育，让学生学习鼓励和同情他人，并学会自信，还让学生认识到，无论是肢体上还是言语上对他人的攻击，都是有违社会行为规范的。然后，研究人员通过问卷形式调查了小学生们对流言的应对方式：是回击还是向好朋友求助？

研究发现，经过培训后，小学生中伤他人的流言传播现象减少了 72%。而且，在遇到欺负时，如果身边站有几个好朋友，那么受到欺负的学生能很好地保持健康的心理。

这说明，面向小学生进行反欺负心理干预，可以在很大程度上扼制流言蜚语的传播。表面上看流言似乎无伤大雅，但实际上往往给小学生的心理健康带来极大的伤害。因为流言本身就是一种变相的欺负，而且，这种言语上的欺负，很容易演变为身体上的欺凌。对小学生来说，被人背后说闲话是相当痛苦的，这种痛苦的程度绝不亚于被殴打所造成的伤害。而老师往往对流言掉以轻心，不觉得传播流言也是一种欺负行为。

但是，如果学生受到流言影响，最好能及时得到好友支持并避免报复，这样才能避免事态进一步恶化，从而减少当事人受到更多伤害。

### 3. 散播流言居然有好处

散播流言也有好处。一项研究称，散播流言有益健康，因为散播流言能让人平静下来，对维持社会秩序很重要。加州大学心理学博士费恩伯格（Matthew Feinberg）进行了一项关于流言影响的实验。这个实验的目的，是想了解散播有关不正直的人的社会流言有什么好处。

第一个实验中，研究人员让志愿者戴上心率监测装置，看两个人玩游戏。几个回合后，志愿者发现有人没有遵守规则，利用手段屡屡取胜。结果，人们看到这种欺骗行为后心率加快，当有新玩家加入时，大部分人会提醒他们要提防对手作弊。提醒别人后，志愿者的心率减缓。

第二个实验中，研究人员让另外一些志愿者填写调查问卷，了解他们的社会价值取向。接着，让志愿者作为观察员观看多轮游戏，特意让他们发现一名选手作弊。结果，越是亲社会性的人，看到作弊行为后越有挫折感，如果有机会，他们更愿提醒下一名选手小心上当，而且说过后就会感觉放松。

第三个实验中，研究人员允许志愿者告诉下一名选手小心欺诈，但是他们必须走很远的路才能传递这个信息，甚至需要"牺牲"参加实验得到的报酬，而且，就算他

们提醒了新选手，也不会影响作弊选手的得分。即使在这样的情况下，多数人也愿意去提醒下一名选手。

这项研究说明，散播行为不端者的信息，会让人们感觉好受一些，抚平那种促使他们去散播流言的挫败感。这是由于散播流言能帮助人们监督那些行为不端的人，并防止大家被恶人利用。而听到的人，能够根据流言判断一个人的声誉，并以此寻找值得信赖的伙伴。

由此可以看出，流言有两种积极的效果：减少传播者的压力，提醒别人可能发生对他不利的事情。因此，如果说闲话是为了防止别人被利用，那我们不必因此感到愧疚。

### 4. 八卦也是一种社会学习途径

其实多数人都认为"八卦"是负面的、无聊的，而且会损害人际关系。美国东北大学心理学家巴雷特（Lisa Feldman Barrett）等人的研究显示，八卦消息影响人的视觉系统，人们会无意识地对负面八卦信息的人物给予更多关注，以此来避免自己受到伤害。

第一个实验中，研究人员先向男女大学生展示 30 个人的面部照片，并配以正面、负面或中立的社会信息。比如"帮助一位老妇人提重物""向他的同学扔椅子""在街上行走时超过了一名男子"等。然后向他们的左眼和右眼分别展示房屋照片和中立的人的面部照片。

第二个实验的过程与第一个相同，只是 15 人的面部照片配以八卦信息，另外 15 人配上不包含社会情感的信息。

研究人员发现，看到负面八卦信息时，大学生们看照片的时间较长；第二个实验中，哪怕大学生们接收到的信息是令人不快的，看照片的时间也长于其他情况。也就是说，我们更重视有负面八卦消息的人。八卦信息更吸引人，或许与人类的进化有关，因为这种感知所谓"坏人"的优先选择可帮助我们少上当受骗。

即使我们没有直接经历他人的成功或失败，只要通过交流八卦就可以了解其性格和人品，可以说八卦是一种社会学习途径，是人类社会互动的重要主题。以至于人们的对话中 80% 属于八卦闲聊。

英国萨里大学社会心理学家埃姆勒（Nicholas Emler）通过一项对 300 名志愿者进行的研究显示，说他人闲话大约占人们谈话内容的八成。而且人们说他人闲话大多是出于好意或无意，恶意闲话仅占 5%。

虽然人们普遍认为女人比男人更爱说闲话，但男人更有可能对他人的外貌口出恶言，这一可能性比女人高出一倍。

### 5. 女人为什么爱八卦？

女人真的很喜欢八卦吗？

在一项针对 18~65 岁女性的调查中，研究人员发现女人每周会听到 3 条八卦，而一旦听到这些八卦，她们就难以克制与别人分享的欲望，最终会在 47 小时零 15 分钟内向至少一人泄密。她们最有可能首先将秘密透露给男友、丈夫、最好的朋友或者母亲，而这通常取决于八卦的内容与谁有关。

60% 的人会将八卦得来的"秘密"告诉给予秘密完全无关的人，45% 的人泄密只是为了减轻自己的压力。超过 60% 的人在泄密后有负罪感，27% 的人在第二天就把听来的八卦给忘了。

女人为什么这么喜欢八卦呢？这可能与进化有关。首先，出于维护关系的需要，女人渴望得知他人的私生活状况，这是她们与生俱来的一种精神需求。女人作为人类家园的守护者，必须有一个亲密的朋友圈子，以保证她的男人打猎或打仗遭遇不幸时，她和孩子还能得到别人的照顾。这种无意识的需求迫使她了解周围朋友的每个细节，包括别人的家庭状况、个人隐私。

其次，在远古时代，男人多从事狩猎活动，女人则从事采集活动。男人狩猎时，只能默默等待，以免惊动猎物。女人在集体活动中，常常进行语言交流。因此，到了今天，女人喜欢八卦，并非她们爱管闲事，只不过是长期生存训练的结果。

最后，女人拥有比男人更善于八卦的大脑结构。脑部核磁共振显示，女人面对面交流时动用 14~16 个脑部区域，而男人通常只用 4~7 个脑部区域。男人口吃是女人的 3~4 倍，而男孩发生失读症的概率是女孩的 10 倍，这也与脑部的扫描结果相吻合。

另外，女人爱八卦的原因，还可能是八卦能增加体内黄体素，减轻生活的压力，使心情更愉快，身体更健康。虽然八卦对女人的健康有一定的好处，但最好还是多一些积极的八卦，比如表扬他人的八卦，这样才不会成为人人讨厌的八婆。

爱八卦的人感觉得到的社交支持更多，而积极的八卦，还会对闲聊者的心理健康产生积极影响，可以使八卦者的自尊得到短期提升。

我们应该拒绝传播的是谣言。谣言与流言相似，它得以传播的一个关键因素，并不是造谣者的智慧，而是社会信息的透明度不够，人们缺乏安全感、对社会不信任。

因此，当自然灾害和社会动乱等危急时刻来临的时候，出人意料的事情就会不断发生，人们往往焦虑不安，而正常的信息渠道又可能中断，所以这时候的谣言比较多。

谣言和流言一样，杀伤力是永久性的。也就是说，辟谣基本上是无效的。原因很简单，人们不是不相信辟谣的人，而是现实生活让他们不敢再轻易相信任何正面信息。

## 如何让孩子不害怕打针？

带孩子去医院打针，是最让父母费神的事。只要听说去医院，孩子就会大哭大闹，死活都不肯去。为什么孩子这么怕打针呢？奇怪的是，当我们看到孩子安静地输液的样子，又感到迷惑不解了：他们真的害怕打针吗？看来不像。4 岁的侄子告诉我，他不敢在屁股上打针，是因为看不见屁股。这小孩子的话可信吗？难道看着就能减轻打针时的痛苦？

### 1. 减轻疼痛方法一：弄清疼痛来源

伦敦大学心理学家哈格德（Patrick Haggard）注意到，看着身体受到剧痛的部位能减轻痛苦；如果使这个部位看起来更大，缓解痛苦的效果更好。

实验中，研究人员在志愿者两手之间放一面镜子，要求他们看着镜子中的"左手"——实际是右手在镜子中的投影。并通过镜子改变志愿者所看到的手的视觉大小。接着，用一个逐渐变热的探针接触志愿者的左手，在他们感到疼痛的时候立刻停止受热。

当志愿者看着自己的手时，能忍受的平均温度比看其他物品时高出 3.2℃。当看到的手变大时，能忍受更高的温度。当看到的手变小时，痛感也越强烈。这说明，注视着身体受疼痛刺激的部位时，能忍受疼痛的时间更长。

研究人员指出，这种方法对慢性痛苦具有相反的效果。但是对于剧痛，紧盯着身体疼痛的部位，可产生奇妙的治疗效果。这是因为"视觉诡计"（visual trick）可影响大脑处理来自痛区感觉的方式，类似的情形在截肢者身上也会出现。比如，有些截肢者会对已切除的四肢感到痛楚。

所以打针时，父母常叫小孩闭上眼睛或转过头，不要直视打针或抽血过程，想借此减轻疼痛的想法是错误的。盯着痛处，疼痛感就会减轻。这是因为，疼痛既是感觉，也是情绪反应。人看着自己疼痛的部位，身体能自然减痛之外，倘把那部位的影像放大，更有镇痛效果。所以建议打针时看着手臂或屁股，但不要看针头，看着针头容易感到恐惧。

### 2. 减轻疼痛方法二：善意的力量

除此之外，还要告诉孩子，只有打针后，病情才能好转，因为善意可以减轻疼痛。

为了验证这种说法，马里兰大学心理学家格雷（Kurt Gray）设计了三个实验。

第一个实验的目的是了解善意对疼痛感觉的影响。志愿者被分成两人一组，其中一人电击另外一个人。研究人员让 1/3 被电击的人相信，同伴"无意"中电到他们；让另外 1/3 相信，同伴是不怀好意地"故意"电击他们；而让其余的 1/3 相信，同伴电他们虽出于故意，却是为了帮他们赢钱。

虽然志愿者们经受的电击量相同，但相信同伴出于善意的人，感受到的疼痛轻于其他人。这种情况在现实中相当常见，比如，板着脸的护士抽血比和蔼的护士抽血感觉更疼。

第二个实验希望弄清善意对愉悦程度的影响。研究人员让志愿者坐在放有电子按摩垫的椅子上，按摩垫的开关由电脑或带有善意的同伴控制。无论是谁开关，按摩过程都相同。

结果，同伴启动按摩垫后，志愿者按摩时的愉悦感更强。这或许为更多的男人逛按摩店找到了借口，但不争的事实是，让人按摩与按摩椅按摩，感觉的确有很大的差别。调查发现，那些花大价钱买了按摩床的老人，多数在两年之内就会后悔买了那玩意：转手太便宜舍不得，放在家里又没人用，很占空间。

第三个实验想确定善意是否能让食物变得更美味。研究人员给志愿者每人一包相同的糖果，里面附有一张字条。一半糖果附着字条："我专门为你挑选的，希望它能让你开心。"另一半是："无所谓，我随便拿了一个。"研究人员发现，志愿者感觉有温馨字条的糖果更好吃，而且明显更甜。很多食品的外包装，尤其是儿童食品，都有慈祥的老爷爷老奶奶或是微笑着的妈妈，正是因为这能增加消费者的愉悦感以及对食品味道的满足，从而间接增强购买的欲望。

我们用善意的眼光看待他人，他们对我们造成的伤害就会减轻，给我们的帮助能让我们感到更多快乐。

如果打针的是男护士，可能会让孩子哭闹得更厉害，这时，可以要求换成女护士。这是因为我们都感觉男性制造的疼痛比女性更严重。我们都有这种感觉，被折磨时如果实施折磨的人是男性，我们会觉得更痛苦。

英国心理学家威廉姆斯（David Williams）发现，男性施加的痛苦比女性要强。这种感受可能与人们对男性先入为主的看法有很大的关系。因为男性比女性的体力要强些已经成了社会所认同的观念。

### 3. 减轻疼痛方法三：主动承受

鼓励孩子勇敢地主动接受打针，也会减轻孩子的疼痛程度。这是由于主动运动对视觉、听觉和触觉都会产生显著的抑制性影响，主动接受痛苦，比被动接受的疼痛程度要弱。出现这种结果的原因，可能是我们对外界施加的痛苦不确定，而主动接受时能准确预期刺激的时间和强度，这种确定预期对于疼痛具有抑制作用。另外，自主控制感对于疼痛也有一定的影响。自控感强的人对疼痛的耐受能力高于一般人。

主动接受痛苦，能增强忍受的能力，早在苏格拉底身上就有体现。据说，苏格拉底服役时，有一年非常冷，其他士兵裹上所有的衣服，在帐篷里缩成一团，都觉得很冷，但苏格拉底却只穿草鞋直立在冰上一夜。

这或许确有其事。我们都有这种感觉，在天冷的时候，缩成一团仍觉得很冷，如果挺直了腰，反而感觉暖和了一些。挺直身子，摆出一副主动接受的样子，就可以增加我们对痛苦的控制力，缓解疼痛。

多伦多大学的伯恩斯（Vanessa Bohnsa）在一项研究中发现，保持直立姿势，坐直或站直，的确有助于缓解疼痛。这是因为保持良好姿势，有助于提高睾丸素水平，降

多伦多大学

低应激激素皮质醇水平，而保持弓腰驼背姿势的人，体内的应激激素皮质醇水平始终较高，所以对疼痛的忍受力差。也就是说，当遇到困难或痛苦时，我们最好是挺起胸膛主动应对，而不是蜷成一团。事实上，坐直或站直身体，挺起胸膛，会让大脑产生"更能控制局面"的印象，对疼痛的忍受能力也更强。

### 4. 减轻疼痛方法四：摸一摸，舔一舔

打完针后，孩子用手去摸伤口，多数家长也会阻止，理由是只可能引起感染而没有什么好处。事实真是如此吗？看到动物用舌头舔伤口，你是否能联想到自己受伤时，

也会不自觉地用手去摸伤口，而且还觉得这一举动有减轻痛苦的效果。你是否想起了小时候手指受伤时，会立即把手指含在嘴里？

用手摸摸伤口，或是用嘴含着受伤的手指真的能减轻疼痛吗？伦敦大学认知神经学家坎默思（Marjolein Kammers）做了一个实验。通常情况下，如果将食指和无名指放在热水中，而将中指放在冷水中，那么大脑就会产生错觉，认为中指也有类似炙烤的疼痛感。如果将两只手都置于上述状态中，然后使双手的三根手指互相触摸，那么中指的疼痛感会降低64%。

由于这两根手指的温度差不多，不大可能是温度的变化造成疼痛感的变化，那么应该是神经系统在处理疼痛信号时与原来不一样了。这是因为当上述两根手指相互触摸后，神经系统就会将触觉信号与原来的疼痛信号一起处理，相当于冲淡了疼痛信号，使得疼痛感下降。

不过研究也显示，神经系统只会对自身双手的触摸信号有这种反应，如果是他人用手触摸，则疼痛感不会降低。所以，孩子受伤时要你吹吹或是摸摸他的伤口，并非为了减轻疼痛，而是想得到你的重视。

### 5. 减轻疼痛方法五：开怀大笑

除了上面这些增加忍痛自控力的方法，牛津大学心理学家邓巴等人发现，大笑也能提高我们对疼痛的忍受力。

在实验中，他们请一些志愿者看电视节目，并在此前后测量其忍耐疼痛的极限值，如双手忍受冰冻的能力，或使用压力型血压计测量胳膊忍受压力的能力。结果显示，集体看15分钟的喜剧可以提高耐痛极限值上限，平均增加幅度约10%。而那些观看高尔夫球赛等普通节目的志愿者则没有出现这种现象。

研究选择集体方式，是因为集体环境有助于提高疼痛的忍耐极限，一个比较常见的事实是，孩子单独摔跤后，如果有大人看见，他就会大哭，而与其他小朋友玩耍时摔跤了，即使父母看见了，他也较少哭闹。而且也有研究发现，运动员集体训练时对疼痛的耐受程度要高于单独训练的时候。

研究人员还进行了更接近真实生活的实验，即在爱丁堡艺术节中测试一些观众的忍痛极限。刚看完现场喜剧的人更能忍受痛苦，而观看其他普通表演的观众则没有这种反应。这可能是因为开怀大笑会促使人体释放一种名为脑内啡的物质，它具有镇痛效果。

而且，只有开怀大笑，才会使人体释放脑内啡，职场中礼节性的微笑非但没有镇

痛效果，反而会加剧人的抑郁情绪。所以，在需要忍耐疼痛时，不妨找些朋友一起开怀大笑。

虽然这些方法很多都是为了让孩子去医院时更愿接受打针，但我们也可以运用它们来增加自己对痛苦的忍耐力；忍受痛苦的能力越强，越能掌控自己的情绪和命运。

## 吸烟的女人，喝酒的男人

吸烟和喝酒有时不是女性的生活需要，而是体现男女平等的一种方式。因此，越来越多的女性有了这种不良习惯。

据调查，抑郁程度越严重，越容易吸烟，而且烟瘾越大，这种人戒烟的难度更大。比如，20~39 岁抑郁症女性患者中有 50% 是烟民，而同年龄段不抑郁的女性中烟民比例为 21%；40~54 岁抑郁症男性患者超过 50% 都吸烟，可同年龄段不抑郁的男性中吸烟的人数为 26%。而且，有轻度抑郁症状的成年人，比没有抑郁症状的更可能吸烟。尽管通过治疗，抑郁症患者能戒掉烟，不过仍会上瘾。这是由于香烟具有一定的镇静或放松作用，抑郁症烟民可能借吸烟实现自我治疗。

### 1. 吸烟姿势透露女人性格

心理学家研究发现，外向的女人吸烟多为追求烟草的刺激；而内向性格的女人，则是靠吸烟使自己镇静。而且吸烟和喝酒可能会透露出女性的某些性格特征。比如，吸烟的女性绝大多数性格外向，而且不同的吸烟姿势暗示不同的性格。

喜欢将烟叼在嘴角，烟头微微向上的女性，通常对某项工作很有经验，相信自己的能力，喜欢挑战困难，喜欢以自我为中心，容易忽略和得罪别人，所以人际关系较差，她们多数比较清高，喜欢独来独往、自由自在。

夹烟时喜欢将小指扬起的女性，通常比较吝啬、敏感、不自信、拘泥于小节，不太善于控制自己的情绪，容易发脾气和焦躁。对人好恶分明，性格软弱，平时的举止女性化姿态迷人。如果这种女人还喜欢修指甲，则表明心中某些欲望无法得到满足。

喜欢两指夹住离烟头位置更近的女性，一般性格内向、慎重、敏感细腻、注意细节、非常在意别人的想法和评价，善于控制自己的情绪，遇事比较沉得住气，属于小心翼翼、对细微小事考虑周全的谨慎派。她们会压抑自己的感情，充分思考后再采取行动。

习惯夹在烟中间位置的女性，一般内向、待人亲切，不太会拒绝他人的请求，慎重、在意别人的看法。

喜欢夹在离烟嘴位置近的女性，通常自我意识较强，喜欢引人注目，活泼大方，不拘小节，坦率直爽，行动迅速而敏捷。厌恶受别人束缚，热爱社交，喜欢照顾人，爱打扮爱赶时髦，喜欢浪漫和新鲜刺激，在花钱上大手大脚。

抽烟时喜欢不停地动的女性，一般爱好广泛，不注重外表，不在意别人的眼光，做事积极，待人热情。不过她们中很多人见异思迁，不喜欢单调、乏味的生活。

### 2. 酒后会高估美貌，但不会高估年龄

通过有无饮酒习惯，能大致猜测出女性在青春期有无男性朋友，这是弗吉尼亚联邦大学心理学家迪克（Danielle Dick）的研究成果。他们研究了上千对芬兰双胞胎发现，青春期男性朋友多的女孩饮酒的可能性更大。

如果女性有饮酒的男性朋友，那么喝酒的可能性会更大，这是因为女孩更容易受到男性朋友饮酒习惯的影响。因此，了解女孩——尤其是朋友圈由异性成员组成的女孩这方面的情况更重要。

通常情况下，人们认为男人喝酒后会觉得女孩的实际年龄比较大，这是诱奸未成年少女案件中最常用的开罪理由。英国布里斯托尔大学的穆纳佛（Marcus Munafo）发现，饮酒后会感觉身边的人更有吸引力。共 84 名男女大学生参加实验，其中一些人喝不含酒精的饮料，另外一些人喝掺入酒精的饮料，酒精总量相当于一杯红酒或 700 毫升啤酒。

15 分钟后，研究人员拿出 40 张陌生人的照片，让他们评价照片上的人物是否有吸引力。与没有喝酒的学生相比，所有喝了酒的学生都认为照片上的人更有吸引力。而且在饮酒 24 小时后，男性仍会对照片上的异性人物有较高的魅力评价。

实验还发现，"啤酒眼"现象同样适用于同性之间。参加实验的学生说，酒后感觉同性也变得更有吸引力了。

美国的一项研究也发现，只要看到与酒有关的词汇就能使男性觉得女性更美。人们通常认为，人在喝酒之后会感觉异性更有吸引力。这一现象被称为"啤酒眼"。然而，英国莱斯特大学心理学教授伊根（Vincent Egan）研究发现，"啤酒眼"并不会使男性错误估计女性的年龄。

研究人员从酒吧、咖啡厅随机选出一群 18～70 岁的男性和女性参加实验，并按照醉酒程度把他们分为微醺、知觉迟钝、发酒疯和酩酊大醉 4 类。然后要求他们说出照片上女孩的年龄以及是否有吸引力，当然有些照片用技术处理成看起来比实际年龄大或小。

研究发现，猜测照片中少女的年龄时，普遍会有一些误差，但不会太离谱。女性判断照片中人物年龄时会受酒精影响，但男性并非如此，这意味着男性择偶偏好较不受干扰。即使醉得不省人事，看到那些被处理成低于实际年龄的少女照片时，男性也不会估错她们的年龄。所以在男性诱奸未成年少女的案件中，酒精不是错判年龄的借口。被告常辩称饮酒使他们误判受害者年龄。

研究人员还发现，女性酒后会觉得照片上"化过妆"的人更有吸引力。而喝过酒的男性却认为其缺乏吸引力，表现出不受酒精影响。

### 为什么"免费"让我们买了不需要的东西

每当节假日时，我们都能看到商场里提着大包小包满载而归的人们。如果问起这些物品的实用价值，人们通常会说："反正很便宜，先买了再说。"事实上，人们所购买的这些物品有些并不是自己所需要的。但人们为什么常购买自己不需要的物品呢？看到各商家推出的广告，我们就明白了。"购买商品满98元，免费赠送食用油一瓶""满200元减50元，买300元减80元""购买巧克力满50元，赠送泰迪熊"……

试想，当看到这样的消息时，我们怎么会不心动呢？有的人甚至为了得到免费赠送的东西而购买指定的商品，可往往将商品买回来后却发现这些东西，其实自己并不需要。为什么会出现这样不理智的行为呢？

贪图便宜是人们常见的一种心理倾向。很多顾客对打折的商品、免费的商品可谓是趋之若鹜。

物美价廉永远是大多数消费者追求的目标，很少听见有人说"我就是喜欢花多倍的钱买同样的东西"。通常情况下，人们总是希望花最少的钱买最好、最多的东西，如果有免费赠送的，更觉得是额外的收获，喜不自胜。这都是人们占便宜心理的一种生动表现。

其实在日常生活中，我们也经常会做这样的事情：为了一张优惠券而到某商场去消费，结果换回一包免费的咖啡豆；为了获得免费赠送的小礼品，而在该商场消费千元以上。然而，最后我们却发现自己并不喜欢吃咖啡豆，小礼品也不是自己十分需要的。这样，我们就不难解释，为什么人们总是会不由自主地抢购自己并不需要的东西了。

### 为什么越"限购"越好卖

在逛商场时，我们常常看到商家打着"限购"旗号来宣传商品。其实，这是商家们运用消费者的逆反心理，而进行的营销手段。

每个人多多少少都会有逆反心理。在消费过程中，我们也经常能够发现这样的情形，销售人员越是苦口婆心地把某商品推荐给顾客，顾客就越会拒绝。因此，商家就巧妙地抓住顾客的消费心理：商家越是不卖，顾客就越想买；越是限购的商品，反而会卖得越好。

我们会有这样的体会，当我们对于某商品特别感兴趣的时候，想要摸摸质地，而这时销售人员过来说："不好意思，我们的样品是禁止触摸的！"这时我们的心里立刻会变得反感：为什么不能摸，我不仅要摸，我还要买呢！结果这个顾客很可能因对商品的强烈的好奇心受到了阻碍，而买下这个商品。

在这种情况下，当顾客的心理需要得不到满足的时候，反而会更加刺激他强烈的需要。比如，人们往往对于自己越是得不到的东西，越想得到；越是不能接触的东西，越想接触；越是不让知道的事情，越想知道。

在现实生活中，也有很多销售人员不懂得顾客的逆反心理，在销售过程中，总是片面地、滔滔不绝地介绍产品，而不顾顾客的感受，结果只能是一次又一次地遭受到顾客的拒绝。

华先生是当地的名流，但他的私家车已经用了很多年，最近频繁发生故障，于是决定换一辆新车。这一消息被一些汽车销售公司得知，于是很多的销售人员都来向他推销轿车。

每一个销售人员见到华先生，都无一例外地介绍自己公司的轿车性能多么好，多么适合他这样的人士使用，有的销售人员甚至还嘲笑说："你的那台老车已经破烂不堪，不能再使用了，否则有失你的身份。"华先生听到这样的话，心里特别反感和不悦。

销售人员的不断登门让华先生感到十分烦躁，同时也增加了他的防御心理，他想这些人的目的只是为了推销他们的汽车，还说些不堪入耳的话，完全不顾自己的感受，我就是不买。于是，任凭销售人员如何吹嘘，华先生就是不动声色。

当所有的销售人员都失败而归时，杨帅主动要求前去拜访华先生，经理尽管不相信他能成功，但还是让他去试试。两人一见面，华先生心里就打定主意，不管他怎么说就是不买他的车，坚决不上当。

可是，杨帅只是对华先生说："我看您的这部老车还不错，起码还能再用上一年半载的，现在就换未免有点可惜，我看还是过一阵子再说吧！"说完给华先生留了一张名

片就告辞了。

　　杨帅的言行和华先生所想象的完全不同，因此其逆反心理也逐渐地消失了。经过思考，他还是觉得应该给自己换一辆新车。于是一周以后，华先生拨通了杨帅的电话，并向他订购了一辆新车。

　　由此可见，容易引起顾客逆反心理的原因是对立情绪。在实际销售中，很多销售人员往往为了尽快签单，而一味穷追猛打，以为通过热情轰炸就可以把顾客搞定，但是这样很有可能会起到相反的效果。这样的话，销售人员把自己的产品说得越好，顾客越觉得是假的；销售人员越是热情，顾客越是觉得他虚情假意，只是为了骗自己的钱而已。

　　逆反心理既会导致顾客拒绝购买你的产品，相反也会促使其主动购买你的产品。上述案例中的杨帅就是从相反的思维方式出发，消除顾客对销售人员的逆反心理，从而使他主动购买自己的产品。

　　因此，销售人员在向顾客推销产品的时候，一方面要避免引起顾客的逆反心理驱使其拒绝购买自己的产品；另一方面，还要学会刺激顾客的逆反心理，引发顾客的好奇心，让顾客产生强烈的购买欲望，你不卖他就会非要买，从而从正、反两方面来调动顾客的积极性，使自己的销售工作获得成功。

##  为什么生活越简单反而越快乐

　　在现代社会中，越来越多的人拼命工作，只是为了职务的升迁，似乎只有权威才能带给他们快乐。也有些人原本不喜欢自己现在的工作，但为了追逐物质的丰裕不得不做着自己并不想做的事情。可结果是名利都有了，却发现自己并不快乐，这到底是为什么？

　　事实上，快乐来源于"简单生活"。物质财富只是外在的光环，无法救赎内心的空虚。真正的快乐来自发现内心真实的自我，保持心灵的宁静。快乐和收入其实并没有直接的关系，除非我们无法满足自己的温饱时。

　　虽然多数人都希望自己的生活能够达到"简单并快乐着"的状态，但事实上并没有多少人能够真正做到。他们住着大房子，开着名车，做着高收入的工作，过着高消费的生活，内心却被越来越多的欲望折磨得疲惫不堪。

　　在一些人看来，简单生活意味着辞去待遇优厚的工作，靠微薄的存款过日子，定会过得非常清苦。心理学家认为，这是对简单生活的误解，简单意味着悠闲，仅此而已。如果你愿意，你可以做自己喜欢的工作，拥有丰厚的存款，重要的是不要让金钱给你带来焦虑。

无论是富有的人还是收入微薄的工薪阶层，都可以生活得尽量悠闲，在"简单生活"中追求快乐。

不妨试试下面这些好方法。

第一，做自己最喜欢的工作。往往最简单的事物带来的是最本能的快乐。如果现在的你承担了太多的工作或职务，让你无暇去享受生活，那么不妨按自己的兴趣和重要性将工作进行排序，选出你最喜欢的，你就能得到简单的快乐！

第二，多做运动。研究发现，人在运动时情绪会变得更好，而且思维的敏捷性也更高。如果在心情不好的时候做运动，还能够转移注意力，缓解不良的情绪，放松心情。

一些不爱运动的人往往性格更为内向和孤僻，不愿意与人打交道。因此，要想保持快乐的心情，一定要经常运动，比如每天散步半个小时，骑车去上班，这些简单的运动都会使人感到快乐。

第三，拥有一项长久的兴趣。心理学家研究发现，当人们对某件事情感兴趣时，往往会不由自主地花更多的时间，更大的精力在这件事情上。而这个过程中产生的往往是欣喜、快乐和满意等积极的情绪，即使废寝忘食也心甘情愿。

第四，专心做事。当你投入做某件事情的时候，感觉时间飞快；而如果我们做事拖沓，就会觉得这项工作很无聊，也就体会不到快乐了。

### 为什么暧昧让人欲罢不能

通常我们所理解的暧昧就是在没有确定恋爱关系之前的一种模糊的感情，或者指男女之间不明朗、模糊的关系。心理学上认为暧昧是一种幽暗不明的情境，是人在匆忙生活中似忙似闲的中介状态，是感情间远近难测的距离。暧昧分良性与恶性两种。良性暧昧指向爱情，至于后来能不能发展成爱情，那得看天时地利人和。恶性暧昧，就是为暧昧而暧昧，更多的是一种调侃爱情、游戏爱情的态度。

男人就坐在女人的对面，但女人却选择了短信的方式进行交流："于千万人中遇见你，只说一句，原来你也在这里。"收到短信，男人给女人回了条："我在佛前求了五百年，只为了今世的擦肩而过。"

下班的时候，女人对男人说："有没有吓一跳？别怕，那句话不是我说的，是张爱

玲说的!"男人也笑着说:"彼此彼此,我那条也不是我说的,而是席慕蓉的诗句!"

可是,他们彼此都嗅到了空气中暧昧的味道。

不少人认为,暧昧已经成为置身于红尘俗世中的现代人枯燥生活里的一勺调味品,是一种需要。没有身份的束缚,没有责任的压力,处于暧昧状态的人,从来不用为了恋人关系而去勉强自己。但是,暧昧又会让人觉得迷茫。因为我们还是渴求清晰明了的关系的。完美恋人基本上是不存在的。有些关系很好的情侣甚至夫妻,可能从来都没有说过一句"我爱你",更没有明确提出过"做我的女(男)朋友好吗"这种要求,但是他们却无比幸福。只是,这种完美是可遇不可求的,所以就算非得用"正式的关系"去终结暧昧,我们也不用叹息,因为暧昧不可能维持一辈子,总有一天要结束。我们常常不敢确立恋爱关系,当然不是因为对方现在对自己不好,而是担心对方将来不会持续地对自己好。暧昧确实可以让我们"预支"本该是和对方在一起之后才能体验到的快乐,但试想一下,当你失去这种快乐的时候,难道就真的会比和正式的恋人分手要轻松得多吗?

所以我们也该看到:在没有确立恋爱关系的情况下,既然可以预支恋爱的甜蜜,那么也就无法拒绝失恋的痛苦。暧昧也许不用负责任,却同样需要付出代价!

那些所谓的情场老手,他们善于玩暧昧是因为他们可以把注意力集中在"不用负责任"上面,全力去享受追求"完美恋人"的刺激。他们是有经验的,知道说什么话可以让你脸红心跳、送什么礼物让你迷恋不已、做什么事让你招架不住。他们会说好听的话来欺骗你,同时也是骗自己,给双方造成完美的假象。但是当他们"清醒"之后,他们就会迅速脱身,把代价和痛苦留给你来承受。

暧昧不是每一个人都玩得起的,也许有些人能潇洒畅快地脱身,但更多的人深陷其中无法自拔。如果对一份感情明知无望,就不要让自己轻易走进暧昧的氛围中;如果有一份感情碰触不得,就劝诫自己不要盲目走进暧昧的世界里,你需要做的应该是冷静地确定与对方的距离。

## 为什么男人更喜欢漂亮女人

但凡是男人,就没有一个不喜欢漂亮女人的。正所谓是异性相吸,这本就符合事物的客观规律。漂亮的女人就好比是更有吸力的另一块磁铁,如果男人是一块普通的磁铁的话,相信是更容易被吸引的。都说女人口是心非,其实男人也是,当被问到是否喜欢漂亮女人时,都会有意回避,其实内心早就为我们所洞察。男人遇见漂亮女人时都会产生自然的好感，都想主动接近他，这时候的男人会变得睿智且口齿伶俐。男人为什么这么喜欢漂亮女人？

从健康学上来说，男人喜欢漂亮女人有益于身体健康。第一，漂亮女人养眼。男人看到漂亮女人时，能够迅速调节眼神经，加速眼睛周围血液循环，达到明目润神的效果。第二，漂亮女人养心。无论男人、女人还是孩子，看到漂亮女人无不觉得赏心悦目。第三，漂亮女人可以使男人舒肝。谁忍心对一个漂亮女人大动肝火？一见到美女那楚楚动人的眼神，人都要化了，哪里还有气。第四，漂亮女人可以使男人润肺。见到漂亮女人，男人会不自觉地口生津液，第五，漂亮女人可以使男人强肾。看到漂亮女人，一般情况下会导致男性加快分泌出更多的雄性荷尔蒙，这可以健肾强体。

从色彩学上来说，男人尤其喜欢漂亮的"颜色"。男人贪色，其实不是男人对什么色都贪的，而是贪那些美丽的"颜色"。"爱美之心，人皆有之。"男人喜欢漂亮女人，是对美的一种欣赏。美是能让人心生愉悦的，是人心中对美好事物的一种感知，能使人赏心悦目，心旷神怡，而漂亮女人是能够让男人心中产生美的愉悦感的，从这一点说男人喜欢漂亮女人是男人对美的一种欣赏，一种情感。这对于天生好色的男人来说，肯定是想不喜欢都办不到的了。

从动物学上来说，男人喜欢漂亮女人是由男人的动物本能决定的。

从男性学上来说，男人都有征服女人、占有女人尤其是征服漂亮女人、占有漂亮女人的欲望。男人靠征服世界来征服女人。男人一旦手中有了权力，有了金钱，就会千方百计地去征服漂亮女人、占有漂亮女人，并且把这种征服和占有作为男人成功的一种显著标志。

### 少儿期的孩子为什么"臭美"

进入少儿期之后，孩子与父母完成亲密依恋的同时，他们开始把目光投向世界，并试图从社会或学校那里寻求认同。而这时，孩子的自我认同感也开始建立起来，如自尊、自信等。

少儿期孩子的自我认同是最简单的，也是最强烈的，例如，他们仅仅会因为一件漂亮的衣服、别人一句夸奖的话，而变得充满自信；相反，别人一个不信任的眼神、一句批评的话，又会让他们对自己完全丧失信心。

因此，在这一阶段，孩子心理发展的一个主要任务就是完成自我认同。当然，这一阶段家庭教育的主要任务就是，帮助孩子完成正确的自我认同。简单来说，就是让孩子明白什么是自尊，什么是自信。

6岁的小女孩妞妞过生日，姑姑给她送来了一件漂亮的裙子。妞妞非常喜欢这条裙子，她想马上穿上它，于是便把这个想法告诉了父亲。父亲这样对她说："父亲同意你穿这条新裙子，但你能告诉父亲你为什么想穿上它吗？"

"穿上这条漂亮的裙子大家就会喜欢我，因为我变成漂亮的小公主了。"妞妞得意地说。

"我的傻女儿，不管你穿什么样的衣服，你都是父亲母亲疼爱的小公主，"想了想，父亲接着说，"你知道吗，并不是因为你漂亮、穿了漂亮的裙子，爷爷、奶奶还有姑姑、幼儿园阿姨都喜欢你，而是因为你乖巧、讲礼貌、喜欢帮助别人，你懂吗？"

妞妞有点疑惑，但还是重重地点了点头。

父亲讲的这一番话道理也许妞妞并不能完全体会，但随着年龄的增长，她自然会明白这些道理的。

在少儿期，父母很有必要向孩子灌输正确的自我认同感，就像上述中的父亲那样告诉孩子，漂亮的外貌和漂亮的衣服并不一定能赢得别人的喜爱，只有拥有良好的品质，如讲礼貌、有同情心等，才会受到大家的欢迎。在这种教育环境中成长起来的孩子，很早就能明白什么是真正的自尊和自信，并能以自信的姿态快乐地成长。

因为还没有形成正确的自我认同感，少儿期的孩子是很容易自卑的，而引起他们自卑的事情往往都是那些极小的事情。例如，因为无意之间所犯的错误，因为他人对自己的批评，因为与小伙伴之间的矛盾……所以，在少儿期，为了帮助孩子完成自我认同，家长要经常鼓励孩子，要寻找一切时机鼓励孩子。

这就需要家长拿出足够的精力来关注孩子，当孩子遇到问题时，及时发现，并给予鼓励。关于这一点，很多家长做得很不到位。在孩子遇到问题时，不少家长会不自觉地表现出不耐烦甚至冷嘲热讽的态度。例如，当孩子哭着向家长讲述自己的委屈时，家长要么不耐烦地说："别烦我，我忙着呢！"要么就是不以为然，甚至嘲笑孩子："就这么点儿小事呀，你至于吗！"……这样只会使孩子的自尊心受到伤害，不能很好地完成自我认同。正确的做法是，我们应尽力去安抚孩子、鼓励孩子，让他们重树信心。例如，当孩子因为自己做错事，而沉溺于自责中不能自拔时，告诉他们"知错能改，善莫大焉"；当孩子因为小伙伴的不理解而伤心时，要安抚孩子，引导孩子有效地去沟通；当孩子因为别人一个不信任的眼神而怀疑自己时，要给予孩子信心，鼓励他们树立自信。

　　当然，当孩子向家长诉说自己的委屈和困难时，家长需要鼓励孩子，但这种鼓励并不仅仅是帮助孩子解决问题，更是帮助孩子正确认识自己，客观地看待他人的评价。

　　只有这样，才能让孩子拥有正确的自我认同感，才能让孩子长大后无论遇到什么困难，都能以自信的态度去面对、勇敢地去解决问题。

### 为什么看人时男女有别

　　当有长得漂亮、身材姣好的姑娘从身边经过时，大部分男人都会盯着看，哪怕自己的爱人就在身边。男人对异性的相貌、身材似乎更为看重。

　　小李是某公司的财务总监，虽然相貌平平，但工作单位不错，家庭背景也很好，是众多女性朋友中的理想结婚对象。可是，在众多女同事倒追的情况下，小李依然单身。于是公司里有些人开始觉得他也许是同性恋，对女人没兴趣。直到某天，在公司的酒会上，小李突然带女友出场，惊艳全场。有同事爱八卦，问他们什么时候开始交往的。小李回答："两个星期前。"大家一下子都明白了，小李原来是在对比中寻觅美女。

　　为什么男人喜欢找美女？而女人虽然也喜欢英俊小生，但更看重对方的能力。

　　这种差异一方面是父系社会中男女在经济上的不平等地位造成的，由于女性在经济上普遍处于劣势，为了生存不得不依赖于经济丰厚的男性，所以女性倾向于找有能力的男性做恋爱或结婚对象。另一方面也是男女不同的性唤起导致的，男人的性唤起区域集中在下半身，易兴奋，好冲动。作为一种视觉动物，男人对异性的感知首先来自眼睛，眼睛受到了刺激，心情就莫名其妙地兴奋起来。自古在情场上，都说男人主动，女人被动。男人的这种主动主要是被女人靓丽的外表和曼妙的身材唤起的。性因素占据了很大成分。而女人的性唤起区域不像男人那么集中，它们较为分散，更多靠语言和想象来调动，所以女人喜欢浪漫，爱听甜言蜜语，更看重感情。至于外貌，女人更喜欢打扮好自己让人来欣赏，让别人来关注。女人天生的被动性决定了她更在意自己的外貌，而非异性的外貌。所以在这个问题上，女人较为"自恋"，男人则较为"恋她"，恋她的相貌、她的身材、她的气质、她的体香。

　　女人总是慢慢地爱上男人，男人总是一眼就喜欢上女人，尤其是一个美女，她俏丽的容貌、婀娜的身影会立马唤起男人全部的热情。他要追求她，想得到她。都说男人理性，错了！在恋爱的初始阶段，男人非常感性，而且随心所欲，与其说他喜欢上一个女人，不如说他被一个女人所吸引。这种吸引不是精神层面的，更多是身体层面的，是一种冲动。他对女人的冲动越强烈，就越不会进行思考，他的追求就越盲目。其实那不是爱，只不过是生理的冲动，但男人经常分不清两者之间的区别，总是把生理的冲动当成恋爱的冲动。但男人喜欢美女不见得就一定会跟美女共度下半生。

古往今来，男人一直在进化，但好色的毛病一直改不了。男人就是这副德性，视觉上的贪婪决定了他们总是难挡青春美。当一个男人用猛烈的攻势逐渐解除一个女人的"全副武装"的时候，他也仅仅是喜欢她的身体，想要接近她，但很多女人不懂，她以为他是在热烈地示爱，是真的喜欢她。其实，女人误以为的"爱"只不过是男人的一种性冲动，它瞬间即逝，一旦得到满足，男人对女人的身体会很快失去兴趣，而此时，女人往往已经陷入爱河，无法自拔。其实，男人之所以这样是由于男人喜欢探险的天性所决定的。这就是男女在恋爱初始阶段不同的心理状态。

所以，女人更容易爱上熟悉的男人，男人却更容易喜欢上陌生的女人。女人的陌生好似一片神秘之旅，让男人难以抗拒，他不是真的喜欢她，只不过是想接近她、占有她，一旦交往过密，他对女人的兴趣和好奇就会日趋减弱。

女人爱有能力的男人，那是天性；男人爱漂亮的女人，那也是天性。

### 为什么我们常会后悔

每个人都曾后悔过，但世上并没有后悔药，当事情发生时，后悔还来得及吗？

多年来，阿华始终坚持一个习惯：每个星期六早上，利用别人不上班的时间，把自己的办公室彻底清理干净。平常下班回到家后，她也会在梳妆台前花一点时间，反省当天发生的事，顺便对明天的工作做好计划。

自创业以来，每年的业绩都十分喜人。阿华则告诉自己："一定要让自己随时放空，重要的不是回头看，而是要清楚接下来的路该怎么走。"

阿华常常被人问及："你事业做得那么好，如果在事业与家庭之间进行选择，你要选择哪一样？"她总是毫不犹豫地回答："除了家庭以外，我什么都可以放弃。"对阿华而言，"家"就是最适合进行心灵大扫除的场所。只有做出了正确的选择，我们才能不后悔。

我们大都喜欢房子被清扫过后焕然一新的感觉，当你拭掉门窗上的尘埃与地面上的污垢，把一切整理就绪之后，整个人也好像得到了释放。其实，在人生诸多的关口上，我们几乎随时随地都得"清扫"。尽管有些东西我们仍然留恋不已，但不丢掉又会成为负担。然而，任何事对于我们来说，都是唯一的，因此在舍弃前，我们必须得三思，否则等时过境迁了，永远也不可能有修正的机会了。

有些人总是在时过境迁之后，悔不当初。人生就是如此奇妙，当一切都已成过往，我们才发现已经错过了很多机缘，于是我们后悔、懊恼。但后悔已来不及了。

我们总是希望自己的人生是一帆风顺的，但这样的人生并不存在。没有失败的尴尬和忍辱，哪来成功的喜悦？失意在所难免，权且把心放宽，别把过去的事情放在心上，该放弃的就潇洒地放弃。有些东西，虽然你可能很不愿意放弃，但理性告诉你必须得舍弃它。不如将其当作一次心灵的清扫，该丢的就丢，不让心灵背负太重的负担。

### 为什么看上去很健康的女性也会患抑郁症

生活中，恨一个人很简单，爱一个人却很难。有抑郁倾向的人都是热衷于倾诉自己不幸的人。任何人都可能去恨他人，但是，并非任何人都能够去爱别人。情感上不成熟的人，可能会憎恨别人，只有情感上成熟的人，才有可能去爱别人。

美国的 ABC 新闻，曾播了长达一周的关于抑郁症的特别报道。报道里出现的抑郁症患者中，有外表看上去特别健康的女性。她们虽然在不停地向别人讲述自己的不满或不幸，但身体却是非常健康的。她们说话声音有力，并且是用一种带有特别的憎意或者说是带着某种敌意在厉声发泄着什么。那些患了产后抑郁症的女性也是一样的。

总之，这些人并不将自己的想法付诸行动，而只是一味地抱怨，发泄自己的不满。

什么都不做、只是一味倾诉自己不满或不幸的人，实际上抱有强烈的撒娇欲望，最终任何事情都做不好。这样的人，常常表现得消极被动，而只有在倾诉自己不满或不幸的事情上才会表现得特别积极。他们习惯认为"自己的人生是悲惨的"，习惯于整天板着脸，觉得自己被命运之神遗忘。其实这是他们安全感缺失的一种体现。

那些体味过内心之苦的人，在很多情况下，都不明白自己所受之苦的原因，更不幸的是就连自己身边的人也不能理解。不管年龄大小，凡是抱有撒娇欲望的人都很容易在感情上受伤。这些人与人交际是想从对方那里听到感谢的话语，以增强自己的自信心。对于那些想要撒娇的人来说，最令他们生气的事，莫过于自己成了别人撒娇的对象。

总之，我们在倾诉时要懂得适可而止，不能动不动就向他人倾诉，也要学会倾听他人的苦闷。你可以多参加社会活动，结交更多朋友，让生活变得充实有趣，在被关心爱护中真正学会爱人。